航运物流绿色战略规划研究

Green Strategic Planning for Maritime Logistics

吴小芳　张珞平　著

海洋出版社

2020年 · 北京

内容简介

本书通过文献综述和中国绿色航运的实践调查，总结了国际航运规划和绿色航运的研究进展及存在的问题与不足；辨析了迈向永续发展的两大途径——可持续发展和绿色发展的理念和发展思路，明确了可持续发展和绿色发展的理论基础、目标、概念和内涵，确立了绿色发展理念超越可持续发展，是真正迈向永续发展的有效途径。在此基础上，本书围绕航运物流和绿色发展的属性特征，创新性地提出了航运物流绿色战略规划的定义及其内涵，构建了航运物流绿色战略规划的技术路线和方法体系，以确保航运物流业迈向永续发展；并初步应用于案例研究。

本书将给现有的航运业及其航运物流管理一个巨大的冲击。它可作为航运业迈向永续发展的理论和实践指导；也可作为大专院校航运管理专业本科及硕、博士研究生以及与永续发展相关的理论课程的教材。

图书在版编目（CIP）数据

航运物流绿色战略规划研究/吴小芳，张珞平著. —北京：海洋出版社，2020. 7
ISBN 978-7-5210-0600-1

Ⅰ.①航… Ⅱ.①吴… ②张… Ⅲ.①航运-物流管理-经济持续发展-研究-中国 Ⅳ.①F552.3

中国版本图书馆 CIP 数据核字（2020）第 099843 号

策划编辑：方　菁
责任编辑：鹿　源
责任印制：赵麟苏
海洋出版社　**出版发行**
http：//www. oceanpress. com. cn
北京市海淀区大慧寺路 8 号　邮编：100081
北京朝阳印刷厂有限责任公司印刷　新华书店发行所经销
2020 年 7 月第 1 版　2020 年 7 月北京第 1 次印刷
开本：787mm×1092mm　1/16　印张：20. 25
字数：460 千字　定价：98. 00 元
发行部：62147016　邮购部：68038093　总编室：62114335

序

正当全世界关注于可持续发展（Sustainable development）之时，特别是2015年联合国提出全球2030年的“可持续发展目标（SDGs）”，世界各国及其各行各业都制定了各自的SDGs，以期迈向永续发展（Sustainability）。但各国以及各行各业如何实施SDGs？至今仍然是一个似是而非的命题，未曾见较为统一、科学、有效的定义、思路和实施方案。在经济全球化的背景下，世界经济高度依赖于航运业。国际航运将向何处去？航运业如何迈向可持续发展？最终如何实现永续发展？对国际航运业、特别是航运企业的持续发展至关重要，是航运企业的生命线。

厦门大学的环境管理学科起源于1985年的环境影响评价以及1988年“福建省湄洲湾新经济开发区环境综合规划”等课题的开展。特别是联合国开发计划署（UNDP）、全球环境基金（GEF）和国际海事组织（IMO）共同支持的“东亚海域海洋污染预防和管理示范项目”（1994—1998）以及由加拿大国际发展署（CIDA）资助的“基于公众的环境管理（Community-based Conservation Management）项目”（1998—2003）的实施，催生了2000年厦门大学环境管理学科（专业）成立。成立20年来，厦门大学环境管理学科在广泛的国际合作的基础上取得了长足的进步，包括2003年与美国旧金山大学建立全国唯一的“国际联合培养环境管理硕士项目”和2007年在美国罗德岛大学以及华盛顿大学和特拉华大学的帮助下建立了国内第一个“海洋事务专业”，在环境管理理论研究和实践服务等领域均获得国内外的广泛认可，特别是海洋与海岸带资源与环境管理方面在国际上做出了突出的贡献。

近年来在与国际合作过程中发现，我国在航运管理和渔业资源管理方面的科学研究和实际应用与国际上差距较大。2014年我们启动了航运业环境管理及其可持续发展的研究。在研究中发现我们的研究具有航运技术研究水平较低，但环境管理和永续发展理论和思路较先进的特点，而国际航运研究的特点如下。

（1）航运业均以老大自居，尽管国际航运业已发生了质的变化，如从“港到港”的运营模式转变为“门到门”的物流服务，航运业已成为物流业的一个组成部分，但航运管理仍抱着航运业自身的技术方法实施管理，难以融入物流业。如此长期下去必将被时代所抛弃（特别是航运企业）。

(2) 无论是科学研究或实践应用，航运管理（包括环境管理）仍基于航运技术，依赖于技术方法尝试解决管理问题或永续发展问题，无法从思想理念上有所突破和创新，由此造成管理目标不明确、思路狭隘、执行SDGs进展缓慢，SDGs的执行变为有限的环保处置措施的实践，完全丧失永续发展的目标和思想。

(3) 目前国际上对于与可持续发展的相关理念很模糊，甚至到了混淆的地步，未能明确“可持续发展”“绿色发展”以及“永续发展”的概念和定义，无法区别它们的本质区别，无法确认如何才能实现永续发展。

此书是在我的博士研究生吴小芳（2014—2018）的博士论文的基础上整理而成的。我们发挥了本学科在海洋科学和海洋事务、环境管理理念以及战略决策和管理等方面的优势，从永续发展理念入手，首先确立永续发展的战略目标，然后确立航运物流要实现永续发展的战略目标所必须执行的技术路线和方法（而不仅仅是环保措施和手段），以指导航运物流业能迈向永续发展。此书的主要创新点包括：①符合航运业的发展趋势，从航运物流链的角度考虑该行业的永续发展问题；②辨析了“可持续发展”和“绿色发展”的概念和定义及其它们的本质区别，确认它们的理论基础分别为“人类中心主义”和“非人类中心主义”，以及迈向永续发展的有效途径；③建立了基于航运物流链的绿色战略规划的思路、技术路线和方法，以期确保航运物流业迈向永续发展。

此书的研究工作得到“2009海洋公益性项目（项目号200905005-06）海岸带主体功能区划分技术体系框架研究与应用示范”的资金支持；出版得到“集美大学科研启动经费项目（ZQ 2019037）”资助出版。谨此致谢！

该书的相关内容已发表了五篇国际期刊论文（SCI & SSCI）和两篇国内论文。

远航，我们已经扬帆起航，但必须保证航行安全，以确保实现永续发展。

张珞平

2020年4月

于厦门大学

常用缩略语

EC	European Commission	欧盟委员会
ESPO	European Sea Ports Organization	欧洲海港组织
IAPH	International Association of Ports and Harbours	国际港口协会
IMF	International Monetary Fund	国际货币基金组织
IMO	International Maritime Organization	国际海事组织
ISO	International Organization for Standardization	国际标准化组织
IUCN	International Union for Conservation of Nature	世界自然保护联盟
OECD	Organization for Economic Co-operation and Development	经济合作与发展组织
PIANC	Permanent International Association of Navigation Congresses	国际航运协会
SEI	Stockholm Environment Institute	斯德哥尔摩环境研究所
SPREP	Secretariat of the Pacific Regional Environment Programme	太平洋区域环境规划署
UN	United Nations	联合国
UNCED	United Nation Conference on Environment and Development	联合国环境与发展大会
UNCTAD	United Nations Conference on Trade and Development	联合国贸易和发展会议
UNDP	United Nations Development Programme	联合国开发计划署
UNEP	United Nations Environment Programme	联合国环境规划署
UNESCO	United Nations Educational, Scientific and Cultural Organization	联合国教育、科学及文化组织
USDOT	United States Department of Transportation	美国交通部
USFMC	United States Federal Maritime Commission	美国联邦海事委员会
WCED	World Commission on Environment and Development	世界环境与发展委员会
WTO	World Trade Organization	世界贸易组织
WWF	World Wildlife Fund	世界自然基金会

目　次

第1章 绪 论

1.1 研究背景

1.1.1 国际航运业的发展趋势

航运在国际贸易与发展中十分重要（Smith，1776），世界经济高度依赖于航运（Fagerholt et al.，2010）。在全球化、船舶大型化和信息化的背景下，海洋运输从“港到港”（port to port）的运营模式逐渐转变为“门到门”（door to door）的运输服务方式（Branch，2007；USDOT，2007）。新时代的港口已成为供应链的一个环节（UNCTAD，1999；Robinson，2002；Carbone and Martino，2003；Song and Panayides，2008），港口间的竞争转变为港口所在供应链间的竞争（Bichou and Gray，2005；真虹，2009）。21 世纪是供应链管理竞争的世纪，供应链全球化和国际多式联运的发展使得海洋运输走向供应链航运物流（maritime logistics）（Song and Panayides，2015）。2010 年，欧洲生态港基金会（EcoPorts Foundation）成立独立的非营利性生态可持续物流链基金会（ECO Sustainable Logistic Chain Foundation）以支持物流链可持续发展。通过开展可持续物流链管理（Sustainable Logistic Chain Management）要求港口从物流链的视角思考和行动（ECO Sustainable Logistics Chain Foundation，2016），适应供应链航运物流的发展趋势。2017 年“世界海事日”主题定为“连接船舶、港口和人”（connecting ships，ports and people），旨在改善港口与船舶之间的紧密合作及其与人类社会的关系（IMO，2016b）。

港口将作为价值链系统的一个要素，港到港的海洋运输走向供应链航运物流模式，这是一种新的研究范式（Robinson，2002；庄佩君，2014）。2005 年国际海运经济会议引入航运物流概念，提出海洋运输应融合物流理念，迈入新的研究进程（Panayides，2006）。

1.1.2 航运永续发展的要求

1992 年，“联合国世界环境与发展高峰会议”在巴西里约热内卢召开，确立了可持续发展战略，通过了《里约宣言》，并制定了执行可持续发展的《21 世纪议程》。此后，联合国各组织、世界各国均开始制定各自的可持续发展战略和执行计划。各国民众要求执行可持续发展战略的呼声也日益高涨，要求各行业都必须实施可持续发展战略（Hall and Vredenburg，2003）。在可持续发展的要求下，1994 年联合国环境规划署公布《联合国气候变化框架公约》（United Nations Framework Convention on Climate Change），并于 1997 年颁布《京都议定书》（Kyoto Protocol）突出船舶管理制度（Wrighta，2013）；2009 年《哥本哈根协议》（Copenhagen Agreement）提出到 2050 年船舶二氧化碳排放减少到 4 亿 t，2080 年实现零排放；2015 年 11 月，中华人民共和国主席习近平在联合国气候变化巴黎大会上提出发展低碳交通（习近平，2015）。这些任务与要求最终给政府、航运公司和港口企业等带来了实质性的挑战与机遇，逼迫航运及其物流业走向永续发展。

1.1.3 航运规划的现状

航运规划的对象常被界定为以船舶为运输工具的海洋运输，国际组织和区域航运管理部门纷纷通过开展海上运输规划或综合交通运输规划指导航运发展（European Community，1992；PIANC，2013；Transport and Infrastructure Council of Australia，2016）。现有的航运规划多服务于部门管理和企业运营管理（杨大鸣，2003；中华人民共和国交通运输部，2015a；Koufopoulos et al.，2005），属于管理规划层次，难以指导行业迈向永续发展。虽然早在 19 世纪 80 年代，Frankel（1989）便提出航运需要开展战略规划，但后续关于战略性航运规划的研究成果仍十分欠缺（Fagerholt et al.，2010；Lam and Van de Voorde，2012；Ng et al.，2013）。实践中，航运规划的技术路线和方法也呈现多样性，缺少成熟的航运规划技术方法体系（European Commission，2011b；中华人民共和国交通运输部，2011；USFMC，2013；USDOT，2014a；Transport and Infrastructure Council of Australia，2016）。

随着永续发展思想的不断加强，永续发展的要求不断渗透到各个行业中，航运业也不可避免受到永续发展的巨大压力。但在目前的航运规划中，“绿色航运”和“可持续航运”理念被未加区分地融入航运规划中（Pike et al.，2011），“绿色”和“可持续”被部分学者视为同义词（Abbasi and Nilsson，2012）。新加坡于 2010 年率先在全球发起绿色航运行动（Maritime Singapore Green Initiative），然而，绿色航运规划仍处于倡议阶段，缺少绿色航运规划的理论与结构框架（Lam and Van de Voorde，2012）。

中国集航运大国、造船大国与贸易大国于一身，目前正面临着前所未有的机遇和挑战，我国海运业能否于航运低迷的不利局面中抢抓机遇，抢先布局，直接关系到此轮航运强国之争的成败，特别是在国际海运减排规则的制定中把握主导权和话语权，应加快制定绿色海运发展战略（中华人民共和国海事局，2016）。绿色航运物流是一项长期的战略，需要绿色战略规划进行指导。

1.1.4 航运规划存在的问题

通过对研究背景的分析，由于供应链全球化、船舶大型化及国际多式联运的发展需求及永续发展的要求，航运规划和港口规划主要存在着以下几个问题：①现有的航运规划仍然定位于“港到港”的运营模式，不符合当前航运业的发展趋势，难以适应和指导行业的发展。②现有航运规划多为管理规划，缺乏战略性目标，无法适应永续发展的要求。③绿色航运的概念不清；绿色航运规划体系不健全，技术方法不成熟；绿色航运物流规划研究刚起步。

1.2　研究的目的及意义

1.2.1　研究目的

本研究的目的是开展航运物流绿色战略规划研究，以适应航运业的发展趋势及永续发展要求，指导航运产业迈向绿色发展。

1.2.2　研究意义

航运物流绿色战略规划是实现航运业永续发展的必然选择，具有重要的现实意义。

1.2.2.1　适应航运业的发展趋势，满足航运业的发展需求

航运作为一种重要的运输方式，具有全球竞争的特点。航运业发展到今天，为适应全球化、多式联运以及快捷服务的发展需求，已经逐步摈弃从港到港的发展理念，而是站在整个供应链的角度，考虑从门到门运输服务的供应链物流模式。航运业必须顺应行业的发展趋势，从海洋运输走向航运物流，才能确保航运业的持续发展。

1.2.2.2　满足永续发展要求，促进航运业的绿色发展

迫于 21 世纪全球环境的压力以及日益高涨的迈向永续发展的呼声，逼迫航运及其物流业走向永续发展。为维护国家或区域的航运经济利益，提高航运的竞争力，港口和航运的永续发展越发被关注。相关国际组织、政府、社会团体、企业和公众也已不再仅仅以盈利为目的，而是开始关注航运的永续发展，这是未来航运业发展的必然趋势和要求，是航运业赖以生存和持续发展的唯一出路。2008 年欧盟《未来交通》（Future Transport）的公布，充分体现了交通运输系统可持续发展的趋势。如何满足航运业永续发展的要求，航运物流绿色战略规划是一个有效的战略决策，将成为今后航运永续发展的依据和战略指导。

1.2.2.3　填补我国航运物流绿色战略规划研究的空白，完善航运规划体系

早期，航运研究主要关注航运运营（Mansouri et al.，2015）。战略规划研究主要集中在制造业，服务行业战略规划的研究很少（Koufopoulos et al.，2005）。近几年来，相关国际组织、政府、社会团体和公众纷纷倡议“绿色航运”，但绿色航运规划相关的研究却处于萌芽阶段，成果十分单薄（Ng et al.，2013）。在我国，绿色航运物流研究基本空白。2014 年全球十大集装箱港口有 6 个在中国（Alphaliner，2014），中国航运旨在成为全球领导者（Mackey，2006），航运业的永续发展对我国至关重要。本研究将适应航运发展的需求，满足永续发展的要求，填补我国航运物流战略规划研究的空白，对我国航运业发展具有前瞻性的战略意义。

1.2.2.4　生态文明建设和“一带一路”倡议实施的重要内容

航运物流绿色战略规划是贯彻中央提出的建设生态文明的基础内容之一，是促进航运

业永续发展的基本保障。此外，航运业是实现中央提出的“一带一路”倡议最主要的途径和支撑，具有深远的战略意义。

1.3 研究内容、技术路线与方法

1.3.1 研究目标

本研究的目标是构建航运物流的绿色战略规划方法体系，为航运规划提供科学的决策依据，促进航运业迈向绿色发展。

1.3.2 研究原则

本研究执行以下原则。

1.3.2.1 永续发展原则（The sustainability principle）

永续发展是人类和自然能够持续的能力，是人类发展的最终目标（WCED，1987；Engelman，2013；Caradonna，2014；Shaker，2015；UNCED，2015），是人类发展唯一正确的方向。普遍认为可持续发展和绿色发展是迈向永续发展的技术路线（WCED，1987；Adams，2009；Shaker，2015）。航运物流绿色战略规划必须满足永续发展要求，航运业才有可能持续发展下去。

1.3.2.2 公众参与原则（The community-based principle）

永续发展的基本原则之一就是必须执行公众参与，缺少公众参与是难以实现持续发展的。航运物流的绿色规划是一项战略性的规划，需满足公众和利益相关者的需求。而公众参与原则是公众或利益相关者发表观点、辅助决策的有效途径，增强决策的科学性和合理性，避免决策失误（Fang et al.，2006）。所以航运物流绿色战略规划应坚持公众参与原则。

1.3.2.3 预警预防原则（The precautionary principle）

预警预防原则要求即使没有科学的证据证明某些人为活动与其产生的效应之间存在一定的联系，只要假设这些活动有可能对生命资源产生某些危险或危害的效应，就应采取适用的技术或适宜的措施减缓或直至取消这些影响（张珞平等，2004）。航运物流绿色战略规划在高不确定性、高风险的航运环境下，应采取预警预防措施，减少风险、确保安全，才能真正实现绿色航运目标。

1.3.2.4 资源定位原则（The resource-oriented principle）

航运物流绿色战略规划应充分发挥区域资源优势，规避资源约束。而资源定位原则则立足于资源的最佳配置和持续利用，在全面调查、分析和评价区域自身自然资源和社会经济资源状况的基础上，以主导资源、特征资源、优势资源确定区域发展的方向，以约束资源、敏感资源规范开发利用，从而实现社会、经济和环境协调发展（于正等，2012）。只有坚持资源定位原则，才有可能实现持续、永续发展，才能在航运规划上更好地实现绿色发展。

1.3.2.5　坚持“循序渐进、持续改进”的原则

ISO 14000 系列标准所提出的“循序渐进、持续改进”原则是迈向绿色发展的有效途径，在航运物流绿色战略规划必须坚持该原则才可能实现绿色航运。

1.3.3　研究内容

本研究拟开展的研究内容包括以下几方面。

（1）航运规划和绿色航运规划相关的文献研究。收集与整理国内外相关研究和实践的文献资料，包括航运规划的概念、管理及规划体系、发展历程、规划的技术方法等研究和实践进展，以及绿色航运规划相关的概念、绿色理念、规划历程和技术方法等。总结研究进展及存在的问题与不足。

（2）国内重要航运管理部门、航运企业及组织的实践调研。选取我国重要的航运区域管理部门、企业以及相关组织开展调研，了解我国开展绿色航运的实践进展、需求以及研究进展，分析现存问题与不足。

（3）航运物流绿色战略规划的技术路线和方法体系的构建。建立航运物流绿色战略规划的技术路线和方法体系是本研究的核心和重点。本研究计划在系统总结与分析现有航运规划和绿色航运规划技术方法的基础上，结合航运业发展趋势和永续发展的要求构建航运物流绿色战略规划的技术路线和方法体系。

（4）案例研究。将所构建的航运物流绿色战略规划的技术路线和方法体系应用于案例中，通过案例研究对所构建的技术方法进行检验和修正，由此建立一套完整和有效的航运物流绿色战略规划的技术路线和方法体系。

1.3.4　研究的技术路线

本研究的技术路线包括研究进展、技术方法体系构建及案例研究 3 部分（图 1-1）。

1.3.4.1　文献综述及实践调研

通过对航运规划和绿色航运规划相关文献的检索和综述，以及现场实践调研，分别总结相关内容的概念、体系、发展历程和技术方法等的研究进展，分析存在的问题与不足。

1.3.4.2　航运物流绿色战略规划技术路线和方法体系构建

（1）现有航运规划技术路线和方法的评价。分析现有航运规划技术方法的优缺点及其存在的问题。

（2）绿色航运理念的辨析和航运物流绿色战略规划内涵的界定。辨析可持续发展与绿

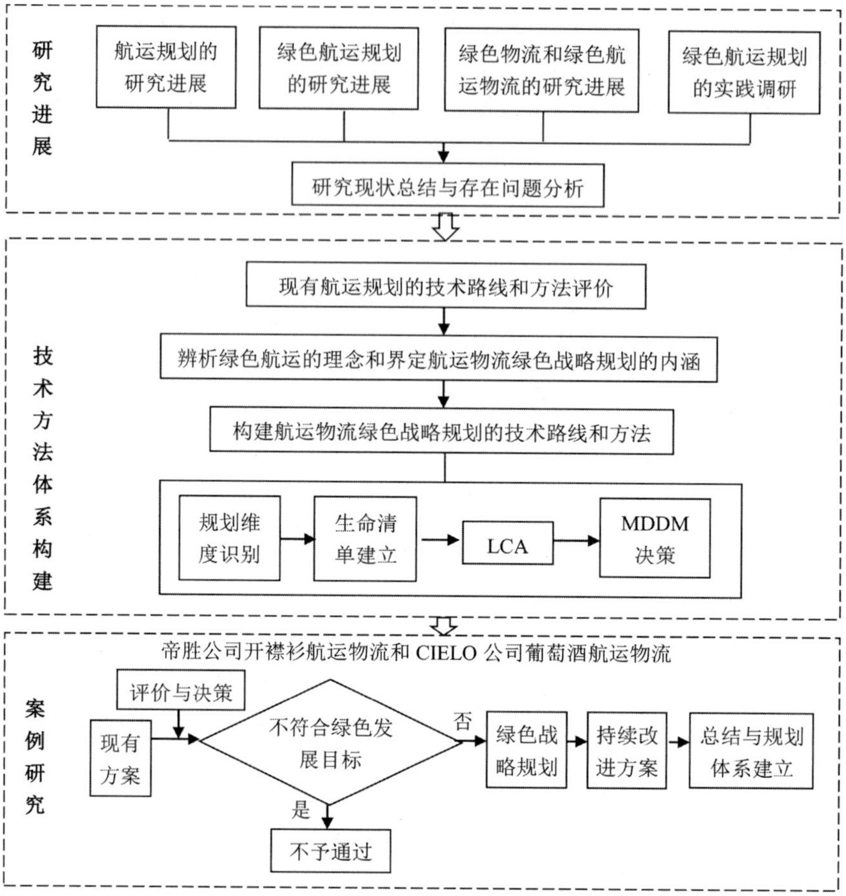

图 1-1 研究的技术路线

Fig. 1-1 Approach of the dissertation

色发展概念的本质差别，以及绿色航运和可持续航运的理念。确定航运物流绿色战略规划的定义和内涵。

（3）构建航运物流的技术路线和方法体系。深入理解多维决策法（Multi-Dimensional Decision Making approach，MDDM）、ISO 14000 标准（重点是环境管理体系（Environmental Management Systems，EMS）和生命周期评价（Life Cycle Assessment，LCA））的基本理念和技术方法。将 MDDM 法应用于航运物流绿色战略规划框架，识别航运物流活动应考虑的所有维度；由于现代航运的“门到门”运输模式，运用 LCA 的方法分析航运物流生命周期；开展航运物流的多维度生命周期评价，包括远程耦合分析；采用 MDDM 法对航运物流生命周期的相关维度进行影响评价和绿色评价，评价结果作为战略决策的依据，并进行绿色战略规划；规划体系将执行 ISO 14000 标准中 EMS 的“循序渐进，持续改进”思路和方法。

1.3.4.3 案例研究

选取经厦门港的出口和进口的两条代表性航运物流链，基于构建的航运物流绿色战略规划的技术路线和方法，分别识别航运物流生命周期清单，对现有航运方案进行评价和决策，包括收集多维信息；开展现状和回顾性基础评价；初步判断该航运物流方案是否明显不符合绿色发展目标或处于行业落后水平；若是，则应终止该方案，必须整改后重新评价；若否，则继续进行下一阶段的生命周期评价；通过 MDDM 的专家评判法进行航运战略规划。最后，分析现有规划是否符合绿色发展目标，提出绿色战略规划，并提出持续改进方案。

1.3.5 研究方法

1.3.5.1 文献研究

采用文献检索和文献综述的方法，总结国际上航运管理体系和规划体系（包括港口规划）、绿色航运规划（含绿色港口规划）相关概念和研究进展，以及航运和绿色航运规划的技术路线和方法，了解该领域的研究现状和存在的问题。

1.3.5.2 调查研究

选取我国航运业发展具有代表性、典型性的上海、广州和深圳区域，以及面向东南亚和我国台湾地区的厦门区域，开展绿色航运实践的调研工作。通过走访调研绿色航运相关的组织机构以及企业，了解绿色航运规划的研究与实践进展，分析现存问题与不足。

1.3.5.3 航运物流绿色战略规划技术路线和方法体系构建

（1）评价现有航运规划技术路线和方法。运用归纳总结、比较分析的方法分析现有航运规划技术路线的优缺点及其存在的问题。

（2）辨析永续发展与绿色发展、绿色航运与可持续航运理念的本质差别。采用理论论证的方法辨析可持续发展和绿色发展概念的本质差别；论证绿色航运和可持续航运的理念差异；确定航运物流绿色战略规划的定义和内涵。

（3）构建绿色航运战略规划的技术路线和方法。应用 MDDM 法，构建基于现代航运物流链的多维决策体系。

运用生命周期评价（LCA）的方法，确定现代航运物流链的生命周期清单。

获取航运物流链生命周期各环节及其相关区域各环境维度可获得的所有数据，开展现代航运物流相关区域的现状和回顾性评价；采用成本收益分析、公众参与、专家评判、环境影响评价、战略环境评价、风险评价、数据分析、生态系统服务价值评估和生态系统内在价值评估方法及远程耦合等方法，从多维度进行航运物流的生命周期评价。

运用 MDDM 法，通过专家评判法进行航运物流链的各环节的 6 个环境维度的综合评价以及 MDDM 决策，由此确定、并制定航运物流绿色战略规划体系。

在航运物流绿色战略规划中引入 ISO 14000 标准 EMS 的思路和方法，制定绿色航运规划的循序渐进、持续改进的内容和方法，以此完善航运物流绿色战略规划，体现绿色发展目标，不断持续改进。

1.3.5.4 案例研究

选取经厦门港的出口和进口的两条航运物流链，运用构建的航运物流绿色战略规划的技术路线和方法开展案例研究，制定航运物流的绿色战略规划，包括提出持续改进方案，完善航运物流绿色战略规划技术路线和方法体系。

第2章　航运规划和绿色航运规划的研究进展

2.1　航运规划的研究进展

2.1.1　航运规划的发展历程

2.1.1.1　航运和航运规划的概念

传统的航运业是指以船舶为运输工具，提供“港到港”运输的服务业；而现代航运业指以海运方式为主体，综合运用其他运输方式，完成“门到门”运输服务的整个产业链，包括托运人至港口、港口至收货人的陆路等运输服务，港口至港口间运输服务，以及与之相关的码头业务、货物运输代理、船舶代理等服务（甘爱平和曲迟林，2010）。

当前，有相当一部分航运规划针对航运要素开展，其中较多的是港口规划。譬如，早在20世纪50年代，中华人民共和国交通运输部便制定了《港口初步发展规划》，至20世纪90年代，我国沿海50个大中型港口相继完成港口总体规划（史国光和李善友，2009）。调研显示，我国拥有成熟的港口规划体系，包括港口布局规划和港口总体规划（吴小芳和张珞平，2017）。国际上，20世纪80年代，美国、加拿大、澳大利亚和欧洲港口组织也开始对港口产业战略规划产生兴趣，并提出港口业战略规划导则（UNCTAD，1993a；UNCTAD，1993b）。21世纪初，各国港口协会和港口管理机构陆续开展港口战略规划、总体规划与发展规划等，并出台规划指南（IAPH and PPCC，2001）。2014年，国际航运协会提出港口总体规划制定的技术路线（PIANC，2014）。然而，港口只是航运业的一部分，是航运运输中的一个节点，随着航运业的兴衰而兴衰。由于港口规划范围存在局限性，难以指导整个航运业的永续发展。只有从整体上考虑航运业的发展才可能真正实现行业的永续发展。因此，本研究不单独考虑关注航运要素的规划，如港口规划。

目前尚无被广泛接受的、明确且公认的航运规划的定义。

2.1.1.2　国外航运规划的发展

Kumar（1976）意识到印度的航运业需要综合的长期规划。Tomlinson（1980）认为航运行业应建立数据库为航运规划服务。Frankel（1989）认为航运具有比以往更大的不确定性和风险性，需开展战略规划应对未来的风险和机遇。

1992年欧洲共同体（European Community）批准《未来公共交通的发展政策》（The Future Development of the Common Transport Policy）白皮书，分析了航运经济的趋势和倾向

以及航运面临的问题与备选方案，促进航运市场的开放（European Community，1992）。

1999 年美国交通运输部成立了“一元化运输部（ONEDOT）”战略工作组，专门从事新世纪初航运战略的制定工作（杨大鸣，2003）。1999 年 5 月美国联邦海事委员会发布《1999—2000 年联邦海事委员会战略规划》（FMC Strategic Plan for Fiscal Years 1999—2000），随后 2000 年、2003 年、2008 年和 2013 年分别更新并颁布航运战略规划（USFMC，2015b）。2001 年，欧盟委员会公布《白皮书：欧洲 2010 年运输政策》（White paper——“European transport policy for 2010：time to decide”），提出调整航运与其他运输方式间的均衡状态、消除运输瓶颈、制定以用户为核心的航运政策、管理全球化运输 4 个方面的具体措施，推进可持续航运的发展（European Commission，2001）。2003 年，德国联邦运输、建筑和住房部公布《联邦交通基础设施规划》，为航运基础设施制定投资计划框架（BMVBW of Germany，2003）。2006 年，欧盟委员会提出《保持欧洲不断进步——欧洲大陆的可持续交通运输》（Keep Europe moving—Sustainable mobility for our continent），对 2001 年公布的《白皮书：欧洲 2010 年运输政策》进行中期评论，对航运环境变化做出战略性调整（European Commission，2006）。2006 年，美国交通部发布《战略规划（2006—2011 年）》（Strategic Plan for Fiscal Years 2006—2011），表达交通部的新思想，统筹考虑整个交通系统的构建，推进海事和多式联运运输的环境管理（USDOT，2006）。

2007 年，美国交通部海运管理署发布《海事管理署和美国海洋运输系统 21 世纪的远景》（The Maritime Administration and the U. S. Marine Transportation System：A Vision for the 21st Century）进行联运革命，将“港到港”的运输方式转变为“门到门”（USDOT，2007）。2009 年 1 月，欧盟委员会提出《2018 年海洋交通战略》（Maritime Transport Strategy 2018），主要考虑海洋运输能力和欧洲航运长期的竞争力（European Commission，2009b）。2009 年 6 月，欧盟委员会提出《未来交通》（Future of Transport），远景展望未来 20~40 年欧盟航运，包括评价欧洲航运和识别可能发展低碳航运的情景等，为编制 2011 年白皮书铺垫（European Commission，2009a）。2011 年，欧盟委员会公布《2011 白皮书：欧洲运输一体化路线图——迈向一个竞争和高效的运输体系》（White paper 2011：Roadmap to a Single European Transport Area—Towards a competitive and resource efficient transport system），旨在实现到 2050 年至少削减 40%航运排放的目标（European Commission，2011b）。2011 年，德国联邦交通、住房和城市发展部公布《海事发展计划》（Maritime Development Plan）加强航运竞争力、保护海洋环境、处理气候变化问题和保护相关者利益（BMVBS of Germany，2011）。2013 年 9 月，英国交通部提出《航运战略伙伴关系》（Shipping Strategic Partnership）推动航运更具活力、高质量和持续性，并公布详细规划（Maritime UK，2013）。2013 年，葡萄牙颁布《2013—2020 年国家海洋战略》（National Ocean Strategy 2013—2020），对航运提出简单的发展战略（Portuguese Goverment，2013）。

2014 年 1 月，美国在华盛顿召开首届国家海上战略研讨会（National Maritime Strategy Symposium），考虑制定长期的、未来的、主动的国家海洋运输政策，同年 5 月，召开了第二次研讨会（USDOT，2015c）。2014 年，美国交通部更新部门 5 年战略规划，提出保持航运系统安全、基础设施良好的修护状态、经济竞争力强和环境持续的战略目标（USDOT，2014a）。2014 年 10 月，澳大利亚东北地区航运管理集团公布《东北区航运管理计划》长期可持续性地规划减少航运潜在影响的措施（North-East Shipping Management Group, 2014）。2015 年 1 月 1 日，荷兰政府公布《2015—2025 年荷兰海事战略》（The Dutch Maritime Strategy 2015—2025）强调海事战略集群、整合海运与内陆运输和协调航运与环境的关系（Dutch Government, 2015）。2015 年，日本交通部公布《交通政策白皮书》为实现持续和安全可靠的航运提出相应措施（日本国土交通省，2015）。2015 年和 2016 年，澳大利亚交通与基础设施委员会对《澳大利亚交通运输系统管理国家指南》进行了修订，指导航运规划（Transport and Infrastructure Council of Australia, 2016）。

2.1.1.3 国内航运规划的发展

中华人民共和国交通运输部每隔 5 年开展交通运输发展规划。如 2011 年，公布《交通运输“十二五”发展规划》对综合运输、水路交通、交通科技与信息化、绿色交通和安全与应急保障进行规划，并提出相关保障措施。依据 5 年发展规划，交通部对水路交通开展环境保护、节能减排、科技发展和信息化规划等方面发展计划（中华人民共和国交通运输部，2015a）。

中国台湾地区交通管理机构于 1976 年和 1986 年前后进行两期地区整体运输系统规划及修订工作，并每隔 10 年进行修编（台湾地区交通运输研究所，2010）；从 1995 年起，每隔约 10 年更新并出版《运输政策白皮书》，从海运背景、课题与展望角度进行分析（台湾地区交通管理机构，2014）。中国香港 2007 年 10 月公布《香港 2030：规划远景与策略》涉及区域性航运交通系统构建（香港特别行政区政府，2007）。

2007 年 8 月，中华人民共和国交通运输部公布《环渤海地区现代化公路水路交通基础设施规划纲要》《泛珠江三角洲区域合作公路水路交通基础设施规划纲要》《振兴东北老工业基地公路水路交通发展规划纲要》《长江三角洲地区现代化公路水路交通规划纲要》等区域性航运规划（中华人民共和国交通运输部，2015a）。2008 年 9 月，中华人民共和国交通运输部颁布《公路水路交通节能中长期规划纲要》确定中长期水路运输节能的总体目标和主要任务（中华人民共和国交通运输部，2008）。2009 年 9 月，香港政府发表《大珠三角交通运输系统的协调发展策略》构建区域航运交通系统（香港特别行政区政府，2009）。我国现阶段正在讨论航运振兴规划或海运发展战略（覃戈，2013）。

2.1.1.4 航运规划发展历程小结

国际上从 20 世纪 70—80 年代开始意识到需要制定航运规划以支持决策；90 年代开始制定相关的政策和规划，但多为管理规划或航运中的单要素规划，如港口规划、近海规划等；1999 年美国联邦海事委员会开始制定短期航运战略规划；1992 年以后欧盟及其国家开始制定较长期（10 年）的运输政策、海洋交通战略等；2011 年以后开始考虑制定长期的、未来的、主动的国家海洋运输政策，以及综合性战略规划。

国内现有航运规划仍然是管理层面或单项规划，正在讨论航运或海运发展战略；中国台湾在 1995 年起开始制定《运输政策白皮书》；中国香港 2007 年公布《香港 2030：规划远景与策略》涉及区域性航运交通系统构建。

2.1.2 国际航运管理体系及其航运规划

与航运相关的主要联合国政府间机构包括联合国贸易和发展会议（United Nations Conference on Trade and Development，UNCTAD）、国际海事组织（International Maritime Organization，IMO）、国际劳工组织（International Labour Organization）和世界贸易组织（World Trade Organization，WTO）（Mukherjee and Brownrigg，2013）。2014 年 1 月，IMO 公布《2014—2019 年组织战略规划》［Strategic Plan for the Organization（for the Six-year Period 2014 to 2019）］致力于航运安全和预防航运污染，从组织使命、世界海事发展趋势和组织挑战、组织战略方向和绩效指标的规划方面考虑（IMO，2014）。

以下对航运业发展具代表性的国家进行航运规划体系的归纳总结。因大多数国家没有航运专项规划，且航运业是交通运输业的组成部分，我们通过研究交通运输规划获取航运规划的相关信息。

2.1.2.1 美洲

2.1.2.1.1 美国

1）航运管理体系

联邦制的美国实行统筹管理的水上交通运输管理体制，航运管理机构分为 6 个部分：①隶属于国会的州际商务委员会（The Interstate Commerce Commission）和联邦海事委员会（Federal Maritime Commission，FMC）；②隶属于政府的联邦交通部海事管理署（Maritime Administration）和美国港务局协会（American Association of Port Authorities，AAPA）；③参与战备管理的美国海岸警卫队（United States Coast Guard）和陆军工程兵团（United States Army Corps of Engineers）；④民间组织，即各种类型的协会和联合会等；⑤从事环境保护的美国联邦环境保护署（United States Environmental Protection Agency）；⑥征收关税、参与运输管理的美国海关（王学峰，2011）。其中，美国国会下设的联邦海事委员会、美国运输部海事管理署和美国海岸警卫队主管美国海运事务（罗萍和杨家其，2003）。美国政府对于水运规划的职能是宏观调控，州交通厅不管水运。州政府不设航运部门，各地设交通部航运管理署的派出机构（杨大鸣，2003）。

2）航运规划体系

美国联邦海事委员会（United States Federal Maritime Commission，USFMC）

1999 年 5 月，联邦海事委员会在《1998 年航运改革法》生效后公布了《1999—2000 年联邦海事委员会战略规划》（FMC Strategic Plan for Fiscal Years 1999—2000），明确了守法、平衡执法、高效管制程序和内部能力 4 项战略目标，并识别了战略目标和使命间的联系，确定目标的输出结果和达到目标的手段方式（USFMC，1999）。2000 年 9 月，公布了《2000—2005 年联邦海事委员会战略规划》（USFMC，2000）。2003 年 9 月，公布的《2003—2008 年联邦海事委员会战略规划》，增加了管理能力战略目标（USFMC，2003）。2008 年 12 月公布了《2010—2015 年联邦海事委员会战略规划》，其战略目标为：保持国际海洋交通运输系统的有效性和竞争性。规划还包括具体策略的提出和实施评估

（USFMC, 2008）。2011 年 8 月，对《2010—2015 年联邦海事委员会战略规划》进行了修订，增加了支持机构目标的行政策略，包括人力资源、信息技术和财务管理方面（USFMC, 2011）。2013 年 12 月，公布的《2014—2018 年联邦海事委员会战略规划》，保持了 2011 年修订的 2010—2015 年战略规划的目标（USFMC, 2013）。

联邦海事委员会一般在年初提交上一年度的“计划执行报告”（Annual Program Performance Report），并公布下一年度“执行计划”（Annual Performance Plan）（USFMC, 2015a）。

美国交通部（United States Department of Transportation，USDOT）

1999 年，美国交通运输部成立了“一元化运输部”战略工作组，专门从事 21 世纪初交通运输战略的制定工作，探讨改进和提高 1997—2002 年战略规划，并制定 2000—2005 年交通运输战略规划（杨大鸣，2003）。2006 年，公布了《战略规划（2006—2011 年）》（Strategic Plan for Fiscal Years 2006—2011），该规划体现的是交通部的新思想，统筹考虑整个交通系统的网络构建；保证海运能力、保障联运交通系统以支持国土安全和国家安全；推进海事和多式联运运输的环境管理（USDOT, 2006）。2007 年，海运管理署发布了《海事管理署和美国海洋运输系统的 21 世纪的远景》（The Maritime Administration and the U. S. Marine Transportation System：A Vision for the 21st Century），提出美国的运输产业进行着联运革命。

21 世纪，美国航运不再是以港口作为起点和终点，海洋运输产业从“港到港”的运输方式转变为“门到门”。海洋运输已成为一个系统的、综合的网络（USDOT, 2007）。2008 年，海运管理署公布了《2008—2013 年战略规划》（2008—2013 Strategic Plan），明确支持交通部战略规划，促进海事政策和规划；保持海事管理署和海洋交通系统的私人和公共利益相关者之间伙伴关系的活力；强化美国联运系统（USDOT, 2008）。同年还公布了《海洋交通系统国家战略》（National Strategy for the Marine Transportation System）作为未来 5 年海洋运输系统的政策框架。2014 年公布的《2014—2018 年交通部战略规划》（Department of Transportation Strategic Plan for fiscal years 2014—2018）提出保持整个海洋交通系统安全、基础设施良好、经济竞争性高的环境持续的战略目标，并针对每个目标制定实施战略和策略（USDOT, 2014a）。

3）航运规划现状

美国航运的长期发展规划一般是以政策形式体现的（於世成等，2008），且海运政策大体上是通过立法形式实现的（王学峰，2011）。然而，对具有发展战略、规划性质的政策研究不多（於世成等，2008）。

在华盛顿召开的美国首届国家海上战略研讨会（National Maritime Strategy Symposium）指出，美国缺乏一致的、协调的国家海上运输政策，美国必须考虑制定长期的、未来的、主动的航运政策，综合考虑公共和私人伙伴关系（Garamendi, 2014）。

2. 1. 2. 1. 2 加拿大

加拿大采取三级政府交通管理模式，国际海运由联邦政府管理（郭俊发，2007）。联邦政府没有规划方面的直接权利，但间接地影响规划（Wolfe 和严宁，2005），如通过《联邦可持续发展法案》等促进航运可持续发展。国内水运由联邦政府和省或地区政府管理。

各省交通主管部门主要负责本省城际间的公路、水路（含轮渡）运输业务（郭俊发，2007）。

2008年6月，加拿大交通部（Transport Canada）通过《联邦可持续发展法案》（Federal Sustainable Development Act）改变了可持续发展战略编制的技术方法（Transport Canada，2013）。2011年6月开始，加拿大交通部每年更新可持续发展战略（Transport Canada，2014），指导航运发展。

2.1.2.2 欧洲

2.1.2.2.1 欧盟

1992年，欧洲共同体（European Community）批准了白皮书：《公共交通政策的未来发展》（The Future Development of the Common Transport Policy）促进运输市场的开放（European Community，1992）。2001年，欧盟委员会（European Commission）颁布《白皮书：欧洲2010年运输政策》（White paper——"European transport policy for 2010：time to decide"），依据欧盟共同运输政策指导方针，从调整航运与其他运输方式间的均衡状态、消除运输瓶颈、以用户为核心的航运政策、运输全球化管理4个方面提出具体措施，最终推进可持续航运发展（European Commission，2001）。2006年，提出了《保持欧洲不断进步—欧洲的持续运输》（Keep Europe moving——Sustainable mobility for our continent），对2001年公布的《白皮书：欧洲2010年运输政策》进行中期评论，并对航运环境变化做出战略性的调整（European Commission，2006）。2008年，提出的《绿色运输一揽子》（The Greening Transport Package）列出了气候变化、当地污染、噪声和灾害等方面的海事绿色运输清单（European Commission，2008a）。2009年1月，提出了《2018年海洋交通战略》（Maritime Transport Strategy 2018），着眼于10年周期，主要考虑海洋运输能力和欧洲航运长期的竞争力（European Commission，2009b）。

2009年6月，提出了《未来交通》（Future of Transport），对10年航运政策实施后期进行思考，包括评价航运、识别可能发展低碳航运的情景和利益相关者咨询（European Commission，2009a）。2011年，提出了《2011白皮书：欧洲运输一体化路线图——迈向一个竞争和资源高效的运输体系》（White paper 2011：Roadmap to a Single European Transport Area—Towards a competitive and resource efficient transport system），考虑10年期战略，包括10个挑战性的目标、40项支撑性举措和60项措施以发展欧洲交通运输系统（European Commission，2011b）。

此外，欧盟的其他战略、规划或项目行动中或多或少涵盖了航运规划的内容，如近海航运项目（Short Sea Shipping）（European Commission，2014b）、海事空间规划（Maritime Spatial Planning）（European Commission，2015c）、《海事政策综合方法指南》（Guidelines for an Integrated Approach to Maritime Policy）（European Commission，2008b）、《生态创新行动计划》（Eco-innovation Action Plan）（European Commission，2015a）、《地平线2020》（HORIZON 2020）（European Commission，2011a）、《欧洲海洋战略行动》（Maritime Europe Strategy Action）（European Commission，2015b）等。

2.1.2.2.2　英国

英国的交通管理体制分为中央政府交通管理机构、地区政府交通管理机构、分区政府交通管理机构和地方政府交通管理机构 4 个层级。英国航运管理属于大部制机构模式，主要由交通运输部（Department for Transport）负责（Mukherjee and Brownrigg，2013）。

英国的长期经济计划（Long Term Economic Plan）（2014）、航运战略伙伴关系计划（Shipping Strategic Partnership Plan）（2013）和海事商业服务计划（Plan-on Maritime Business Services）为英国航运的发展设定了清晰的道路（Hayes，2015）。2013 年 9 月 9 日，英国交通部公布了一份指导政府、行业和工会间航运战略伙伴关系计划讨论框架的导则（Maritime UK，2013）。

2.1.2.2.3　荷兰

荷兰基础设施和环境部管理荷兰航运。2009 年 12 月，公布了《2009—2015 年国家水规划临时修订稿》（Interim Revision of the National Water Plan）（2009—2015），主要为内河航运规划（Dutch Government，2009）；2014 年 12 月，公布的《2016—2021 年国家水规划》（National Water Plan 2016—2021）中提到航运关系到国家利益，需要减少航运污染（Dutch Government，2014a）。2014 年 7 月，公布了《北海 2050 空间议程》（North Sea 2050 Spatial Agenda），以规划北海航运（Dutch Government，2014b）。2015 年 1 月 1 日，公布了《2015—2025 年荷兰海事战略》（The Dutch Maritime Strategy 2015—2025），强调海上战略集群，整合海运和内陆运输，优化运输网络，并提出协调航运与环境的关系（Dutch Government，2015）。

2.1.2.2.4　德国

德国联邦交通与数字基础设施部（Federal Ministry of Transport and Digital Infrastructure）是联邦交通运输事业的主管机关。德国水道航运管理体制为三级垂直领导，包括：联邦交通部、水道航运区局和水道航运分局（唐国英，1995）。德国联邦交通基础设施规划体制如图 2-1 所示。

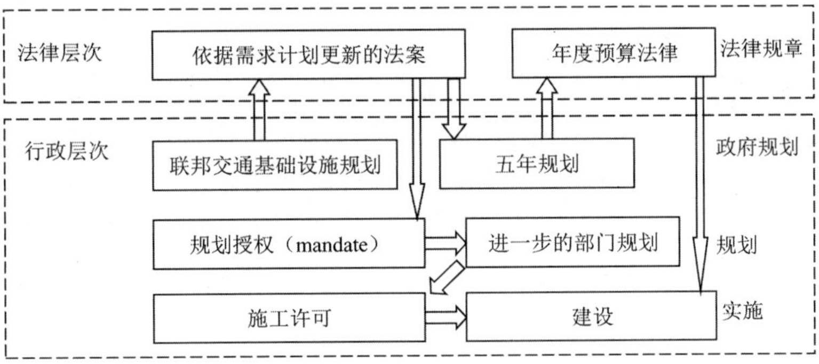

图 2-1　联邦交通基础设施规划体制

Fig. 2-1　Federal transport infrastructure planning scheme

资料来源：BMVBW of Germany，2015

2003 年，公布的《联邦交通基础设施规划》（Federal Transport Infrastructure Plan），旨在加强腹地连接，以提高德国海运业的竞争力（BMVBW of Germany，2003），并于 2008 年和 2015 年对其进行了更新。2010 年 12 月，公布了《货物运输和物流总体规划》（Freight Transport and Logistics Master plan），提倡建设综合交通运输体系，改善近海航运，发展可持续航运（BMVBS of Germany，2010），随后公布了《德国货物运输与物流行动计划》（Freight Transport and Logistics Action Plan）进行具体计划的制定。2011 年，正式颁布的《海事发展计划》（Maritime Development Plan）简要地分析了德国航运的挑战和综合方案、战略目标、关键领域和行动计划（BMVBS of Germany，2011）。

2.1.2.2.5 葡萄牙

葡萄牙通过基础设施和环境部进行航运管理。2011 年 4 月，颁布《2010—2020 年交通战略计划》（2010—2020 Strategic Transport Plan），以强调葡萄牙运输链与欧洲的整合，以及城市交通互通和可持续发展（Council of Ministers of Portugal，2011）。2013 年，公布《2013—2020 年国家海洋战略》（National Ocean Strategy 2013—2020），提出简单的航运发展战略（Portuguese Goverment，2013）。

2.1.2.2.6 西班牙

西班牙的海事与港口事务由公共事务和交通部（Ministry of Public Works and Transport）管理（Ministerio de Fomento，2013）。2013 年 11 月，公布的《西班牙物流战略》（Estrategia Logística de España）强调发展近海航运，强化泛欧交通网络建设和多式联运的发展（Ministerio de Fomento，2013）。

2.1.2.2.7 希腊

希腊经济、基础设施、航运和旅游部（Ministry for Economy，Infrastructure，Shipping and Tourism）管理国家海运。未发现正式和单独的希腊运输政策文件（ECORYS Nederland BV，2006）。

2.1.2.3 亚洲

2.1.2.3.1 中国

1）中国大陆区域

《中华人民共和国水路运输管理条例》第 4 条规定："交通部主管全国水路运输事业，各地交通主管部门主管本地区的水路运输事业。各地交通主管部门可根据水路运输管理业务的实际情况，设置航运管理机构。"中国大陆执行"统一领导、分级管理"的航运管理体制。航运管理分为 5 级：交通运输部、省（自治区、直辖市）、市（自治州）、县（自治县）、乡镇（王赞，2002）。

（1）全国性规划。2008 年 9 月，交通部颁布《公路水路交通节能中长期规划纲要》，以 2005 年为基期，2015 年和 2020 年为目标年，确定了中长期水路运输节能的总体目标和主要任务，并提出近期重点工程和保障措施（中华人民共和国交通运输部，2008）。交通部从"八五"（1991—1995 年）开始，相继出台公路、水运建设发展规划，从"十五"（2001—2005 年）开始，将公路、水运建设发展规划过渡到综合交通运输体系发展规划，直至“十三五”已编制了 4 个综合交通运输体系发展规划（吴娇蓉等，2015）。2011 年，公布的《交通运输“十二五”发展规划》对综合运输、水路交通、交通科技与信息化、绿色交通和安全与应急保障进行规划，并提出相关保障措施（中华人民共和国交通运输部，2011）。此外，政府依据交通运输五年规划对水路交通开展发展计划。譬如，依据《交通运输“十二五”发展规划》水路方面开展了环境保护、节能减排、科技发展和信息化规划（中华人民共和国交通运输部，2015a）。现阶段正在讨论航运振兴规划或海运发展战略（覃戈，2013）。

（2）区域性规划。2007 年 8 月，交通部公布了《环渤海地区现代化公路水路交通基础设施规划纲要》《泛珠江三角洲区域合作公路水路交通基础设施规划纲要》《振兴东北老工业基地公路水路交通发展规划纲要》《长江三角洲地区现代化公路水路交通规划纲要》等（中华人民共和国交通运输部，2015a）。

（3）企业规划。中国远洋运输集团通过建立综合管理体系实施了运输安全计划，大力推进中远集团安全生产持续稳定健康发展（中国远洋运输集团，2015）。

2）中国香港区域

香港对航运业实施“积极不干预”政策，严格、高度集中地监督和管理，但原则上不参与、不干预具体的企业经营，促进企业自由发展（王学峰，2011）。航运管理机构包括：政务司的经济科、海事处、海关署、税务局、船级社和香港领港会（王学峰，2011）。

2007 年 10 月，公布的《香港 2030：规划远景与策略》展望了香港的航运交通，其中提出应开展国家层面大珠三角交通系统构建（香港特别行政区政府，2007）。2009 年 9 月，发表的《大珠三角交通运输系统的协调发展策略》将航运作为一种交通方式融入大珠三角运输规划中，通过现状了解、问题分析和建议提出构建区域综合交通系统（香港特别行政区政府，2009）。

3）中国台湾区域

台湾航运行政管理由交通管理机构主管。隶属于交通管理机构的航政局统筹管理台湾地区航政业务与政策规划（王赞，2002）。

中国台湾地区交通管理机构于 1995 年拟定《运输政策白皮书》；2002 年，合辑成《运输政策白皮书》，指导台湾海运和港口规划；2012 年，提出《运输政策白皮书》，其中总论、绿色运输、公路公共运输和智慧型运输 4 分册先行出版，至 2013 年相继完成运输安全、海运及空运 3 册，海运部分主要是依据当时海运运输发展状况，在已知限制条件与预判未来可能变迁的情况下，应海运运输需求与发展提出施政方针，并制定发展策略与做法，包括背景分析，课题提出和展望（台湾地区交通管理机构，2014）。

中国台湾地区交通管理机构于 1976 年和 1986 年前后，进行两期台湾地区整体运输系统规划及修订工作。此后，每隔 10 年进行一次修编。以第三期整体运输规划为例，主要内容包括旅运特性及交通资料调查分析评估、运输需求模型建立和整体运输供需预测分析等，以修订台湾地区各运输系统的功能定位，及各运输系统未来的发展计划（台湾地区交通运输研究所，2010）。

2.1.2.3.2　日本

日本的交通运输管理体制，以集中统一和综合管理为方向（王学峰，2011）。日本国土交通省（Ministry of Land, Infrastructure, Transport and Tourism）统管日本交通运输。涉及航运管理职能的机构包括国土交通省的政策局（Policy Bureau）、海事局（Maritime Bureau）、港湾局（Port and Harbor Bureau）和外局的日本交通安全委员会（Japan Transport Safety Board）、日本海警队（Japan Coast Guard）等（王学峰, 2011）。

日本公布的《2014—2020年交通政策基本计划》，为发展可持续航运制定基本方针及其目标，并提出实施措施（日本国土交通省, 2014）。2015年，公布的《交通政策白皮书》分析了日本海运服务和海运网络现状，为实现可持续和安全可靠的运输提出相应的措施（日本国土交通省, 2015）。

2.1.2.3.3 新加坡

新加坡由交通部进行海事管理，设立了海事与海港局（Maritime and Port Authority of Singapore）。2013年，新加坡公布的《新加坡海事2030》（Maritime Singapore 2030）分析了新加坡航运业未来趋势，提出新加坡航运合作、节能和市场调整与优化等方面的建议（Maritime and Port Authority of Singapore, 2013）。

2.1.2.4 澳洲

澳大利亚联邦基础设施和区域发展部主管航运规划，州政府负责港口和设施的规划、施工和设计，河流航道的整治，相关费用的征收以及航运服务和运价的管理等工作（王先进和杨雪英, 2008）。

2006年，运输委员会公布了《澳大利亚交通运输系统管理国家指南》（National Guidelines for Transport System Management in Australia），关注澳大利亚交通规划与评估，但限于陆上交通，未来将扩展到其他运输方式（Australian Transport Assessment and Planning Guidelines Steering Committee, 2006）。2015年和2016年，澳大利亚交通与基础设施委员会开始修订《澳大利亚交通运输系统管理国家指南》；2016年，公布的《澳大利亚交通运输评估和规划指南》，为其整体运输系统管理提供了一个综合框架，主要侧重于规划、评估和开发运输系统及相关行动（Transport and Infrastructure Council of Australia, 2016）。2014年10月，东北地区航运管理集团公布《东北区航运管理计划》（North-East Shipping Management Plan），旨在管理东北区海洋环境敏感区船舶的安全，分别提出长、中和短期减少环境影响的措施建议；并对大堡礁区域进行战略评价，提出减少航运潜在影响的措施（North-East Shipping Management Group, 2014）。

此外，《国家海洋环境应急计划》（National Plan for Maritime Environmental Emergencies）等或多或少涉及航运规划（Australian Government and Australian Maritime Safety Authority, 2014）。

2.1.2.5 航运规划体系小结

综上所述，美国联邦海事委员会制定美国国际航运战略规划（5年期），包括战略目标和战略实施两部分，以监管国家航运发展；交通部根据法案要求，并满足国会的战略目标而制定5年交通战略规划；交通部下属的海运管理署的海运5年战略规划是以满足交通部交通战略规划为目标，具有策略性。很明显，联邦海事委员会的规划为战略性规划，而交通部及其海运管理署均为实现联邦海事委员会的战略规划而制定的管理或运行（战略）规划。美国目前也意识到必须考虑制定长期的、未来的和主动的航运政策。

欧盟自 1992 年起陆续发布的《白皮书：公共交通政策的未来发展》、2001 年提出的“欧洲 10 年运输政策白皮书”、2009 年提出的《2018 年海洋交通战略》和 2011 年的提出“欧洲运输一体化路线图白皮书”，均为 10 年期发展战略规划，其中涵盖航运战略规划。德国 2011 年《海事发展规划》、葡萄牙《2013—2020 年国家海洋战略》、中国台湾地区 10 年期整体运输规划、《澳大利亚交通运输系统管理国家指南》也带有航运战略规划的性质。

其他区域主要由交通部或具有类似职责的机构管理航运。大多数国家交通部没有航运专项规划，其交通运输规划（若有制定）中包含航运规划内容，规划周期多为 5 年及以下，并且多为策略性规划，如日本《2014—2020 年交通政策基本计划》和德国《联邦交通基础设施规划》等，具有很强的策略性。有些国家虽制定了航运规划，如澳大利亚《东北区航运管理计划》，所制定的规划多为 3~5 年周期的航运规划，偏向于策略性和运营性规划。部分国家在其他战略或规划中十分简要地涉及航运发展战略或规划，如荷兰水规划、荷兰海事战略、葡萄牙国家海洋战略、西班牙物流战略、新加坡海事规划、澳大利亚国家海洋环境应急计划等。

从航运规划主体上看，国际组织制定全球指导性航运规划、欧盟及联邦国家机构制定愿景型航运规划，交通部及其隶属机构开展目标型航运规划，企业制定运营型航运规划。部分国家还根据区域或特定要素的差异开展航运规划，譬如澳大利亚东北区航运管理计划，以及中国的《环渤海地区现代化公路水路交通基础设施规划纲要》和《泛珠江三角洲区域合作公路水路交通基础设施规划纲要》等。

2.1.3　航运规划的分类

通过对航运发展较先进的国家进行航运规划体系的总结，作者尝试性地将航运规划体系依据规划周期、规划层次、规划空间、规划性质、规划主体和规划对象进行分类（表 2-1）。

表 2-1　航运规划分类

Table 2-1　Classification of Shipping Planning

分类	规划类型	代表案例
规划周期	长期规划 (long-term planning)	欧盟：《白皮书：2010 年欧洲运输政策》《绿色运输一揽子》《2018 年海洋交通战略》《未来交通》《2011 白皮书：欧洲运输一体化路线图》等
	中期规划 (medium-term planning)	美国：联邦海事委员会战略规划、交通部交通运输系统战略规划等
	短期规划 (short-term planning)	美国海运管理署的《2008—2013 年战略规划》等

续表

分类	规划类型	代表案例
规划层次	战略规划（strategic planning）	欧盟 1992 年《未来公共交通的发展政策》《2011 白皮书：欧洲运输一体化路线图》；美国联邦海事委员会战略规划等
	策略规划（tactical planning）	美国：交通部交通运输系统战略规划、海运管理署战略规划等
	运营规划（operational planning）	《德国货物运输与物流行动计划》等
规划空间	国际性规划（international planning）	IMO《2014—2019 年组织战略规划》等
	跨国家规划（supra-national planning）	欧盟：1992 年《未来公共交通的发展政策》《白皮书：2010 年欧洲运输政策》《绿色运输一揽子》《2018 年海洋交通战略》《未来交通》《2011 白皮书：欧洲运输一体化路线图》等
	全国性规划（national planning）	德国 2011 年《海事发展规划》《联邦交通基础设施规划》；日本《2014—2020 年交通政策基本计划》；中国《交通运输“十二五”发展规划》等
	区域性规划（regional planning）	澳大利亚《东北区航运管理计划》《泛珠江三角洲区域合作公路水路交通基础设施规划纲要》等
	地方性规划（local planning）	台湾地区整体运输系统规划等
规划性质	发展规划（development planning）	美国联邦海事委员会战略规划、中国水路交通发展计划等
	建设规划（construction planning）	德国《联邦交通基础设施规划》《澳大利亚交通运输系统管理国家指南》等
	管理规划（management planning）	澳大利亚《东北区航运管理计划》（North-East Shipping Management Plan）等
规划主体	国际组织规划（international organization planning）	IMO《2014—2019 年组织战略规划》等
	联邦机构规划（independent federal agency planning）	美国联邦海事委员会战略规划等
	政府规划（government planning）	美国交通部交通运输系统战略规划和海运管理署战略规划等
	企业规划（business planning）	中国远洋集团运输安全计划等

续表

分类	规划类型	代表案例
规划对象	航运系统规划（systematic shipping planning）	欧盟《白皮书：2010 年欧洲运输政策》和美国《海洋交通系统国家战略》等
	航运要素规划（shipping elements planning）	美国《联邦运输委员会信息资源管理战略规划》和德国的《货物运输和物流总体规划》等

（1）按照规划周期不同，可将航运规划分为长期规划、中期规划和短期规划。长期规划一般指 10 年或更长远的规划，中期规划一般指 5~10 年的规划，短期规划一般指 5 年以内的规划。

（2）按照规划层次不同，可将航运规划分为战略规划、策略规划和运营规划。战略规划主要回答目标是什么（what），策略规划主要回答怎么办（how），运营规划则为具体的管理实施计划（Benowitz，2001）。

（3）按照规划空间不同，可将航运规划分为国际性规划、跨国家规划、全国性规划、区域性规划和地方性规划。国际性规划指规划对象覆盖国际范围；跨国家规划指多个国家范围（包括两个或以上国家范围）的规划；全国性规划是指全国范围内的航运规划；区域性规划是指省级以上跨省区域的航运规划；地方性规划是指省级或以下更小范围内的航运规划。

（4）按照规划性质不同，可将航运规划分为发展规划、建设规划和管理规划。发展规划是对航运未来发展中所涉及的主要影响因素及其控制策略进行全面的规划；建设规划是针对航运基础设施布局和建设进行的规划（杨大鸣，2003）；管理规划是针对航运管理问题进行的规划。

（5）按照规划主体不同，可将航运规划分为国际组织规划、联邦国家的联邦机构规划、政府部门规划和企业规划。国际组织规划指与航运相关的主要国际组织开展的航运规划；联邦机构规划指兼具航运行政立法、准司法和执法 3 种职能的联邦机构制定的航运规划，主要以战略目标为主；政府部门规划将航运作为国家交通基础设施范畴，以行政管理为目标；企业规划是指企业在市场竞争环境下谋求自身发展而进行的规划。

（6）按照规划对象不同，可将航运规划分为航运系统规划和航运要素规划。航运系统规划是包括航运各个方面的整体性的规划；航运要素包括港口、船舶、航道及支持系统，其中支持系统还可再分为海事、通信、公安、信息等。

这 6 种航运规划分类具有很强的相关性。规划层次越高，规划周期一般较长，规划空间范围可能较大，属于综合性或系统性的发展规划或战略规划；规划层次越低，规划周期越短，规划空间范围可能越小，属于运营规划、建设规划或管理规划；介于中间层次的、国家行政管理部门或区域性的规划往往是策略层次规划。

鉴于本研究的重点内容为“绿色航运规划”，规划对象为具有综合性、长期性和决策性的航运发展战略规划。因而本研究将航运规划分为战略规划、策略规划和运营规划（相当于长期规划、中期规划和短期规划）3 个类别。重点研究综合性和长期性的战略规划，适当了解策略规划，基本不考虑运营规划、建设规划或管理规划。

2.1.4 航运规划的技术路线

2.1.4.1 战略规划

2.1.4.1.1 航运战略规划的技术路线

（1）Frankel（1989）认为因航运业具有高度不确定性和风险性，战略规划将对风险进行评估，制定备选方案，为制定策略作铺垫。技术路线如图 2-2 所示，主要包括 3 个内容：①数据分析：建立航运相关数据库，并通过定性和/或定量模型预测航运需求；运用层次分析法、交叉影响分析法识别影响因素（包括国内外竞争，社会、经济与文化，技术，人际、人力与社区，政策、司法与管制，市场，国际关系和可利用的资源等）；通过情景分析法分析航运环境；运用 SWOT（Strength、Weakness、Opportunity、Threat）分析法构建威胁和机会矩阵进行威胁与机会分析等。②决策：通过航运需求和影响因素确定航运战略目标（包括利润、市场份额、技术进步、服务和环境等方面）；根据航运战略目标及其威胁与机会进行航运战略决策的识别和选择，制订战略规划及其实施计划。③规划实施与评价：通过公众参与等方式对计划实施及其效果进行评估、讨论和评述，以此更新战略目标。

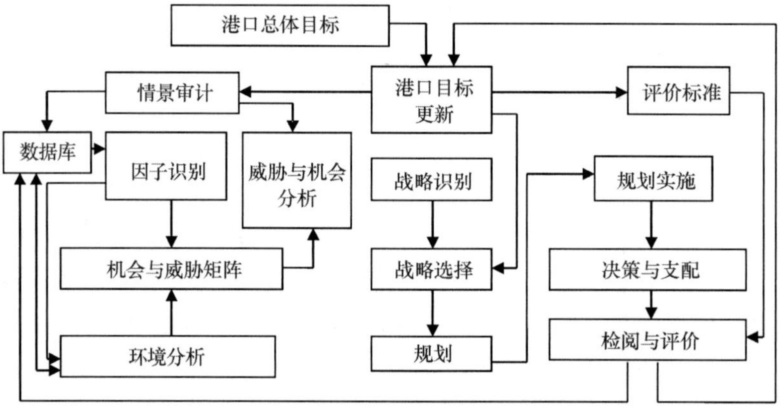

图 2-2 航运战略规划过程

Fig. 2-2 Process of strategic planning in shipping

资料来源：Frankel，1989

（2）Koufopoulos 等（2005）通过对现有文献研究，将战略规划总结为 6 个维度，包括：规划程序及其完整性（planning formality and completeness）、内外部环境（the internal and external orientation）、总裁参与（the CEO's involvement）、过程的集中（centralisation of the process）、规划时效（time horizon of planning）和评估计划的频率（the frequency of reviewing the plans）；对每个维度进行指标选取，制作问卷；选取 100 家航运企业样本，采

用问卷形式对每个维度进行打分；进行结果分析；为希腊航运业战略规划发展提供基准。

（3）Yonge 和 Henesey（2005）认为港务局近海航运发展决策的技术路线为：①识别近海航运主要的决策影响因素；②识别每个主要影响因素的子类别；③权衡每个主要影响因素的重要性；④权衡每个主要影响因素子类别的重要性；⑤计算每个主要影响因素子类别发生的概率；⑥通过研究、访谈、分析和专家意见，分别就港务局目前状况和未来潜力打分，1~5 分分别代表差、一般、好、很好、极好；⑦计算每个主要影响因素子类别现在和未来发生的概率；⑧计算港务局现在和未来发生概率的加权平均分，由每个主要影响因素子类别现在和未来发生的概率乘以港务局目前状况和未来潜力得分所得；⑨计算港务局现在和未来发生概率成功的可能性。

（4）Christiansen 等（2007）认为海上运输的战略决策包含了从运输服务设计到接受长期运输合同范围，且大多集中在供给方面，通过市场选择，优化船队规模化与组合，运输系统或服务网络设计，海上供应链或海上物流系统设计和考虑船舶大小和船速的船舶设计（ship design）等决策开展海上运输战略规划。

（5）Fagerholt 等（2010）认为海上运输战略规划的技术路线如图 2-3 所示。①战略决策：通过识别战略性参数的变化确定一系列能引导策略性和运营性的战略性决策。②情景建立：运用蒙特卡洛模拟法进行情景的假设。③决策评价：通过仿真，考虑解决短期线路和调度问题，重现真实规划情景，而不是对短期规划问题寻找最优解，并结合滚动调度原则（rolling scheduling horizon principle）进行决策的评价。④结果分析：对每一个战略决策的影响进行循环分析，直到产生有利的变化。

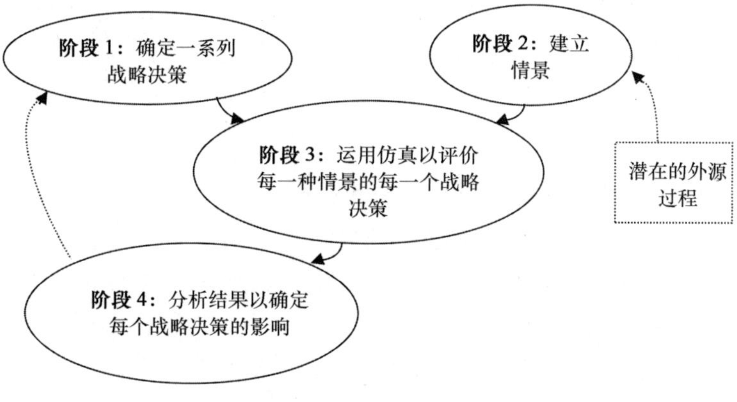

图 2-3　决策支持方法的概念模型

Fig. 2-3　Conceptual model for decision support methodology

资料来源：Fagerholt et al.，2010

（6）Lorange（2001）规划了航运战略选择，技术路线如图 2-4 所示。①基础分析：从远景角度，考虑主要技术变化进行整体投资组合和风险分析，并考虑技术管理与市场价值驱动进行具体船舶交易分析；从成本角度，考虑船队金融、租船、联营与买卖船舶问题进行整体投资组合和风险分析，并考虑时间、成本与市场驱动进行具体船舶交易分析。②战略选择：结合远景和成本分析结果，运用增长型战略分析矩阵进行航运战略选择分析。

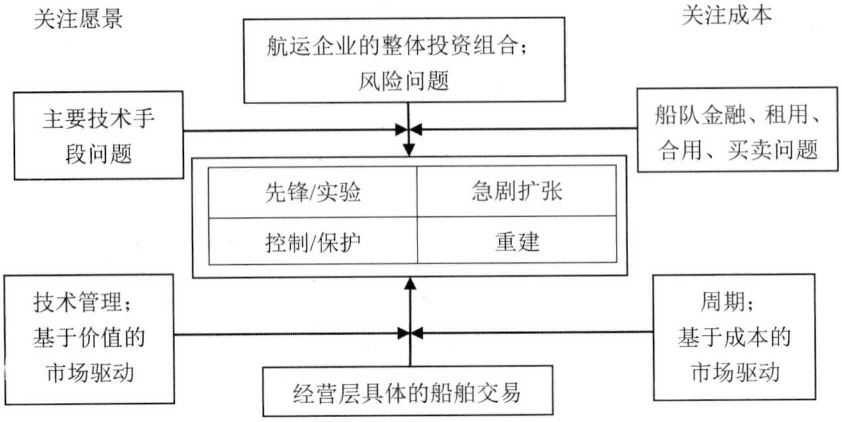

图 2-4　航运企业制定战略概念架构

Fig. 2-4　A conceptual scheme for developing strategies in shipping firms

资料来源：Lorange，2001

（7）Rahman（2012）规划了航运商业战略选择，技术路线为：①战略概述：从工程、运营和商业的角度减少船舶支出成本、集装箱船排放和增加航运业边际利润方面分析航运商业战略研究成果，总结为4个战略，包括集装箱船大型化、减少停靠港、业务共享和集装箱船大型化与减少停靠港联合。②战略分析与选择：基于层次分析法和证据推理（evidential reasoning）与模糊连接基础技术（fuzzy-link based technology）分析定性和定量的决策标准、标准量化、构建灵活的层次结构解决决策问题、评价分析，最终进行考虑环境与经济效益的航运商业战略选择。

2.1.4.1.2　美国联邦海事委员会

美国联邦海事委员会战略规划（1999—2003年）

美国联邦海事委员会战略规划是对美国航运发展所制定的航运战略规划，1999年、2000年和2003年制定的战略规划结构框架和内容基本类似，其技术路线（USFMC，1999；USFMC，2000；USFMC，2003）可总结为以下几方面。

（1）战略目标确定：根据运用情景分析法所得的航运发展前瞻性评估和委员会的监督职责提出战略规划远景和使命；基于远景和使命，并结合《1998年航运改革法》（The Ocean Shipping Reform Act of 1998）和2001年的“9·11事件”的分析，充分考虑经济动态、发展趋势与航运安全，确定航运战略目标并分析战略目标和使命的关系。

（2）规划制定：对战略目标进行具体解释（包括输出目标、输出目标与战略目标的关系和达到目标的方法分析），以此进行战略规划的制定，并开展外部因素分析和战略目标与每年实施计划关系以及可利用资源分析。

（3）规划评价：委员会每年审查规划活动；定期评价立法变化产生的影响；定期出具规划领域的统计报告；对重要事件的进展进行评价。此外，还积极从受影响方、行政机构、国会和其他政府部门获得规划反馈。

美国联邦海事委员会战略规划（2008 年以后）

联邦海事委员会 2008 年（2011 年更新）制定的战略规划的技术路线（USFMC，2008；USFMC，2011）如下。

（1）战略目标确定：依据《1998 年美国航运改革法》（the Ocean Shipping Reform Act of 1998）等相关法案、航运《年度计划执行报告》（Annual Program Performance Reports）和行政命令等，运用类比分析法，参考早期战略目标以制定新战略目标。

（2）策略制定：根据战略目标，分解制定策略目标和实施策略；依据实施策略，概述 5 年实施措施。

（3）分析与评价：委员会的专家成员应用信息技术等工具对达到目标的影响因素进行分析；开展需求分析、利益相关者延伸利益讨论和非正式投诉等，并结合公众参与进行规划评价。

美国联邦海事委员会 2013 年制定战略规划的技术路线大体与 2008 年战略规划技术路线一致，只是委员会认识到组织保障是战略规划的关键，因而制定了行政策略以支持组织目标的实现（USFMC，2013）。

2.1.4.1.3　欧盟

欧洲共同体的白皮书：《公共交通政策的未来发展》（1992）

《公共交通政策的未来发展》（1992）是欧盟公共交通的未来发展战略，是欧盟的第一份共同运输政策，用以促进欧盟运输市场的开放。其中与航运相关的技术路线（European Community，1992）如下。

（1）航运趋势分析：根据航运经济数据进行航运经济发展趋势分析、投资和压力分析、前景分析和行业经济发展分析。

（2）公共运输政策目标和视野：根据《欧盟经济共同体条约》第 74 条（Article 74 of the European Economic Community Treaty）等条约规定、运输市场现状、自然资源和全球环境状况等的分析确定整体可持续的灵活机动的公共交通目标；确定全球视野及其全球计划。

（3）公共政策及其优先问题：识别存在的问题；列出优先需要解决的问题；列出全球运输服务计划和欧洲运输体系；制定公共交通政策；制定基于内部市场发展和整合共同体的交通系统、安全、环境保护、社会维度和外部关系 5 个主导部分的行动计划，并确定优先计划。

欧盟委员会的《白皮书：2010 年欧洲运输政策》（2001）

《白皮书：2010 年欧洲运输政策》是欧洲共同体全面可持续发展发展战略的一部分，其技术路线（European Commission，2001）如下。

（1）制定政策指导方针：分析欧盟运输共同政策特点，运用统计分析法分析运输数据以判断运输现状和战略需求；通过情景分析法分析航运矛盾；再结合之前会议讨论的结论制定政策指导方针。

（2）措施制定：在运输政策框架下从 4 个方面提出具体措施（包括调整运输方式间的均衡状态、消除运输“瓶颈”、以用户为核心的运输政策、运输全球化管理，旨在解决第一阶段现状分析提出的关键问题）。

(3) 总结与计划：强调该政策提出的迫切性并计划于 2005 年对该政策实施进行全面中期评估与反馈。

欧盟委员会的《2018 年海洋交通战略》(2009)

《2018 年海洋交通战略》以欧盟委员会 2006 年的《保持欧洲不断进步—欧洲的持续运输》和 2007 年的综合海洋政策为背景，确定到 2018 年的主要战略目标，提高航运竞争力与持续性，其技术路线（European Commission，2009b）为以下两方面。

(1) 现状分析：分析全球市场背景下欧洲航运的地位与现况，人力资源和航海技术等现状。运用头脑风暴法分析航运业挑战。

(2) 战略制定：提出提高人力资源和航海技术的建议，将诚信航运（包括改善环境和海洋运输安全）作为主要的竞争优势，提高国际合作和国际视野，充分发挥近海航运与海洋运输服务的潜力，发挥海事研究与创新在国际上的引领作用等。

欧盟委员会的《未来交通》(2009)

《未来交通》是将远景转化为具体措施的咨询文件，其技术路线（European Commission，2009a）如下。

(1) 战略目标确定：评价欧盟 21 世纪第一个 10 年的运输政策；运用趋势分析法分析欧盟交通发展的趋势和挑战，根据趋势和挑战，确定近海航运的政策目标。

(2) 交通政策制定：通过环境影响评价、战略环境影响评价和成本收益率分析制定航运基础设施具体政策；还对资金、技术、法律框架、行为、管理和外部行为等方面提出建议政策。

(3) 下一步计划的提出：2009 年利益相关者会议将对该战略的成果进行讨论，最终成果将被 2011 年的白皮书采纳。

《未来交通》的交通超远景（TRANSvisions）(20~40 年远景）计划

《未来交通》中还制定了交通超远景（TRANSvisions）(20~40 年远景）计划，其技术路线如图 2-5 所示（European Commission，2009a）。

(1) 任务 0：收集现有相关成果；开展初步情景分析；列出时间计划。

(2) 任务 1：定性分析。通过专家小组讨论进行驱动力识别，包括外部驱动力、内部与影响驱动力和政策驱动力；基于德尔菲调查和专家讨论描述由于超负荷运输、可持续消费、崩溃（collapse）和碳排放约束 4 个极端情境发展引起的欧洲未来交通探索性的情景。

(3) 任务 2：定量分析。评估各种情景的关键指标；利用 TRANS-TOOLS 模型对 2005 年、2020 年和 2030 年进行情景预测分析，并利用 2005 年实际情景进行模型校验，再运用元模型（Meta-Models）进行补充（校验 TRANS-TOOLS 模型 2005 年、2020 年和 2030 年的结果，预测 2030—2050 年的情景）；通过详细的案例应用，在许多代表性区域、城市和运输模式中进行深入影响检验，重定义和校验情景分析。

(4) 任务 3：政策合成。初步概述；趋势分析；不同政策影响分析；政策合成。该部分最终实现了情景分析结果转化为政策建议的目标，并充分考虑了政策之间补充和补偿效应。

(5) 任务 4：校验。通过外部专家研讨会对定性和定量分析的结果进行校验，并召开利益相关者会议进行讨论。

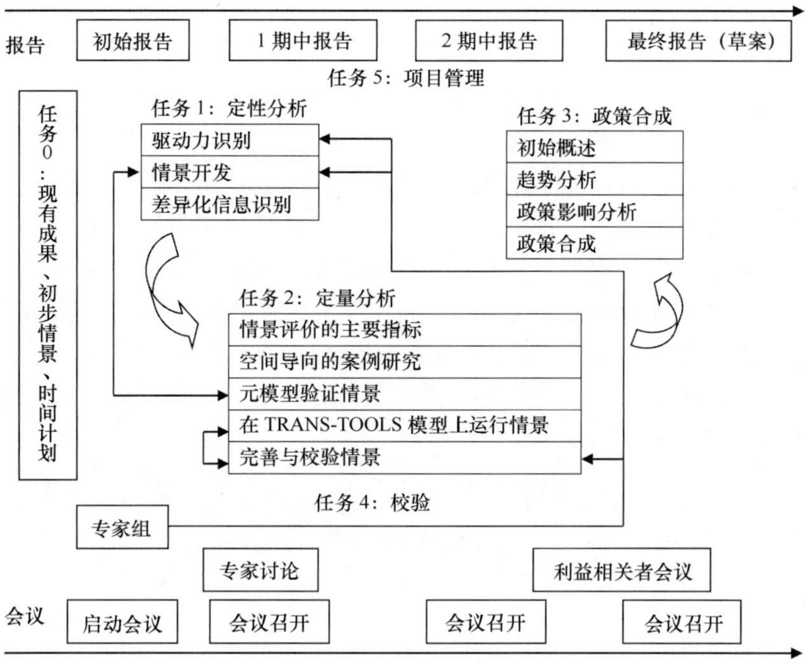

图 2-5　超远景项目的总体框架

Fig. 2-5　Overall structure of TRANSvisions project

资料来源：European Commission，2009a

欧盟委员会的《2011 白皮书：欧洲运输一体化路线图—迈向一个竞争和高效的运输体系》

该白皮书基于《未来交通》的竞争、持续的运输远景，并考虑公众和利益相关者的反馈，将远景转化为具体的政策措施，其技术路线（European Commission，2011b）如下。

（1）远景目标确定：对欧盟运输政策实施进行经验总结，并假设维持现状发展以预期未来的情景，为政策制定做好准备工作；提出远景目标，包括日益增长的交通与辅助性运输达 60%的减排目标，建设一个城际间高效的联运网络，建设全球水平的长距离运输和大陆间货运平台，为达 60%温室气体减排目标从运输系统的竞争性和资源高效方面拟定 10 个分目标等。

（2）实施策略制定：根据远景目标，为交通使用者和运营者可采纳的新技术的早期部署和适宜基础设施的发展拟定一个高效的规划框架，再依据框架内容，从建设一个单一的欧洲运输区域、未来创新、基础设施现代化和智能化价格与投资、外部市场等方面实施策略的部署。

（3）总结：通过多层次多方面措施的组合改革欧盟运输系统。欧盟委员会将根据当前强制实施的方案为未来 10 年的立法提案做准备，且每一份提案将通过影响评估、增加价值与辅助性原则。该白皮书还将通过欧洲议会和理事会的认可。

2.1.4.1.4　德国

德国联邦交通、住房和城市发展部的《海事发展计划》（2011）旨在加强海事竞争性、保护海洋环境、处理气候变化问题和保护相关者利益，其技术路线（BMVBS of Germany，2011）如下。

（1）战略目标确定：从国际发展、欧盟和德国 3 个角度识别海事的挑战和综合解决方法，结合海事发展规划的综合性，制定规划目标。

（2）政策规划制定：根据规划目标，识别重要领域；从原则与目标、作用与决策结构、工具、项目和附加价值等方面制定海事政策行动及其与国际的合作。

（3）行动计划制定：从海事方面存在的问题、挑战和新的解决方案分析，考虑欧盟和全球海事发展的趋势，坚持集成、互动和创新原则，采取相应的活动，选择互联网通信平台、空间规划、国家海事总体规划等工具实施措施与项目。

（4）总结：强调制定整体政策的必要性。

2.1.4.1.5 澳大利亚

2015 年和 2016 年交通与基础设施委员会修订《澳大利亚交通运输系统管理国家指南》（National Guidelines for Transport System Management in Australia），阐述了交通运输规划和决策支持框架，其技术路线如图 2-6 所示（Transport and Infrastructure Council of Australia，2016）。

（1）战略目标确定：包括社会、经济和环境战略目标。

（2）政策选择与系统战略确定：依据战略目标确定交通运输目标，进行运输问题识别与评价及优先级的分析，确定备选方案。

（3）规划并确定行动计划：依据备选方案制定行动计划。

（4）审核与改进：结合利益相关者及评价的开展进行信息反馈、审核与改进。

2.1.4.2 策略规划

英国政府的《航运战略伙伴关系规划》（2013）

《航运战略伙伴关系规划》的技术路线（Maritime UK，2013）如下。

（1）确定战略伙伴：将与英国政府部门有着海事利益关系，且提供航运、港口和海事商业服务的伙伴确定为战略伙伴。

（2）制定规划：分析英国航运和战略伙伴关系的重要性；提出商业与金融环境、完善国际性输出、制度协调、团队合作 4 个方面的规划活动，明确具体任务且进行动态性的更新；并确定优先考虑的内容。

（3）规划评价：计划于来年对成果和发展进行动态评价。

德国联邦运输、建筑和住房部的《联邦交通基础设施规划》（2003）

《联邦交通基础设施规划》是交通基础设施投资计划框架，由联邦交通部制定，技术路线（BMVBW of Germany，2003）如下。

（1）规划基础的分析：德国联邦致力于制定综合的运输政策，以《基本法第 89 条》（Art. 89（2）of the Basic Law）等法规为背景，通过分析 1992 年联邦交通基础设施规划的最终结果、德国东部发展、德国联合运输项目（Development of Eastern Germany：German Unity Transport Projects）实施情况、1998 年和 2002 年联盟倡议、1992 年联邦交通基础设施规划修订结论和当前需求规划；基于结构化数据和综合情景分析进行运输需求与交通预

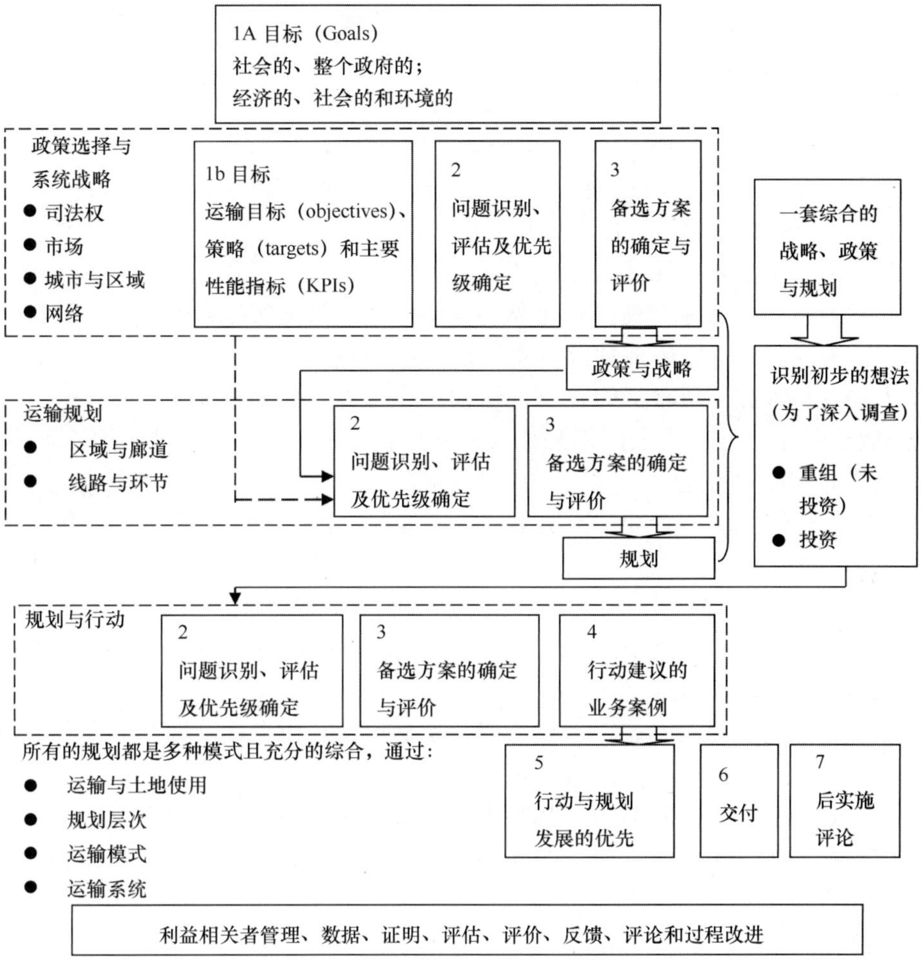

图 2-6　规划层次与输出框架

Fig. 2-6　Framework showing planning levels and outputs

资料来源：Transport and Infrastructure Council of Australia，2016

测为规划提供基础资料。

（2）规划评估：主要是进行规划的宏观经济评估。对所有基础设施投资进行成本收益分析；运用环境风险评价与生境指令评估对没有被货币化的环境风险和可能项目冲突开展环境与自然保护的定性评价；开展区域规划定性评价，分析项目对“分布与发展”和“压力减轻和运输模式转换”两个方面空间影响的贡献；运用情景分析法预估和比较 2015 年二氧化碳排放等，为德国航运规划提供基础依据。

（3）政策制定：构建 21 世纪相互关联的运输系统（包括加强基础设施建设；建设高效的运输基础设施；构建综合运输系统；促进联合运输；升级内陆港口；提高世界航运产业的竞争力；消除交通运输系统的“瓶颈”；构建 21 世纪相互关联的运输系统）。

（4）投资规划：基于宏观经济评估结果确定联邦水路投资的必要性，依据 2001—2003 年的预算和当前的财务规划估计 2007—2015 年的预算，以项目资金分配的形式确定总投资需求；分析私营部门预支、欧盟应急基金等特殊形式资金；规划替换和维修项目投资；规划更新和新建项目投资。

德国联邦政府的《货物运输和物流总体规划》

《货物运输和物流总体规划》的技术路线（BMVBS of Germany，2010）如下。

（1）目标确定：分析交通运输政策关键点、重要性、新挑战和持续性；开展公众参与，进行产业、学术界、政府和公民间的社会对话，并提出一系列措施建议，经联邦交通、住房与城市发展部和其他部门评价以确定规划目标。

（2）措施制定：每一项措施都从现状、措施描述、措施实施影响、责任分配、相关预算、与欧盟的关系分析、实施周期等方面分析。

中华人民共和国交通运输部的《交通运输“十二五”发展规划》（2011）

《交通运输“十二五”发展规划》由交通部依据《中共中央关于制定国民经济和社会发展第十二个五年规划的建议》和《国民经济和社会发展第十二个五年规划纲要》，并在国务院批准交通运输部的职责和工作要求背景下编制，其技术路线如下（中华人民共和国交通运输部，2011）。

（1）目标确定：根据“十二五”末的运输需求及运输结构；并以提高交通运输科技含量和信息化水平、构建绿色交通运输体系、强化交通运输安全与应急保障能力建设的需求，制定总体目标和具体目标。

（2）规划制定：从综合运输、水路交通、交通科技与信息化、绿色交通和安全与应急保障方面进行规划，并提出相关保障措施。

中华人民共和国交通运输部的《公路水路交通节能中长期规划纲要》（2008）

交通部根据《中华人民共和国节约能源法》《国务院关于加强节能工作的决定》《节能中长期专项规划》和《关于加快发展现代交通业的若干意见》等政策法规编制该纲要，其技术路线如下（中华人民共和国交通运输部，2008）。

（1）目标确定：依据国家节能总体的要求，参照了国际交通节能的水平，立足于交通行业的实际，并结合结构调整、技术进步和管理挖潜等发展变化趋势及初步预计的节能潜力，以确定2015年和2020年的交通节能总体目标。

（2）规划制定：从结构节能、技术节能和管理节能3个角度对公路运输、水路运输和港口生产进行战略部署，并规划近期重点工程和保障措施。

中国台湾地区交通管理机构的《交通政策白皮书》（2014）

《交通政策白皮书》的技术路线如下（台湾地区交通管理机构，2014）。

（1）制定海运政策、策略和行动方案：根据海事产业构造与规模、运输量数据，运用统计分析法分析台湾地区海运发展现状；利用远景—目标—政策—策略与行动方案的思维程序制定海运政策、策略和行动方案。

（2）落实执行计划：将海运政策、策略和行动方案落实为各级运输机关实际推动政令的执行计划。

中国香港特别行政区政府的《大珠三角交通运输系统的协调发展策略》（2009）

《大珠三角交通运输系统的协调发展策略》由香港特别行政区规划署制定，技术路线如下（香港特别行政区政府，2009）。

（1）策略目标确定：依据香港与内地在经济、社会、民生、文化、教育等各个领域的日益增强的合作与交流，香港经济转型等发展所需，提出发展高效、安全、节能及可持续发展的综合交通运输系统的战略。

（2）策略提出：分析国外城市群航运系统和网络发展模式与经验，运用类比分析法，通过分析现时大珠三角航运网络存在的交通衔接、规划和管理的主要问题，从而提出至2020 年的大珠三角航运协调发展的新要求与策略建议。

日本国土交通省的《交通政策白皮书》（2015）

该白皮书的技术路线（日本国土交通省，2015）如下。

（1）现状分析：分析日本海运服务现状和海运网络现状。

（2）措施制定：根据先前分析的结果，提出实现可持续和安全可靠的运输措施。

日本国土交通省的《2014—2020 年交通政策基本计划》（2014）

该计划的技术路线（日本国土交通省，2014）如下。

（1）目标确定：分析交通政策现状，拟定航运基本方针和目标。

（2）措施制定：根据航运基本方针和目标制定措施。

澳大利亚东北航运管理小组的《东北区航运管理计划》（2014）

该区域航运规划技术路线（North-East Shipping Management Group，2014）如下。

（1）保护措施制定：介绍国际组织、条约与公约、澳大利亚政府机构和立法在东北区航运安全和保护的功能，并分析东北区航运活动，开展航运环境影响评估、航运活动和事故的风险评估。从船舶安全、航运安全、环境保护、防范及预防和响应提出保护措施，并开展海事事故成本收回分析。

（2）规划咨询：进行东北航运管理小组、水空间管理工作小组以及与利益相关者之间的咨询与协调。

（3）实施计划制定：从船舶安全，航运安全，环境保护，防范、预防和响应，利益相关者加入几个角度制定具体实施计划。

2.1.4.3 相关航运规划的技术路线

Winebrake 等（2008）规划了不同运输网络的运输方式技术路线为：①数据分析：对不同运输网络铁路、公路和水路等组合的联运运用地理空间货物联运模型（Geospatial Intermodal Freight Transport（GIFT）model）进行时间、距离、成本、能源和排放等方面评估。②决策：选择最优航线，实现运输优化，货运均衡发展。

Gelareh 和 Pisinger（2011）规划了班轮航运的船队调度、网络设计和枢纽选址，技术路线为：①问题阐述；②混合整数线性规划模型（mixed integer linear programming formulation）的参数、决策变量与公式的确定；③解决方法阐述；④计算结果分析。此外还有大量文献运用数值模型进行运输系统或网络规划。Powell 等（1995）、Reinhardt 等（2007）、Liu 等（2011）、Wang 等（2013）和 Lee 等（2014）运用数值模型进行航运网络或船舶调度规划；Feng 和 Chang（2008）运用数值模型进行集装箱空箱调度规划；Imai 等（2006）运用数值模型进行船舶积载计划，大多技术路线为问题分析，模型的参数、决策变量与公式等确定，计算，结果分析。

2.1.4.4 航运规划的技术路线小结

学术界的航运战略规划的技术路线一般包括：数据分析、决策以及实施与评价 3 个步骤。美国联邦海事委员会的航运战略规划技术路线主要包括战略目标确定、规划制定和规划评价 3 个步骤。欧盟委员会致力于共同运输战略，其航运战略规划的技术路线偏重于制定政策或远景战略目标，然后是实施策略与措施制定以及规划评价。德国和澳大利亚的技术路线相似，依据确定的战略目标进行政策选择与规划，并确定行动计划，最后进行总结与反馈。

从目前整理的航运战略规划看，目前尚无明确的航运战略规划制定的技术路线。总体上看，学术界的航运战略规划的技术路线较为重视前期的数据分析，以数据分析作为决策的基础。联邦国家层面的航运战略规划以战略目标确定为核心，为实现战略目标而制定和实施战略规划；欧盟作为较为松散的国家联合体，主要以政策制定指导各个国家的航运发展，以实现较为统一的航运发展战略。德国从海事发展，澳大利亚从国家运输系统管理整体角度涉及航运战略规划。

国家管理部门层面的航运策略规划技术路线主要为管理服务，总体上看以制定实施措施为核心，主要包括策略目标确定、实施措施制定和规划评价与反馈 3 部分。但德国联邦运输、建筑和住房部的交通规划注重数据分析和规划评价。

其他与航运战略规划相关的规划着重于解决航运运输系统或网络规划，技术路线大体为基础分析和决策制定。

航运战略规划具有综合性和战略性的特点，其规划技术路线较策略规划更具宏观性，涉及的实施策略与措施也极具概括性和简要性，主要提供战略上的思考。策略规划主要在战略目标指导下制定较详细的实施措施，落实于具体行动。

2.1.5 航运规划的方法

以下依据航运规划方法的基本性质进行方法的归类整理。

2.1.5.1 数据分析方法

2.1.5.1.1 数据统计分析法

Frankel（1989）建立航运相关数据库，并通过定性和/或定量模型预测航运需求。欧盟委员会的《白皮书：2010 年欧洲运输政策》（2001）通过统计不同运输方式占运输市场份额表达不同运输方式发展不平衡现状（European Commission，2001）。德国联邦运输、建筑和住房部的《联邦交通基础设施规划》（2003）基于统计结构化数据预测德国和邻国的社会人口趋势，为规划提供基础资料（BMVBW of Germany，2003）。中国台湾地区的《交通政策白皮书》（2014）通过数据收集和简单统计，分析台湾地区海运发展现状（台湾地区交通管理机构，2014）。澳大利亚交通与基础设施委员会的《澳大利亚交通运输系统管理国家指南》（2016）通过数据分析获取战略规划信息（Transport and Infrastructure Council of Australia，2016）。

2.1.5.1.2　模型法

（1）地理空间货物联运模型（Geospatial Intermodal Freight Transport（GIFT）model）：Winebrake 等（2008）运用 GIFT 模型分析不同联运方式的时间、距离、成本、能源和排放。

（2）海洋系统能源和排放总量分析模型（Total Energy & Emissions Analysis for Marine Systems（TEAMS）model）：Winebrake 等（2007）将运输中的温室气体、控制排放和能源使用模型（Greenhouse Gases，Regulated Emissions，and Energy Use in Transportation（GREET）model）的求解算法应用于海洋船舶，将其构建为海洋系统能源和排放总量分析模型（Total Energy & Emissions Analysis for Marine Systems（TEAMS）model）计算总能耗、化石燃料能耗和石油消耗。

（3）回归模型（regression model）：Lun 和 Browne（2009）运用回归模型处理目标数据。

（4）海事政策规划模型（Maritime Policy Planning Models，MPPM）：UN（2005）应用海事政策规划模型提供 2015 年亚洲与太平洋地区经济与社会委员会区域的海上集装箱贸易和港口吞吐量详细、量化和内部一致性的预测为政府、船公司和港务局决策提供背景。

2.1.5.1.3　聚类分析法

Christiansen 等（2007）将海上运输的战略决策划分为市场选择、优化船队规模与组合、运输系统或服务网络设计、海上供应链或海上物流系统设计和考虑船舶大小以及船速的船舶设计五大类。

2.1.5.1.4　经验分析法

Lun 和 Browne（2009）运用经验分析航运业的规模运营和服务范围。

2.1.5.1.5　路径分析法（Path Analysis）

Lun 和 Browne（2009）运用路径分析法，运用目标数据验证假设，分析船舶数量和平均的船舶尺寸对企业性能的影响。

2.1.5.2　预测方法

（1）趋势分析法（Trend Analysis Methods）。欧洲共同体的白皮书《公共交通政策的未来发展》（1992）通过统计航运货物运输增长率以判断未来交通的增长趋势，又通过二氧化碳排放的年增长率推断未来排放量为运输规划提供基础资料（European Community，1992）。欧盟委员会的《未来交通》（2009）整理了往年国内生产总值增长率资料，编成时间序列，根据时间序列编成统计图以预测未来增长率，被考虑于交通规划驱动力的因素识别中（European Commission，2009a）。

（2）情景分析法（Scenario Analysis，SA）。Brauers 和 Weber（1988）第一次将情景分析法应用于战略规划，认为情景分析法是考虑环境中相关因素可能的发展而对环境未来可能状态的描述，基本包括确定相关的情景；确定情景发生的可能性；确定主要情景。Frankel（1989）通过情景分析法分析航运环境。美国联邦海事委员会 1999—2003 年的战略规划利用对未来航运发展的前瞻性的评估制定战略规划远景和使命（USFMC，1999；US-

FMC, 2000; USFMC, 2003)。欧盟委员会的《白皮书：2010 年欧洲运输政策》(2001) 通过在假设不采取任何措施的情况下，预估交通拥挤情况、二氧化碳排放量等为政策指导方针制定提供意见 (European Commission, 2001)。德国联邦运输、建筑和住房部的《联邦交通基础设施规划》(2003) 假设放任和实施交通基础设施规划两种情景，并分别预估和比较 2015 年二氧化碳排放，得出规划实施的效果 (BMVBW of Germany, 2003)。欧盟委员会的《未来交通》(2009) 应用情景分析法对 TRANS-TOOLS 模型和元模型 (Meta-Models) 输入参数进行估计，识别运输挑战 (European Commission, 2009a)。澳大利亚交通与基础设施委员会的《澳大利亚交通运输系统管理国家指南》(2016) 通过情景分析获取战略规划信息 (Transport and Infrastructure Council of Australia, 2016)。

(3) 交叉影响分析法 (Cross-impact Analysis)。交叉影响分析法是对预测事件发生概率进行分析，且该概率可以依据预测事件潜在的相互作用判断而进行调整的一种方法 (Gordon, 1994)。Frankel (1989) 认为交叉影响分析法可应用于航运规划相互影响因素的预测。

2.1.5.3 辅助决策方法

2.1.5.3.1 经济评价法

最常用的经济评价法为成本效益分析。例如，德国联邦运输、建筑和住房部的《联邦交通基础设施规划》(2003) 对所有基础设施投资项目进行成本收益分析 (Benefit-cost Analysis)，对项目及其所带来的影响进行评价，对影响实行货币化，呈现在成本增长的条件下所带来的收益 (BMVBW of Germany, 2003)。欧盟的《未来交通》(2009) 基于可比较的成本收益率，并考虑所有相关因素的社会经济影响以进行基础设施项目的选择 (European Commission, 2009a)。澳大利亚交通与基础设施委员会的《澳大利亚交通运输系统管理国家指南》(2016) 通过市场失效分析、成本收益分析、成本效益分析开展经济分析辅助决策 (Transport and Infrastructure Council of Australia, 2016)。澳大利亚交通与基础设施委员会的《澳大利亚交通运输系统管理国家指南》(2016) 通过分析交通运输财政与预算辅助决策 (Transport and Infrastructure Council of Australia, 2016)。

2.1.5.3.2 风险评价

Frankel (1989) 认为因航运业具有高度不确定性和风险性，战略规划将对风险进行评估，制定备选方案，为制定策略作铺垫。德国联邦运输、建筑和住房部的《联邦交通基础设施规划》(2003) 利用环境风险评价与生境指令评估 (Habitats Directive Assessment) 方法，定性评价与空间相关、还没有被货币化的环境影响的环境风险和可能的冲突，并将结果作为收益成本分析的一部分，最终实现环境保护和自然保护 (BMVBW of Germany, 2003)。澳大利亚东北航运管理小组的《东北区航运管理计划》(2014)，评价了由于船舶碰撞与搁浅产生的航运风险，且识别了突出的潜在价值与国家环境意义的风险 (North-East Shipping Management Group, 2014)。

2.1.5.3.3 影响评价

(1) 空间影响评价：德国联邦运输、建筑和住房部的《联邦交通基础设施规划》

(2003) 利用区域规划评估的空间影响评价（Spatial Impact Assessment），识别“分布和发展目标”和“救援与模式转变目标”两个领域项目相关的空间影响，以完成主要的规划需求和目标（BMVBW of Germany，2003）。

（2）（战略）环境影响评价：欧盟委员会的《未来交通》（2009）应用环境影响评价（Environmental Impact Assessment，EIA）与战略环境影响评价（Strategic Environmental Assessment，SEA）对基础设施项目进行评价，帮助项目的选择（European Commission，2009a）。澳大利亚东北航运管理小组的《东北区航运管理计划》（2014）中东北区航运规划的环境影响评价识别了潜在的航运环境影响（搁浅和碰撞事件和运营影响）、二级潜在影响（间接的）与累积影响（North-East Shipping Management Group，2014）。

（3）社会与环境影响评价：澳大利亚交通与基础设施委员会的《澳大利亚交通运输系统管理国家指南》（2016）通过社会与环境影响评价辅助决策（Transport and Infrastructure Council of Australia，2016）。

（4）公平与分配影响评价：澳大利亚交通与基础设施委员会的《澳大利亚交通运输系统管理国家指南》（2016）通过交通运输对公平与分配的影响评价辅助决策（Transport and Infrastructure Council of Australia，2016）。

（5）区域与就业影响评价：澳大利亚交通与基础设施委员会的《澳大利亚交通运输系统管理国家指南》（2016）通过交通运输对区域与就业的影响评价辅助决策（Transport and Infrastructure Council of Australia，2016）。

2.1.5.4　决策方法

2.1.5.4.1　专家评判法

专家评判法包括德尔菲法、头脑风暴法和专家会议讨论。

（1）德尔菲法：Koufopoulos 等（2005）运用专家打分判断规划正式性和完整性、内外部环境、总裁参与、过程集权、规划时间周期和规划修订频率 6 个维度对航运业战略规划的影响程度。Yonge 和 Henesey（2005）通过专家意见分别给港务局目前状况和未来潜力打分，为近海航运决策提供帮助。欧盟委员会的《未来交通》（2009）对超远景项目（The TRANSvisions project）的主要内部驱动力的筛选和未来情景可信度的确定运用德尔菲法进行确定和调查（European Commission，2009a）。

（2）头脑风暴法：欧盟委员会的《2018 年海洋交通战略》（2009）中，欧盟委员会邀请一组高水平的专家独立地为航运业未来 10 年的挑战进行分析，并提出建议（European Commission，2009b）。

（3）专家会议：美国联邦海事委员会 1999—2003 年的战略规划召开主席与机构高级职员的例行会议、执行董事与局董事的例行会议进行规划的评价（USFMC，1999；USFMC，2000；USFMC，2003）。欧盟委员会的《未来交通》（2009）针对超远景项目（The TRANSvisions project）召开外部专家研讨会对交通发展和情景进行讨论，并将讨论的结果作为继续研究的材料档案（European Commission，2009a）。

2.1.5.4.2　公众参与

公众参与早在 1979 年便被认为是规划过程中公众的一种权利，为规划提供信息和广泛的智慧（Day, 1997）。Frankel（1989）认为公众参与的实施加强了公众对航运目标的监管，也使得行业和环境之间的关系更加复杂化，应该鼓动公众参与航运目标确定的监管，并通过公众参与等方式对计划实施及其效果进行评估、讨论和评述，以此更新战略目标。

美国联邦海事委员会 1999—2003 年的战略规划积极从受影响方、行政机构、国会和其他政府部门获得战略规划的反馈（USFMC, 1999；USFMC, 2000；USFMC, 2003）。联邦海事委员会 2008 年制定（2011 年更新）的战略规划开展利益相关者延伸利益讨论和非正式投诉等进行规划评价（USFMC, 2008；USFMC, 2011）。欧盟委员会的《未来交通》（2009）在决策过程中实施公开咨询、调查和利益相关者参与交通规划（European Commission, 2009a）。德国联邦政府的《货物运输和物流总体规划》（2010）通过产业、学术界、政府和公民专题研讨会的形式提出一系列建设性建议（BMVBS of Germany, 2010）。澳大利亚东北航运管理小组的《东北区航运管理计划》（2014）中，区域航运关键评价主要是通过政府调查、科学和专家的报告开展，加上利益相关者参与（North-East Shipping Management Group, 2014）。澳大利亚交通与基础设施委员会的《澳大利亚交通运输系统管理国家指南》（2016）通过利益相关者参与贯穿规划全过程（Transport and Infrastructure Council of Australia, 2016）。

2.1.5.4.3 决策模型

（1）SWOT 分析法：Pickton 和 Wright（1998）认为环境分析是战略管理规划的主要部分，SWOT 分析因其简单且操作性强而被广泛应用于环境分析。Frankel（1989）通过内外部影响因素的识别，构建威胁与机会矩阵进行航运的威胁和机会分析，支持战略识别。

（2）多准则决策法（Multi Criteria Analysis）：欧盟委员会的《未来交通》（2009）将运输驱动力决策指标化，且保证趋势、挑战、政策目标和政策趋势的一致性，进行运输驱动力多准则决策（European Commission, 2009a）。

（3）层次分析法（Analytical Hierarchical Process）：层次分析法于 20 世纪 70 年代由 Thomas L. Saaty 提出，是一种基于数学和心理学组织和分析复杂决策的结构化技术。通常的步骤包括：确定决策目标、备选方案和评价标准；构建判断矩阵；计算权重；一致性检验；做出决策（Saaty, 1980）。Frankel（1989）认为层次分析法可应用于航运规划的影响因素预测。RAHMAN（2012）运用层次分析法帮助航运企业选择最有效的航运战略。Celik 和 Topcu（2014）运用层次分析法分析国内船籍、国际船籍和开放式船籍 3 种形式对经济、社会与政治的不同因素的影响，制定主要战略行动计划和长期的二级战略行动计划。

（4）蒙特卡洛模型：Fagerholt 等（2010）应用蒙特卡洛模拟法对不同情景下的战略决策进行随机分析，为长期合同分析、船队规模与混合问题等提供战略决策支持。

（5）矩阵模型法：Hawkins（1997）列举了常用于航运规划的模型包括：波士顿矩阵作为战略规划模型的起源，通过市场份额和市场增长两个变量分析进行航运战略选择；GE 矩阵模型通过各因素评估航运企业的市场地位分析评价航运业吸引力以进行航运战略选择；定向政策矩阵（Directional policy matrix）基于矩阵评价航运企业的前景和竞争力两个维度以开展航运战略选择，其指标相比于 GE 矩阵更加量化；汤姆森-斯特里克兰矩阵（Thompson-Strickland matrix）在波士顿矩阵的基础上，用企业的竞争力取代市场份额，并将航运企业的战略选择置于 4 个战略象限中加以分析与选择；生命周期模型（Life cycle model）在波士顿矩阵和 GE 矩阵的基础上，进行航运生命周期的战略选择；通用的波特竞争战略模型（Porter's model of generic competitive strategies）运用二维网格进行航运企业的竞争优势和竞争范围分析，每个象限代表不同的战略选择；大战略选择矩阵（Grand strategy selection matrix）考虑整体性的模型，替代 SWOT 分析矩阵，关注航运战略选择过程中强调克服弱势、最大化优势的大战略重点以及内、外部环境因素；国际竞争力矩阵（International competitiveness matrix）基于市场份额和地理范围的二维矩阵，关注国际性航运战略选择（Hawkins，1997）。此外，Lorange（2001）分别以增长机会和相关技术资源使用情况为 4 个象限的矩阵纵、横坐标轴进行航运企业增长型战略的选择。

（6）TRANS-TOOLS 模型和元模型（Meta-Models）：欧盟委员会的《未来交通》（2009）利用 TRANS-TOOLS 模型开展基础设施网络的发展规划，且结合元模型分析 2020 年、2030 年和 2050 年不同政策选择的效果。元模型主要是基于以政策相关的指标或专家十分认同的主要指标构建的弹性函数，不包括复杂的平衡算法或数据校准，进行的是探究性情景分析（European Commission，2009a）。

（7）数值模型法：Powell 等（1995）、Reinhardt 等（2007）、Liu 等（2011）、Wang 等（2013）和 Lee 等（2014）运用数值模型进行航运网络或船舶调度规划。Imai 等（2006）运用数值模型进行船舶积载计划。Feng 和 Chang（2008）运用数值模型进行集装箱空箱调度规划。Yang 等（2011）运用混合整数非线性模型（mixed-integer nonlinear model）和拉格朗日松弛启发式算法（Lagrangian relaxation heuristic algorithm）进行船队规划。Meng 和 Wang（2011）运用基于情景的动态规划数值模型进行长期船舶租用或购买决策分析。Gelareh 和 Pisinger（2011）运用混合整数线性规划模型规划了班轮航运的船队调度、网络设计和枢纽选址。Meng 等（2012）运用随机整数规划数值模型进行船舶数量与类型的规划。

（8）多维分析：Koufopoulos 等（2005）将战略规划总结为 6 个维度，包括：规划程序及其完整性、内外部环境、总裁参与、过程的集中、规划时效和规划评估频率；对每个维度进行指标选取，制作问卷；选取 100 家航运企业样本，采用问卷形式对每个维度进行打分，进行结果分析，为航运业战略规划发展提供基准。

2.1.5.4.4　其他决策方法

（1）优先级确定法：欧洲共同体的白皮书《公共交通政策的未来发展》（1992）对制定的行动计划和共同体政策通过优先级分解进行阐述（European Community，1992）。德国联邦运输、建筑和住房部的《联邦交通基础设施规划》（2003）根据水运项目规划的确定性和盈利水平分两个优先级进行规划（BMVBW of Germany，2003）。

（2）类比分析法：中国香港的《大珠三角交通运输系统的协调发展策略》（2009）中借鉴日本首都圈（Greater Tokyo Metropolitan Region）、英国伦敦城市群（Greater London Region）、荷兰兰斯塔德（Randstad）城市群以及丹麦和瑞典之间的厄勒（Oresund）城市群经验制定大珠三角航运系统策略规划（香港特别行政区政府，2009）。美国联邦海事委员会 2008 年制定（2011 年更新）的战略规划参考早期战略目标以制定新战略目标（USFMC，2008；USFMC，2011）。

（3）证据推理（Evidential Reasoning）法：Rahman（2012）在不确定条件下运用证据推理法，基于个人的知识或实践，将指标的置信度进行公式量化与评价。

（4）模糊连接基础技术（Fuzzy-link based technology）法：Rahman（2012）运用模糊连接理论将水平的标准转换为高水平的标准。

（5）权重分析法：Yonge 和 Henesey（2005）识别每个主要影响因素的子类别，权衡每个主要影响因素的重要性，计算每个主要影响因素子类别发生的概率，通过专家意见打分，进行发生概率的加权平均分，计算港务局现在和未来发生概率成功的可能性。

2.1.5.5 航运规划方法小结

航运规划的方法主要包括数据分析方法、预测方法、辅助决策方法和决策方法 4 类，其中数据分析和航运预测是基础数据分析内容；经济分析、风险分析和影响评价等辅助决策方法是航运决策的依据。具体方法包括：①基础数据分析阶段：包括数据统计分析法、趋势分析法、情景分析法、模型法、经验分析法、路径分析法和影响分析法等数据分析与预测方法；②辅助决策阶段：包括成本收益分析、市场失效分析、经济效益分析、财政与预算分析、风险评价和、（战略）环境评价、社会与环境影响评价、区域与就业影响评价、公平与分配等专项评价方法，以支持决策；③决策阶段：主要通过专家评判法和公众参与，结合 SWOT 分析法、多准则决策法、层次分析法、蒙特卡洛模型和矩阵模型等战略选择模型、数值模型等决策模型应用于决策过程。

关于航运战略规划的具体方法，学术界基于数据分析，以模型或情景分析方法为主制定决策；欧盟也通过数据分析，以法律为基础，并在此基础上以专家评判、公众参与、情景分析、模型以及其他辅助决策方法制定相关政策；美国、德国和澳大利亚国家决策层面基于相关的法律法规，以专家观点制定战略目标，然后在战略目标的框架下采用专家评判、情景分析等决策方法制定规划内容（包括宏观实施策略与措施），并重视公众（或利益相关者）参与辅助决策。多数战略规划都有规划的评估和反馈内容，以修订、更新或完善战略规划。

2.1.6 航运规划小结

综上对航运规划发展历程、航运规划体系、航运规划的技术路线和方法的整理与分析可以看出，为应对航运业特殊的不确定性和风险性，明确航运业的长远发展战略，航运战略规划在 20 世纪 70 年代即被提出和倡议，但现有航运规划多为管理规划或航运中的单项规划。

鉴于本研究为“绿色航运规划”，规划对象为具有综合性、长期性和决策性的航运发展战略规划。因而本研究将航运规划分类为战略规划、策略规划和运营规划（即相当于长期规划、中期规划和短期规划）3 个类别。重点研究综合性和长期性的战略规划，适当了解策略规划，基本不考虑运营规划或管理规划。

20 世纪 70—80 年代为航运战略规划萌芽阶段，国际上开始意识到需要制定航运战略规划以支持航运决策。20 世纪 90 年代到 21 世纪初为发展初期阶段，国际航运相关组织开始从宏观上指导航运战略规划的制定；欧盟委员会自 1992 年起便陆续发布交通运输白皮书和 10 年运输战略，并指导成员国开展航运规划；美国联邦海事委员于 1999 年开始制定 5 年期战略规划以发挥机构的独立监管职能，同年美国交通部成立了“一元化运输部”战略工作组以制定新时期战略规划。近几年关注航运的可持续发展，欧盟委员会率先于 2009 年公布《未来交通》，展望欧盟航运可持续发展远景，制定长期的、综合的和战略性的航运规划；美国、中国等其他国家都相继提议制定航运战略规划促进航运可持续发展。

航运战略规划由决策层面制定，所属规划层次较高，具有长期性、综合性和战略性的特点，规划内容较宏观，规划作用范围较大。从整理的航运规划体系上看，跨国家管理机构组织（如欧盟）、联邦议会组织（如美国联邦海事委员会）和部分从整体上制定航运规划的国家（如德国、澳大利亚）制定的航运规划属于航运战略规划。

目前尚未发现较为成熟和系统的航运战略规划技术路线，学术界的航运战略规划的技术路线较为重视前期的数据分析，以数据分析作为决策的基础，一般包括：数据分析、决策以及实施与评价 3 个步骤；欧盟作为较为松散的国家联合体，主要以政策制定指导各个国家的航运发展，通过数据分析，以法律为基础、在此基础上以专家评判、公众参与以及其他辅助决策方法制定相关政策；美国联邦海事委员会和德国的航运战略规划技术路线主要包括战略目标确定、政策规划制定和规划评价 3 部分内容，依据相关法律法规，以专家观点制定战略目标，然后在战略目标的指导下，采用专家评判和公众参与以及决策模型等方法制定规划内容，最后进行规划的评估和反馈。

航运策略规划多为政府部门制定，关注中期发展，以制定实施措施为核心，技术路线主要包括策略目标确定、实施措施制定和规划评价与反馈 3 个部分。策略目标的确定主要依据战略目标；重点规划内容是实施措施制定，并注重规划的评价与反馈。

与航运战略决策相关的其他规划着重于解决航运运输系统或网络规划，技术路线大体为基础分析，并以此为基础进行决策制定。

航运战略规划指导航运策略规划，为策略规划提供方向和内容上的指引。决策层面的航运战略规划技术路线的核心关注战略目标或政策的确定，方法上主要为定性方法，如专家评判和公众参与为主；但学术层面的航运战略规划的技术路线注重信息数据分析作为决策的基础，并应用一些模型和辅助决策方法。策略规划重点关注实施措施的确定，方法上更多地应用定量方法，考虑实施措施对经济和环境等方面的影响，也关注公众参与。

总体上看，航运战略规划还不成熟，无论是概念、规划体系、技术路线还是方法上基本没有成型的学术成果。随着国际上和公众对可持续发展的呼声和要求越发严格，航运可持续发展成为未来的发展趋势。欧盟委员会很早便强烈地认识到未来的航运发展方向应迈向可持续发展，《未来交通》（2009）的公布更明确地表达了他们在国际上主动推进航运可持续发展。正如 2014 年美国召开的国家海上战略研讨会会议目的所表达的，要想实现真正的航运可持续发展，高层次、强综合、突破部门限制的航运战略规划对可持续的航运发展是必须的（Garamendi，2014），这也和可持续发展“实现代内间和代际间公平”的本质特性相吻合，局限在部门内或专业内的规划是不可持续的。

2.2 绿色航运及其规划的研究进展

2.2.1 绿色航运的理念

近10余年来（大约开始于2004年），陆续出现了鼓励改善航运业环境管理的许多前沿性初步尝试，综合起来被称为可持续或绿色航运行动（sustainable or green shipping initiatives），主要从研究与创新、企业社会责任及其市场策略、意识增长与环保教育和自愿入级标志与认证4个角度开展（Pike et al.，2011），主要关注航运的空气污染与温室气体排放、固体废物污染和能源节约等环境管理研究与实践（Breitling and Leader，2010）。

Turtiainen（2005）认为绿色航运应该提高船舶的能源利用效率以满足更严格的环境法规。吕安勤（2010）认为绿色航运是指航运发展中注重经济效益和保护环境相结合，强调航运效益和环境的相互协调，使之满足可持续发展的要求。2011年，IMO秘书长E. E. Mitropoulos在巴拿马海事会议上做了题为"绿色航运：一个持续的挑战"（Green Shipping：A Continuous Challenge），其中提到在绿色航运背景下，IMO关注航运空气污染与温室气体排放、油污染、有毒有害物质污染、污水、压舱水管理、船舶回收、船舶生物污染、船舶水下噪声等（Mitropoulos，2011）。冯春宾和徐志刚（2011）认为所谓绿色航运不仅是指在经营时注意经济效益和保护环境结合，更重要的是强调航运效益和环境的相互协调，使之可持续发展，从而能够做到不因当代人的急功近利而牺牲后代人的长远福祉。2013年国际海事组织第36次世界海事日界定可持续海事运输系统的关键要素包括：①有序的管理；②航运海岸机构的协调支持，包括助航标志、海洋水文与气象服务、港口设施、搜索与救援服务、贸易便利化设施、事件与紧急救援人员和货运与物流系统；③可靠的能源供给；④人员保障，包括高素质海员、专业人员及服务人员；⑤全球标准；⑥安全（Security）；⑦健全的金融系统；⑧积极参与船级社、学术组织和科研机构等（IMO，2013）。Mansouri等（2015）综述了航运环境可持续、决策支持和多目标优化（multi-objective optimization，MOO）方面的研究，提出需进行多目标优化辅助航运的环境可持续发展。Wan等（2016）认为未来的绿色航运应该是最小化的健康和生态损害的高效海上运输。

2.2.2 绿色航运研究

2007年，国际清洁运输委员会（International Council on Clean Transportation）对航运船舶空气污染和温室气体排放的影响、减排措施和管理增长机会进行研究（Breitling and Leader，2010）。

2008年，国际最大的海洋保护倾向性组织（Oceana）针对航运对气候的影响开展研究，并寻求解决方案，公布《航运对气候的影响：内在的解决方案》（Shipping Impacts on Climate：A Source with Solutions）（Breitling and Leader，2010）。同年，经济合作与发展组织（Organization for Economic Co-operation and Development，OECD）和国际运输论坛（International Transport Forum）对国际航运的环境影响的过去趋势和未来发展进行分析（Breitling and Leader, 2010)。

2009 年，世界贸易组织（World Trade Organization，WTO）研究了贸易与气候变化，阐述航运与气候变化问题（Breitling and Leader, 2010）。2009 年，经济合作与发展组织（OECD）和国际运输论坛（International Transport Forum）分析了国际航运温室气体减排的潜力和从经济角度分析限制增长的国际运输产生负面影响的政策工具（Breitling and Leader, 2010）。2009 年，欧洲交通与环境联邦（European Federation for Transport and Environment）开展了《船用燃料和〈京都议定书〉：国际民航组织和国际海事组织气候变化测试如何失败》的研究（Breitling and Leader, 2010）。

Pike 等（2011）阐述了可持续航运行动（Sustainable Shipping Initiatives）在最近 10 年从个别方案（individual schemes）逐渐向更加整体的方法（holistic approaches）发展，现有可持续航运行动主要从研究与创新、企业社会责任及其市场策略、意识增长与环保教育和自愿入级标志与认证 4 个角度开展。

2014 年，IMO 第三次开展温室气体研究（Smith et al., 2015）。Prpic Orsic 等（2014）从减少船舶温室气体排放措施、高效节能（Eco-Efficient）策略两个角度进行绿色航运发展策略研究。

Lam 和 Lai（2015）运用网络分析法和质量功能配置（Analytical Network Process with Quality Function Deployment）决策支持模型帮助将客户的绿色需求合并到企业战略决策和运营管理。

Lun 等（2016）和 Lirn 等（2014）经验性地识别绿色航运管理性能的绿色政策、绿色船舶和绿色供给 3 个维度，并研究它们对企业绩效的影响。

Lun 等（2015）提出航运企业绿色和绩效相对论（greening and performance relativity）的概念，并运用输入输出分析模型验证航运绿色运营和企业绩效关系。

Chiu 等（2015）基于文献综述提出环境保护、绿色管理教育和船舶技术改进对绿色航运措施实施具有积极响应的 3 点假设；对这 3 部分和企业实施绿色航运措施的意愿进行属性识别，制成问卷，问卷调查和结果分析。

Lun 等（2016）从绿色航运实践、绿色航运网络、绿色与企业绩效关系和绿色展望 4 个方面进行绿色航运管理的研究。

2.2.3　绿色航运的实践

2.2.3.1　绿色航运实践研究

Lai 等（2011）提出绿色航运实践（green shipping practices）的概念框架，即绿色航运实践是用可持续的方法处理和分配货物，在航运活动中通过减量化和资源保护等措施考虑环境问题。从自然科学角度考虑，绿色航运实践强调运输中减少有毒气体和温室气体污染环境。从运营角度考虑，绿色航运实践一方面强调提高船舶建造技术，通过能源的有效利用，减少成本、提高生产能力、最小化环境影响；另一方面是航运利益相关者对航运商业行为的希望和要求。绿色航运实践包括 6 个维度：公司政策和程序（company policy and procedure）；航运文件（shipping documentation）；航运设备（shipping equipment）；货主合作（shipper cooperation）；航运材料（shipping materials）；船舶设计和遵从性（shipping design and compliance）。

Jepsen 等（2011），Lun 等（2013）和 Lun（2013）研究了绿色航运网络构建。Lai 等（2013），Yang 等（2013），Lun 等（2014），Lam 和 Lai（2015），Chiu 等（2015），Lun 等（2016）和 Lirn 等（2014）对绿色航运实践理念进行了实证分析。

2013 年，国际航运协会第 136 次工作组会议讨论了“可持续的海上航行”（Sustainable Maritime Navigation），分析了海上航行可持续发展的驱动力和工具，且分别分析了船舶与港口可持续发展问题并提出相应措施（PIANC，2013）。

Lun 等（2015）对绿色航运实践 6 个维度分别提出实施措施，并运用输入输出分析模型进行验证。

Chiu 等（2015）通过分析环境保护、绿色管理教育和船舶技术，改进船公司实施绿色航运措施的概念模型，从而制定了绿色航运的实施措施。

2.2.3.2 国际组织和跨国组织的实践

1978 年，国际海事组织（IMO）修订了《防止船舶污染国际公约》（the Prevention of Marine Pollution Convention，MARPOL），且于 1997 年批准附则 6 以处理船舶空气污染和排放，2011 年的修订版强制新船实施能效设计指数（Energy Efficiency Design Index，EEDI），所有船舶必须实施船舶能效管理计划（Ship Energy Efficiency Management Plan，SEEMP）（Wrighta，2013）。

2005 年，欧洲议会和理事会公布船用燃料硫含量指令（DIRECTIVE 2005/33/EC）和硫排放控制区（Tay，2014）。2006 年，欧盟委员会委托 CE Delft 研究与咨询机构、挪威海洋技术研究所（MARINTEK）、挪威船级社（Det Norske Veritas）和德国劳埃德船级社（Germanischer LIoyd）研究并公布《航运温室气体排放和海洋硫指令实施指南》（Greenhouse Gas Emissions for Shipping and Implementation Guidance for the Marine Sulphur Directive）（CE Delf，2006）。

2008 年，环境保护基金会（Environmental Defense Fund）公布《浮动的烟囱——清理航运污染的行动呼吁》（Floating Smokestacks——A call for action to clean up marine shipping pollution）阐述空气污染控制技术方法（Scott and Sinnamon，2008）。

2009 年，哥本哈根的联合国气候变化大会（United Nations Climate Change Conferences）和 2010 年坎昆（Cancun）的联合国气候变化大会强调了航运排放和减排技术，为此，船级社和个别航运企业为促进航运可持续发展纷纷响应，大力投资研究与技术方案（Pike et al.，2011）。

2009 年，空气污染和气候变化秘书处（Air Pollution & Climate Secretariat）、欧洲环境署（European Environmental Bureau）与欧洲交通和环境联邦联合发布《基于市场手段对波罗的海区域进行氮氧化物减排》（Market-based instruments for NO_x abatement in the Baltic Sea）减少波罗的海氮氧化物排放（Kågeson，2009）。

2010 年 3 月，IMO 海洋环境保护委员会（Maritime Environment Protection Committee）召开的第 60 次会议上，发达国家强烈要求将能效设计指数（EEDI）计算方法临时导则、能效设计指数自愿核证临时导则、船舶能效管理规划（SEEMP）制定导则和能效营运指数（Energy Efficiency Operational Indicator，EEOI）自愿应用导则 4 个通函内容纳入《防止船舶污染国际公约》（MARPOL）公约附则Ⅵ中，以促使 4 个通函尽快通过和生效，但由于自身的不完善性与发展中国家的反对而暂时没有获得通过（IMO，2015）。2010 年欧盟从近海航运政策和船舶设计、管理与运营开展航运可持续研究（Breitling and Leader，2010）。

2010 年，经济合作与发展组织（OECD）和国际运输论坛（International Transport Forum）分析了全球化、运输和环境的关系（Breitling and Leader，2010）。

2010 年，碳公开项目（Carbon Disclosure Project）组织发布《交通碳公开报告》（Carbon Disclosure Transport Report）公开航运碳排放（Carbon Disclosure Project，2010）。

2010 年，由欧盟国家的航运公司联合实施的清洁运输计划（Clean Shipping Project）公布《清洁航运指数指导性文件》（Clean Shipping Index Guidance Document），指导国际货物所有者运用用户友好和综合的清洁航运指数工具评价海洋运输进行环境行为（Breitling and Leader，2010）。

2010 年 11 月，IMO 讨论了一系列基于市场减少船舶排放的机制，如征收燃油税、排放交易方案等，但没有结果（OECD，2015）。

2011 年，世界自然基金会（World Wildlife Fund，WWF）组织开展可持续航运行动审查（Pike et al.，2011）。

自 2011 年起，全球共设定了 4 个排放控制区：波罗的海、欧洲北海、北美洲和加勒比海排放控制区（Cullinane and Bergqvist，2014）。

欧盟于 2012 年提出优先关注减少温室气体、硫氧化物、氮氧化物和悬浮颗粒排放；减少噪声；开展物种入侵斗争；溢油和危险物质事故后处理等实施绿色水运（greener waterborne transport）（European Commission，2012a）。

到 2013 年，国际海事组织设立了 14 个特别敏感区（Particularly Sensitive Sea Areas，PSSAs），保护存在航运风险的脆弱环境（IMO，2013）。

2013 年由世界航运产业的龙头企业和未来论坛（Frum for the future）与世界自然基金会两大龙头非营利性组织发起的可持续航运行动（Sustainable Shipping Initiative，SSI）成为一个独立公益机构，并提出航运业持续发展倡议，包括行动情况、展望 2040（Vision 2040）、未来创新（Future Innovation）和广泛作用（Wider Action）等模块（Kimmins et al.，2011）。

2013 年，国际海事组织根据实践经验界定了可持续海洋运输系统的概念并制定目标和行动，为后续可持续海洋运输系统的讨论提供参考（IMO，2013）。

2013 年，国际航运协会第 136 次工作组会议讨论了“可持续的海上航行”（Sustainable Maritime Navigation），分析了海上航行可持续发展的驱动力、工具、问题和措施（PIANC，2013）。

2018 年 1 月 1 日起，所有停泊在欧盟港口，超过 5 000 Gt 的船舶，无论何种船籍，必须遵守《监控、报告和验证程序》（Monitor，Report，Verify program，MRV）（Willan，2015）。

2.2.3.3 国家层面的实践

从 2004 年开始，国际上便开始提出可持续航运行动（Sustainable Shipping Initiatives），譬如法国的“Keep it Blue”行动，考虑船舶接收装置产生的废物和挪威的“TRESHIP”项目，关注航运的环境技术解决方案（Pike et al.，2011）。

2008 年，美国环境保护基金会（Environmental Defense Fund）公布《浮动的烟囱：清理航运污染的行动呼吁》（Floating Smokestacks——A call for action to clean up marine shipping pollution）（Scott and Sinnamon，2008）。

2009 年，挪威船级社（Det Norske Veritas）公布《走向低碳航运——到 2030 年的减排潜力》（Pathways to low carbon shipping——Abatement potential towards 2030）（Alvik et al.，2009）实施低碳航运措施。

美国海运管理署意识到美国海事政策只是狭隘地关注船舶，而不是整个运输系统（USDOT，2009），于是于 2007 年利用环境管理体系（EMS）制定海运环境政策和目标；2009 年，开展战略可持续实施计划（Strategic Sustainability Performance Plan，SSPP）以关注温室气体、能源消耗、水资源消耗、燃料消耗、高性能可持续建筑、绿色采购和电子管理等方面的规划、预算和报告；开展碳足迹计算；于 2008 年加入气候登记（Climate Registry）机构建立排放的底线，并每年更新碳足迹信息和评估减排机会，还开展了多项具有重要意义的节能措施研究，减少机构的碳足迹与能源使用，鼓励使用清洁能源（USDOT，2015a）；开展海事环境和技术支持项目（Maritime Environmental and Technical Assistance（META）Program），包括水生外来物种入侵、压载水处理、船体污损和港口与船舶大气污染等（USDOT，2015b）。

2010 年，美国皮尤气候变化研究中心（Pew Center on Global Climate Change）开展航运减排研究（Breitling and Leader，2010）。

2014 年，发布的《美国交通部适应气候变化的计划》（U.S. Department of Transportation Climate Adaptation Plan 2014）提出美国海运管理署将继续参与国家海洋委员会（National Ocean Council）和跨部门政策委员会（Interagency Policy Committees），关于海洋运输和航海的气候变化脆弱性评估（USDOT，2014b）。

新加坡于 2010 年开展了海事新加坡绿色倡议（Maritime Singapore Green Initiative），通过实施绿色船舶项目（green ship programme）鼓励新加坡籍船舶减少碳氧化物和硫化物排放；实施绿色港口项目（green port programme）鼓励停靠新加坡的远洋船舶减少污染物排放；实施绿色技术计划（green technology programme）鼓励当地海事企业开发和采用绿色技术（Maritime and Port Authority of Singapore，2015）。海事和港口管理局从 2011 年开始 5 年内海上新加坡绿色计划中投资 1 亿新元，试图减少运输和相关活动的环境影响，以促进清洁和绿色航运（Maritime and Port Authority of Singapore，2015）。

2011 年，中国船级社公布了《船舶能效管理认证规范》，规范船舶能效认证服务（中国船级社，2011）。

2013 年 11 月，加拿大环境部公布了《可持续未来规划：2013—2016 加拿大联邦可持续发展战略》（Planning for a Sustainable Future：A Federal Sustainable Development Strategy for Canada 2013—2016)，该规划通过和国际海事组织合作进行航运可持续规划（Environment Canada，2013）。

2013 年 5 月，中国交通运输部印发了《加快推进绿色循环低碳交通运输发展指导意见》(中华人民共和国交通运输部，2013)。2013 年 12 月，中国交通运输节能减排项目管理中心印发了《绿色循环低碳交通运输省份、城市、公路、港口考核评价指标体系（试行）》(交通运输节能减排项目管理中心，2013)。

2014 年 4 月 9 日，日本组织环境技术研讨（Environmental Technology Seminar）探讨交流了日本绿色船舶的环境技术（MLITT of Japan，2014）。

2015 年，中国船级社修订了《绿色船舶规范》(中国船级社，2015)。

2015 年 7 月 1 日，香港实施了《空气污染控制（远洋船只）（泊位燃料）法规》(Air Pollution Control (Ocean Going Vessels) (Fuel at Berth) Regulation)，允许使用不超过 0.5% 硫含量的低硫船用燃料、液化天然气（LNG）或香港环境保护部门批准的其他燃料，禁止船舶在泊位时使用某些燃料并进行文档记录（Hong Kong Government，2015)。

2015 年 10 月，中国参与了 IMO 全球能效合作伙伴项目（蔡菲菲，2015)。

2016 年，中国珠三角、长三角、环渤海（京津冀）水域设立了船舶排放控制区（中华人民共和国交通运输部，2015b)。

2.2.3.4　绿色航运管理实践

2009 年，世界航运委员会（World Shipping Council）研究了班轮产业碳排放政策，公布《班轮产业与碳排放政策》（The Liner Shipping Industry and Carbon Emissions Policy）(World Shipping Council，2009；Breitling and Leader，2010)。

2009 年，IMO 开展防止船舶空气污染研究，公布《防止船舶空气污染——IMO 第二次温室气体研究》(Prevention of Air Pollution from Ships——Second IMO GHG Study）(Breitling and Leader，2010)。

Breitling 和 Leader (2010) 总结了过去几年中航运企业、港口运营和管理机构、港口和航运协会、研究机构、政府和环境部门等从空气质量、气候变化、水质量、废物处理、疏浚、节能与可再生能源、自然资源、永续性（sustainability）和环境管理体系等方面制定和实施战略、行动计划（initiatives)、规划、工具、指南和制度以解决可持续航运和港口运营与环境相关的问题。

Lun (2011) 综述了绿色管理实践（green management practices)，将其总结为供应链伙伴合作、环境友好运营和内部管理支持 3 个要素；将绿色管理和企业绩效的影响因素作为变量构建函数关系；通过集装箱码头案例研究验证关系模型。

Lai 等 (2013) 运用问卷形式对 500 家航运企业从绿色航运实践的 6 个维度评价绿色贡献优劣势和提出需改善的领域。

Yang 等 (2013) 从先前研究中经验性地总结和假设了集装箱航运企业内部绿色实践、外部绿色集成与绿色绩效和企业竞争力的关系；收集了 163 家中国台湾航运企业的数据，运用结构方程模型（structural equation model）检验研究假设。

Ji 和 Qu (2014) 分析了国外船舶制造商、远洋承运人和港口国的绿色航运实践，并进行中国绿色航运建设启示分析。

Lun 等（2014）通过航运企业绿色实践 6 个维度的输入输出以研究航运企业的绿色能力。

Wan 等（2016）分析了航运的污染问题，并提出通过清洁拆船、控制排放和改善港口管理 3 个步骤实现绿色航运。

2.2.4 绿色航运规划研究与实践的发展

目前有关绿色航运规划的相关研究较少。

Goh（2010）阐述了新加坡通过绿色船舶计划（Green Ship Program）、绿色港口计划（Green Port Program）和绿色技术计划（Green Technology Program）综合开展绿色航运规划。2013 年，国际海事组织制定可持续海事运输系统的目标和行动计划（IMO，2013）。此外，世界航运产业的龙头企业和非营利性组织为实现航运业可持续发展，提出可持续航运行动（Sustainable Shipping Initiative），分析全球航运变化趋势，并将其概括为航海经济环境变化、审查更严格且期望更高和未来能源与气候变化三大挑战，提出可持续航运行动，并制定行动策略（Kimmins et al.，2011）。

进入 21 世纪，世界著名港口纷纷开展了绿色港口规划以指导绿色港口建设，譬如悉尼港（Sydney Ports Corporation，2006）和上海港（董晓青，2015）。但如前所述，港口只是航运运输中的一个节点，绿色港口规划无法指导整个航运业的永续发展。

综上，绿色航运规划主要起源于可持续航运行动，大约起始于 2004 年。但在 2010 年以前主要还是理念的提出，尚无明确的研究和实践，主要内容停留在协调航运与环境保护的关系，开展航运的环境保护管理的措施和实践，尚无法真正上升到航运的持续发展战略的研究和实践，更谈不上绿色航运的研究和实践。2010 年以后才陆续开始真正考虑可持续航运行动，并开始尝试实践，真正提出绿色航运的概念，开展绿色航运规划研究及其实践。

绿色航运规划目前还处于概念提出和内容讨论阶段，尚无明确的定义，且可持续航运与绿色航运的概念并没有明确的区分。新加坡的实践已在 2010 年开始；中国的发展几乎与国际上同步。

2.2.5 绿色航运规划的技术路线

2.2.5.1 战略规划

新加坡通过绿色船舶计划、绿色港口计划和绿色技术计划 3 项计划开展新加坡绿色航运行动实践（Goh，2010）。

Pike 等（2011）综述了可持续航运行动，技术路线如下。

（1）基础分析：将可持续航运行动分为研究与创新（技术投资）、企业社会责任与市场、意识增长与环保教育和自愿入级标志与认证 4 组内容，进行经济效益、企业社会责任与市场、环境保护和航运与国际法规的驱动力识别。

（2）制订计划：从 4 组内容方面进行当前可持续运输具体计划的阐述。

（3）分析与总结：提出可持续航运行动处于零散状态，需要被整合。

国际海事组织研究了可持续海事运输系统，技术路线（IMO，2013）如下。

（1）定义可持续海事运输系统：从海事运输系统的组成、产业价值链、国际海事组织在可持续航运系统中的职责，分析海事运输系统及其全球性功能。

（2）制定目标和行动：包括安全文化与环境管理、培训与教育、能源效率与船舶-港口界面、船舶能源供给、海上运输支持与咨询系统、海事安全（Security）、技术合作、新技术与创新、金融债务与保险机制和海洋管理方面。

2.2.5.2　策略规划

Lun（2011）研究了航运企业的绿色管理实践，技术路线如下。

（1）影响分析：通过构建绿色管理实践函数关系式以分析航运企业绿色管理实践和企业绩效的关系，其中绿色管理实践影响因素包括供应链伙伴合作、环境友好运营和内部管理。

（2）案例验证：通过集装箱码头案例验证关系模型。

香港研究者开展了航运企业绿色航运实践研究，技术路线（Lai et al.，2011；Lai et al.，2013；Yang et al.，2013；Lirn et al.，2014；Lun et al.，2014；Lam and Lai，2015；Lun et al.，2015）如下。

（1）概念的提出：从企业政策与程序、航运文件、航运设备、船主合作、航运材料和航运设计与规范 6 个维度界定绿色航运实践，并阐述了实践的前提条件。

（2）评价与分析：运用问卷形式对 500 家航运企业从绿色航运实践的 6 个维度评价绿色贡献优劣势，并提出需改善的领域；收集 163 家中国台湾航运企业的数据，运用结构方程模型验证假设；通过绿色实践 6 个维度的输入输出以研究航运企业的绿色能力；运用网络分析法和质量功能配置决策支持模型，将客户绿色需求整合到企业战略决策和运营管理；识别绿色航运管理绩效的绿色政策、绿色船舶和绿色供给 3 个维度；提出航运企业绿色和绩效相对论，并运用输入输出分析模型验证航运绿色运营和企业绩效的关系。

2013 年，国际航运协会第 136 次工作组会议讨论了“可持续的海上航行”，分析了海上航行可持续发展的驱动力，以及国际法规、经济激励等工具，还分析了船舶与港口可持续发展问题并提出相应措施，其中提出渐进式的决策技术路线，包括建立需要与目标，识别机会，制定备选方案，实施、监控与评价（图 2-27）（PIANC，2013）。

2013 年 11 月，加拿大环境部公布《可持续未来规划：2013—2016 加拿大联邦可持续发展战略》，通过和 IMO 合作，基于加拿大新法规的实施，进行新国际标准和船舶标准的制定和研究与开发以减少温室气体排放；通过港口卡车预约系统调度，提高卡车进出港移动速率和减少空转以减少废气排放；通过岸电投资建设，以减少港口废气排放开展航运可持续规划（Environment Canada，2013）。

为实现航运业可持续发展，世界航运产业的龙头企业和非营利性组织提出可持续航运行动计划，其技术路线（Kimmins et al.，2011）如下。

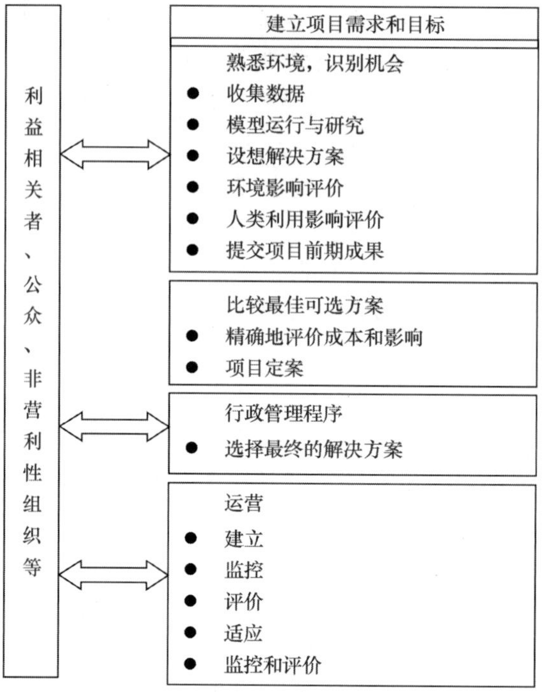

图 2-7 可持续海上航行渐进式的决策技术路线

Fig. 2-7 Step wise approach to decision making for Sustainable Maritime Navigation

资料来源：PIANC，2013

（1）趋势分析：通过专家访谈识别未来 30 年全球贸易、权力转移、能源成本提高与顾客需求变化等方面的趋势；概括航海经济环境变化、审查更严格且期望更高和未来能源与气候变化三大挑战，并识别风险与机会；分析航运业的响应及领导者该如何应对未来的变化。

（2）提出倡议：依据行动分析结果，结合环境、职员与顾客和社区群体的责任，设立愿景与愿望。

（3）制定行动：制定行动策略，并通过工作流程形式探索创新方法以应对未来复杂的变化，包括投资新技术、减少船舶生命周期影响、制定驱动可持续性能改善的标准、能源技术创新与更新的进一步调整。

Prpic Orsic 等（2014）从减少船舶温室气体排放措施、高效节能（Eco-Efficient）策略两个角度提出绿色航运发展策略。

Ji 和 Qu（2014）开展了中国绿色航运规划，技术路线为如下。

（1）经验分析：分析了国外船舶制造商、远洋承运人和港口国的绿色航运实践，包括绿色造船、船舶经济航速、低碳战略。

（2）规划建议：进行中国绿色航运建设启示分析，包括建立海事组织和船舶企业提高技术创新的伙伴关系、综合国内船舶市场发展绿色造船供应链等。

Chiu 等（2015）制定了绿色航运的实施措施，技术路线为如下。

（1）提出假设：基于文献综述提出环境保护、绿色管理教育和船舶技术改进对绿色航运措施实施具有积极响应的3点假设。

（2）验证假设：对这3部分和企业实施绿色航运措施的意愿进行属性识别并制成问卷，通过对航运企业进行问卷调查验证假设，并得出结论。

2.2.5.3　绿色航运的其他相关规划

2.2.5.3.1　绿色航运网络规划

（1）Jepsen等（2011）通过建立基于路径的班轮运输网络新模型，进行最小化船舶成本和能耗的绿色航运网络规划。

（2）珠三角绿色航运网络规划的技术路线（Lun，2013）为：①基础分析：评估珠三角驳船和集装箱产生的外部成本；根据外部成本确定环境影响；将港口划分为喂给港、直达港和枢纽港，提供分类决策指导。②网络规划：运用中心辐射的方法构建喂给港到枢纽港绿色航运网络，减少二氧化碳排放，提高航运经济和环境效益。

（3）Kontovas（2014）研究了绿色航线和调度规划，技术路线为：阐述了估算能源消耗和二氧化碳、硫氧化物和氮氧化物排放的方法，并提出解决通过能耗或排放最小化、外部成本内部化和限制产生排放3种方法解决绿色航线和调度问题。

2.2.5.3.2　节能减排与船舶管理

（1）Wang等（2007b）研究了船舶减排政策的选择，技术路线为：①成本收益分析：对国际海事制度下美国到欧洲或美国东海岸硫排放控制区对外贸易的船舶减少二氧化硫排放的控制战略进行成本收益分析；②决策：识别出在规定标准、基于性能和基于市场下的控制政策成本和性能；最后得出基于性能的市场控制措施对船舶减排最有效。

（2）Wang等（2007a）研究了不同航线的船舶排放规划，技术路线为：①数据分析：比较综合海洋大气数据库和自动交互船舶救援系统数据库的船舶运行轨迹；比较运用船舶交通、能源和环境模型计算船舶排放清单和相关数据库，计算排放分配系数的形式制作的船舶排放清单。②决策：分析不同船舶排放清单，供决策者参考。

（3）Hjelle和Fridell（2012）与Hui（2014）列举了国际海事组织于2009年通过提出限制或减少船舶温室气体排放的技术运营与市场两方面政策以规划绿色航运，具体政策如表2-2所示。

（4）Guo等（2012）和Turtiainen（2005）研究了绿色船舶设计与制造规划，分别提出绿色船舶设计和船舶绿色制造相关措施，并分析其主要影响因素。

表 2-2 限制或减少船舶温室气体排放的政策概览

Table 2-2 Overview of policies to limit or reduce emissions of greenhouse gases from ships

	市场工具	命令和控制工具	自愿措施
海事温室气体排放	排放交易，如海事排放交易方案（Mritime emissions trading scheme，METS）；排放征税，如国际赔偿基金（International Compensation Fund，ICF）		
运营效率	船舶能效营运指数（Energy Efficiency Operational Indicator，EEOI）征税；EEOI 征税或收益方案	强制的 EEOI 限制；强制的 EEOI 报告；强制的船舶能效管理计划（Ship Energy Efficiency Management Plan，SEMP）	改善 EEOI 的自愿协议；实施 SEMP 的自愿协议
设计效率	船舶能效营运指数（Energy Efficiency Operational Indicator，EEOI）征税；EEOI 征税或收益方案	强制的新船 EEOI 限制	改善 EEOI 的自愿协议；满足自愿的标准
能源生命周期碳排放	不同的能源税	能源生命周期碳排放标准；生物能源标准	

2.2.5.3.3 环境管理

Lister 等（2015）运用经验证据和档案数据分析航运环境管理的演变，分析国际海事组织统筹私人绿色航运行动的潜力，提出运用跨国环境管理理论开展航运环境管理。

2.2.5.3.4 企业社会责任

Coady 等（2013）研究了绿色航运的企业社会责任，通过综述航运企业社会责任自愿举措，包括评级计划、跨部门管理方案和实践应用，进行差距和收敛性评价，制定航运企业社会责任框架。

Kunnaala 和 Rasi（2013）研究了绿色航运的企业社会责任，技术路线为：①综述：分析企业社会责任的概念、执行情况与利益关系和企业社会责任与经济、环境与社会的三重底线；②影响分析：航运企业实施社会责任的效益与损失、竞争优势和对海事安全的影响；③案例应用与总结：对波罗的海航运企业进行社会责任实施情况问卷调研与分析总结。

2.2.5.3.5 私人管理

Wuisan 等（2012）研究了绿色航运的私人管理制度，制度模型应用于清洁航运项目（Clean Shipping Project），最后进行总结与建议。Lister（2014）研究了绿色航运的私人行动，分析行业转变浪潮、环境关注、集装箱化与大型零售、大品牌供应链的可持续性、可持续海事运输市场优势、绿色航运新的私人规则、海事制度有效性滞后、私人管理对全球政策的影响，并提出政策建议。

2.2.6 绿色航运规划的方法

2.2.6.1 数据分析方法

绿色航运规划基础分析阶段运用的方法除包括航运规划阶段运用的聚类分析、经验分析、数据统计分析和模型法外，还运用了矩阵分析法（Matrix Analysis）。Coady 等（2013）通过矩阵分析形式识别海事部门在社会、环境与管理方面资源与监管制度的差距和收敛性。

2.2.6.2 辅助决策方法

绿色航运规划辅助决策阶段运用的方法除包括航运规划辅助决策阶段运用的成本收益分析、环境影响评价外，还运用了以下方法。

（1）模型法。Yang 等（2013）运用结构方程模型（structural equation model）检验假设。

（2）问卷调研。Lai 等（2013）运用对 500 家航运企业从绿色航运实践的 6 个维度进行问卷评价绿色贡献优劣势。Kunnaala 和 Rasi（2013）对波罗的海航运企业进行社会责任实施情况问卷调研与分析。Chiu 等（2015）对航运企业实施绿色航运措施的意愿进行问卷调查。

（3）实证研究（empirical study）。Yang 等（2013）根据经验总结和假设集装箱航运企业内部绿色实践、外部绿色综合与绿色性能和企业竞争力的关系。Lirn 等（2014）根据经验识别出绿色航运管理绩效的绿色政策、绿色船舶和绿色供给 3 个相关维度。Lister 等（2015）运用经验证据和档案数据分析航运环境管理的演变。

2.2.6.3 决策方法

绿色航运规划决策阶段运用的方法包括除航运规划决策阶段运用的专家判断、公众参与、模型法外，还运用了以下方法。

Mansouri 等（2015）提出运用多目标优化工具为实现航运环境可持续和经济与运营目标的平衡制定决策。美国海运管理署 2007 年利用环境管理体系（EMS）制定海运环境政策和目标（USDOT，2015a）。

2.2.7 绿色航运规划的小结

综上，绿色航运理念大约萌芽于 2004 年，主要起源于可持续航运行动（Sustainable Shipping Initiatives），但在 2010 年以前主要还是概念的提出，主要内容停留在协调航运与环境保护的关系，开展航运的环境保护管理的措施和实践。2010 年以后才陆续开始真正考虑可持续航运行动，并开始尝试实践。2010 年以后也才真正提出绿色航运的概念，开展绿色航运规划研究及其实践。

绿色航运相关理念经历了从开始简单地认为绿色航运即是在航运活动中做出环境管理

努力，到后期关注航运经济和环境的协调发展，最后融合可持续发展理念，关注航运全生命周期的经济、社会和环境的协调发展，实现代际公平。绿色航运的生态意识在近年开始被关注。

目前，可持续航运行动与绿色航运行动未进行明确的区分。绿色航运规划总体上经历了个别方案制定到基于整体视角考虑的发展过程，还处于概念提出和内容讨论阶段，尚无明确的定义；实践成果较之于研究成果丰富，但空间和时间上存在局限性，系统性不强。国际相关组织与国家层面开展了绿色航运规划的实证研究，但大多属于行动计划性质或绿色航运管理实践，新加坡于2010年最早开展综合的绿色航运实践。

绿色航运战略规划研究与实践的案例极少，没有成熟的技术路线，基本是以愿景或目标为核心的规划，较具代表性的有：国际海事组织通过定义可持续海洋运输系统，并制定目标和行动。国际航运协会第136次工作组会议讨论的“可持续的海上航行”中提到渐进式的决策技术路线，通过建立需求目标、识别机会、制定备选方案、实施、监控与评价渐进开展决策，属于策略性规划；世界航运产业的龙头企业和非营利性组织提出可持续航运行动，通过全球变化趋势分析，提出愿景并制定行动策略。绿色航运策略规划技术路线大体可以归纳为3种类型，有两类与航运规划相似：①基于数据分析拟定规划，属于传统研究型；②设定目标，然后制定规划方案，属于政府或国际组织的决策规划型；③另外一类则是在原有经验或单项规划/计划的基础上拼凑合成，属于实践整合型。由此可见，绿色航运规划还很不成熟，基本上是建立在原有航运规划方法或实践的基础上向前推进，尚无基于自身特点的规划技术路线。

由于绿色航运规划基本上是建立在原有航运规划的基础上，因此绿色航运规划所使用的方法基本上与航运规划相同，仅有少量新方法如矩阵分析法、多目标优化等。由于绿色航运规划难以定量预测，因此基本没有见到预测方法的运用。

总体上看，绿色航运规划研究起步晚，目前处于概念提出和内容探讨阶段，虽然专家学者强调了从整体角度进行绿色航运规划，但大部分的研究和实践仍以航运的环境保护为主。目前对可持续航运和绿色航运的概念尚无法明确区分。绿色航运规划自身没有成熟的技术路线和方法体系。

2.3 绿色物流和绿色航运物流的研究进展

2.3.1 绿色物流的研究进展

2.3.1.1 绿色物流的理念

邹辉霞和刘仙泽（2004）认为绿色物流是指“在采购、运输、储存、保管、包装、装卸、流通加工、产品销售和回收等一系列物流活动中，利用绿色物流管理理念和先进的物流技术对物流进行科学化的管理，以降低对环境的污染，减少对资源的消耗”。Sbihi 和 Eglese（2007）认为绿色物流是以可持续的方式生产和分配货物，考虑其环境与社会因素。谢泗薪和王文峰（2010）认为绿色物流是“一个多层次概念，强调对环保全方位全过程的关注，既包括企业绿色物流活动，也包括社会对绿色物流活动的监督、规范和控制，追求企业经济效益、消费者权益、环境效益与社会效益的统一"。McKinnon 等（2012）提出绿色物流的分析框架，即物流活动和其相关的环境影响与成本的关系（图 2-8）。

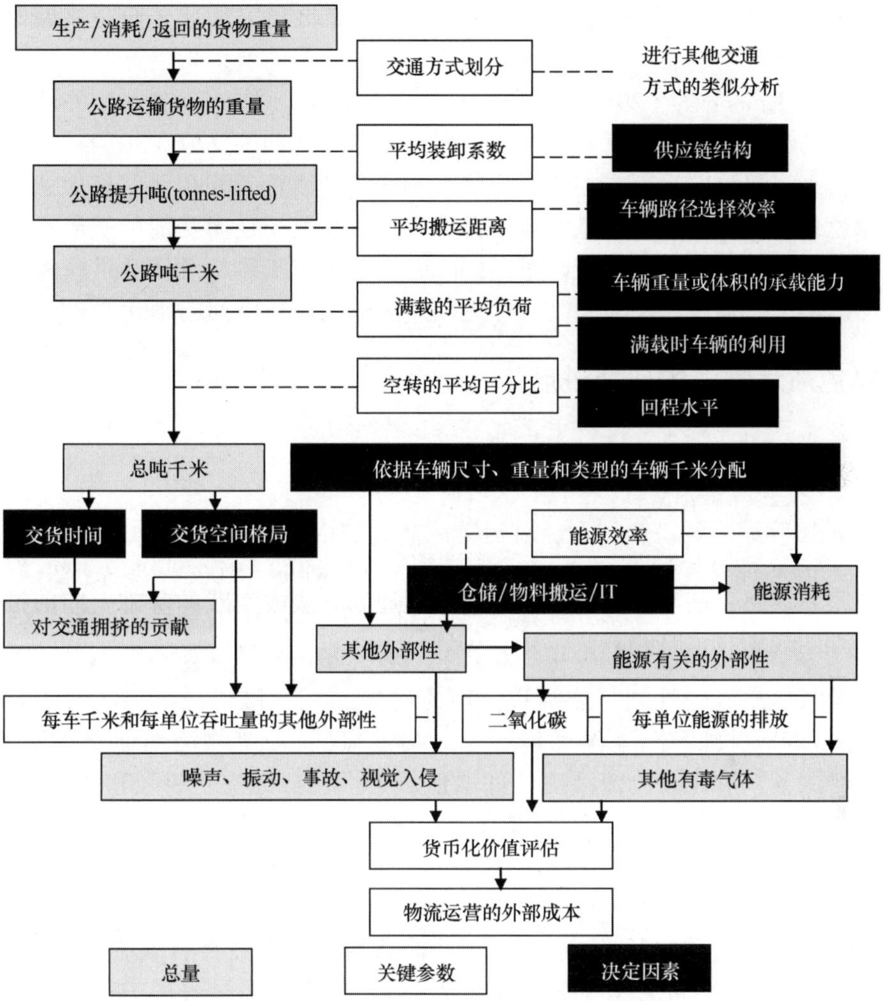

图 2-8　绿色物流的分析框架

Fig. 2-8　Analytical framework for green logistics

资料来源：McKinnon et al., 2012

2.3.1.2　绿色物流的研究进展

绿色物流的研究大约开始于 20 世纪 60 年代，2004 年以前仅有少量研究解决物流环境问题（McKinnon et al., 2012）。绿色物流研究主要包括减少货物运输的外部性、城市物流、逆向物流、物流企业环境战略和绿色供应链管理 5 个主题，且呈现由公转私、从运营到战略和从当地到全球的扩展趋势（McKinnon et al., 2012）。

代表性的研究成果包括：Murphy 和 Poist（2000）结合案例分析了企业绿色物流战略

的使用模式。Rodrigue 等（2001）分析了绿色物流在成本、时间或灵活性、网络、可靠性、配送和电子商务方面的悖论，提出 3 种技术路线情景模式：①政府从上到下将绿色施加于物流行业；②物流行业自身从下到上的环境改善；③政府和物流行业和解，特别是通过 ISO 14000 认证的形式。邹辉霞和刘仙泽（2004）提出我国物流企业应该做好战略规划并提高操作水平，政府应发挥导向与管理作用，倡导绿色消费以发展绿色物流。McKinnon 等（2010）和 McKinnon 等（2012）提出绿色物流的框架，并对其中 9 个关键参数进行分析，关注绿色物流的战略、运营和公共政策视角。谢泗薪和王文峰（2010）提出绿色物流的路径包括：①完善政府政策与相关法律体系；②提高消费者和企业的环保意识；③提高基础设施绿色化水平；④培养绿色物流复合型人才；⑤重视逆向物流的发展；⑥推进绿色供应链配送战略；⑦推动绿色税费改革。Fahimnia 等（2015）从可持续供应链的视角研究绿色物流与运输，包括绿色物流网络、绿色陆路运输和绿色空运与水运。

2.3.2 绿色航运物流的研究进展

2.3.2.1 航运物流的概念

2005 年的国际海运经济会议上，航运物流概念被引入以讨论海洋运输与物流的综合，使得航运物流迈入研究进程（Panayides，2006）。Panayides（2006）率先提出航运物流的核心是综合，包括物理综合（多式联运），经济和战略综合（垂直整合、结构治理）或者组织综合（关系、人员和过程的跨组织综合）。Lee（2010）认为航运物流是一个包含海洋运输的货物及其信息流的规划、控制和管理的过程。Nam 和 Song（2011）认为航运物流（maritime logistics）关注海上运输（包括航运与港口），传统物流功能（如存储、仓储、提供配送中心服务）和综合物流活动（如增值服务，包括标签、装配和修理）。Panayides 和 Song（2013）认为航运物流关注物理海上运输流、信息流管理、从制造商到最终消费者，包括港口与货运代理等运输中介的海事供应链的各角色交流的管理。庄佩君（2014）认为海运物流是指“为满足客户的要求，在需要经过海运的发送地到最终收货地之间，使货物（原材料、半成品和成品）、服务和相关信息的流动和储存有效率和有效果地计划、实施和控制过程”，或“满足客户需要的持续过程，在需要经过海运的发送地到最终收货地之间，以客户愿意支付的价格，将恰当数量的恰当货物按恰当的条件，在客户制定的恰当时间送达至恰当地点的恰当收货人”（庄佩君，2014）。Caliskan 和 Ozturkoglu（2016）认为海事物流是一个体现综合、协调、增值客户服务、更低成本、更大灵活性、减少响应时间和更高质量的概念。Heilig 和 Voß（2017）认为海事物流港口内部和港口之间的海洋运输、货物处理和移动，与物流和供应链管理的密切结合。

2.3.2.2 绿色航运物流的理念

Psaraftis（2009）认为限制联运某一部分的排放可能会增加其他部分的排放，绿色航运物流需要整体的视角和双赢的解决方案。Psaraftis（2016）认为绿色运输物流（green transportation logistics）试图在运输供应链中达到可接受的环境绩效，并与此同时考虑传统的经济绩效标准。社会标准涵盖于该定义中，或为权利，或为经济标准的一个部分。

2.3.2.3　绿色航运物流的研究进展

Psaraftis（2009）识别出绿色航运物流的驱动、总结绿色航运物流存在的问题，并提出可能采取的措施。Lindstad 等（2012）阐述了绿色航运物流的重要性，并提出测量运输系统温室气体排放的框架与模型，比较不同运输方式的温室气体排放。Davarzani 等（2015）综述了绿色港口和航运物流。

2.3.3　小结

绿色物流研究大约萌芽于 20 世纪 60 年代，近 10 年得到快速发展。经历了由公转私、运营到战略和当地到全球的发展过程，大多关注物流企业层面的绿色物流战略规划。当前普遍认为绿色物流多注重环境污染的减少和资源消耗的降低。主要技术路线包括政府从上到下、物流业从下到上以及政府与物流业通过认证方式实现 3 种类型。2001 年便有学者充分认识到 ISO 14000 是绿色物流的有效方法。

相比之下，航运物流的概念充分融合了物流的理念进行定义，在 2005 年开始进入研究历程，2011 年才初步提出航运物流的定义。绿色航运物流未被明确定义，相关研究成果也很少，还处于内容讨论阶段。

2.4　中国绿色航运规划的调研

2.4.1　调研情况

根据上海国际航运中心发布的《全球港口发展报告（2015）》，上海港、深圳港、广州港和厦门港在全球港口集装箱吞吐量排名中分别位列 1、3、7 和 16 位。上海、广州和厦门也是国务院批复建设的 5 个国际航运中心中重要的 3 个，尤其是上海市，已于 2016 年 6 月率先通过了《上海市推进国际航运中心建设条例》。为深入了解我国绿色航运规划的努力、成果及困难，代表性、典型性地总结我国绿色航运规划的现状及存在的问题与不足，选取上海、广州、深圳和厦门区域开展绿色航运调研工作。

2.4.1.1　广州调研

调研时间：2015 年 7 月 13—18 日。

调研对象：广州港务局、广东省航运规划设计研究院和广东省交通运输规划研究中心。

调研内容：①您所理解的绿色航运是什么样的？②贵单位在绿色航运方面做了哪些努力，效果如何？存在哪些困难？③航运规划的现状？④贵单位如何指导航运绿色或可持续发展？⑤港口供应链整合现状及效果？⑥您对绿色航运规划有何想法或建议？

2.4.1.2　厦门调研

调研时间：2016 年 7 月 31 日至 8 月 30 日。

调研对象：厦门港口管理局、厦门船东协会和厦门港口协会。

调研内容：基本同广州调研；并参加“《厦门港绿色港口建设‘十三五’规划方案》（2016 年）评审会”等相关会议。

2.4.1.3　上海调研

调研时间：2016 年 11 月 13—21 日。

调研对象：走访上海区域和航运相关的政府机构、行业协会、研究与咨询机构和企业等；此外还参加了在上海举行的《2016 SISI-KMI 国际海运论坛》。

调研内容：①您所理解的绿色航运是什么样的？您觉得可持续航运和绿色航运有区别吗？若有，您觉得主要区别在哪？②贵单位在绿色航运方面做了哪些努力，效果如何？存在哪些困难？③您认为应该如何指导航运业走向持续航运或绿色航运？航运战略规划有意义吗？是否通过航运战略规划能引导航运业走向持续航运或绿色航运？④您对航运物流是如何理解的？航运物流是航运业的发展趋势吗？⑤您认为什么是绿色航运物流？应如何开展绿色航运物流的规划？⑥）您认为绿色航运物流应考虑哪些方面的问题？经济、社会、区位、资源、环境和生态？还有其他方面？或不需要考虑其中某些方面？⑦您对航运物流的绿色战略规划有何想法或建议？

2.4.1.4　深圳调研

调研时间：2017 年 5 月 8—10 日。

调研对象：深圳市交通运输委员会（深圳市港务管理局）。

调研内容：同上海调研内容基本一致。

2.4.2　调研成果

（1）关于绿色航运。绿色航运的概念还处于被讨论阶段，且未明确区分绿色航运与可持续航运的内涵，大多认为绿色航运即航运的节能减排。绿色航运的主要对象为港到港的海洋运输，不仅在基础设施（港口）方面强调绿色发展，还关注船舶与运输等，突出的实践包括船舶能效管理、排放控制区的划定。绿色航运要考虑企业和船东的利益，发挥他们的作用。

（2）关于航运规划。当前，我国没有独立的海运规划，海运规划一般涵盖于综合交通运输规划中。港口已纷纷开始关注供应链的整合问题，发展港口物流产业，国际航运中心也大力发展航运物流服务。

（3）关于航运物流和绿色航运物流。基本都认为航运物流是航运的发展趋势，航运战略规划对于指导航运物流绿色发展具有重要的意义。现阶段绿色航运物流的工作主要为节能减排，关注技术和管理性措施，突出考虑资源和环境方面的因素。通过上海绿色航运调研情况，我们可以看出，充分发挥市场作用，关注社会成本效益，提升船东、顾客、船员等的绿色意识，重视资源效率，建立部门协调机制等是当前绿色航运物流需要弥补的不足。

2.4.3　调研结果讨论

从调研的成果中可以发现，当前绿色航运的概念还处于讨论阶段，且未明确区分绿色航运和可持续航运的概念，多数认为绿色航运包含在持续航运之内；没有清晰的指导航运绿色或可持续发展的成果，绿色航运现有实践也基本是属于管理层次，关注具体环保和节能措施的实施，这些与之前通过文献阅读阐述的观点十分相符。

多数观点认为航运物流已成为航运业的发展趋势。我国尚未有独立的海运规划，已将海运规划纳入综合交通运输规划中，因而，开展航运物流规划工作即满足航运业的发展需求，也是航运业发展的必然选择。

2.5　航运规划和绿色航运规划的研究进展总结

2.5.1　总结

2.5.1.1　航运规划的发展

航运规划发展较迟。20 世纪 70—80 年代为航运战略规划的萌芽阶段，国际上开始意识到需要制定航运战略规划以支持航运决策；90 年代到 21 世纪初为初期发展阶段，国际航运相关组织开始从宏观上指导开展航运战略规划的制定：欧盟委员会自 1992 年起便陆续发布交通运输白皮书和 10 年运输战略，并指导成员国开展航运规划制定；美国联邦海事委员于 1999 年开始制定 5 年期战略规划以发挥机构的独立监管职能，同年美国交通部成立了“一元化运输部”战略工作组以制定新时期战略规划；部分国家如德国和澳大利亚，开始从整体角度开展航运战略规划。我国目前尚没有形成系统的海运规划体系，相关规划包括综合交通运输规划、内河航运规划、航运中心发展规划、船舶工业发展规划等。

现有航运规划更多为管理规划或航运中的单项规划，研究航运战略规划的学术成果极少。调研结果表明，我国基本未开展航运规划工作。港口规划发展较早，始于 20 世纪 50 年代，较为成熟，但港口仅仅是航运的一个节点，港口规划无法对航运产业产生影响，无法指导航运迈向永续发展。

2.5.1.2　国际上航运管理体系

航运的现行管理模式主要为政府机构管理（交通运输部或具有类似职责的机构）和国营或私人企业管理、政府监管（如澳大利亚东北区、香港）两种模式；其中政府机构管理模式主要通过制定综合交通运输规划形式开展航运规划，若政府部门单独设置有海运管理机构，则开展专项航运管理规划（如美国交通部海运管理署、新加坡海事与海港局）。在国家管理机构层面以上的决策机构如美国联邦海事委员会和欧盟委员会属于决策机构，美国联邦海事委员会通过制定战略规划监管国家的海事发展；欧盟委员会通过制定共同运输政策保障欧盟航运可持续发展。另外，非政府组织、官方咨询机构、非官方的相关协会或委员会等也参与对航运规划进行研究与咨询。

2.5.1.3 航运规划的技术路线

航运战略规划的技术路线尚处于发展阶段。学术界主要以数据分析作为决策基础，一般包括：数据分析、决策以及实施与评价3个步骤。各国的实践中，航运战略规划主要包括两种类别，一种以制定政策形式表达，在数据和法律基础上，通过专家评判、公众参与以及其他辅助决策方法制定航运战略规划，这种形式以欧盟这种松散的联盟体制为代表；另一种以战略目标制定为核心，在战略目标的指导下，采用专家评判和公众参与以及决策模型等方法制定规划内容，最后进行规划的评估和反馈，该种类型以较紧密的联邦体制为代表，如美国和德国。

综合考虑航运战略规划与策略规划的技术路线可概括为：数据分析、法规与政策分析和问题识别、目标确定、措施制定、实施指标确定、规划输出与反馈和目标调整再循环。

2.5.1.4 航运规划常见的方法

航运规划在数据分析和辅助决策阶段应用了定性和定量的方法，主要包括统计分析法、情景分析法等。决策方面，主要通过专家评判法和公众参与，结合决策模型应用于决策过程；少量应用多准则决策法。

2.5.1.5 绿色航运的理念和规划的发展

近几年，绿色或可持续航运越发受到关注，且目前未对绿色航运和可持续航运的概念进行明确区分。绿色航运理念大约萌芽于2004年，主要起源于可持续航运行动，经历了简单的环境管理努力到融合可持续发展理念的过程。2010年以前主要是概念的提出，关注航运与环境保护关系的协调，开展航运的环境保护管理的措施和实践。2010年以后陆续开始真正考虑可持续航运行动，并开始尝试实践。2010年以后才真正提出绿色航运的概念，并开始开展绿色航运规划研究及其实践。绿色航运规划研究与实践总体上经历了个别方案制定到基于整体视角考虑的发展过程，目前处于概念提出和内容讨论阶段，尚无明确的定义，实践成果较之于研究成果丰富。国际相关组织与国家层面开展了绿色航运规划的实证研究，但大多属于行动计划性质或绿色航运管理实践，新加坡于2010年最早开展综合的绿色航运实践。

总体来说，绿色航运来源于可持续航运的思路、政策与战略；其后陆续提出绿色航运的理念，但至今并无严格的关于这些用词的定义和概念。实践研究起源于绿色航运行动，刚刚起步，理论研究尚不成熟。

2.5.1.6 绿色航运规划的技术路线

绿色航运战略规划尚无成熟的技术路线，较具代表性的有：国际海事组织通过定义可持续海洋运输系统，并制定目标和行动。

绿色航运策略规划技术路线大体可以归纳为3种类型，有两类与航运规划相似：①基于数据分析拟定规划，属于传统研究型；②设定目标，然后制定方案，属于决策机构或国际组织的决策规划型；③另外一类则是在原有经验或单项规划、计划的基础上拼凑合成，属于实践整合型。

2.5.1.7　绿色航运规划的方法

绿色航运规划难以定量预测，未见预测方法的运用，更多地采用定性方法和实证分析方法。绿色航运规划基本上是建立在原有航运规划的基础上，使用的方法基本上与航运规划相同，仅有少量新方法如矩阵分析法和多目标优化等。

绿色航运规划使用的决策方法主要包括管理方法、辅助决策方法以及决策方法三部分。

（1）绿色航运规划起源于环境管理，但 ISO 14000 系列标准还未被国际航运组织应用，我国尚未使用 ISO 14000 环境管理系列标准。是否适用于绿色航运规划等战略决策层面，尚有待进一步探讨。

（2）（绿色）航运规划使用的辅助决策方法主要包括环境评价方法、经济评价方法以及风险评价方法 3 个方面。环境评价（包括 EIA 和 SEA）是较为有效的辅助管理和决策方法，在（绿色）航运规划中应用较多，但难以直接、有效支持绿色航运规划战略决策。（绿色）航运规划最常使用的经济评估方法仍然是成本效益分析等古老的经济分析方法，这些方法未考虑环境成本，无法支持持续发展或绿色航运规划决策。目前尚未见在航运规划中应用生态系统服务价值评估（ESV）或生态系统内在价值评估的案例。在（绿色）航运规划也有不少考虑风险问题，然而缺乏相关研究，难以真正实现绿色或可持续发展战略。

（3）目前绿色航运规划的决策方法大多使用专家评判法、公众参与法等社会科学的决策方法，少量运用多准则决策法。社会科学的方法容易受到环境和时间影响而发生重大改变，无法遵从绿色或可持续发展的战略目标；基于定量的决策方法如多准则决策法以及基于数据的决策方法存在一系列固有的问题，难以针对环境条件极其复杂的区域性综合战略决策。

2.5.1.8　绿色物流和绿色航运物流的研究

绿色物流研究近 10 年得到快速发展，普遍认为绿色物流即降低物流环境污染，减少资源消耗。主要技术路线包括政府从上到下、物流业从下到上和政府与物流业通过认证方式实现等 3 种类型。ISO 14000 在 2001 年便被认为是绿色物流的有效方法。相比之下，航运物流近几年才被正式定义，是航运和物流的结合。绿色航运物流未被明确定义，还处于内容讨论阶段，研究成果极少。

2.5.1.9　绿色航运规划的调研

绿色航运规划调研充分肯定了当前绿色航运的概念还处于讨论阶段，且未明确区分绿色航运和可持续航运的概念，没有清晰的指导航运绿色或可持续发展的研究成果，绿色航运现有实践也基本是属于管理层次，关注具体措施的实施。

多数观点认为航运物流已成为航运业的发展趋势。我国业未有独立的海运规划，将其纳入综合交通运输规划中。因而，开展航运物流规划工作即满足航运业的发展需求，也是航运业发展的必然选择。

总体上来看：港口规划的技术路线和方法相对较成熟；航运规划的技术路线和方法尚不成熟；绿色航运规划刚开始研究和实践；绿色航运物流研究刚起步。

2.5.2 存在的问题和不足

通过对航运规划和绿色航运规划的文献检索和总结，可以发现目前航运规划和绿色航运规划存在以下几点问题和不足。

2.5.2.1 航运规划无法适应航运业发展的趋势

通过研究背景的分析，航运业正经历着供应链全球化、船舶大型化及国际多式联运的发展，海洋运输走向供应链的航运物流。海洋运输产业从“港到港”的运营模式转变为“门到门”的运输服务（Branch，2007；USDOT，2007），港口间的竞争转变为港口所在供应链间的竞争（真虹，2009）。然而，通过文献总结我们发现，当前虽然部分区域或部分国家考虑了开展综合运输规划，譬如欧盟，但大多仅是分别对各种运输方式进行规划，没有很好地从供应链物流角度进行航运规划，没能发挥供应链物流管理创造的价值。

其次，传统航运规划已基本沦为管理工具，无法成为其战略决策的工具，无法战略性地指导航运业发展，特别是无法适应新世纪供应链之间的竞争，无法适应可持续发展的要求，无法走向绿色发展。美国、中国等国家已经充分意识到这个现状，呼吁开展航运战略规划。

2.5.2.2 航运战略规划技术方法不成熟

从综述中我们能很明显地看出，港口规划发展早，规划体系已经比较成熟。但港口规划的范围和内容太窄，无法适应供应链物流的需求，无法真正体现和执行持续发展和绿色发展的要求。相较之下，航运规划则发展较迟，由于航运涉及面宽，不确定性及风险性大等因素影响，航运的管理体系较复杂，各个区域或国家由于自身特点及发展需求对航运规划有着不同的目标和方法，且大多为航运管理规划。相关的航运战略规划研究成果寥寥无几。航运战略规划技术方法不成熟。

2.5.2.3 绿色航运战略规划刚刚起步，技术方法不成熟，难以指导航运业发展

由于可持续发展的要求，绿色航运规划研究已经起步，从简单的航运环境管理努力到关注航运可持续发展。但目前还处于萌芽阶段，相关的研究成果十分单薄，对绿色航运与可持续航运的概念不清晰，无法真正理解绿色航运的真谛；绿色航运规划的技术方法不成熟；绿色航运物流研究刚起步。

我国相关部门、业界和学者强烈呼吁在航运业低迷的环境下，需加快制定绿色海运发展战略以抢占机遇，在国际绿色航运发展中把握主导权和话语权（中华人民共和国海事局，2016）。

2.5.2.4　绿色航运和绿色航运物流研究尚未真正开展

通过文献综述和调研可发现，绿色航运的概念还处于讨论阶段，未明确区分绿色航运和可持续航运的概念；难以指导绿色航运或可持续航运的研究成果。

同时，调研还证实了航运物流已成为航运业的发展趋势，多数部门都认为航运物流是航运的发展趋势。航运物流近几年才被正式定义，是航运和物流的整合。绿色航运物流未被明确定义，还处于讨论阶段，研究成果极少。航运战略规划对于指导航运物流绿色发展具有重要的意义。

现阶段绿色航运物流关注技术和管理性措施，突出考虑资源和环境方面的因素，如节能减排等。ISO 14000 便被认为是绿色物流的有效方法。

第3章　航运物流绿色战略规划的技术路线和方法

3.1　现有航运战略规划技术路线和方法的评价

3.1.1　现有航运战略规划技术路线的评价

3.1.1.1　现有航运战略规划的类型及其概念

从规划层次进行航运规划研究的组织有跨国组织（如欧盟）、联邦机构（如FMC）和国家政府部门（主要是国家交通部或具有类似职能的管理机构）和企业。欧盟将航运规划纳入共同交通政策，规划周期为10年或更长时间；联邦机构通常确定航运战略目标，规划周期为5年；部分企业关注企业航运长期发展的战略目标。其余大多数国家政府部门和文献成果多数关注航运策略规划。当前尚无被广泛接受、明确且公认的航运规划的定义。现有的航运规划多数侧重航运经济发展，规划以船舶为运输工具的“港到港”的海洋运输。

3.1.1.2　现有绿色航运规划的类型及其概念

绿色航运的概念起源于可持续航运或绿色航运行动，经历了从航运的环境管理努力，到关注经济和环境协调发展，最后融合可持续发展理念的过程。当前没有明确的绿色或可持续航运规划的定义或概念，将二者等同看待，或认为绿色航运即是航运的节能减排，为可持续航运的必要条件。从文献综述和现场调研中可总结出，绿色航运规划的研究和实践几乎都是关注实现绿色或可持续航运的技术和管理措施，且研究对象基本也都是港到港的海洋运输。

3.1.1.3　现有航运战略规划的技术路线评价

航运战略规划相比于港口战略规划发展较迟，规划技术路线不成熟。根据战略规划的综合性、长期性、决策性、着眼未来、影响深远的特征，航运战略规划的技术路线可总结为：基于数据分析决策的传统规划和基于愿景或目标的现代规划。其中部分现代规划结果以政策形式表达，代表性的有欧盟共同运输政策的制定。其他大部分基于数据分析（Lai et al., 2011；Lai et al., 2013；Yang et al., 2013；Lirn et al., 2014；Lun et al., 2014；Prpic Orsic et al., 2014；Chiu et al., 2015；Lam and Lai, 2015；Lun et al., 2015）、基于愿景或目标（PIANC, 2013；交通运输节能减排项目管理中心，2013）和基于原有经验或单项规划/

计划拟定（Ji and Qu，2014）的绿色航运规划都为策略规划。

基于数据分析决策的传统规划（Frankel，1989；Lorange，2001）常被运用于国家政府部门和企业的航运战略规划。该技术路线基于航运历史数据的总结后进行外推，不可能开展长期的预测和规划，也不可能拓展战略决策的维度，存在着规划周期和规划维度的局限性，偏向策略规划层次。

基于愿景或目标的现代规划通常在数据分析、情景分析或法律分析的基础上，通过专家评判、公众参与以及其他辅助决策的方法开展规划（Frankel，1989；USFMC，1999；USFMC，2000；USFMC，2003；USFMC，2008；Fagerholt et al.，2010；BMVBS of Germany，2011；USFMC，2011；RAHMAN，2012；Transport and Infrastructure Council of Australia，2016；European Community，1992；European Commission，2001；European Commission，2009b；European Commission，2009a；European Commission，2011b；IMO，2013），常被运用于跨国组织、联邦机构、国家政府部门和企业的航运战略规划及绿色航运战略规划。该类技术路线瞄准航运的战略决策，是航运战略规划有效的技术路线。但现有的规划思路仍受限于基础数据分析以及人们的主观认知，对航运业的发展趋势和战略决策所需要关注的维度也存在局限性，难以形成真正意义上的航运战略规划。

在复杂的物流环境、利益相关者关系复杂、长期过度关注经济效益、环境影响相关的数据缺失严重（Frankel，1989；Branch，2007；陈莎和刘尊文，2014）等问题的存在下，结合第 2 章的总结，当前没有真正意义上的绿色航运战略规划技术路线，仅 IMO 以愿景或目标为核心开展可持续海洋运输系统规划。

3.1.2　现有航运规划方法的评价

航运战略规划在数据分析方面运用了常用的数据统计分析方法（Frankel，1989；European Commission，2001）；预测方面运用了常用的情景分析法（Frankel，1989；USFMC，1999；USFMC，2000；European Commission，2001；USFMC，2003；European Commission，2009a；Transport and Infrastructure Council of Australia，2016），及趋势分析法（European Community，1992；European Commission，2009a）和交叉影响分析法（Frankel，1989）；辅助决策方面运用了常用的经济分析（European Commission，2009a；Transport and Infrastructure Council of Australia，2016）、风险评价（Frankel，1989）、（战略）环境影响评价（European Commission，2009a），还运用了社会与环境、公平与分配、区域与就业影响评价（Transport and Infrastructure Council of Australia，2016）等方法；决策方面运用了常用的德尔菲法（European Commission，2009a）、头脑风暴法（European Commission，2009b）、专家会议（USFMC，1999；USFMC，2000；USFMC，2003；European Commission，2009a）、公众参与（Frankel，1989；USFMC，1999；USFMC，2000；USFMC，2003；FMC，2008；FMC，2011；European Commission，2009a；BMVBS of Germany，2010；Transport and Infrastructure Council of Australia，2016）、SWOT 分析（Frankel，1989）、多准则决策（European Commission，2009a）、层次分析法（Frankel，1989；RAHMAN，2012）、矩阵模型法（Lorange，2001），还运用蒙特卡洛模型法（Fagerholt et al.，2010）、TRANS-TOOLS 模型与元模型（European Commission，2009a）、优先级确定法（European Community，1992）、类比

分析法（FMC，2008；FMC，2011）、证据推理法（RAHMAN，2012）和模糊连接基础技术法（RAHMAN，2012）等方法。

绿色航运战略规划运用了专家评判（IMO，2013）进行决策。绿色航运策略规划运用了经验分析（Ji and Qu，2014）和模型法（PIANC，2013）进行数据分析；此外运用了环境影响评价（PIANC，2013）、模型法（Yang et al.，2013）、问卷调研（Lai et al.，2013；Chiu et al.，2015）、实证研究（Yang et al.，2013；Lirn et al.，2014）等辅助决策方法；运用公众参与（PIANC，2013）、模型法（Lun et al.，2013）和环境管理体系（USDOT，2015a）等方法进行决策。

如上一节所讨论的，基于数据分析及其预测的方法仅仅依靠航运自身的历史数据进行外推，不可能提出长远、综合的战略目标，本研究不再对其进行讨论。战略决策须运用大数据的思路，考虑所有可能获得的、与航运行业可能有联系的所有信息（而不是仅仅与航运直接相关的信息），才能做出综合性的战略决策。

辅助决策方法，包括（战略）环境影响评价、经济分析、风险或敏感性评价和生命周期评价等，为决策提供多维度的思考，可体现规划的综合性，有可能满足战略规划的需求，为战略规划提供全面的分析结果。但现有辅助决策多零散地评价社会、环境、经济、风险等一两个维度，难以为战略决策提供综合性的信息。这是本研究需要改进的地方。

决策方法最常用的是专家评判、公众参与和多准则决策。多准则决策主要是通过有限的指标开展决策或规划，难以对决策信息进行完整的、综合性的分析，容易造成信息的偏离和片面性，甚至导致错误的评价信息及其结论，影响决策的可靠性和有效性；此外还存在指标选取、权重赋予、综合评价等一系列固有的问题，难以适用于环境复杂、不确定性高、数据缺失多、非结构化和非独立性的战略决策（张珞平等，2014）。相较之下，专家评判和公众参与可综合考虑所有应该考虑的信息，提出真正面向永续发展的战略目标和决策结果，适合战略决策；但这两种方法定量效果较差，主观性强，决策结果受专家知识背景影响较大；公众参与依赖于公众对决策信息的了解程度。如何提出一套既能提高决策的定量性、又能综合所有可能获得的信息资料用于战略决策、并可适用于专家评判和公众参与的有效方法是本研究必须解决的主要问题。

3.1.3 现有航运战略规划技术方法的局限性及其存在问题

3.1.3.1 现有航运战略规划技术路线的总结

现有基于数据分析决策的传统航运规划和基于愿景或目标的现代航运规划的技术路线无论从决策依据、决策目标和决策维度等方面均无法满足战略决策的综合性、长远性和战略性的要求。多数规划仍致力于解决经济效益、环境保护、节能减排等航运管理的问题，因此多数为管理决策规划。

其次，港口之间的竞争已经转变为港口所在供应链之间的竞争（真虹，2009），现有航运战略规划的规划对象依旧局限于“港到港”的海洋运输，显然是无法指导和推进航运业的永续发展。况且，绿色发展理念本身也是基于整体视角（Hu，2014），局部最优不能代表整体最优，关注“港到港”的海洋运输不可能真正实现航运业的绿色发展。

当前绿色航运战略规划还处于概念讨论阶段，没有真正意义上的绿色航运战略规划的技术路线。目前普遍认为绿色航运就是航运的节能减排，严重制约了绿色航运的发展以及绿色航运规划的研究和实践。

3.1.3.2　存在的问题

3.1.3.2.1　现有航运战略规划概念不明晰

当前航运战略规划的概念未被明晰，跨国组织、联邦机构、国家政府部门和企业以航运经济发展为目标，基于数据分析或以愿景或目标为核心开展航运战略规划。尽管近年来在永续发展的压力下开始关注航运的环保问题和节能减排问题，但现有航运战略规划的目标仍然主要关注经济发展，完全无法面向永续发展和绿色发展；且规划对象仅关注港到港的运输，无法适用现代航运业的发展趋势；规划的目的仍然是为航运管理服务为主，无法提出面向永续发展和绿色发展的长远性、综合性、战略性的规划目标。

3.1.3.2.2　现有航运战略规划技术路线的局限性

基于数据分析的传统航运战略规划技术路线由于主要依据历史的航运经济类数据，基于现有的发展趋势外推今后一定时期的发展，无法依据战略要求和目标提出航运长远发展的战略目标，无法制定其发展战略。

基于愿景或目标的航运战略规划的技术路线瞄准航运的战略决策，但现有的规划思路和主观性仍受限于基础数据分析以及人们的主观认知，对航运业的发展趋势和战略决策所需要关注的维度存在局限性，难以形成真正意义上的航运战略决策规划。

3.1.3.2.3　现有航运战略规划方法的局限性

若仅仅依靠以经济数据为主的历史性的航运信息，运用数据分析方法和预测方法，这是无法开展航运战略规划的。航运战略规划需要大数据的思路，为战略决策提供综合性的决策信息。

现有辅助决策方法可有效支持战略决策，但存在评价维度不完善，难以为战略决策提供综合性的辅助决策信息，需要改进辅助决策的维度，提供一切与航运战略决策相关的所有决策信息及其辅助决策结果。

现有的决策方法强烈受限于获取基础数据的数量或质量，以及决策者的知识背景和经验。多准则决策法受到其固有问题的限制，无法应用于环境复杂、不确定性高、非结构化和非独立性的战略决策。专家评判和公众参与可应用于战略决策，但也存在定量效果较差、主观性强、受专家和公众知识背景影响较大、对决策信息的了解程度等问题的限制，需要进一步改进，以适应战略规划的特征，并满足现代航运业的发展趋势。

3.1.3.2.4　现有绿色航运战略规划存在的问题

目前，对绿色航运的概念仍较模糊，直接影响到绿色航运规划的概念、性质、目的、对象以及方法。现有绿色航运规划多数为环境管理规划，没有实际意义上的绿色航运战略规划的技术路线和方法，仅有少量为实现绿色航运开展的实践研究。当务之急是理清绿色航运的概念，辨析绿色航运与可持续航运的本质差别，才能真正明确如何制定绿色航运规划。

3.2 航运物流绿色战略规划的理念辨析及其内涵

永续发展是人类发展的最终目标（WCED，1987；Engelman，2013；Caradonna，2014；Shaker，2015；UNCED，2015）；普遍认为可持续发展和绿色发展是迈向永续发展的技术路线（WCED，1987；Adams，2009；Shaker，2015）。航运业相应提出可持续航运和绿色航运倡议，以迈向永续发展（Pike et al.，2011）。因此，本研究在辨析可持续发展和绿色发展理念的基础上，辨析可持续航运和绿色航运的内涵。

3.2.1 可持续发展和绿色发展的理念辨析

3.2.1.1 可持续发展的理念

3.2.1.1.1 可持续发展概念的产生和发展

早于17—18世纪，欧洲的可持续森林管理中便体现了可持续发展的理念（Grober，2007）。1962年，美国生物学家 Rachel Carson 发表《寂静的春天》（Silent Spring）引发人类对发展观念的讨论（Carson，2002）。1972年，《增长的极限》（The Limits to Growth）否定了无限制增长的发展意识，提出平衡状态中增长的理念（Meadows et al.，1972）。1980年，世界自然和自然资源保护联盟（International Union for Conservation of Nature and Natural Resources）公布《世界保护战略》（World Conservation Strategy）强调生物资源的保育（conservation），在全球率先实践了可持续发展理念（IUCN et al.，1980），并在两年后由联合国公布了《世界自然宪章》（World Charter for Nature），通过法律的形式提出保育原则，指导和评判人类行为对自然的影响（UN，1982）。

1987年，世界环境与发展委员会（World Commission on Environment and Development，WCED）公布《我们共同的未来》（Our Common Future），首次对可持续发展进行了较完整的定义（WCED，1987）。

3.2.1.1.2 1987年世界环境与发展委员会对可持续发展的定义

《我们共同的未来》对可持续发展的定义和内容如下（WCED，1987）。

（1）可持续发展的定义。可持续发展（Sustainable Development）是“既满足当代人需求，又不损害后代人满足其需求的能力”（WCED，1987）。该定义包括两个重要的概念：①需求，尤其是世界贫困人口的基本需求；②制约：在目前技术状况和环境资源方面，社会组织造成的制约，以及生物圈承受人类活动影响的能力造成的制约（WCED，1987）。

（2）可持续发展的内涵。可持续发展的内涵体现在（WCED，1987）：①人们所理解的需求是由社会和文化条件确定的，可持续发展需要提升发展价值观，并提高生产潜力、提供公平的机会，保证人口发展与不断变化的生态系统生产潜力相协调；②虽然知识积累和技术进步可以提高资源的基础承载力，但必须确保公平地使用有限资源，并努力调整技术以减少资源滥用，这样才能尽可能地延长达到资源基础承载力的时间；③当前经济的增长和发展威胁着地方和全球的生命支持系统，可持续发展应对自然生态系统的损害最小化，确保生态系统的整体性；④应增强当前及未来的潜力以满足人们的需求和愿望。可持续发展体现了公平性和共同的利益（WCED，1987）。

（3）可持续发展的目的。满足人类需求和欲望是可持续发展的目的，包括不损害后代人满足其需求的能力（WCED，1987）。

（4）可持续发展的目标。可持续发展的目标包括：①恢复增长；②改变增长的质量；③满足就业、粮食、能源、水和卫生的基本需要；④保证人口处于持续的水平；⑤保护资源并强化资源基础；⑥重新调整技术和控制危险；⑦把环境和经济融合在决策中（WCED，1987）。

（5）可持续发展的理论依据。在人口和物质享受的压力驱使下，人类为了其需要和利益而干预自然生态系统。然而，地球生态系统存在承载力限度，人口的增长、生存方式的经济矛盾、科学技术的应用等根源性问题，导致人类在追求自身利益需要的过程中，不可避免地出现了贫穷、环境危机、能源危机和发展危机等现象。人类充分认识到：①贫穷导致环境退化，环境退化反过来导致更大的贫穷；②经济增长加剧与资源利用相联系的环境问题；③自然界是精细平衡的，存在不可逾越的界限；④环境危机、能源危机和发展危机互相关联，因此，人类为了更好地生存，从自身利益角度出发，提出可持续发展理论（WCED，1987）。这是人类对发展后果的醒悟，充分反映了人类对自身利益的维护，在以人类为中心的思想基础上勾画发展蓝图。因而，可持续发展的理论依据可以概括为以人类为中心，通过可持续发展以满足当代人及后代人的需求。

（6）可持续发展的要求。可持续发展的要求包括：①确保公众有效参与决策的政治体系；②在自力更生和持久的基础上能够产生剩余物资及技术知识的经济体系；③为不和谐发展的紧张局面提供解决方法的社会体系；④尊重生态保护发展的生产体系；⑤不断寻求新的解决方法的技术体系；⑥促进可持续贸易和金融的国际体系；⑦自身调整能力灵活的管理体系（WCED，1987）。

3.2.1.1.3　可持续发展的后续进程（1992—2012 年）

1991 年，世界自然保护联盟（International Union for Conservation of Nature，IUCN）、（WWF）联合国环境规划署（United Nations Environment Program，UNEP）和世界自然基金会公布《爱护地球：可持续生活的战略》（Caring for the earth：a strategy for sustainable living）将可持续发展的概念解读为：在与生态系统的承载能力相匹配的条件下提高人类生活质量（IUCN et al.，1991）。

1992 年，在巴西里约热内卢举行联合国环境与发展大会（联合国世界高峰会议）通过《里约环境与发展宣言》（Rio Declaration on Environment and Development），对可持续发展的定义进行了进一步深入阐述，认为“人类应享有与自然相和谐的方式过健康而富有生产成果的生活权利，并公平地满足今世后代在发展与环境方面的需求，求取发展的权利必须实现”（UNCED，1992b）。该宣言还提出，人类处在可持续发展的中心；应坚持共同但有区别的责任原则；大自然具有完整性和互相依存性（UNCED，1992b）。此外，大会通过了《21 世纪议程》（Agenda 21），即为鼓励发展的同时保护环境的全球可持续发展计划的行动蓝图（UNCED，1992a）。

2000 年，《联合国千年宣言》（United Nations Millennium Declaration）在《联合国宪章》的原则指导下，识别了可持续发展的原则和条约，包括社会发展、经济发展和环境保护 3 个方面（UN，2000）。

2002 年，在南非约翰内斯堡召开的第一届可持续发展世界首脑会议（World Summit on Sustainable Development，WSSD）提出，经济发展、社会发展和环境保护融为一体，消除贫穷和改变难以持续的增长和消费模式，以及保护和管理经济、社会发展的自然资源基础，是可持续发展的首要目标，也是根本要求（UN，2002）。

2012 年，联合国可持续发展大会（United Nations Conference on Sustainable Development，UNCSD）公布《我们希望的未来》（The Future We Want），重申《里约原则》和以往的行动计划，围绕“可持续发展和消除贫困背景下的绿色经济”和“可持续发展体制框架”两个主题，将消除贫穷、改变不可持续的消费和生产方式、推广可持续的消费和生产方式、保护和管理经济和社会发展的自然资源基础作为可持续发展的总目标和基本需要，并强调了人类是可持续发展的中心（United Nations Conference on Sustainable Development，2012）。

3.2.1.1.4 2015 年联合国可持续发展峰会关于可持续发展的成果

2015 年的联合国可持续发展峰会（United Nations Sustainable Development Summit 2015）在可持续发展面临巨大挑战之际召开，这些挑战包括：几十亿公民仍然处于贫困之中，生活缺少尊严；国家和性别的不平等；全球性疾病威胁、越来越频繁和严重的自然灾害；自然资源的枯竭和环境退化产生的不利影响；气候变化；生物系统的生存受到威胁等。同时，这也是一个充满机遇的时代，信息和通信技术的传播和世界各地之间相互连接加强加快人类进步（UNCED，2015）。

该会议议程重申了《关于环境与发展的里约宣言》、可持续发展问题世界首脑会议、社会发展问题世界首脑会议、《国际人口与发展会议行动纲领》《北京行动纲要》和联合国可持续发展大会等重大会议和首脑会议的共同原则和承诺（UNCED，2015）。峰会公布了《变革我们的世界：2030 年可持续发展议程》（Transforming our world：the 2030 Agenda for Sustainable Development），从人类、地球、繁荣、和平和伙伴关系等重要领域为人类、地球与繁荣制订行动计划（UNCED，2015）。该议程更新了可持续发展的目的、内涵、目标、理论依据和要求等（UNCED，2015）。

（1）可持续发展的目的。让人类摆脱贫困和匮乏，让地球治愈创伤并得到保护（UNCED，2015）。

（2）可持续发展的内涵。可持续发展的内涵包括 5 个重要方面：①人类：消除一切形式和表现的贫困与饥饿，让所有人平等和有尊严地在一个健康的环境中充分发挥自己的潜能（UNCED，2015）。②地球：阻止地球退化，包括以可持续的方式进行消费和生产；管理地球的自然资源，在气候变化问题上立即采取行动，使地球能够满足今世后代的需求（UNCED，2015）。③繁荣：让所有的人都过上繁荣和充实的生活，在与自然和谐相处的同时实现经济、社会和技术进步（UNCED，2015）。④和平：推动创建没有恐惧与暴力的和平、公正和包容的社会（UNCED，2015）。⑤伙伴关系：动用必要的手段来执行这一议程，本着加强全球团结的精神，在所有国家、所有利益相关方和全体人民参与的情况下，恢复全球可持续发展伙伴关系的活力，尤其注重满足最贫困、最脆弱群体的需求（UNCED，2015）。

（3）可持续发展目标（Sustainable Development Goals，SDGs）。《变革我们的世界：2030 年可持续发展议程》宣布一系列全面的、意义深远的、以人为中心的、具有普遍性和变革性的 17 个可持续发展目标和 169 个具体目标。这些目标是整体的、不可分割的，并统筹兼顾可持续发展的 3 个方面：经济、社会和环境（UNCED，2015）。可持续发展的目标（SDGs）包括：①在全世界消除一切形式的贫困；②消除饥饿，实现粮食安全，改善营养状况和促进可持续农业；③确保健康的生活方式，促进各年龄段人群的福祉；④确保包容和公平的优质教育，让全民终身享有学习机会；⑤实现性别平等，增强所有妇女和女童的权能；⑥为所有人提供水和环境卫生并对其进行可持续管理；⑦确保人人获得负担得起的、可靠和可持续的现代能源；⑧促进持久、包容和可持续的经济增长，促进充分的生产性就业和人人获得体面工作；⑨建造具备抵御灾害能力的基础设施，促进具有包容性的可持续工业化，推动创新；⑩减少国家内部和国家之间的不平等；⑪建设包容、安全、有抵御灾害能力和可持续的城市和人类居住区；⑫采用可持续的消费和生产模式；⑬采取紧急行动应对气候变化及其影响；⑭保护和可持续利用海洋和海洋资源以促进可持续发展；⑮保护、恢复和促进可持续利用陆地生态系统，可持续管理森林，防治荒漠化，制止和扭转土地退化，遏制生物多样性的丧失；⑯创建和平、包容的社会以促进可持续发展，让所有人都能诉诸司法，在各级建立有效、负责和包容的机构；⑰加强执行手段，重振可持续发展全球伙伴关系（UNCED，2015）。

（4）可持续发展的理论依据。2015 年的联合国可持续发展峰会只是将目前影响人类可持续发展所存在的问题以及执行可持续发展的行动目标具体化，并未对可持续发展的理念（理论）及其理论依据提出新的概念，可持续发展的理论基础及其理念依然是：以人类为中心，通过可持续发展全面造福今世后代所有人。

（5）可持续发展的要求。消除一切形式和表现的贫困，包括消除极端贫困，是世界最大的挑战，也是实现可持续发展必不可少的要求（UNCED，2015）。

3.2.1.1.5　学者的观点

此外，许多学者也对可持续发展理念进行了阐述。

Hopwood 等（2005）和 Adams（2009）认为，可持续发展讨论了未来世界的形态，不是为未来制定蓝图，而是发表意向声明和行动挑战，尽可能地解决人类现在和未来将面临的基本挑战，体现人类中心主义。

Adams（2009）提出，可持续发展是一个口号，而不是基础理论，具有很强的包容性，也正因为如此，可持续发展较容易被一致接受和认可。在某种程度上，可持续发展是一种迈向永续性（sustainability）的改革手段。

Adams（2009）也阐述了超越可持续发展主流的思想，包括发展主义的绿色批评（green critiques of developmentalism）（包括生态主义主张、激进的环保主义主张、英国废除核武器运动、绿党行动、反资本主义等）、生态社会主义（eco-socialism）（如马克思主义的思考）、生态无政府主义（eco-anarchism）、深层生态学（deep ecology）和生态女权主义（eco-feminism）。可持续发展无法摆脱发展的困境，它并没有解决发展中固有的道德模糊，也没有给发展中的艰难选择提供路线。

Hu（2014）认为，可持续发展仅是对传统发展道路进行的有限修正。虽然提出了几十年，人类与自然之间的差距却在持续扩大，最终也导致了全球经济危机和生态环境与气候变化的双重危机。

Csete 和 Horváth（2012）认为，可持续是一种思维、生活、生产和消费的方式，它涵盖所有和人类存在有关的自然资源、经济和社会维度。

Magee 等（2013）通过总结可持续发展报告，提出可持续发展应该从生态、经济、政策和文化 4 个相互关联领域的视角审视，重新确定框架。

Blewitt（2015）认为永续性（sustainability）是发展的目标，可持续发展是实现该目标的过程。他提出 2015 年后的可持续发展是以改善人类福祉为根本目的。

Milligan 和 Mohammed（2016）认为社会和经济的发展依赖于地球自然资源的可持续发展。

Fletcher 和 Rammelt（2017）提出 2015 年后可持续发展的议程将可持续发展进行解耦（decoupling），即把可持续的经济增长和环境影响进行分离，解耦的成败直接关系到可持续发展的成败。依据拉康精神分析理论（Lacanian psychoanalytic theory），解耦是可持续发展的解决方法。

Engebretsen 等（2017）认为 2015 年《变革我们的世界：2030 年可持续发展议程》中可持续发展目标的责任落实具有模糊性。即"我们决心让人类摆脱贫困和匮乏，让地球治愈创伤并得到保护"，这体现了一种双重责任的矛盾（double-duty paradox），但实现目标的重任不应该托付给包罗万象的"我们"，如果理论上每个人都有责任，那么在实践中将没有人真正负责。

3.2.1.1.6 可持续发展理念的小结

综上，可持续发展的理念萌芽于 17—18 世纪，较完整的概念在 1987 年的《我们共同的未来》报告中提出，这也是现今被广泛接受的定义，可持续发展的内涵、理论依据、主要目标和要求等也在其中得到阐述。1992 年的《里约环境与发展宣言》对定义进行了深入阐述，可持续发展的行动计划方案则体现在《21 世纪议程》中。随后，2000 年的《联合国千年宣言》识别了可持续发展的原则和条约。2002 年的可持续发展世界首脑会议明确了可持续发展的首要目标或根本要求。2012 年的《我们希望的未来》提出可持续发展体制框架。2015 年，联合国公布《变革我们的世界：2030 年可持续发展议程》，总结了可持续发展的以往成果，吸取经验教训，更新和完善可持续发展的目的、内涵、理论依据、目标和要求，宣布"以人为中心"的可持续发展目标，致力于摆脱人类贫困和匮乏，治愈地球的创伤并保护地球；最重要的是提出了未来 15 年的可持续发展目标和具体目标（SDGs）。许多学者也对可持续发展进行了含义阐述、进程总结、反思和建议。

很明显，可持续发展是人类在认识到地球生态系统承载力限度的基础上，应对发展面临的挑战和机遇，人类所做出的重大承诺。可持续发展是人类发展的一个新的发展理念和战略目标；近 30 年来提出了不少改进的目的和目标，但它的核心目的和基本理念仍然建立在 1987 年的基调上，"既满足当代人需求，又不损害后代人满足其需求的能力"。可持续发展的原则和内涵都强调了"人类是可持续发展的中心"和"以人类为中心"的基本思想，作为可持续发展的基本理论基础。可持续发展的目标是“满足人类今世后代在发展与环境方面的需求”。

3.2.1.2　绿色发展的理念

3.2.1.2.1　绿色发展概念的由来

早在几百年前，许多发展模式和设计已被应用于绿色发展，但从第二次世界大战以来，绿色发展被遗忘了半个世纪（Rocky Mountain Institute，1998）。

绿色发展是 20 世纪 70 年代环境运动的结果（Kline，2011）。环境运动是为解决环境问题的多学科、社会性和政治性的运动，包括保育（conservation）和绿色政策，且认为人类是生态系统的参与者而不是敌人（Rootes，2014）。

20 世纪 80 年代初，资本主义世界兴起以绿党为首的绿色运动，既包括生态运动、环境保护运动，又包括和平运动、女权运动以及生态社会主义运动（弗·卡普拉，1988）。绿色运动产生的背景是：资本主义制度促进现代科学技术的高度发展，促使人类社会经济快速发展，因而造成了日益严重的全球生态危机，同时，世界和平也面临严重的核威胁；资本主义的价值观念日益崩溃，资产阶级相信诸如社会生活是为生存而竞争、大量消费可导致经济无限增长、宇宙是一种机械系统及人也是一种机器的观点已经被越来越多的人反对；科学系统论思想广泛深入人心，认为人类是自然界的一部分，而不是超脱于自然之外；人类的交往机制和人类自身的发展，这些都取决于人类和生物圈的相互作用（弗·卡普拉，1988）。其中，深层生态学思想构成了绿党的理论基础部分（弗·卡普拉，1988）。

1991 年，英国历史学家克莱夫·庞廷（Pontiong C.）发表《绿色世界史》（A Green History of the World），阐述了一部人类让世界失去绿色的历史，展现了人类与自然的相互博弈过程，警醒人类对发展思维的自我反思（Ponting，1993）。

1992 年，国际绿色和平组织（Greenpeace International）、国际地球之友（Friends of the Earth International）和巴西非政府组织论坛（Forum of Brazilian NGOs）等非营利性组织在联合国环境与发展大会上提出《拯救地球峰会的十点计划》（A Ten Point Plan to Save the Earth Summit），体现绿色理念，包括削减资源消耗、建立生态的永续性；承认并支持土著民和传统森林居民的土地与文化权利；采取紧急、有约束力的安全措施以控制生物技术研究与应用的健康和环境风险；自由贸易不是实现发展永续的好方案（Greenpeace International et al.，1992）。

3.2.1.2.2　绿色发展的基本理论

绿色理论家在走向永续方面强调社会运动的重要性。他们认为，发展中面临的绿色挑战不仅仅是环境政策的改革，也包括发展的结构和假设。绿色发展的核心不仅是追求一种新的经济核算方式、生态指南或新的规划结构，而是重新定位环境和发展的变化以保持或提升维持生计的能力，指导他们在自然界中的活动；绿色发展是非人类中心主义的体现，强调人类是自然的一部分，强调自然与人类的平等；绿色发展在以技术为中心和以生态为中心的环境主义间进行博弈，是一个矛盾的主体，不能清晰地界定发展蓝图，不能简单地融合于财政规划结构或被国家轻易抉择；绿色发展不是一种环境管理的方式，而是如何进行管理的决策过程，且超越了技术与官僚主义，关注个人或组织选择与控制变化的过程，而不是强制实施（Adams，1995；Adams，2003；Adams，2009）。

3.2.1.2.3 绿色发展的相关研究

Friberg 和 Hettne（1985）提出绿色“内生发展”理念，该理念基于社群主义（communitarianism），即植根于价值和文化上定义的社区的发展；自力更生、社会公正、生态平衡，包括对当地生态系统潜在的地方和全球限制的认识。

Dobson（1990，2000）辨析了环保主义和生态主义的区别，环保主义即指对环境问题的管理思路；生态主义认为真正的永续需要人类与非人类世界的关系和政治与社会生活的根本改变。该作者认为自然具有内在价值。绿色价值的特点包括：①人类是自然的一部分，人类必须因为自然本身而尊重和保护自然，而不是因为它们对我们有价值；我们应该与自然和谐相处；②人类与自然是合作关系，生命的精神质量和爱比物质拥有更重要；③不能依赖于科学技术，我们可以改变社会和经济，但技术只是服务而不是主导，不能让技术给我们造成损害；折中的（intermediate）、适当的和民主拥有的技术是进步的标志；运用整体的观点（holistic view）而不是简单部分的相加。

美国落基山研究所（Rocky Mountain Institute）和 Alex Wilson 等（1998）研究的《绿色发展：生态学和房地产整合》（Green Development：Integrating Ecology and Real Estate）认为绿色发展的要素包括环境响应、资源效率和社区与文化的敏感。环境响应是指尊重和使用已经存在于某个地方或从自然上考虑属于那里的事物，环境响应尊重自然的内在价值（intrinsic value of nature），并最小化生态系统损害。资源效率指使用更少的资源以保护能源和环境。社区与文化的敏感，指对当地的历史、文化和所在地方现有的建筑环境做出响应。绿色发展支持多样性，包括文化多样性、经济多样性和市场细分多样性。成功的绿色发展的重要特征是建立与加强了人与地方、人与自然和建筑与自然的联系（Rocky Mountain Institute，1998）。

Perović（2008）认为公众参与是绿色发展的重要部分。

Csete 和 Horváth（2012）认为城市绿色发展的重要结果是：保持和增加绿色空间；关注城市生态系统和阻止生物多样性的丧失；规则化和缓解城市小气候；改善人类健康、生活质量；增加适应性；减弱有害气象事件的影响。

郝栋（2012）认为绿色发展是对人类中心主义的批判，并强调人类是自然系统的一部分，这是人类得以存在和发展的前提条件。

Schick（2013）认为绿色发展和可持续发展有着同等含义，并基于可持续发展原则和框架界定国家绿色发展规划的政策机制，并认为历史、地理、政治、社会和经济是国家绿色发展规划的要素。

Hu（2014）认为，将绿色发展的理论依据概括为中国传统哲学的人与自然统一的理念，天人合一、人类应与自然和平相处以及保育自然（conservation of nature）的 3 个基本宗旨。现代可持续发展理论克服了传统可持续发展的人类中心主义，并否定人类控制自然。

Milburn（2014）认为保育（conservation）是绿色发展的平台，是实现公平的路径。

王永芹（2014）将绿色发展的理论依据总结为中国传统文化的儒家“天人合一”、道家“道法自然”和佛家众生平等的生态伦理思想，包括“发展天然合理论”、“发展代价论”、“人类中心论”和“生态中心论”的西方现代发展观，以及马克思主义经典作家的生态思想。

张晓媚（2016）认为绿色发展视角下的自然价值的存在基础告别了价值主体和人的尺度，进而变化为“自然存在”为基础，变化为对“自然内在价值”的深层次挖掘。

3.2.1.2.4　绿色发展理念的实践

1989 年，英国环保部（UK Department of the Environment）公布《绿色经济蓝图》（Blueprint for a Green Economy）充分意识到由于当今经济不惜耗竭自然资本以确保其增长，所以可持续发展是不可实现的。绿色经济对保证当代和后代的福祉是至关重要的（Pearce et al.，1989）。

1993 年，联合国、欧洲共同体委员会、国际货币基金组织、经济合作与发展组织和世界银行公布《国民经济核算体系》，提出可持续收入（sustainable income）或绿色经济国内生产总值（Gross Domestic Product，GDP），即“绿色 GDP”（UN et al.，1993）。

1994 年开始，在欧盟委员会焦耳计划（JOULE programme）支持下，欧盟实施了绿色核算研究项目（Green Accounting Research Project），主要关注空气污染的影响，分析环境损失计算和损失分布。通过 ECOSENSE 模型计算环境损失，并将基于支付意愿（willingness-to-pay）或接受意愿（willingness-to-accept）作为基础理论（European Commission，1999）。

1998 年，绿色发展的概念首先出现于房地产领域，充分考虑地产发展的社会和环境影响。来自美国南加利福尼亚（South California）的开发商 John Knott of Charleson 认为，绿色发展是一种结合新技术，将建筑在气候、地理和文化上回归的合适方法（Rocky Mountain Institute，1998）。

2002 年，《中国人类发展报告：绿色发展　必选之路》（China Human Development Report 2002—Making Green Development a Choice）首次提出，在实施可持续发展的道路上中国应该走绿色发展道路。报告中反对“人能胜天，人定胜天”的思想（UNDP and SEI，2002）。

2003 年，联合国、欧盟委员会、国际货币基金组织、经济合作与发展组织和世界银行公布《国家核算手册：环境和经济综合核算》（Handbook of National Accounting：Integrated Environmental and Economic Accounting）提出第二种成本估算类型，即“绿色经济模型”（greened-economy modelling）（UN et al.，2003）。

2005 年，韩国首尔召开第五届环境和发展部长级会议（Fifth Ministerial Conference on Environment and Development），来自亚洲和太平洋地区的政府和其他利益相关者一致同意超越可持续发展的理念，追求“绿色增长”道路。较之拥有“自上而下”战略思路的绿色经济，绿色增长是一个“从下而上”的方法。绿色增长的框架包括经济、环境、技术、金融和发展的综合（Allen and Clouth，2012）。

2008 年，法国总统在对当前国家社会和经济统计信息不满意的背景下组织相关专家、学者成立经济绩效和社会进步衡量委员会（Commission on the Measurement of Economic Performance and Social Progress），公布的报告中提出需要考虑绿色维度，并提出绿色 GDP 的值是在现行 GDP 核算值的基础上，再减去“资源耗减成本”（这里的资源主要指土地、森林、矿产和水）和“环境降级成本”（指因环境破坏引起环境等级下降而应计入的成本）（STIGLITZ et al.，2008）。

2008 年，加拿大科奎特勒姆市（Coquitlam）公布《科奎特勒姆市绿色发展导则》（Coquitlam Green Development Guide）认为，绿色发展实践（green development practices）是以一种尊重自然环境的方式建立社区的方法。它是由于意识到传统的发展实践对我们依赖的自然生态系统会产生负面影响而改变的发展方式，以减轻或消除生态系统退化，并改善生活质量。

2009 年，中国环境与发展国际合作委员会开展了关于“应对经济动荡，迈向绿色发展”的圆桌会议，讨论了迈向绿色发展的政策选择、绿色技术创新与企业作用等内容，应对金融危机，重构发展模式，推动经济转向绿色发展（中国环境与发展国际合作委员会，2009）。

从 2010 年起，Dual Citizen 企业联合政府部门、国际组织和其他私营企业，定期公布“全球绿色经济指标”（Global Green Economy Index）衡量全球 80 个国家和 50 个城市的绿色经济能力（Tamanini，2016）。

2010 年，联合国环境规划署（UNEP）公布《绿色经济：发展中国家成功案例》（Green Economy：Developing Countries Success Stories），其中将绿色经济定义为“可增加人类福祉和社会公平，同时显著降低环境风险与生态稀缺的经济”，并开展了绿色经济成功案例讨论（UNEP，2010）。

2011 年 3 月《中华人民共和国国民经济和社会发展第十二个五年（2011—2015 年）规划纲要》提出实现绿色发展，建设资源节约型、环境友好型社会（中华人民共和国第十一届全国人民代表大会，2011）。

2011 年 5 月，世界经济合作与发展组织（Organization for Economic Co-operation and Development，OECD）公布的《迈向绿色增长》（Towards Green Growth）中提出，绿色增长旨在促进经济增长及发展的同时，确保自然资产能不断提供人类福祉所需要的不可或缺的资源和环境服务，且该报告还认为可持续发展是绿色增长的重要背景，绿色增长构想并非可持续发展的替代，是可持续发展的一个子集（OECD，2011）。

2011 年 11 月，联合国环境规划署（UNEP）公布《迈向绿色经济：实现可持续发展和消除贫困的各种途径》（Towards a Green Economy：Pathways to Sustainable Development and Poverty Eradication）认为绿色经济是一种低碳、资源高效型和社会包容型的经济，绿色经济为迈向绿色发展提供财政支持帮助，绿色发展的道路是一种改善社会福祉的方式，它往往也是一种促进未来经济增长的方式（UNEP，2011）。

2012 年，中国环境与发展国际合作委员会发布《中国经济发展方式的绿色转型》提出，中国具有加大力度改善环境和发展关系的能力，面临着经济发展方式的绿色转型，转型的路径包括绿色经济、绿色增长和绿色发展（中国环境与发展国际合作委员会，2012）。

2012 年 1 月，世界经济合作与发展组织（Organization for Economic Co-operation and Development，OECD）公布《绿色发展：提高环境管理和治理的能力》（Greening Development：Enhancing Capacity for Environmental Management and Governance）提出，绿色发展是

一个提高能力的框架，从政策和制度背景评价、识别主要参与者及其发展能力需求、识别组织激励机会、识别意识或知识需求和现有分析工具，到识别政策响应方案。绿色发展为环境和发展提供新的技术路线，提高发展中国家建立与强化其环境治理的能力，并将综合的环境考虑融入政治、经济和社会决策过程（OECD，2012）。

2012 年 1 月，全球可持续发展的联合国秘书长高级小组（United Nations Secretary-General's High-level Panel on Global Sustainability）公布的《弹性的人，弹性的星球：值得选择的未来》（Resilient People，Resilient Planet：A future worth choosing）认为由韩国和其他国家开创的绿色增长旨在确保自然资产和环境服务得到保护和维持的同时促进经济增长和发展。该技术方法（approach）提供优质的（premium）技术和创新，并改进技术开发和创新激励措施。绿色增长战略强调更加弹性的增长模式的产生。

2012 年 6 月，国际商会（International Chamber of Commerce）公布《绿色经济路线图》（Green Economy Roadmap），指导企业、决策者和社会制定和实施绿色经济政策和行动以将永续性融入企业战略和政府政策框架。该报告认为绿色经济是在支持社会发展进程中，将经济增长和环境责任以一种相辅相成的方式联系起来的经济。绿色经济涉及战略性宏观的经济政策以应对系统性挑战，包含了“自上而下”的思考模式（International Chamber of Commerce，2012）。

2012 年 7 月，联合国可持续发展大会（United Nations Conference on Sustainable Development，UNCSD）公布的《我们希望的未来》（The future we want）提出“可持续发展和消除贫困背景下的绿色经济”，认为绿色经济是实现可持续发展的重要工具之一，可提供各种决策选择（United Nations Conference on Sustainable Development，2012）。

2012 年 8 月，联合国经济和社会事务部（United Nations Department of Economic and Social Affairs，UNDESA）公布《绿色经济指南》（A guidebook to the Green Economy），综述了绿色经济、绿色增长和低碳发展的概念，研究了绿色经济原则、绿色经济政策和国家战略的国际经验（Allen and Clouth，2012）。

2013 年，中国环境与发展国际合作委员会召开了主题为“面向绿色发展的环境与社会”的年会，深入讨论了绿色发展与社会和谐、公众参与和绿色发展及生态文明建设的实践与创新（中国环境与发展国际合作委员会秘书处，2014）。

2015 年，中国环境与发展国际合作委员会开展了关于“绿色金融改革与促进绿色转型研究”的课题研究，认为不能根据短期投入的成本来评估绿色发展，应发展绿色金融，设立绿色发展基金（陈雨露等，2015）。

2015 年，蒙古的乌兰巴托（Ulaanbaatar）制定了《2020 年乌兰巴托城市绿色发展战略性行动计划》（Green Development Strategic Action Plan for Ulaanbaatar 2020）提出绿色发展战略目标：城市环境的可持续，包括经济增长、积极的公众参与和安全、健康的生活环境（Foreign and Commonwealth Office of the Government of UK，2015）。

2016 年，《中华人民共和国国民经济和社会发展第十三个五年（2016—2020 年）规划纲要》提出必须牢固树立和贯彻落实绿色发展新理念（中华人民共和国第十二届全国人民代表大会，2016）。

2016 年，中国环境与发展国际合作委员会召开了主题为“中国在全球绿色价值链中的作用”的年会，提出构建全球绿色价值链的路线图，得出“中国能够在全球价值链的绿色重塑中发挥领导作用”和“引领全球绿色价值链符合中国利益”的结论（王毅等，2016）。

3.2.1.2.5 绿色发展理念的小结

综上，绿色发展理念发展于20世纪70年代的环境运动，80—90年代人类不断意识到绿色发展的重要性和必要性。

绿色发展的概念于1998年首先出现在房地产领域，至今还没有明确、广泛被接受的概念。从20世纪80年代开始，部分学者讨论了“绿色内生发展”“绿色政策”和“绿色价值”等相关概念，仅有少数学者讨论了绿色发展的要素、特征、理论依据等。绿色理论家认为，绿色发展的核心不仅是追求一种新的经济核算方式、生态指南或新的规划结构，而是重新定位环境和发展的变化；绿色发展是非人类中心主义的体现，强调人类是自然的一部分，尊重自然的内在价值；绿色发展是一个循序渐进的过程；绿色发展不是一种环境管理的方式，而是如何进行管理的决策过程。世界经济合作与发展组织（OECD）认为绿色发展是提高环境和发展能力的技术方法。

绿色发展理念于1998年在房地产领域开始实践。中国于2002年率先在全球倡议走绿色发展道路，2009年后持续提出中国绿色发展的政策建议，并认为中国正在全球引领绿色发展（王毅等，2016），且在中华人民共和国国民经济和社会发展第十二个和第十三个五年规划纲要中提出树立和贯彻落实绿色发展理念；部分城市（如加拿大的科奎特勒姆市、蒙古国的乌兰巴托市）也制定绿色发展导则或行动计划；2012年，OECD将绿色发展作为一个提高能力的框架。总体来说，针对绿色发展的实践成果较少。

总而言之，绿色发展尚无明确的概念、定义及其内涵。多数研究者，特别是绝大多数的实践都将绿色发展看做为人类发展的一种管理模式以及新技术，作为一种迈向永续性（sustainability）的发展观念、发展模式和技术方法。但近年来已经开始意识到“绿色增长”是超越可持续发展理念的新的发展理念，是重新定位环境和发展的新理念，体现了重大的决策思路的转变。但较之“自上而下”决策模式的绿色经济，绿色增长仍只关注“从下到上”的管理思路。

我们认为，绿色发展是“非人类中心主义”的环境价值观的体现，强调人类是自然的一部分。“非人类中心主义”是绿色发展的理论基础；维护自然的内在价值是绿色发展的目标，是迈向永续性（sustainability）的必要条件。绿色发展是一种新的、超越可持续发展理念的新的发展理念，是指导人类发展的长远的战略目标和战略决策，而不是一种经济管理和环境管理的方式。

3.2.1.3 可持续发展和绿色发展理念的辨析

我们认为，绿色发展和可持续发展都是发展的理念，但不同的理论基础、目标、概念和内涵以及发展思路使这两者具有本质性的差异。它们是两种全然不同的发展理念，绿色发展不是可持续发展的改良主义或激进主义体现，也不是可持续发展的继承或超越的关系表达。

3.2.1.3.1 可持续发展和绿色发展理论基础的辨析

3.2.1.3.1.1 可持续发展的理论基础——人类中心主义（anthropocentrism）

从 3.2.1.1.6 节的总结可以看出，“以人类为中心”是可持续发展的理论基础。

1）人类中心主义的起源和发展

人类中心主义来源于人类的例外主义（exceptionalism）。在人类历史过程中，人类成功地培养了能力，塑造了发展，并以刻意的方式影响更广泛的世界（Plumwood，2002）。

早于公元前，古希腊哲学家普罗塔哥拉（Protagoras）认为“人是万物的尺度”；苏格拉底将自我和自然分离开来，提倡认识自己；柏拉图认为，没有绝对的真理，人所认为的就是真理（Kattsoff，1953）。

17 世纪后，法国哲学家笛卡尔主张“借助实践哲学使自己成为自然的主人和统治者”；英国哲学家培根认为人类需要了解自然以统治自然，并运用科学了解自然的奥秘从而征服自然；英国哲学家洛克主张“对自然的否定就是通往幸福之路”；德国哲学家康德认为“人是目的”等（余谋昌，1994）。

近代哲学和科学的发展，进一步强化了人类中心主义，形成包括以人为中心的哲学和科学的知识体系、技术体系及整个人类社会的生产方式和生活方式（余谋昌，1994）。

2）人类中心主义的观点和看法

《韦氏词典》（Merriam-Webster Dictionary）认为，人类中心主义包括两层含义：①人类是宇宙中最重要的物种；②依据人类的价值观和经验来解释或阐述世界（Merriam-Webster Dictionary，2017）。

1974 年，澳大利亚哲学家 John Passmore 出版《人类对自然的责任》（Man's Responsibility for Nature）认为将人类视为自然界绝对主宰是错误的，但其依旧从人类利益的角度出发，认为人类对自然负有责任，应该热爱和保护大自然（Passmore，1974）。

Norton（1987）提出“人类中心主义”认为只有人类才具有内在价值，其他物种的价值来源于其对人类价值的贡献。

余谋昌（1994）认为，人类中心主义是一种“以人为宇宙中心”的观点，其实质是：“一切以人为中心，或一切以人为尺度，为人的利益服务，一切从人的利益出发”。

McShane（2007）提出，人类中心主义认为非人类世界和/或它的部分只是因为直接或间接地为人类的利益服务才具有价值。大多数决策者和社会科学家都是人类中心主义者，人类中心主义的假设是他们所做大部分工作的基础。

Cocks 和 Simpson（2015）总结了现有人类中心主义的类型特点：①强人类中心主义：通常将非人类环境作为一种商品（如饮用水、木材、娱乐环境），仅仅将其作为对象使用。在这里，大自然没有内在价值，其外在价值受对人类贡献的限制；②弱人类中心主义：仍依据自然环境对人的价值来衡量其价值，但该价值明显地超越了强人类中心主义的商品价值属性。自然允许人类通过相互作用和关心自己以外的事物来成长和感受。

赵晓红（2005）认为人类中心主义把自然界纯粹当作人类实现自身经济目的的手段和工具。

Thompson（2015）将人类中心主义的讨论总结为 3 种形式：本体论的人类中心主义、

伦理人类中心主义和概念人类中心主义，其中，本体论的人类中心主义认为人类是生物的中心；伦理人类中心主义认为人类具有特殊和独特的道德重要性；概念人类中心主义认为只有人类能基于概念框架、独有的视角理解世界。

人类中心主义是人类对自身在宇宙中地位的思考而产生的观念，是人类从无意识到自我意识产生的结果（汤因比，1988）。古希腊的哲学家、17 世纪后的近代哲学和逐渐发展起来的科学等都渗透着人类中心主义的思想。人类中心主义认为只有人类才具有内在价值，非人类世界是人类实现自身目的的工具，一切为人类利益服务。因此，人类中心主义坚持人类第一性（human first），“以人为本”作为最高目标（Lamb，1996；Inglis，2008）。

总结人类中心主义的核心思想主要有两点：①人类是宇宙中最重要的物种，一切从人的利益出发，一切为人的利益服务；②只有人类才具有内在价值，大自然没有内在价值；非人类世界是人类实现自身目的的工具，依据对人类的贡献来衡量非人类世界的价值。

3.2.1.3.1.2 绿色发展的理论基础——非人类中心主义（Non-anthropocentrism）

从 3.2.1.2.5 节的总结可以看出，绿色发展的理论基础有别于可持续发展，建立在“非人类中心主义”的理论基础上。

1）非人类中心主义的起源

“非人类中心主义”的兴起是由于人类中心主义成为当前环境问题的根源（Ehrenfeld，1976；Sessions，1987；Shearman，1990）。早于春秋末期的东方道家智慧便提出了人与自然和谐统一的思想。道家以“道”为核心，认为自然界的万事万物是一致的，应遵循自然规律、顺应自然（周生春，2007）。中国古代的“天人合一”和“道法自然”的思想，即认为人是在宇宙世界之中并与宇宙世界融为一体的存在，人只有在与宇宙世界的和谐中才能找到自己的存在和在宇宙世界中的位置，否定并批判了“人定胜天”的思想（曹孟勤，2004）。

从文艺复兴时期开始，西方的蒙田（M. Mantaigne）、霍布斯（T. Hobbes），拉美特利（J. La Meettrie）、斯宾诺莎等一刻也没停止过对人类中心主义思想的批判。在卢梭时代，西方的浪漫主义思想也已表达出对近代社会狭隘的科学主义和工业主义的反抗，代表性的有梭罗的《瓦尔登湖》、缪尔的自然保护主义思想（雷毅，2001）。19—20 世纪，法国哲学家阿尔贝特·施韦策提出“敬畏生命”的伦理；美国哲学家泰勒提出尊重自然的伦理，认为“一种行为是否正确，一种品质在道德上是否善良，将取决于它们是否展现或体现了尊重大自然这一终极性的道德态度”；存在主义哲学的创始人海德格尔（Heidegger）提出“人不是存在者的主人，人是存在的看护者”，这里的“存在”指大地和自然，充分体现人必须与自然相融合才能获得自身的本质（曹孟勤，2004）。

1962 年，蕾切尔·卡森发表的《寂静的春天》阐述化学杀虫剂污染对自然造成的严重危害，批判了“控制自然”的荒谬思想（蕾切尔·卡森，1979）。

1967 年，美国科学史家林恩·怀特（Lynn White）发表《我们生态危机的历史根源》（The Historical Roots of Our Ecologic Crisis），认为人类中心主义是生态危机产生的根源，并从生态角度质疑科学技术的基本假设（Jun，1967）。

1973 年，挪威著名哲学家阿恩·纳斯（Arne Naess）创立了深层生态学（deep ecology），把整个生物圈乃至宇宙看成一个生态系统，人类只是这一系统中的一部分，生态系统的完整性决定人类的生活质量。对非人类生命及存在的内在价值的确认是深层生态学的立论基础，也是整个非人类中心主义伦理的基础（雷毅，2012）。深层生态学奠定了非人类中心主义的基础理论。

2）非人类中心主义的进展

非人类中心主义扩展道德关怀的范围首先是从动物开始的，接着发展到所有生命，最后直至整个自然界或生态系统，分为动物解放/权利论（或动物中心主义）、生物中心主义和生态中心主义（曹孟勤，2004；Washington et al.，2017）。动物中心主义认为，人与动物是平等的，动物的利益与人的利益同等重要（曹孟勤，2004）；生物中心主义认为，所有生命都是神圣的，它们都拥有自己的不依赖人的评价而存在的内在价值（曹孟勤，2004）；生态中心主义超越动物中心主义和生物中心主义，具有更宽广的视野，强调一种整体主义生态伦理观，突出整个自然界是一个相互作用、不可分割的整体，重视各生物之间相互联系、相互依存，以及由生物和非生物组成的生态系统的重要性，肯定自然和生态系统具有内在价值（曹孟勤，2004；Hovardas，2013；Quinn et al.，2016；Batavia and Nelson，2017；Washington et al.，2017）。

生态中心主义是在生态政治哲学中用来表示自然中心（nature-centered）的术语，生态中心主义也被称为自然中心主义（Serafin，1987；Eckersley，1992；Hoffman and Sandelands，2005；Yorek，2009；Moon and Blackman，2014；Baltaci et al.，2015）。

非人类中心主义立足于自然中心说（Odin，1991）。因此，自然中心说体现了非人类中心主义。如果确认人类是自然的一部分（The Economics of Ecosystems and Biodiversity，2010），那么自然中心说实际上涵盖了人类与非人类系统，即自然第一性（nature first），以自然为本（Lamb，1996；Inglis，2008）；人类系统与非人类系统仅为它的子系统。

3）非人类中心主义的观点和看法

Hargrove（1992）认为非人类中心主义指不以人类为中心，具有不依赖于人的判断的价值。

Lynch 和 Wells（1998）提出非人类中心主义认为人类除了满足自身的基本需要外，没有权利破坏性地干扰非人类生命。

曹孟勤（2004）和 Quinn，Castéra（2016）提出非人类中心主义承认所有的生物都具有平等性，并强调人类是自然的一部分，生态系统具有内在价值。内在价值是自然存在物和生命共同体以自身为尺度评价自身的价值，它不是由人类赋予的，而是自然存在物和生命共同体存在本身所固有的。

McShane（2007）认为“非人类中心主义”否定非人类世界只有因为它直接或间接地为人类利益服务才有价值，非人类世界具有满足非人类需求的内在价值。

人类是自然的一部分（The Economics of Ecosystems and Biodiversity，2010）。自然或生态系统具有内在价值，与它们对人类福祉的贡献无关（Millennium Ecosystem Assessment，2003；The Economics of Ecosystems and Biodiversity，2010）。

宋佳（2010）和李玉洁（2015）总结了非人类中心主义的含义：①人类与其他生物平等，享有同等权利；②自然具有自身的内在价值，人类需要尊重自然；③最终目的是自然生态的整体延续和发展。

Hovardas（2013）认为自然的内在价值是非人类中心主义最重要的组成部分。

Cocks 和 Simpson（2015）提出非人类中心主义认为自然具有独立于人类直接价值的内在价值。

Zhang 等（2015）认为内在价值是生态系统本身及其性质所决定的客观价值，独立于人类及人类的愿望和偏好。生态系统（或自然）的存在决定它的内在价值，没有存在就没有内在价值，也就没有对人类服务的价值（生态系统服务价值）。

总结非人类中心主义的核心思想主要有两点：①人类是自然世界中的一部分，不可能脱离自然而存在，更不可能取代或控制自然；②自然具有内在价值，独立于人类的意识和经验而客观存在的价值；没有客观存在的自然的内在价值就不可能为人类提供服务。

3.2.1.3.1.3 可持续发展和绿色发展的理论基础的辨析

可持续发展和绿色发展的理论基础分别是人类中心主义和非人类中心主义，对发展是否永续（sustainability）影响极大（Pepper，1996）。两者最主要的差别有以下两点。

1）自然生态系统与人类，何者是中心？

人类中心主义认为人类是宇宙中最重要的物种，一切从人的利益出发，一切为人的利益服务（以人为本）；而非人类中心主义认为自然第一性，必须以自然为本。人类是自然的一部分，不可能脱离自然而存在，更不可能取代或控制自然。两者最大的区别在于何者为中心？是人类还是自然？笔者认为，既然人类不可能脱离自然而存在，更不可能取代或控制浩瀚的宇宙和自然，因此尽管人类具有才智和道德，也只是大自然芸芸众生中的一种物种、自然世界的一部分。

可持续发展范围内人类中心主义一直处于支配地位（Shearman，1990；Seghezzo，2009），坚持人类中心主义是很危险的。实际上，自然和生态系统是人类赖以生存和发展的基础，有其自身的临界点（The Economics of Ecosystems and Biodiversity，2010），超过临界点，人类难以生存和发展。将人类作为发展的中心，不管如何倡议可持续，如何考虑尽量不影响后代的发展，但由于人类中心主义仅将非人类世界的价值依据其对人类的贡献来衡量，为了人类的利益，必然会影响到自然和生态，必然会对自然和生态系统造成影响和破坏，因此是不可能确保发展的永续性。可持续发展提出已 30 年，历史的经验和教训告诉我们，人类中心主义已经被证明是行不通的（White，1967；Adams，2009）。只有承认人类是自然的一部分（The Economics of Ecosystems and Biodiversity，2010），遵循非人类中心主义、走绿色发展之路，才有可能走向永续发展。

2）自然和生态系统是否存在内在价值？

人类中心主义认为只有人类才具有内在价值，自然没有内在价值，非人类世界的价值依据其对人类的贡献来衡量；而非人类中心主义认为自然具有内在价值，独立于人类的意识和经验而客观存在的价值；没有客观存在的自然的内在价值就不可能对人类提供服务。两者的差异在于：①自然是否有价值？②价值的准则是什么？价值是由人类赋予的，还是存在客观价值？这个问题已争论了上百年，难以在此辨析清楚。本研究同意自然（或生态系统）具有内在价值（Millennium Ecosystem Assessment，2003；The Economics of Ecosystems and Biodiversity，2010）；内在价值是生态系统本身及其性质的客观价值，独立于人类及人类的愿望和偏好。生态系统（或自然）的客观存在决定它的内在价值，没有存在就没有对人类的服务；没有生态系统的内在价值就没有对人类的服务价值，对人类的服务价值仅仅是生态系统内在价值的一小部分（Zhang et al.，2015；Batavia and Nelson，2017）。

非人类中心主义是人类认识到环境问题产生的根源，即人类中心主义的产物。人类的福祉依赖于自然（The Economics of Ecosystems and Biodiversity，2010）。决定发展是否永续的显然不是人类，而是生态系统（Pepper，1996；UNEP，2011）。非人类中心主义否定人类中心主义的观点，认为人类是自然的一部分，从自然整体视角进行思考；强调“以自然为中心”的观点，认为自然具有内在价值。

绿色发展正是基于非人类中心主义的理论基础，认为人类是自然的一部分，承认非人类世界具有内在价值，非人类世界的价值是人类赖以生存和发展的基础，不得减损和破坏。绿色发展是“非人类中心主义”的环境价值观的体现，“非人类中心主义”是绿色发展的理论基础，绿色发展必须维护非人类世界的内在价值，这样才能真正实现发展的永续性。

可持续发展和绿色发展具有不同的理论基础，不同的理论基础决定不同的观念、行为准则和目标。

3.2.1.3.2 可持续发展和绿色发展目标的辨析

可持续发展的目标是满足今世后代在发展与环境方面的需求，明确是“以人为中心”，一切从人的利益出发，一切为人的利益服务（Shearman，1990；UNCED，2015），实际上就是维护人类自身的价值；而将非人类世界的价值依据其对人类的贡献来衡量，将其作为对人类的服务价值予以评判，也常被错误估计（Emerton，2005；The Economics of Ecosystems and Biodiversity，2010；Batavia and Nelson，2017）。在此基础目标的指引下，必然会对人类赖以生存和发展的自然和生态系统造成影响和破坏。即使人类认为可持续发展可以将发展维持在地球资源承载能力范围内，那也仅仅是基于对为人类服务的生态系统的服务价值做决策；而作为服务价值的根基——非人类世界的内在价值，人类是不予考虑的，因为人类中心主义否认非人类世界存在的内在价值。为人类服务的生态系统的服务价值不发生损失并不代表自然和生态系统的内在价值不会损失。生态系统服务价值理论提出并实施已有 30 年，全球的生态退化仍在加速，这说明生态系统服务的理论远远无法确保持续发展（Melathopoulos and Stoner，2015）。

在“非人类中心主义”为理论基础的指导下，绿色发展的目标即维护非人类世界的内在价值（intrinsic value），或非人类内在价值（nonhuman intrinsic value）（Batavia and Nelson，2017），或作为人类生存和发展基础的自然生态系统（Daily，1997；Ecological Society of America，1997）的内在价值。Zhang 等（2015）认为内在价值是生态系统本身及其性质的客观价值，独立于人类及人类的愿望和偏好。内在价值反应的是生态系统的客观存在与发展，是事物自身的价值，不受对其他事物的效用影响，不考虑人类的利益（Millennium Ecosystem Assessment，2003；The Economics of Ecosystems and Biodiversity，2010）。雷毅（2012）认为只有确保自然和生态系统的内在价值不受影响、不出现减损，才能维护作为人类赖以生存和发展基础的自然和生态系统的自我永续性（self-sustainability），才有可能迈向永续发展。因此，只有坚持绿色发展才有可能实现发展的永续性。

可持续发展的目标与绿色发展的目标的本质差别来源于它们各自的理论基础，一个是为了人类（世世代代）；一个是为了自然的本质。它们的目标一个是为了维护人类的价值；一个是为了维护自然生态系统的价值。因此，两种不同的发展目标将导致完全不同的行为准则和发展思路。只有生态系统能够支持的发展才具有永续性，生态系统不支持的发展毫无永续性可言（雷毅，2012）。

3.2.1.3.3 可持续发展和绿色发展概念与内涵的辨析

尽管近30年来可持续发展的概念进行了不断更新和完善，但仍以1987年《我们共同的未来》中可持续发展的定义为基础，因此可持续发展的概念和内涵在这30年里基本没有变化，即满足今世后代在发展与环境方面的需求，本质上立足于人类欲望与需求的满足。

作为超越可持续发展的绿色发展理念，“非人类中心主义”是其理论基础。绿色发展的概念和内涵是：人类仅仅是自然的一个组成部分，自然和生态是人类的母体；人类欲望与需求的满足不能影响自然和生态系统——人类赖以生存的母体。一旦自然生态系统受损，人类也将难以生存，可持续发展必将无法延续。维护自然生态系统内在价值是绿色发展的目标，是迈向永续发展的唯一途径。

可持续发展和绿色发展概念与内涵是其理论基础和目标作用的必然结果。当人类的利益与自然的利益发生冲突时，以人类为中心的思维始终把人类的利益凌驾于自然之上，必然造成自然生态系统受损，只有作为人类生存和发展基础的自然生态系统的发展可持续了，才是真正的永续。

鉴于现有成果未对绿色发展进行明确定义，依据绿色发展的理论基础和目标，本研究认为绿色发展的定义是：人类是自然的一部分；人类的发展必须从自然整体视角出发，以维护自然生态系统内在价值为目标，确保实施维护自然生态系统内在价值的战略决策，以实现自然和人类发展的永续。

绿色发展的定义包括以下几个内涵：①强调“自然第一性”，人类是自然的一部分，没有自然就没有人类；②自然具有内在价值，自然生态系统的存在决定它的内在价值，独立于人类的客观价值，是人类赖以生存和发展的基础；③维护自然生态系统的内在价值是绿色发展的目标，是自然和人类永续发展的基础；④绿色发展是一个战略决策过程，该战略决策的终极目标始终是维护自然生态系统的内在价值，以实现发展的永续性。

3.2.1.3.4 可持续发展和绿色发展思路的辨析

可持续发展的思路是以人类为中心，认为人类是历史的塑造者，认为人类的行为塑造着世世代代的人类及其环境，希望通过对自然管控以保护自然，希望通过对自然的管控和保护能够使今世后代的发展得以实现，实现发展的可持续。可持续发展将发展愿景解耦为社会、经济和环境方面，企图通过有限的知识经验和技术手段，在一定程度上控制和改变环境以满足人类需求的增长。但将整体矛盾分解为部分问题进行解决的方式已经被质疑（克莱夫·庞廷，2002；Magee et al.，2013）；许多措施也是治标不治本，只延缓或稀释了一些根本性的问题，但大部分后果是难以预见的（WCED，1987；克莱夫·庞廷，2002；The Economics of Ecosystems and Biodiversity，2010）。人类对自然的认知还是极其肤浅，以人类来主宰自然，就难免损害自然，无法有效保护自然，无法保护人类赖以生存和发展的基础。环境保护是人类被动的行为，无法从根本上保护自然，无法确保维护自然生态系统的内在价值。以人类为中心的发展思路无法真正指导发展走向永续。

充分认识到当前存在的基本事实：人口数量的增长远远超过了自然生态系统可以支撑

的程度（Meadows et al.，2005）；衣、食、住、行和越来越高的娱乐与奢侈要求，在根本上都在惊扰和破坏着自然生态系统，造成不可逆转的资源和能源数量的减少以及质量恶化（克莱夫·庞廷，2002）。绿色发展认为自然才是历史的塑造者，没有自然也就没有人类，人类是自然的一个组成部分而已。维护自然生态系统的内在价值，始终不以降低自然生态系统的内在价值为目标的发展，才有可能是永续的。以自然为第一性、尊重自然和维护自然的发展才是绿色发展的思路，才有可能走向永续发展；维护自然生态系统的内在价值的战略决策才是绿色发展的途径。

3.2.2　如何迈向绿色航运

3.2.2.1　可持续航运和绿色航运的辨析

根据第 2 章文献综述结果以及目前航运规划存在的问题，当前没有对可持续航运和绿色航运理念进行明确的区分，这显然是没有认识到可持续发展与绿色发展理念的差异。基于可持续发展和绿色发展的理念辨析，对可持续航运和绿色航运从理论基础、目标、概念和内涵及发展思路方面进行理念阐述（表 3-1）。

表 3-1　绿色航运和可持续航运的理念

Table 3-1　Idea of green shipping and sustainable shipping

项目	可持续航运	绿色航运
理论基础	“人类中心主义”：将人类分离于自然，凌驾于自然之上；将非人类世界的价值当作为对人类的服务价值	“非人类中心主义”：人类是自然的一部分；自然自身具有内在价值，独立于人类意识
目标	平衡航运的社会、经济和环境发展	航运的发展必须维护自然生态系统的内在价值，实现绿色发展
概念	航运全生命周期的经济、社会和环境协调发展，推动航运业的持续发展以满足人类的需求	本研究认为，绿色航运是从以自然为中心的视角出发，以绿色发展为目标，开展以航运物流全生命周期为基础的战略决策，推动航运业迈向永续发展
内涵	可持续航运的内涵（第 2 章）体现在：（1）为了不断地满足人类的需求和利益开展航运活动；（2）促进航运经济、社会和环境的协调发展以达到航运的可持续发展；（3）关注航运的环境保护，包括航运环保和节能减排；依赖现有的知识和技术解决航运环保和资源利用问题以实现航运的可持续发展	本研究认为绿色航运的内涵包括：（1）以航运物流作为航运产业的发展趋势；（2）以维护自然的内在价值作为航运物流业发展的准则；（3）在维护自然的内在价值的准则指导下，基于航运物流全生命周期的评价结果为基础进行战略决策，引导航运物流业迈向绿色发展
发展思路	认为人类是历史的缔造者，人类的行为塑造着世世代代的人类和环境，希望通过人类对自然的管控以保护自然；希望通过对自然的管控和保护能够实现今世后代的发展；希望通过航运的环境保护能够实现航运的可持续发展	本研究认为绿色航运的发展思路是从以自然为中心的视角出发，基于航运物流业的全生命周期评价，以维护自然的内在价值为准则，开展航运物流的战略决策，引导航运物流业持续改进，迈向绿色发展

3.2.2.1.1 可持续航运和绿色航运的理论基础

基于可持续发展和绿色发展理论基础的辨析结果可以很明显看出，以“人类中心主义”为理论基础，将人类凌驾于自然之上，否认自然具有内在价值，一切为了人类的利益的可持续航运是不能实现航运业的永续发展。只有以“非人类中心主义”为理论基础，以自然为本、维护自然生态系统的内在价值的绿色航运才能真正实现航运业的永续发展。

3.2.2.1.2 可持续航运和绿色航运的目标

以人为中心、一切从人的利益出发为目标的可持续航运希望通过协调航运业的经济、社会和环境以推动持续发展，但如前所讨论的，这种途径是不可能促进航运业的持续发展，这已经是不可否认的事实。自然和生态系统的持续才有可能实现真正的永续，没有自然和生态系统对航运业发展的持续支持，航运业必然无法持续发展。因此，只有确保维护自然生态系统内在价值的航运物流业的绿色发展，航运业的发展才能实现真正的永续。

3.2.2.1.3 可持续航运和绿色航运的概念和内涵

可持续航运立足于人类需求和利益的满足。航运经济、社会和环境的综合发展、或航运经济和环境的协调发展都是为了航运更长久地为人类服务。依赖于有限的知识和科学技术进行航运环境保护、节能减排也只是人类为确保航运业经济持续增长的手段及人类对非人类世界进行道德关怀的骗术，当满足人类利益和自然的利益发生矛盾时，人类必然将自己的利益凌驾于自然之上（Dobson，2000），无法从根本上保护自然，无法确保维护自然生态系统的内在价值，因而也就无法使航运业走向永续发展。

可持续发展和绿色发展概念与内涵的辨析结果已经告诉我们，人类是自然的一部分，维护自然生态系统的内在价值才是航运业的绿色发展、实现永续发展的基本条件。在“非人类中心主义”的理论基础和维护自然生态系统内在价值的目标指导下，绿色航运的概念和内涵充分体现了自然和生态的存在及其客观价值，体现了自然和生态系统对人类发展的支撑作用。绿色航运以航运物流作为航运产业的发展趋势；以维护自然生态系统内在价值的绿色发展作为航运物流业发展的目标；在维护自然的内在价值的准则指导下，基于航运物流全生命周期的评价结果为基础进行战略决策，引导航运物流业迈向绿色发展。

3.2.2.1.4 可持续航运和绿色航运的发展思路辨析

可持续航运希望通过对自然的管控以保护自然，希望通过对自然的管控和保护能够使今世后代的发展得以实现，希望通过航运的环境保护能够实现航运的可持续发展。但当人类的利益与自然的利益发生冲突时，可持续航运必然将人类的利益凌驾于自然之上。该发展思路无法从根本上保护自然，无法确保维护自然生态系统的内在价值，因而是无法推动航运业的永续发展。

绿色航运将“非人类中心主义”理论基础作为基本出发点，将维护自然生态系统内在价值作为行为准则，基于以航运物流业的全生命周期评价为基础开展航运物流的战略决策，引导航运物流业持续改进，迈向绿色发展，以实现航运业的永续发展。

3.2.2.2 迈向绿色航运的关键问题

从上节的理论辨析可以看出，只有遵循绿色航运或绿色的航运物流才有可能引导航运业迈向永续发展。但如何走向绿色航运，必须明确以下几个关键问题。

（1）现有的航运规划以及绿色航运实践无法引导航运业迈向永续发展。根据第 2 章的总结以及 3.1 节和 3.2.1 节的论证可以得出：①港口仅仅是航运的一个节点，港口规划无法对航运产业产生影响；②航运已经成为物流的一个环节，现有关于“港到港”的航运规划与管理无法适应航运业的发展需求；③现有的航运规划基本上都是管理规划，无法指导航运业的永续发展；④目前对可持续发展和绿色发展的概念不清，无法区分可持续发展和绿色发展的本质区别；⑤由于概念不清，无法区分可持续航运和绿色航运的本质区别，现有对绿色航运的认识及其实践仅仅为航运的环境保护或节能减排，仅仅是一种环境管理的方式，无法指导航运业的永续发展。以上问题表明，现有的航运规划（包括绿色航运实践）无法指导航运业走向永续发展。

（2）绿色发展是人类发展的长远的战略目标。3.2.1 节的分析表明，绿色发展是一种新的、超越可持续发展理念的新的发展理念，是指导人类发展的长远的战略目标和战略决策，而不是一种经济管理和环境管理的方式。

（3）绿色航运规划必须是一种战略决策。作为永续发展的长远的战略目标就需要战略决策引导，才有可能引导绿色航运迈向永续发展。航运的环境保护或节能减排只是一种环境管理的方式，事实已经表明它无法引导航运业实现绿色发展的战略目标。因此，绿色航运规划必须是一种战略决策，才能指导航运业向着绿色发展的目标，走向永续发展。

3.2.2.3　绿色航运规划的目标

根据绿色发展的定义，绿色航运必须坚持非人类中心主义、即自然中心说的理论基础，维护自然生态系统的内在价值为行为准则。因此，绿色航运规划的目标是航运业的发展必须始终维护自然生态系统的内在价值，制定立足于长远观点的战略决策，并在发展中持续改进，以迈向行业的永续发展。

3.2.3　航运物流绿色战略规划的目的和作用

3.2.3.1　立题的目的和意义

（1）立题的目的。鉴于现有航运规划和绿色航运实践/规划存在的问题，难以指导航运业的绿色发展。本研究的目的是建立一套行之有效的、符合航运业发展的、能够引导航运业基于绿色发展理念的航运规划战略决策技术方法，即建立一套航运物流绿色战略规划的技术方法，推进航运业迈向永续发展。

（2）立题的意义。可持续发展的理念提出已经 30 年，但是全球实施可持续发展的效果却不尽如人意，而且存在不少概念问题和实施问题没有解决，使得人类的永续发展问题仍存在较大争议，永续发展始终无法实现。本研究希望通过建立以航运为基础的物流业能在绿色发展理念的指引下，迈向永续发展。也给其他行业的绿色发展提供一个范例，推进全球各行业迈向永续发展。

3.2.3.2 航运物流绿色战略规划的目的和作用

（1）航运物流绿色战略规划的目的。航运物流绿色战略规划的目的是建立符合现代航运业发展趋势、遵循绿色发展理念和原则、引导航运业迈向永续发展的战略规划，包括规划制定的技术路线和方法，以及规划实施的技术方法。

（2）航运物流绿色战略规划的作用。航运物流绿色战略规划的作用包括以下两点：①全球超过 80%的国际贸易全部或部分经过航运（Mukherjee and Brownrigg, 2013），航运已成为全球贸易和物流的主要途径。一旦航运物流实现了绿色发展，就可以认为全球的运输和物流基本实现了绿色发展。因此，制定航运物流绿色战略规划对于推进全球贸易和运输迈向永续发展具有重大意义和重要作用。②航运物流既是物流运输的主要途径，又较为复杂，涉及众多行业和环节；而且属于服务性的第三产业。在第三产业成为现代经济主流产业的趋势下，航运物流绿色战略规划作为行业示范，对于推进第三产业其他各行业迈向绿色发展有重要的启示和示范作用。

3.2.4 航运物流绿色战略规划的定义和内涵

3.2.4.1 航运物流的定义

现代航运业摈弃了传统的港到港的海洋运输模式，航运物流业作为一个新兴经济产业被广泛接受，带来了研究和实践的新范式。航运物流是一个新兴的研究领域，从 2.5.2 节可知，现有研究一致认为航运物流是航运与物流的整合（Panayides, 2006; Song and Lee, 2009; Lee and Song, 2010; Nam and Song, 2011; Song and Lee, 2012; Song and Panayides, 2012a; Song and Panayides, 2012b; Panayides and Song, 2013; 庄佩君, 2014; Song and Panayides, 2015; Lee et al., 2016）。航运的功能是将货物从价低的地方运输到价高的地方（Branch, 2007），这是物流服务的关键环节，特别是国际物流服务。没有货物流通的需求，航运服务也不存在；反之，没有航运服务活动，货物流通也将步履艰难，毕竟海运是一种低成本、运输量大的运输方式，历史悠久（Branch, 2007）。

1998 年美国物流管理协会（Council of Logistics Management）将物流定义为，为满足顾客需求，对产品或服务有效率和效益的流量和存储及其相关的信息从起点到消费终点进行规划、实施、控制的过程，包括出入境、内外部移动和以环保为目的的材料回收（Council of Logistics Management, 1998）。中华人民共和国国家标准物流术语（GB/T 18354-2006）认为物流是“物品从供应地向接收地的实体流动过程。根据实际需要，将运输、储存、装卸搬运、包装、流通加工、配送、信息处理等功能有机结合起来实现用户要求的过程”。且中华人民共和国国家标准《物流服务分类与编码》（GBT 26820-2011）将物流服务分为功能型物流服务、信息型物流服务和咨询型物流服务三大类别，而功能型物流服务活动归纳为仓储、运输、配送、装卸搬运、包装和流通加工。

本研究的目标是实现航运物流运营的绿色发展，故而仅针对功能型物流服务活动。基于物流的基本定义，并结合航运的特征，将航运物流（maritime logistics）定义为：必需经过海运的货物从供应地到接收地的实体流动全过程，包括运输、储存、装卸搬运、配送、包装、流通加工等功能的全过程。

3.2.4.2　战略规划的对象、目的和意义

如前所述，对于一个行业来说，绿色发展是该行业的战略目标。航运物流绿色战略规划是实现航运物流业绿色发展的一个战略决策过程。战略决策（strategic decision）是解决全局性、长远性和战略性的重大问题的决策，是对未来发展方向和远景的考虑，强调决策过程（盛华夏，2014），包括目标形成、识别问题，确定备选方案，备选方案的评价和选择，管理和行动计划等阶段（Schwenk，1988），具有非结构化（Mintzberg et al.，1976）、非常规性和高不确定性（Schwenk，1988）的特征。

战略过程包括战略决策的形成和实施两个过程，战略规划在其中发挥着衔接两者的作用，但由于战略规划本质上具有分析的特性，为形成战略提供综合性的战略思考，因而，战略规划发生于战略形成过程（Mintzberg and Quinn，1996）。

Mintzberg 和 Quinn（1996）认为，战略规划是一个组织确定其战略或方向，并对实施该战略进行资源配置的决策。它可能也会一直延伸到战略实施的控制机制。King 和 Cleland（1978）认为战略规划是对一个组织的总目标、这些总目标的变动、为实现这些总目标而使用的资源，以及指导获得、使用和配置这些资源的政策作出决策的过程。Olsen 和 Eadie（1982）认为战略规划是形成和指导组织（或其他实体）是什么，做什么和为什么这么做的一种基本决策或行动的特定努力。

战略规划的一般过程包括确定目标、形成备选战略、评价备选战略和结果监控（Scott，1982）。

3.2.4.3　航运物流绿色战略规划的定义和内涵

依据绿色航运规划的目标，在界定了航运物流的概念以及战略规划特征的基础上，本研究认为航运物流绿色战略规划是指从以自然为中心的视角出发，以绿色发展为目标，以维护自然生态系统的内在价值为准则，对必需经过海运的货物，从供应地到接收地的实体流动全过程进行的战略决策，通过执行持续改进以迈向绿色发展。

该定义的内涵包括：①以非人类中心主义为理论基础，确认人类是自然的一部分；②肯定自然具有内在价值，以维护自然生态系统的内在价值为准则，遵循资源定位原则，具有目标强制性；③航运物流全生命周期包括货物从供应地到接收地的实体流动全过程，涵盖货物的生产和供应地仓储及接收地仓储，包括对生产原料来源和过程以及商品的销售、消费及废弃物的回收（Council of Logistics Management，1998）等过程的绿色发展的监控；④遵循循序渐进、持续改进的理念，持续迈向永续发展；⑤以绿色发展为基本理念和目标，以战略决策为手段，指导航运（物流）业走向绿色发展，最终实现行业的永续发展。

3.2.4.4　航运物流绿色战略规划与相关概念的比较分析

航运物流绿色战略规划与相关规划的差异表现在以下几点。

（1）在理念认识上区别于可持续航运规划，明确辨析可持续发展与绿色发展理念以及

可持续航运与绿色航运的本质差别（人类第一性与自然第一性），以确定航运物流绿色战略规划的定义和内涵。

（2）在规划对象上区别于现有的航运规划和通常的绿色物流规划，是专门针对基于航运的物流产业，而非航运业或基于环保的物流业。

（3）在规划层次上区别于现有狭义的绿色物流规划和绿色航运物流规划，不为产业的环境管理服务，而是以战略决策为手段，以实现该产业的绿色发展为目标，即航运物流的全生命周期自始至终维护自然生态系统的内在价值。

（4）在规划的技术路线和方法上依据已辨析的绿色发展的理论基础、目标、概念和内涵及发展思路，作为航运物流绿色战略规划的原则和基础，构建面向绿色发展的航运物流，即从战略层面引导航运物流的绿色发展，遵循 ISO 14000 标准的循序渐进、持续改进的理念。

3.3 构建航运物流绿色战略规划的技术路线和方法体系

3.3.1 航运物流绿色战略规划的基本原则

依据航运物流绿色战略规划的定义和内涵，在构建航运物流绿色战略规划的框架时应遵循以下原则。

（1）以自然为中心原则（The nature-centered principle）。经过 3.2 节的论证已经明确，绿色发展是以"非人类中心主义"为理论基础。只有坚持以自然为中心的原则（Odin，1991），不以满足人类的欲望和需求为目标，才可能实现永续发展。因此，绿色航运必须坚持自然第一性，以自然为本（Lamb，1996），即坚持以自然为中心原则，强调人类是自然的一部分（The Economics of Ecosystems and Biodiversity，2010）；将该原则贯穿航运物流绿色战略规划的全过程，引导航运业迈向永续发展。

（2）维护自然生态系统的内在价值原则。自然生态系统具有内在价值（Millennium Ecosystem Assessment，2003；The Economics of Ecosystems and Biodiversity，2010；Zhang et al.，2015），是独立于人类及人类的愿望和偏好而客观存在的价值，是人类赖以生存和发展的价值基础（Zhang et al.，2015）。因此，人类赖以生存和发展的自然生态系统的永续性决定人类生存和发展的永续性。绿色发展以维护自然生态系统的内在价值为目标。所以，航运物流绿色战略规划必须遵循维护自然生态系统内在价值的准则，确保其不被减损，才能实现绿色发展，迈向永续发展。

（3）航运物流的整体性原则。航运物流服务于"门到门"的运营模式，必须从航运物流活动全过程的整体视角出发，而不是将该过程破碎化，才有利于提高航运物流效率、降低成本（Rodriguez and Youssef，2017）。这是在全球化、船舶大型化和信息技术飞速发展背景下航运业发展的必然趋势，因此，现代航运业必须坚持整体性原则，考虑航运物流全过程。

其中原则（1）和原则（2）是 1.3.2 节研究原则中永续发展原则（The sustainability principle）针对航运物流绿色战略规划的具体体现；原则（3）是符合当今航运业的发展

趋势的必然选择。

3.3.2 航运物流绿色战略规划技术路线的构建

通过对现有绿色航运战略规划技术路线和方法的评价可知，基于数据分析的传统技术路线不具战略性，基于愿景或目标的现代技术路线强烈受限于基础数据分析和人们的主观认知，且都是以人类为中心的规划思路，无法真正有效指导现代航运业的绿色发展。且现有的规划方法不成熟。在航运物流作为一个新兴产业进入经济领域，成为现代航运业发展的必然趋势的背景下，为满足行业绿色发展要求，需要重新构建航运物流绿色战略规划的技术路线和方法体系，为航运物流业的绿色发展提供思路和实施方法。

3.3.2.1 构建思路

根据航运物流绿色战略规划的定义和原则，提出航运物流绿色战略规划的构建思路为：以绿色发展为目标、以航运物流为对象、以战略决策为手段，运用多维决策法（MDDM），结合生命周期评价（LCA）的思路，从多维角度评价航运物流生命周期的各个生产环节是否符合绿色发展的目标（维护自然生态系统的内在价值），辅以各种辅助决策方法，基于公众参与（或专家评判）进行战略决策，并融合 ISO 14000 的环境管理体系（EMS）理念，提出持续改进方案。

3.3.2.2 构建原则

在航运物流绿色战略规划的定义、内涵及基本原则的指导下，依据航运物流绿色战略规划技术路线的构建思路，确定构建航运物流绿色战略规划的技术路线的原则包括以下几方面。

（1）坚持战略决策原则。3.2 节的论证结果表明，永续发展是人类发展的长远的战略目标。航运物流战略规划必须是战略决策，而不是管理规划，管理规划无法指导航运物流走向绿色发展。因此，航运物流绿色战略规划必须坚持战略决策原则，应用大数据方法，通过收集可获得的所有数据，并从与航运物流相关的所有维度出发，运用多维决策的方法，进行各维度评价和综合评价，实现有效的战略决策（张珞平等，2014）。

（2）价值导向（The value focused thinking）原则。价值导向思维（Value Focused Thinking，VFT）是引导和综合决策的哲学思想，是客观、主动的决策行为（Keeney，1996）。战略决策必须遵循价值导向思维，才能避免决策失误（张珞平等，2014）。航运物流绿色战略规划以绿色发展为导向，就必须遵循维护自然生态系统内在价值的准则，坚持价值导向原则，将价值作为决策的驱动力（Keeney，1996），根据决策对象的基本属性、客观环境条件以及价值引导而客观决策（张珞平等，2014）。

（3）资源定位原则（The resource-oriented principle）。基于资源的方法（The resource-based approach）作为一个有效的竞争武器已成功应用于企业和贸易的战略管理中（James，2002；Pandza et al.，2005）。资源是任何区域发展的基石。资源定位原则要求以区域的主导资源、特征资源和优势资源确定区域的发展方向，避免决策的盲目和失误，才能确保区域发展的永续性（Zhang et al.，2006；于正等，2012）。资源定位是维护生态系统内在价值、确保永续发展的必不可少的基本思路。

（4）公众参与原则（The community-based principle）。以公众为基础（The community-based）是永续发展的基础和必要条件之一（WCED，1987）；满足公众和利益相关者的需求是战略决策成功的必要条件（Schwenk，1988）。航运物流绿色战略规划是战略决策过程，必须自始至终坚持公众参与原则，以辅助决策，增强决策的科学性和合理性，避免决策失误（Fang et al.，2006），才有可能迈向永续发展。

（5）预警预防原则（The precautionary principle）。航运物流业涉及面广、生命周期长，带来高不确定性和高风险性。航运物流要走向绿色发展，应坚持预警预防原则，才能确保维护自然生态系统的内在价值；即要求即使没有科学的证据证明某些人为活动与其产生的效应之间存在一定的联系，只要假设这些活动有可能对生命资源产生某些危险或危害的效应，就应采取适用的技术或适宜的措施减缓或直至取消这些影响（张珞平等，2004）。

（6）全生命周期评价（LCA）。航运物流是现代航运业的发展趋势，涵盖货物从供应地到接收地的实体流动全过程。航运物流要走向绿色发展，就要求航运物流的实体流动全过程的每一步骤都必须符合绿色发展的要求，这与产品生命周期评价（LCA）的方法十分吻合。因此，航运物流绿色战略规划技术路线的构建可借鉴生命周期评价的思路，对航运物流开展全生命周期评价，为确保航运物流迈向绿色发展打下基础。

（7）"循序渐进、持续改进"的原则。ISO 14000 系列标准中环境管理体系（EMS）提出了"循序渐进、持续改进"的核心理念，是一个重大的创新思想，引导一切发展过程不断改进，迈向永续发展。EMS 持续改进的理念能够推动航运物流通过"循序渐进、持续改进"原则不断满足绿色发展的要求，始终朝着维护自然生态系统内在价值的目标前进。

3.3.2.3 航运物流绿色战略规划的技术路线

在航运物流绿色战略规划基本原则的指导下，依据技术路线的构建思路和原则，构建航运物流绿色战略规划的技术路线如图 3-1 所示。

3.3.2.3.1 航运物流相关维度的识别

以航运物流业的绿色发展为目标，坚持自然中心原则和战略决策原则，采用多维决策法（MDDM）（张珞平等，2014）进行规划维度的识别。重点考虑与航运物流密切相关的社会、经济、资源、区位、环境和生态 6 个维度（母容，2013；张珞平等，2014）。其中社会和经济维度体现人类生态系统；环境和生态维度体现自然生态系统；区位实际上也是资源的一种，资源和区位以自然系统为主，包含人类社会资源，坚持价值导向和资源定位原则；各个维度必须考虑自身的风险问题，将风险因素融入各维度中，运用预警预防原则。

3.3.2.3.2 航运物流生命周期评价清单确定

以航运物流为规划对象，坚持全生命周期评价（LCA）原则，运用 LCA 的思路，确定航运物流的生命周期清单，包括必需经过海运的货物从供应地到接收地的物流活动全过程。

3.3.2.3.3 信息收集

坚持战略决策原则和公众参与原则，遵循大数据的思路，收集航运物流途经的各个区域的各个维度、航运物流生命周期的每个生产环节、与航运物流相关的可获得的所有数据

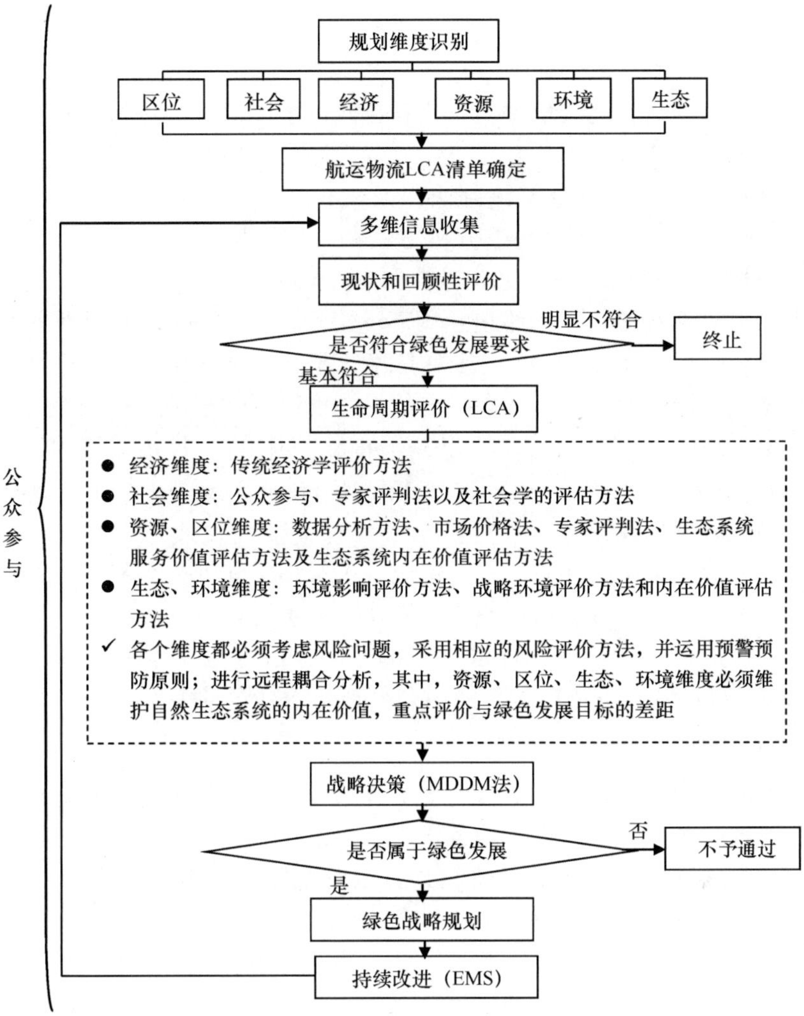

图 3-1　航运物流绿色战略规划的技术路线

Fig. 3-1　Approach of greening strategic planning of maritime logistics

信息，作为战略决策的基础信息。

3.3.2.3.4　现状和回顾性评价

对航运物流全生命周期途经的各个区域都开展现状评价和回顾性评价。其中，回顾性评价重点了解航运物流途经的每个区域近年来的各个维度环境的变化趋势及其绿色发展的实践和努力；现状评价重点评价各个维度环境的现况与绿色发展要求（维护自然生态系统的内在价值）的差距。

3.3.2.3.5　航运物流方案的初步判断

基于现状和回顾性评价结果，遵循价值导向、资源定位、预警预防、维护自然生态系统的内在价值等原则初步分析该航运物流方案的各生产环节是否明显不符合绿色发展目标（维护自然生态系统的内在价值）。若是，则可以判定该方案不符合绿色发展要求，规划终止，必须整改后重新评价；若否，进入下一步骤。

3.3.2.3.6 生命周期评价

采用经济学评估方法、社会学评估方法和自然科学评估方法进行航运物流生命周期评价。其中，经济维度的评价运用传统经济学评价方法（国家发展改革委和建设部，2006）；社会维度评价运用公众参与、专家评判法以及支付意愿法等社会学的评估方法（母容，2013）。资源和区位维度评价采用数据分析方法、市场价格法、专家评判法及生态系统服务价值评估方法相结合综合评判（彭本荣，2005；Wang et al.，2010；王萱，2011；母容，2013；沈满洪，2015）；环境与生态维度运用环境影响评价方法和战略环境评价法（陈彬和张珞平，2001；张珞平 et al.，2004）；其中资源、区位、环境和生态 4 个维度必须执行维护自然生态系统内在价值的原则，生态系统的内在价值评估运用本课题组近年来的最新研究成果（盛华夏，2014；徐虹霓，2014；Zhang et al.，2015）。且物流链的评价考虑运用远程耦合（Telecoupling）方法（Liu et al.，2013；Michigan State University，2016）进行供应地到接收地远距离的耦合性分析。

该生命周期评价坚持价值导向、资源定位、预警预防和维护自然生态系统的内在价值原则进行绿色评价，重点评价航运物流生命周期各个生产环节与绿色发展要求（维护自然生态系统的内在价值或处于行业先进水平）的差距，适当考虑该航运物流生命周期前端（货物原料来源）和后端（货物销售、使用和废弃）的绿色发展实践和努力。

3.3.2.3.7 战略决策（MDDM 法）

依据航运物流生命周期各区域、各生产环节的各维度的各种评价指标的评价结果，应用专家评判法对各区域、各生产环节的各维度和各层级（hierarchy）进行评价，得出各区域、各生产环节的各维度各层级的评价结果，以及各区域和各生产环节各个维度（环境维）的整体评价结论（母容，2013；张珞平等，2014）。

构建由决策维（决策备选方案，此处为航运物流的生产环节）和环境维分别组成的决策矩阵，再运用 MDDM 决策模型，采用专家评判法根据综合评价结论评判各决策备选方案与各个环境维之间的相互影响及其相关关系，得出专家的综合决策评判结果。最后综合各个专家的评判结果形成航运物流绿色战略规划的决策结果（张珞平等，2014）。

3.3.2.3.8 绿色战略规划

若发现明显不符合绿色发展要求（未能维护自然生态系统的内在价值）或处于行业落后水平的环节及其维度，则无法满足航运物流绿色战略规划的要求，不予通过；若属于绿色发展，则根据战略决策结果所发现的问题进行绿色战略规划。

3.3.2.3.9 持续改进

运用 ISO 14000 的 EMS 理念，坚持循序渐进、持续改进原则，制定航运物流绿色发展的持续改进指标和方法，完善航运物流绿色战略规划的绿色发展目标，推动航运物流产业持续迈向绿色发展。

整体上，航运物流绿色战略规划运用 MDDM 法构建规划的技术路线框架，贯穿航运物流绿色战略规划的技术路线的始终，从维度识别、信息收集、评价到战略决策。运用 MDDM 法进行战略决策，克服现有决策方法的难以适用于所处环境复杂、难定量化、非结构化和非独立性的战略决策的固有局限问题。

该技术路线还结合了 ISO 14000 的 LCA 的思路以及 EMS 的思想，开展航运物流生命周期评价，包括应用远程耦合分析；以价值导向思维为指引，维护自然生态系统的价值，将绿色发展要求贯穿在航运物流生命周期的全过程；并融合 EMS 的循序渐进、持续改进的理念，始终维护自然生态系统的内在价值，最终迈向航运物流业的绿色发展。

3.3.3　航运物流绿色战略规划方法体系的构建

3.3.3.1　决策方法

3.3.3.1.1　决策方法的发展历程

17—20 世纪间，学者开始尝试用数学和统计学方法揭示决策的一般规律（母容，2013）。到 1938 年，Barnard 在其著作《行政的职能》（The Functions of the Executive）中首先引入决策的概念（Barnard，1968）。1961 年，《管理决策的新科学》（The New Science of Management Decision）的发表，首次将行为科学引入决策分析理论，形成了管理科学中的决策学派（Simon，1960）。20 世纪 50 年代开始，公共部门决策逐渐由初始的经验决策走入了科学决策时代（宋锦洲，2007）。60 年代，多准则决策作为规范的决策方法引入决策领域，以目标规划研究和 ELECTRE 方法提出为代表，其后进入快速发展阶段（母容，2013）。到 90 年代联机分析处理（On Line Analytic Processing，OLAP）概念的提出，标志多维数据库和多维分析研究的开始（Codd et al.，1993）。

张珞平等（2014）认为多准则决策法和基于数据的决策法都在准则或指标选取和标准化，权重的确定、评价方法的选择等方面存在难以克服的问题。针对决策环境复杂、影响因素较多、不确定性高，且存在数据缺失问题的非结构化、非独立性的区域综合战略决策，多准则决策法或基于数据的决策方法难以被有效应用，因此一种拥有多维思想的战略决策方法，即多维决策法（Multi-Dimensional Decision Making approach，MDDM 法）能避免多准则决策和基于数据的决策法的固有问题，有效地运用于区域综合战略决策。目前 MDDM 法已被成功地应用于海岸带主体功能区划（母容，2013）、海岸带战略决策的生态风险评价（俞炜炜，2012）、海岸带战略决策的环境风险评价（吴侃侃，2012）、河口区海洋环境监测与评价一体化（叶璐和张珞平，2015）、基于生态系统价值的海岸带战略决策（盛华夏，2014）中。

航运物流绿色战略规划是战略决策。3.1 节和 3.2 节的分析结果表明，仅仅考虑有限维度的航运规划存在严重的思维局限性，无法适应面向航运物流的发展。近年来已有学者意识到应对航运发展进行多维分析（Koufopoulos et al.，2005）。航运物流绿色战略规划应遵循大数据的概念，基于一切与航运相关的所有决策信息进行决策。

3.3.3.1.2　多维决策法（MDDM 法）

MDDM 法，指“在决策过程中考虑所有与决策相关的所有维度，获取各维度可能获得的所有信息数据，分析评价各维度以得出各维度完整、整体和客观的评价结论，然后再综合分析多个维度与决策备选方案的关系，得出综合评价结论，最后优选决策方案”（张珞平等，2014）。

MDDM法的技术路线（张珞平等，2014）如下：

- 识别与决策目标或决策问题相关的所有维度（环境维）；
- 收集各维度可获得的所有指标和数据；
- 采用成熟的、经典的评价方法进行评价（包括现状评价、回顾评价等）；
- 基于所有维度的评价结果和结论，根据某一（或某些）原则（如价值取向、资源定位、SWOT战略分析等）拟定决策备选方案（Alternatives，决策维）；
- 采用专家评判法对各个维度的各种指标的评价结果进行综合评判，得出各个维度各级别/层次的评判结论，以及本维度（环境维）的整体评判结论；
- 构建由环境维和决策备选方案（决策维）分别组成的决策矩阵，通过MDDM关系模式［I，C；R］、采用专家评判法评判各个环境维与各决策备选方案之间的相关关系，得出综合评判结果，作为确定决策方案的依据。

MDDM关系模式［I，C；R］中的I、C、R的概念与取值范围为（张珞平等，2014）：

（1）I（Impact）为“影响”，包括正面和负面影响。若要表达环境维度对决策备选方案的影响，“I”指维度对备选方案的支持程度（正面的影响）或限制作用（负面影响）；若要表达备选决策方案对环境维度的影响，“I”指今后实施备选方案后对各维度的正面影响（有利影响）或负面的影响（有害影响）。I的取值范围为［-3，-2，-1，0，1，2，3］。其中，3、2、1和0分别表示影响的“大”“中”“小”和“没有影响”；“-”用以表示负面影响。由于本项目并非实际意义的战略决策的备选方案，而是航运物流绿色战略决策，因此首先考虑航运物流对各个环境维度的影响；然后考虑各个维度对航运物流的反馈影响（支持或限制作用）。

（2）C（Confidence）为“置信度”（即主观概率），用于衡量专家对所评判的“I”分值的确定程度，取值范围为（0，1］。取值结果须大于0，取值越大则表示置信度越高，当为“1”时则表示绝对的肯定。

（3）R（Relationship）为“关系（或关联性）”，表征环境维度与决策备选方案之间的关系强弱；取值范围［0，1，2，3］，分别表征“没有关系”以及关系的“弱”“中”“强”，只取整数，不取小数。R与区域无关。若专家认为某个环境维度与某决策备选方案的关系强（或某备选方案与某维度的关系较密切），则R=3；若认为关系较弱（或没关系）则R=1（或0）。

将专家的［I，C；R］评判结果列表（分为环境维度对决策备选方案的［I，C；R］评分表和备选方案对环境维度的［I，C；R］评分表；前者为环境维度对备选方案的支持性得分，后者为决策备选方案对维度产生的影响性得分）；在维度对备选方案［I，C；R］评分表中，将专家对每个维度的I，C，R打分值相乘（I×C×R），然后加总该专家的所有维度的评判结果，得到该专家基于所有环境维度的现状和回顾性评价结果对决策备选方案的评判值，表征该专家认为环境对决策备选方案的支持度；同样，在备选方案对各维度的［I，C；R］评分表中，将专家对所有维度的I，C，R打分值相乘（I×C×R）后加总，得到该专家基于备选方案实施后对环境维度影响的评判值，表征该专家认为决策备选方案对环境维度的影响度；将两类［I，C；R］评分表中专家的所有维度对备选方案I×C×R的总和与备选方案对所有维度 I×C×R 的总和再相加，最终得到该专家对备选方案的最终评判值。将所有专家的最终评判值加和，得到各个决策备选方案的得分，并依照得分对决策备选方案进行排序，作为确定决策方案的依据（张珞平等，2014）。专家决策结果的计算可采用以下公式：

$$S_i^j = \frac{\sum_{k=1}^{q} I_{ki}^j \times C_{ki}^j \times R_{ki}^j}{q} \quad (k=1,\ 2,\ \cdots,\ q;\ i=1,\ 2,\ \cdots,\ m;\ j=1,\ 2,\ \cdots,\ n) \tag{3-1}$$

$$S_j^i = \frac{\sum_{k=1}^{q} I_{kj}^i \times C_{kj}^i \times R_{kj}^i}{q} \quad (k=1,\ 2,\ \cdots,\ q;\ i=1,\ 2,\ \cdots,\ m;\ j=1,\ 2,\ \cdots,\ n) \tag{3-2}$$

式中，i 为航运物流的生产环节；m 为生产环节的总数；j 为区域的环境维；n 为环境维度的总数；k 为专家序号；q 为专家总数；S_i^j 为生产环节 i 对环境维度 j 的影响；S_j^i 为环境维度 j 对生产环节 i 的影响（Wu et al.，2014）。

3.3.3.1.3　多维决策法在航运物流绿色战略规划中的运用

1）航运物流绿色战略规划的多维决策法（MDDM 法）评价体系

运用 MDDM 法构建航运物流绿色战略规划的多维决策体系如表 3-2 所示。

表 3-2　MDDM 法的技术路线与多维决策体系

Table 3-2　Approaches of MDDM and Multi-dimensional decision-making

MDDM 法的技术路线（张珞平等，2014）	在航运物流绿色战略规划中
（1）识别决策问题和决策目标，并识别与决策目标或决策问题相关的所有维度（属性集、决策的环境维、分析问题的角度或考虑问题的重要方面）	（1）以绿色发展为目标，以航运物流为对象，以战略决策为手段；识别出与航运物流绿色战略规划相关的所有维度：区位、社会、经济、资源、环境和生态 6 个维度
（2）收集各维度可获得的所有指标（准则、变量）和数据，采用成熟和经典的评价方法进行评价（包括现状评价、回顾评价等），得出维度中各种指标/变量的评价结果	（2）确定航运物流生命周期清单；基于生命周期清单收集航运物流途经的各区域各维度可获得的所有数据资料进行评价（包括现状和回顾性评价），并初步判断该航运物流方案的各个生产环节是否明显不符合绿色发展目标（维护自然生态系统的内在价值），若是，则终止
（3）基于所有维度的评价结果和结论（现状评价、回顾评价、预测分析、问题及其产生原因分析等），根据一定的原则（如价值导向或资源定位）拟定决策备选方案（Alternatives，决策维）	（3）采用经济学、社会学和自然科学评价方法开展各生产环节各个维度各指标的评价（包括远程耦合分析），得出物流生命周期各生产环节对各维度各指标的影响，适当考虑该航运物流生命周期前端和后端的绿色发展实践和努力
（4）通过专家评判对各维度各指标的评价结果进行综合评价，得出各维度各级别或各层次的评判结论，以及该维度的整体评价结论	（4）基于（2）和（3）的评价结果，运用专家评判法对各区域、各生产环节各维度各层级进行综合评价，得出各区域、各生产环节各维度各层级的评价结果，以及该区域、该生产环节的整体评价结论
（5）构建由环境维和决策维的决策矩阵，利用多属性决策关系模型［I，C；R］通过专家评判法评判各维度（环境维）与各备选方案（决策维）之间的相关关系，得出综合评判结果作为确定决策方案的依据	（5）运用决策矩阵［I，C；R］，通过专家评判，评价航运物流各生产环节（决策维）与各区域（环境维）之间的相关关系，得出综合评判结果作为确定规划方案的依据；进行绿色战略规划，并参考 EMS 提出持续改进的决策方案

MDDM 法应用于航运物流绿色战略规划的优点如下：①从多维视角进行综合决策。仅考虑环境、社会和经济有限维度以期实现永续发展的解耦方式已经被质疑（克莱夫·庞廷，2002；Magee et al.，2013）。多维分析摆脱了传统决策存在的固有思维局限，涵盖所有与决策相关的维度，提高决策的有效性，避免决策失误。②收集可获得的所有数据，体现大数据概念，保障决策的可靠性。③克服多准则决策法存在的一系列固有的问题，支持非结构化和非独立性的区域性综合战略决策，提高决策的科学性。

2）航运物流绿色战略规划多维决策法的评价内容

社会、经济、资源、区位、生态和环境 6 个环境维度涵盖了航运物流绿色发展战略决策的主要维度。其中，社会（society）和经济（economy）维度代表了人类生态系统的社会和经济子系统；资源（resource）既包括自然资源，也含有部分人文社会资源，是区域发展的基础，限制着区域的发展类型和发展方向（盛华夏，2014）；区位（location）指一种空间布局状态，是一类特殊的经济资源，是任何经济活动所必须依存的基础（母容，2013）；生态（ecology）指除人类以外的生命系统；环境（environment）指非生命系统，包括大气、水（海水、淡水）、土壤等；环境和生态维度代表了自然生态系统，是人类赖以生存和发展的不可或缺的基础。各个维度均存在一定的风险，应予以考虑。

社会、经济、资源、区位、生态和环境 6 个环境维度的评价要素及其指标包含但不限于以下内容（表 3-3）。

表 3-3　各环境维度评价内容

Table 3-3　Evaluation contents in all dimensions

维度	评价要素	评价内容/指标
区位	自然区位	地理位置、地形、地貌、地质、气候、水文、土壤、地下水等自然属性和特点及其与周边区域的比较
	资源区位	当地资源属性（包括资源结构、特色资源、主导资源、优势资源、约束资源、敏感资源等）和特点及其与周边区域的比较
	生态区位	生态属性（结构、功能、过程等）和特点及其与周边区域的比较
	社会区位	社会属性和特点及其与周边区域的比较
	经济区位	经济属性、地位和特点及其与周边区域的比较
社会	政治文明	政策、法规、宗教、伦理道德、社会活动、公众参与、社会治安、社会保障
	人口家庭	人口、人口密度、外来人口比例、劳动力、就业、失业、人均收入、家庭收入、基尼指数、人均消费、家庭消费、物价指数、居住环境
	文化艺术	文化生活、语言、传统文化、历史人文、文化艺术生活
	新闻传播	信息公开程度、媒体发达程度、新闻的环境题材、传播效果
	医疗卫生	医疗设施、卫生状况、人群健康、疾病发生
	教育科技	教育投入、教育资源、科研投入、科研产出
	行政管理	管理制度、管理体制、管理绩效、管理成果
	基础设施	交通、商业服务、娱乐休闲、信息通信、园林绿化、供水供电供气、邮电等

续表

维度	评价要素	评价内容/指标
经济	产业结构	三产比例、工业产值、第三产业产值、外商投资、对外投资、运输业产值、环保产业比重
	经济实力	GDP 总量、GDP 增长率、人均 GDP、人均 GDP 增长率、工业总产值、工业产值增长率
	固定资产投资	固定资产投资总额、新增固定资产投资、交通固定资产投资额、交通固定资产投资新增生产能力
	贸易物流	货物进出口总额、货运量（吞吐量）、货运周转率、商品零售总额
	财政税务	财政收入、财政赤字、税收收入、税费
	金融保险	存款/贷款规模、存款/贷款比、资金流动、保险金额、赔款、偿付能力、保费运用
资源	自然资源	土地资源、水资源、气候资源、森林资源、矿产资源、能源、空间资源、生物资源、珍稀濒危动植物资源、环境资源
	人文资源	文化资源、人力资源、交通资源、财力资源、科技资源、旅游资源、信息资源
环境	水环境	（1）地表水质（包括水温（℃）、pH、溶解氧、高锰酸盐指数、化学需氧量（COD）、五日生化需氧量（BOD_5）、氨氮（NH_3-N）、总磷、总氮、铜、锌、氟化物、硒、砷、汞、镉、铬（六价）、铅、氰化物、挥发酚、石油类、阴离子表面活性剂、硫化物 、粪大肠菌群等） （2）海水水质（包括漂浮物质，色、臭、味，悬浮物质，大肠菌群，类大肠菌群，病原体，水温（℃），pH，溶解氧，化学需氧量（COD），生化需氧量（BOD_5），无机氮（以 N 计）、非离子氨（以 N 计）、活性磷酸盐（以 P 计）、汞、镉、铅、六价铬、总铬、砷、铜、锌、硒、镍、氰化物、硫化物（以 S 计）、挥发性酚、石油类、六六六、滴滴涕、马拉硫磷、甲基对硫磷、苯并［a］芘（μg/L）、阴离子表面活性剂（以 LAS 计）、＊放射性核素（Bq/L）等） （3）地下水水质（包括色、嗅和味、浑浊度、肉眼可见物、pH、总硬度（以 $CaCO_3$ 计）、溶解性总固体、硫酸盐、氯化物、铁、锰 、铜 、锌、钼、钴、挥发性酚类（以苯酚计）、阴离子合成洗涤剂、高锰酸盐指数、硝酸盐（以 N 计）、亚硝酸盐（以 N 计）、氨氮（以 NH_4计）、氟化物、碘化物、氰化物、汞、砷、硒、镉、六价铬、铅、铍、钡、滴滴涕、六六六、总大肠菌群、细菌总数、总 α 放射性、总 β 放射性等） （4）水动力条件
	大气环境	（1）空气环境质量（包括 SO_2、NO_2、NO、O_3、PM_{10}、$PM_{2.5}$、总悬浮颗粒物（TSP）、NO_X、铅、苯并［a］芘等）；（2）大气扩散条件
	声环境	环境噪声等效声级、声环境超标率
	固体废物	生活垃圾、建筑垃圾、一般工业固体废弃物、危险废物、固废管理及处置
	土壤环境	土壤环境质量（包括镉、汞、砷（水田、旱地）、铜（农田等、果园）、铅、铬（水田、旱地）、锌、镍、六六六、滴滴涕等）
生态	陆域生态系统	城市生态系统、农业生态系统、森林生态系统、湿地生态系统：生态系统健康、生物多样性、栖息地环境、植被覆盖、物种入侵
	水域生态系统	淡水生态系统、海洋生态系统、海岸生态系统：生态系统健康、生物多样性、栖息地环境、物种入侵
	敏感生物生态	法定保护动植物、自然保护区、珍稀濒危动植物、地方特有动植物

3）航运物流绿色战略规划多维决策法的评价方法

根据 MDDM 法的评价方法（张珞平等，2014）拟定航运物流绿色战略规划的评价方法如下。

（1）数据收集及其基础评价：收集各维度与航运物流生命周期，与绿色战略规划相关的、可获得的各个维度的所有指标（准则、变量）和数据，采用成熟的、经典的评价方法进行评价（包括现状评价、回顾评价、预测分析等），得出航运物流生命周期途经的各个区域各个维度的各种指标/变量的评价结果。

（2）决策方案的初步判断：基于各区域所有维度的评价结果和结论（现状评价、回顾评价、预测分析、问题及其产生原因分析等），根据现有的航运物流方案（决策方案（Alternatives，决策维）），遵循某一（或某些）原则（如价值取向、资源定位、绿色发展目标分析（维护自然生态系统的内在价值）等）初步分析现有航运物流方案（决策方案）的各个生产环节是否符合绿色发展目标。如果该航运物流方案的某个环节严重违背绿色发展目标（或在当前的航运物流产业中处于较落后的技术水平，明显不符合绿色发展目标），则可判定该物流方案不符合绿色发展目标，不能通过绿色发展规划的评价，规划终止，必须整改后重新评价。若该航运物流方案的各个生产环节基本能符合绿色发展目标（或处于当前航运物流的中上水平），则可进入下一层次的评价（航运物流的生命周期综合评价）。

（3）生命周期评价：采用专家评判法对航运物流生命周期中的各个生产环节的各个维度的各种指标的评价结果进行综合评判，得出各生产环节各个维度各级别/各层次的评判结论，以及本生产环节的整体评判结论。

（4）MDDM 分析：构建由现有航运物流方案（决策维）各个生产环节与各个区域各维度（环境维）分别组成的决策矩阵，通过 MDDM 关系模式［I，C；R］（分别代表“影响”，“置信度”和“相关关系”）、采用专家评判法评判现有方案的生命周期各个生产环节与各个环境维之间的相互影响及其相关关系，并得出综合评判结果作为确定决策方案的依据。

在 MDDM 法的评价中，航运物流生命周期各生产环节（决策维）对各区域（环境维）的影响作用（正向作用）以及各区域（环境维）对航运物流各环节（决策维）的影响作用（反馈作用）中，决策模型［I，C；R］的“I”分别指航运物流各生产环节对各区域（环境维）的影响程度（包括正面影响或负面影响）或各区域（环境维）对航运物流各生产环节的反馈影响程度（包括正面影响或负面影响）。I 的取值范围为｛-3，-2，-1，0，1，2，3｝。3、2、1、0 分别表示影响的“大”“中”“小”“没有影响”，“-”表示负面影响。C 为“置信度”（主观概率），用于衡量专家对所评判的“I”分值的主观确定程度，取值范围为（0，1］，取值结果须大于 0，当取值越大则置信度越高，当取值为“1”时，则表示绝对肯定。R 为“关系”，表征决策维（航运物流各个生产环节）与环境维（各个区域各维度）的关系强弱（反之亦然）。取值范围｛0，1，2，3｝，1、2、3 分别表征关系的“弱”“中”“强”，0 表示没有关系；只取整数，不取小数。若您认为某航运物流生产环节对区域的影响较大（或较重要）或某区域对航运物流该生产环节的影响较大（或较重要）则取分高，反之取分低。

通过专家打分，分别得出航运物流生命周期各生产环节对各区域（环境维）的影响作用（正向作用）的［I，C；R］评分表，以及各区域（环境维）对航运物流生命周期各生产环节的影响作用（反馈作用）的［I，C；R］评分表；将专家对各个生产环节与每个维度的 I，C，R 打分值相乘（I×C×R），加和每个表的结果，并将两个表的结果加和，得到该专家对航运物流生命周期该生产环节与所有维度的评判值（包括正向作用和反馈作用），分别表征该专家对航运物流该生产环节的综合评价结果。

将各个专家对该生产环节的评判结果进行综合式（3-1）和式（3-2），以此表征所有专家对航运物流该生产环节的最终评判结果以及该生产环节的绿色评判结果，得到该航运物流基于生命周期的战略决策（航运规划）专家评判结果及其绿色评判结果。

3.3.3.2　评价与评估方法

3.3.3.2.1　经济学评价方法

从原理上看，西方公共项目经济评价的主要方法就是费用-效益分析方法（Cost-Benefit Analysis，CBA）（王红岩，2007），可归为两大类：第一类主张直接采用市场价格进行费用-效益分析，如净增值法（Net Value Added，EM 法）（刘志东和徐淼，2007）；第二类主张通过价格调整，如使用影子价格或调整价格进行项目的成本、效益计算，如 OECD 法（L-M 法）、UNIDO 法、S-Vt 法、UNIDO-IDCAS 法等（王红岩，2007）。

本研究首先考虑中国航运物流的绿色发展，因而优先采用适合于发展中国家特点的 OECD 法（L-M 法）、UNIDO 法和 S-Vt 法提出的我国建设项目经济评价的方法和参数开展经济评价，主要包括财务评价和国民经济评价两部分（国家发展改革委和建设部，2006）。

3.3.3.2.2　社会学评价方法

第 2 章的文献综述已经证实专家评判法是航运规划的一种有效决策方法，且公众参与既是永续发展的基础和必要条件（WCED，1987），又是战略决策成功的必要条件（Schwenk，1988）。因而，本研究运用公众参与和专家评判法的社会学评价方法，通过文献检索、问卷调查、专家访谈法和统计分析法等形式（母容，2013），针对多维决策体系中的社会维度内容开展航运物流生命周期的社会维度评价。

3.3.3.2.3　环境评价方法

1）回顾性评价方法

战略规划具有综合性和高不确定性，难以识别及定量预测战略决策的环境影响，特别是累积效应。回顾性评价可以帮助识别所产生的各种影响，以探究环境问题产生的潜在根源和机制，并定量地评价已造成的效应（尤其是累积效应），辅助决策（黄葳，2008）。

黄葳（2008）前瞻性地针对政策、计划、规划及具体建设项目开展了回顾性评价（Retrospective Assessment）研究，将其定义为“以生态系统管理为原则，在已选定的评价范围内，针对过去和当前的人类活动（或某一类型的开发活动）对该区域已经造成的各种影响（包括累积性影响）的回顾的定量或定性评价”。其评价步骤包括：确定政策、规划或计划（Policies，Plans and Programs）的类型（战略决策的性质、层次和时间跨度）；确定评价对象（特定类型的开发活动）；确定评价范围（空间边界）；确定评价时段（时间边界）；确定评价内容（包括历史人类活动、自然动力环境、环境质量、生态、资源、社会经济文化、风险、环境经济损益分析、公众参与、跨境影响和全球性问题等）；确定评价重点（包括影响的效应（特别是累积效应）、演变趋势、因果关系），以及这些内容的定量结果（黄葳，2008）。

本研究拟将回顾性评价的方法应用于各个维度，以提高决策的可靠性和有效性。本研究运用回顾性评价方法评价航运物流的每个环节/每个步骤近年来在经济、社会、资源、区位、生态和环境维度的效应、趋势、因果关系和累积影响及其绿色发展的实践和努力。

2）环境影响评价方法

环境影响评价（Environmental Impact Assessment，EIA）是各国政府保护环境的重要手段，为永续发展的决策提供科学依据。不同的国家有其不同环境影响评价制度，对于存在国家间跨界情形的环境影响评价通常以国际条约做参考，仍采取国内环境影响评价程序实施（宋欣，2011）。

1979 年颁布的《中华人民共和国环境保护法（试行）》标志着我国环境影响评价制度的正式确立。2003 年 9 月 1 日实施的《中华人民共和国环境影响评价法》标志着我国环境影响评价趋于完善。该法将环境影响评价（EIA）定义为："对规划和建设项目实施后可能造成的环境影响进行分析、预测和评估，提出预防或者减轻不良环境影响的对策和措施，进行跟踪监测的方法与制度"（中华人民共和国环境保护部，2016）。

本研究依据我国环境影响评价技术导则总纲，污染源源强核算技术指南，大气、地表水、地下水、声环境、生态等环境要素环境影响评价技术导则，环境风险评价、人群健康风险评价、固体废物等专题环境影响评价技术导则和交通行业（公路、铁路）建设项目环境影响评价技术导则进行航运物流环境影响评价。

环境影响评价一般分为 3 个阶段，调查分析和工作方案制定阶段，分析论证和预测评价阶段，环境影响报告书（表）编制阶段，具体流程如图 3-2 所示。具体方法详见总纲、相关技术指南和技术导则，包括《规划环境影响评价技术导则　总纲》（HJ130-2014）、《建设项目环境影响评价技术导则　总纲》（HJ2.1-2016）、《环境影响评价技术导则　大气环境》（HJ2.2-2008）、《环境影响评价技术导则　地面水环境》（HJ/T2.3-93）、《环境影响评价技术导则　声环境》（HJ2.4-2009）、《环境影响评价技术导则　地下水环境》（HJ610-2016）、《环境影响评价技术导则　生态影响》（HJ19-2011）和《固体废物处理处置工程技术导则》（HJ2035-2013），及《环境影响评价技术导则　公路建设项目》、《环境影响评价技术导则　人体健康》、《环境影响评价技术导则　铁路》和《污染源源强核算技术指南　准则》的征求意见稿（中华人民共和国环境保护部，2008c；中华人民共和国环境保护部，2008d；中华人民共和国环境保护部，2008e；中华人民共和国环境保护部，2017）等。

3）战略环境评价方法

战略环境评价的发展和应用

决策的失误远比项目的失误造成的后果要严重得多。如何避免决策失误所产生的环境影响，达到永续发展，战略环境评价（Strategic Environmental Assessment，SEA）已被认为是最为有效的方法和工具之一（张珞平等，2004）。SEA 是对政策、规划或计划及其替代

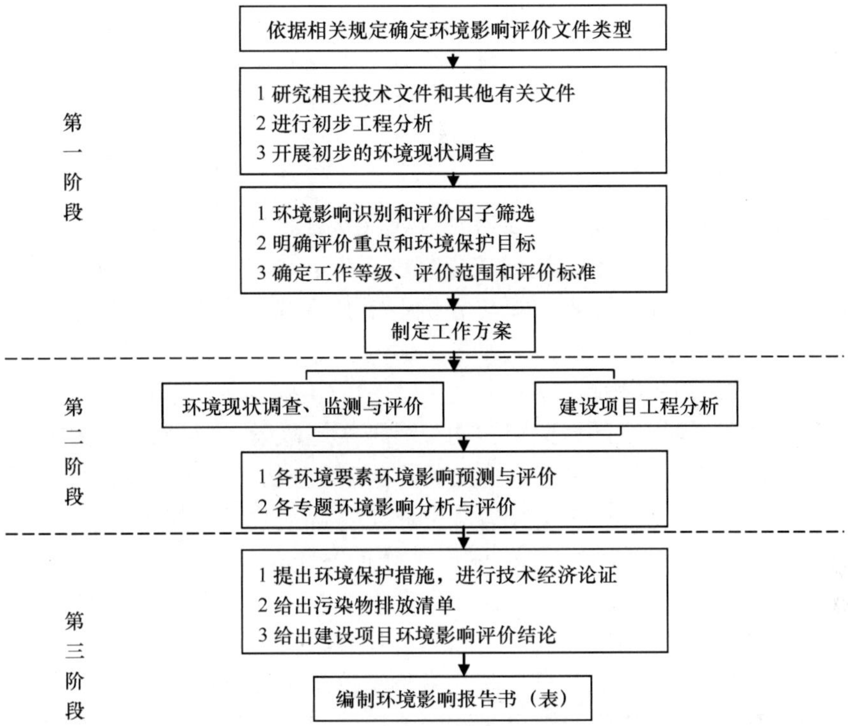

图 3-2　建设项目环境影响评价的工作程序

（引自《建设项目环境影响评价技术导则 总纲》（HJ2. 1-2016））

Fig. 3-5　Procedures of Environmental Impact Assessment for Construction Project

方案的环境影响进行规范、系统、综合地评价的过程（陈彬，2002；张珞平等，2004）。

从 20 世纪 80 年代开始，许多发达的欧美国家已开始尝试交通 SEA 的研究和实践，如 1978 年美国环境质量委员会（Council of Environmental Quality，USCEQ）公布《SEA 导则》指导交通行业开展战略环境评价；欧盟于 1993 年对欧洲高速铁路网进行了 SEA；丹麦于 1998 年对 Odense-Svendborg 高速公路进行了交通走廊的 SEA；瑞典公路管理部门于 1996 年开始在其 4 年行动、财政计划和 2015 远期规划中应用 SEA；挪威公路交通规划于 1997 进行了 SEA；法国 1994 年进行了 A7/A9 高速路建设 SEA 等（陈冲，2009）。

欧盟总结了交通领域实施 SEA 的主要经验，包括：①充分理解战略层次的环境影响；②信息共享、咨询和公众参与是交通 SEA 的必要步骤；③范围界定是 SEA 最关键的阶段，关系到 SEA 的目标、指标、备选方案的初步想法和数据的有效性，应综合必要性和有效性考虑；④运用专家评判确定具有永续性的备选方案；⑤强调潜在的影响，增强透明性；⑥对后续的项目环境影响评价产生积极效应（Bina and Vingoe，2000；Bina，2001）。

2003 年 9 月 1 日，我国实施的《中华人民共和国环境影响评价法》要求对规划和建设项目实施后可能造成的环境影响进行分析、预测和评估，提出预防或者减轻不良环境影响的对策和措施，进行跟踪监测的方法与制度（中华人民共和国环境保护部，2016）。规划环境影响评价是规划层次上的环境影响评价，是 SEA 的一种类型。《中华人民共和国环境影响评价法》（2016）明确规定，国务院有关部门、设区的市级以上地方人民政府及其有关部门，对其组织编制的工业、农业、畜牧业、林业、能源、水利、交通、城市建设、旅游、自然资源开发的有关专项规划，应当在该专项规划草案上报审批前，组织进行环境影响评价，并向审批该专项规划的机关提出环境影响报告书（中华人民共和国环境保护部，2016）。

战略环境评价方法

SEA 的评价内容包括：①政策、规划或计划及其目的描述；②环保法规及环境与资源现状的描述；③与其他相关政策、规划或计划的关系；④政策、规划或计划的环境后果；⑤减轻措施和替代方案；⑥环境经济损益分析；⑦公众参与；⑧监测和监视计划（陈彬，2002）。

SEA 采纳政策和规划的原理，采用自上而下法（Top-down），主要程序包括：①环境影响预审核：在政策、规划或计划拟定初期，分析实施政策、规划或计划的直接和间接结果，若环境影响不确定或风险性高，则应进行详细的分析；若未发现潜在或重大环境问题，则不必做进一步分析。②SEA 工作方案的制定：包括政策、规划或计划的分析，评价范围和标准的确定，评价内容和方法，评价工作的分工及工作进度等。③SEA 工作的实施，包括调查和收集评价信息，提出环保原则性框架意见，分析环境影响，政策、规划或计划的可持续性分析，减轻环境影响的措施和替代方案，以及环境经济损益分析。④公众参与。⑤SEA 结果采纳：SEA 应及早介入，并将评价结果及时传递给战略决策者，整个战略制定过程中必须考虑环境评价的结果。⑥评价后的跟进工作：包括环境影响后评估、环境监测与审计及项目实施的环境管理措施等（陈彬，2002）。

最常用的 SEA 技术方法有：①描述性的技术方法，如指标、检查清单、影响矩阵和影响三角；②分析性的技术方法，如影响树/因果树或网络图、多标准/成本收益分析、覆盖制图、SWOT 分析、预测和回溯模型；③参与性的技术方法，如走访、研讨会和专家调研（王玉振和金辰欣，2011）。

中华人民共和国环境保护部于 2014 年相应地公布了《规划环境影响评价技术导则总纲》（HJ130-2014）指导规划环境影响评价工作，具体流程如图 3-3 所示，具体方法详见《规划环境影响评价技术导则总纲》（HJ130-2014）。

3.3.3.2.4 风险评价方法

风险指“在一定时间产生有害事件的概率与有害事件后果或严重性的乘积”（United States National Research Council，1994）。与建设项目相比，政策和规划等决策过程对环境的影响更广、更久，而且影响发生之后更难处置（俞炜炜，2012），因此，有必要进行航运物流绿色战略规划的风险研究。风险评价已经成为风险管理者和公众为保护公众健康和环境的主要公共政策工具（United States National Research Council，2009）。

1）经济风险评价方法

与经济维度的成本效益评价一样，依据我国《建设项目经济评价方法与参数》（2016）（国家发展改革委和建设部，2006）开展经济风险评价。经济风险评价的技术路线包括风险因素分析、风险识别、风险估计、风险评价和风险应对（国家发展改革委和建设部，2006）。常用的风险分析方法包括：专家调查法、层析分析法、概率树、CIM 模型及蒙特卡罗模拟等分析方法（国家发展改革委和建设部，2006）。

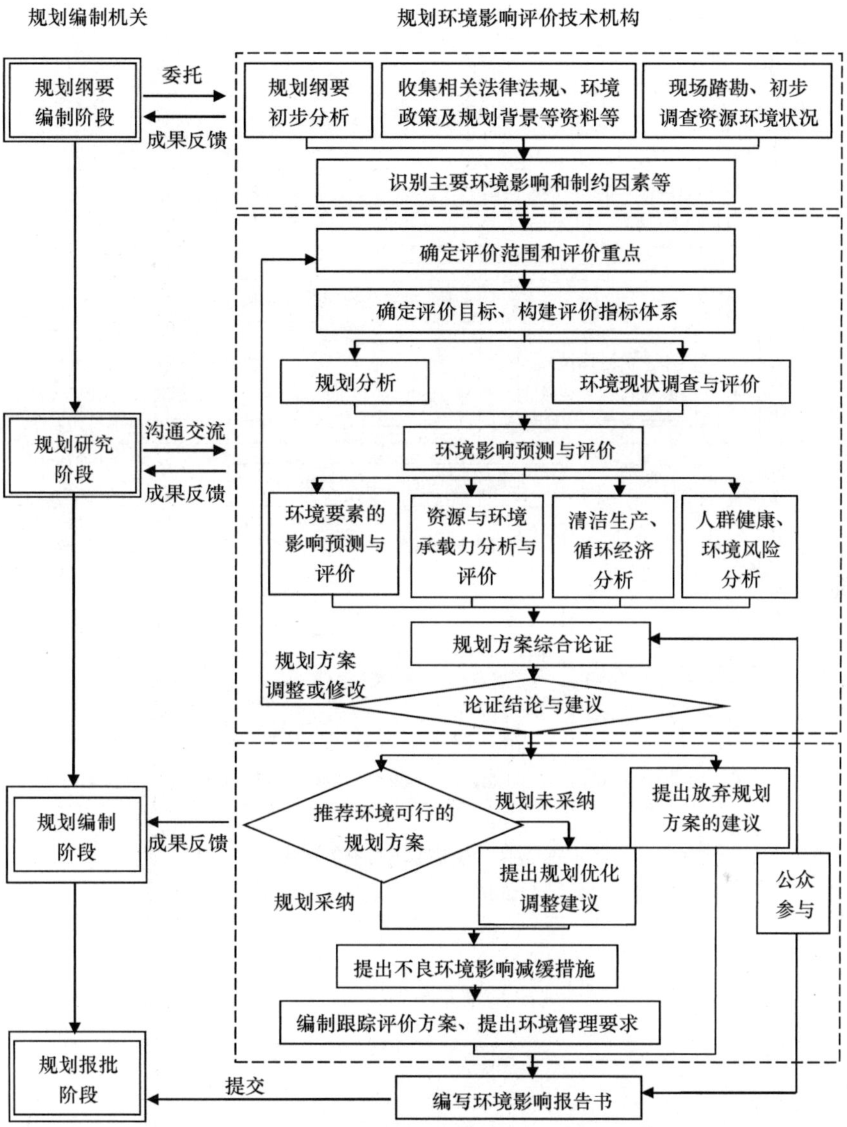

图 3-3　规划环境影响评价的工作程序

Fig. 3-3　Procedures of Plan Environmental Impact Assessment

2）生态风险评价方法

生态风险，是指“一个种群、生态系统或整个景观的正常功能受外界因素或压力因子的胁迫，从而在目前和将来减小该系统内部某些要素或其本身的健康、生产力、遗传结构、经济价值和美学价值的可能性”（俞炜炜，2012）。此外，中国水利部颁布《生态风险评价导则》（SL/Z467-2009），将生态风险评价定义为，“评价生态系统暴露于一种或多种胁迫因子时不利效应发生的可能性”。

战略决策的生态风险评价的技术路线如图 3-4 所示（俞炜炜，2012）；评价方法如表 3-4 所示（俞炜炜，2012）。

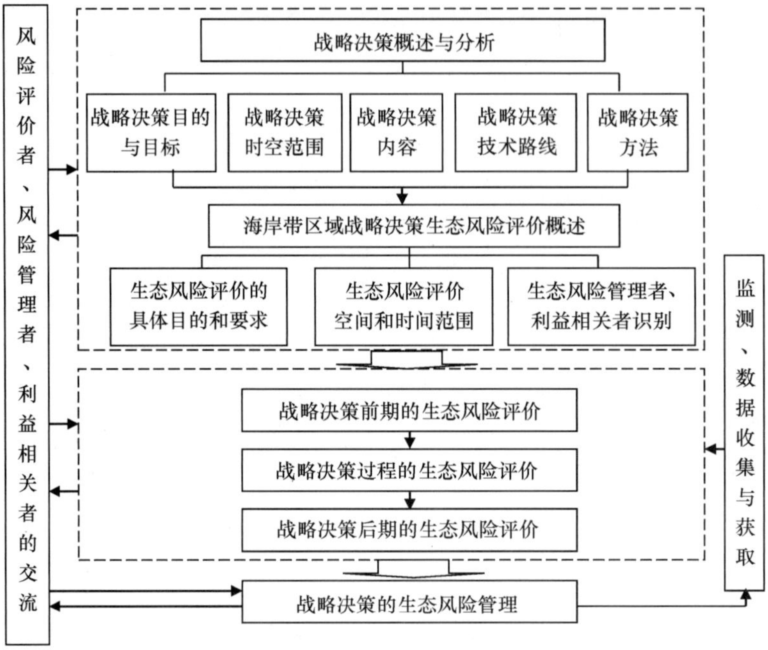

图 3-4 战略决策生态风险评价框架

Fig. 3-4 General framework of ecological risk assessment for strategic decision making

表 3-4 生态风险评价方法

Table 3-4 Methods of ecological risk assessment

风险评价阶段	评价方法
决策前期生态风险评价	定性与定量相结合的回顾和现状分析法（包括定性描述、统计分析法等）、专家评判法
决策过程生态风险评价	多准则决策法 VS 多维决策法
决策后期生态风险评价	相对风险评价模型法

3）环境风险评价方法

环境风险，是指“由自然原因和人类活动引起的极端事件对人类健康、生活条件、各种环境介质（水、土壤、大气及气候）、植被、生物多样性、群落结构、建筑、城市景观、文化遗产等产生不利影响的概率及其后果”（Wessberg et al.，2008）。此外，中华人民共和国环境保护部颁布的《建设项目环境风险评价技术导则》（HJ/T169-2004）将环境风险定义为，“突发性事故对环境（或健康）的危害程度，用风险值 R 表征，其定义为事故发生概率 P 与事故造成的环境（或健康）后果 C 的乘积，用 R 表示，即：R［危害/单位时间］=P［事故/单位时间］×C［危害/事故］”。

战略决策环境风险评价的技术路线如图 3-5 所示，评价方法如表 3-5 所示（吴侃侃，2012）。

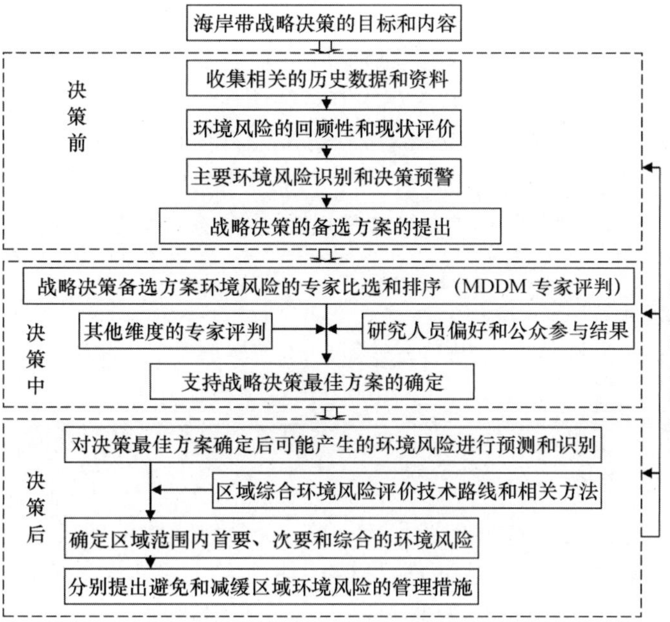

图 3-5　战略决策环境风险评价技术路线

Fig. 3-5　Approach of environmental risk assessment for strategic decision making

表 3-5　战略决策环境风险评价的方法

Table 3-5　Methods of environmental risk assessment in strategic decision-making

风险评价阶段	评价内容与目的	适用的评价方法及其应用阶段
决策前环境风险评价	对区域环境风险进行回顾性和现状评价，识别与判断出主要的风险源和风险等级，支持战略决策备选方案的形成	回顾性和现状评价和专家评判法（战略决策风险识别与预警阶段）
决策中环境风险评价	对备选方案可能引起的环境风险进行评价，即对备选方案进行风险排序，从环境风险角度识别出最佳的方案，支持战略决策优选方案的确定	（1）情景分析法（战略决策备选方案的风险识别阶段，数据不足时，要结合相关回顾性和现状评价、专家评判的结果） （2）基于多准则决策分析的比较风险评价或基于专家评判的多维决策法（战略决策备选方案风险分析支持战略决策优选方案形成阶段）
服务于管理决策的环境风险评价	对战略决策优选方案进行详细的风险评价，识别研究区域内首要和次要的环境风险，为环境风险管理提供依据	（1）结合回顾性和现状评价结果以及专家评判法用于战略决策优选方案风险的预测性识别 （2）事故风险的预测分析和表征——概率统计分法（数据充分时）、类比分析和专家评判（数据缺乏时）、风险矩阵法 （3）自然灾害风险的预测分析和表征——概率统计分析法（数据充分时）、专家评判法和类比分析（数据缺乏时）、风险矩阵法 （4）区域综合环境风险的分析和表征——综合风险指数法（区域内一些评价指标无法无权定量时，结合专家评判和层次分析法）、风险矩阵法

4）社会风险评价方法

本研究参考《ISO 31000 风险管理：原则和指南》（ISO 31000：Risk management-Principles and guidelines）（ISO，2009）和《ISO/IEC 31010 风险管理：风险评估技术》（ISO/IEC 31010：Risk management-Risk assessment techniques）（ISO and IEC，2009）及其对应的国家标准《风险管理 原则与实施指南（GB/T 24353-2009）》和《风险管理-风险评估技术（GB/T 27921-2011）》开展社会维度的风险评价，主要步骤包括风险识别、风险分析和风险评定。

5）区位和资源风险评价方法

区位和资源维度在某种程度上也具有一定的社会学属性，可以参照社会学风险评价的方法。

部分实物资源可以用市场价格法来评价，参照经济风险评价的方法。

3.3.3.2.5 资源与环境价值评估方法

为了维护自然生态系统的内在价值不被减损，保障航运物流业的永续发展，本研究运用生态系统服务价值评估和生态系统内在价值评估的方法评估航运物流生命周期各环节、各维度的影响损益价值。将价值作为通用语言，有效促进区位、社会、经济、资源、生态、环境等不同维度信息的沟通交流、增强决策间的连通性，提高决策的科学性和有效性；且以价值为导向思维进行决策，能够识别潜在的决策机会、发现隐藏的目标并有利于定性目标的表达，而不是仅仅在备选方案中选择最优方案（Keeney，1992）。

服务价值评估方法

生态系统服务价值评估自 1997 年由 Costanza 等确立（Costanza et al.，1997）以来，被认为是连接生态学、经济学和社会科学的桥梁，得到广泛应用，以支持环境决策，避免环境失误（Burkhard et al.，2010）。

生态系统服务价值评估方法大体上分为 3 类：市场价值法、替代市场法和假想市场法（彭本荣和洪华生，2006）。前两者指直接或间接地根据市场交易数据进行价值评估的方法，包括市场价格法、生产率变动法、疾病成本法与人力资本法、机会成本法、防护费用法、恢复费用法、影子工程法和收益转移法等。当缺乏真实的市场数据，甚至无法通过间接地观察市场行为来赋予环境资源与价值时，建立一个假想的市场，通过调查的形式得出人们的支付意愿或接受赔偿意愿，包括或然价值法、群体价值评估法和实验市场法（彭本荣和洪华生，2006；王萱，2011；沈满洪，2015）。

（1）市场价格法。市场价格法是用来估价可在市场上进行买卖的生态系统产品和服务的价值（彭本荣和洪华生，2006）。该方法基于消费者在不同的市场价格下所购买的服务的数量以及生产者所供给的服务数量，来估算消费者剩余和生产者剩余，生态系统服务的经济价值是两者之和（彭本荣和洪华生，2006）。或者先定量评价某种生态系统服务的效果，再依据市场价格来评估它的经济价值（王萱，2011）。

（2）生产率（力）变动法。生产率变动法是指利用生产率变动来估算环境变化的影响结果（沈满洪，2015）。也可看做环境资产的生产率下降，在初始投入不变的条件下产出量下降，通过减少的产出量的市场价值来估算环境损害的价值（沈满洪，2015）。生产力变动法是通过评估生态系统服务对最终市场交易的产品和服务的贡献来评估生态系统服务的价值（彭本荣和洪华生，2006）。一般包括 3 个步骤：建立生产方程、估计生产率的变化与生态系统服务变化之间的关系和估算生态系统服务的价值（彭本荣和洪华生，2006）。

（3）疾病成本法与人力资本法。沈满洪（2015）认为疾病成本法与人力资本法是用来评估环境状况变化对人类健康影响的造成的损失，包括：过早死亡、疾病、医疗、费用增加、病休收入损失、精神或心理代价等。疾病成本法以损害函数为基础，需计算所有由疾病引起的成本或收入损失（沈满洪 2015）。王萱（2011）认为疾病成本法常用于评估因环境污染引起的疾病的成本，包括疾病消耗的时间和资源，计算公式为：

$$I = \sum_{i=1}^{n} (L_i + M_i), \tag{3-3}$$

式中，I 为由于环境质量变化所导致的疾病损失成本；L_i 为第 i 类人由于生病不能工作所带来的人均国民收入损失，其中国民收入是指物质生产部门劳动者在一定时期所创造的价值，即从社会总产值中扣除物质消耗后的剩余部分就是国民收入；M_i 为第 i 类人的医疗费用，如门诊费、医药费、治疗费等。人力资本法评价的是在不同的环境质量条件下，人因为发病或死亡造成对社会贡献的差异，以此作为环境污染对人体健康影响的经济损失（王萱，2011）。

（4）机会成本法。把资源投入某一用途后所放弃的在其他用途中所能够获得的最大效益（王萱，2011；沈满洪，2015）。

（5）防护费用法（防护支出法）。防护费用法或防护支出法，指个人为消除或减少环境的有害影响而承担的费用（王萱，2011）。或由于环境质量的变化而重新安置某一物资设备的地理位置的实际成本来估价环境损失效益，又叫重新选址法（沈满洪，2015）。

（6）恢复费用法（重置成本法）。恢复费用法或重置成本法，即把受到损害的生态系统服务恢复到受损害以前的状况所需要的费用作为生态系统服务损失的最低价值（王萱，2011）。

（7）影子工程法（替代工程法）。影子工程法或替代工程法，即借助于能够提供类似服务的替代工程来表示该生态系统服务的价值（王萱，2011）。

（8）成本避免法。根据生态系统服务的存在所避免的成本（损失）进行评估，或者通过如果没有生态系统服务所发生的成本（损失）进行评估（彭本荣和洪华生，2006）。

（9）旅行费用法。通过人们在所评估的景点旅行花费的时间和金钱的数量来评估这一娱乐景点或者该地点环境质量价值（彭本荣和洪华生，2006）。

（10）资产价值法（内涵资产定价法或享乐价格法）。资产价值法，又称资产内涵定价法或享乐价格法，对生态系统服务的需要可从人们对与这一生态系统服务相关的产品和服务愿意支付的价格反映出来（彭本荣和洪华生，2006）。若引入 GIS（Geographic Information System）技术，特别适用于区域生态系统的资源价值评估（沈满洪，2015）。

（11）收益转移法。一种将生态系统有效的评估结果运用到不同社会经济背景下相同或相似生态系统服务评估中的方法（王萱，2011）。通过从某个情境中得到的估算结果来对另一不同情境中的价值进行计算，适合难以用非市场价值评估法的大尺度区域和行政管辖区（王萱，2011）。

（12）或然价值法。通过调查，直接询问个人对生态系统价值的看法（彭本荣和洪华生，2006）。

（13）群体价值评估法。相对于个体或然价值评估法，基于公众公开讨论进行价值评估（彭本荣和洪华生，2006）。

（14）实验市场法。弥补意愿调查的不足，模拟环境资源市场，获得比较合理、客观的环境资源价值评估结果（沈满洪，2015）。

内在价值评估方法

1）自然生态系统内在价值评价方法的提出

目前应用于生态或环境维度的价值评估方法最常见的是生态系统服务价值评估。但根据本课题组十多年来对生态系统服务价值评估方法的应用，我们发现，任何人类活动所造成的生态系统服务价值的损失仅占人类获得效益的10%左右，无法有效支持环境决策，无法阻挡人类疯狂的开发行为（Zhang et al.，2015）。据此，本课题组认为生态系统服务价值评估有可能低估了生态系统的真实价值，通过生态系统服务价值评估方法得出的生态系统服务价值是人为主观的价值，是对人类的效用价值，而不是生态系统的真实的、客观的价值（徐虹霓，2014；徐虹霓等，2014；Zhang et al.，2015）。

经过3.2节的论证以及3.3.1节本研究的基本原则已经明确，绿色发展是以“非人类中心主义”为理论基础，必须坚持以自然为中心的原则（Odin，1991），自然生态系统具有内在价值（Millennium Ecosystem Assessment，2003；The Economics of Ecosystems and Biodiversity，2010；Zhang et al.，2015），是独立于人类及人类的愿望和偏好而客观存在的价值，是人类赖以生存和发展的价值基础（Zhang et al.，2015）。

本课题组已确立生态系统内在价值的相关理论，并成功开发生态系统内在价值的评估方法（盛华夏，2014；徐虹霓，2014；徐虹霓等，2014；Zhang et al.，2015）。

2）自然生态系统内在价值的评估方法

自然生态系统内在价值评估方法主要包括能值法和Eco-exergy法（盛华夏，2014；徐虹霓，2014；徐虹霓等，2014；Zhang et al.，2015）。

（1）能值法。“能值”是指一种流动或贮存的能量中所包含的另一种类别能量的数量，可以统一用太阳能值换算（Odum，1996）。能值实质就是内含能量（embodied energy），以能值为基准，可以衡量和比较生态系统中不同等级能量的真实价值与贡献（徐虹霓，2014）。能值计算方法如下式所示（盛华夏，2014；Zhang et al.，2015）：

$$E_m = E_n \times \tau，或 E_m = m \times \tau，或 E_m = S_p \times \tau， \tag{3-4}$$

式中，E_m为能值（sej）；对于某种能量；E_n是可用的能量（J）；对于某种物质，m为某物质的质量（g）；对于生物物种，S_p为物种数量；τ为太阳能值转换率，对于可用能量τ的单位为sej/J，对于物质为sej/g，对于物种为sejs/pecies（Odum，1996；Zhang et al.，2015）。

能值可以基于能值货币比率（Emergy money ratio，EMR）实现能值货币化表达如式（3-5）（Odum，1996）：

$$E_m ¥ = \frac{E_m}{EMR}， \tag{3-5}$$

式中，E_m ¥ 为生态系统能值的货币化价值（RMB）；E_m为生态系统的总能值（sej）；EMR

为该生态系统所在区域的能值货币比率（sej/RMB）（盛华夏，2014；Zhang et al.，2015）。

（2）Eco-exergy 法。Eco-exergy 定义为生态系统与同温同压下已处于热力学平衡状态的相同生态系统相比所存储的做功能力（Work capacity）（Jørgensen，2007），计算公式如式（3-6）所示（盛华夏，2014；Zhang et al.，2015）：

$$E_X = E_d \sum_{i=1}^{N} S\beta_i C_i R_i, \tag{3-6}$$

式中，E_X 为某个面积为 S 的区域在给定时间的 Eco-exergy 总量（kJ）；E_d 为单位质量碎屑的自由能（kJ/g），取值 18.7 kJ/g；N 为系统生物种类；S 指生态系统的面积；β_i 为生物相对于碎屑的权重转换因子，是每种生物相当于碎屑物 eco-exergy 的 eco-exergy 含量；C_i 为生物 i 的生物量密度（g/m^2）；R_i 为生物 i 在给定时间的周转率。

与能值类似，通过 Eco-exergy 货币比率可以得到 Eco-exergy 的货币化表达式（3-7）（盛华夏，2014；Zhang et al.，2015）：

$$E_X ¥ = E_X \times EXR \tag{3-7}$$

式中，E_X ¥ 为 Eco-exergy 的货币化价值（RMB）；E_X 为计算所得的区域的 Eco-exergy 总量（KJ）；EXR 为国内生产总值（GNP）与 Eco-exergy 比率（RMB/kJ）。

3）价值评估方法的选择

本研究所涉及的 6 个维度中，经济维度可采用经济学评价方法和经济风险评价方法予以评价。社会维度可采用社会学评价方法和社会风险评价方法予以评价。

生态系统服务价值评估基于现代经济学以及社会学，评估的价值属于对人类的效用价值，具有市场导向性（盛华夏，2014），强调消费者偏好，忽视生态系统内部机制作用（Winkler，2006）。生态系统内在价值评估是在总结现有生态价值理论和评估方法的基础上，意识到生态系统本身的客观价值，即非效用价值（盛华夏，2014）。不随人类的主观意识变化而变化，不以满足人类的需求为核心。生态系统内在价值评估方法真正体现了生态环境系统的客观价值（盛华夏，2014；徐虹霓，2014；徐虹霓等，2014 ；Zhang et al.，2015）。

航运物流绿色战略规划以维护自然生态系统的内在价值为准则，当航运物流生产过程出现较明显的生态和环境维度的影响时，尽可能采用生态系统内在价值评估方法予以评价，以期直接获得生态与环境维度的自然生态系统内在价值，以判别是否遵循绿色发展的目标。

航运物流的资源和区位维度既含有自然的特征，又含有社会属性（人类社会的感知和偏好）和经济属性（部分资源具有市场价格），无法完全采用生态系统内在价值评估方法予以评价，可采用生态系统内在价值评估方法、社会学评价方法、经济学评价方法以及生态系统服务价值评估方法相结合，尽可能体现绿色发展的“自然第一性”，兼顾人类社会的价值观予以评价，确保实现绿色发展的战略目标。

3.3.3.3　ISO 14000 系列标准

ISO 14000 标准作为国际公认的环境管理标准，国际认可度高。2015 年更新的版本更是突出了生命周期思想和战略环境管理（ISO，2015a）。据 ISO 调查数据显示，2014 年中国造船业的ISO 14001发证数量占全部39类行业中的第32名，运输、存储与通信业排第22名（ISO，2014）。ISO 14000标准还未被IMO应用于航运（Panaitescu and Panaitescu，2015），但是，近年越来越多的航运企业将ISO 14000认证作为航运企业的可信度证明（Panaitescu and Panaitescu，2015）。ISO 14000作为航运和造船的战略工具的可行性也得到了论证，特别是生命周期评价（LCA）和环境管理体系（EMS）（Magerholm Fet，1998；Beizadea，2014）。

第1章的分析表明，鉴于海洋运输产业已经从“港到港”的运营模式转变为“门到门”的运输服务（Branch，2007；USDOT，2007），运输服务已经变为物流服务，仅仅考虑航运业本身已经没有任何意义，必须考虑物流的整个过程，即航运物流的全生命周期；并遵循“持续改进”的环境管理理念，才能走向绿色发展。因此，ISO 14000的运用对于航运物流的绿色战略决策显得异常重要。

3.3.3.3.1 生命周期评价（LCA）

1）LCA的概念、方法和进展

生命周期评价（LCA）指对一个产品系统的生命周期中输入、输出及其潜在影响的汇编和评价（ISO，2006）。该生命周期是指产品生命系统的前后衔接的一系列阶段，从自然界或从自然界中获取原材料，直至最终处置。LCA的思路强调从原材料获取、生产、使用、生命末期处理、循环和最终处置（即“从摇篮到坟墓”）的产品生命周期的环境因素和潜在的环境影响（例如资源的使用和废物排放的环境结果）。LCA方法通过目的与范围确定、清单分析、影响评价和解释4个阶段实现（ISO，2006）。

LCA有利于从全生命周期不同点上识别改进环境绩效的机会，并告知行业、政府或非政府机构以辅助决策（ISO，2006），被广泛应用于绿色供应链的碳交易与绿色采购的情景分析（UN，2012）和量化评估政策决策的效益（Plevin et al.，2014）等。基于LCA的一般方法论于21世纪初被应用于航运规划，譬如美国海运管理署2008年加入气候登记机构，开始记录海运碳足迹（USDOT，2015a）。

2012年欧盟发布了环境足迹导则（European Commission，2012b），包括产品环境足迹（Product Environmental Footprint，PEF）和机构环境足迹（Organization Environmental Footprint，OEF），首次提出从生命周期的角度规范化地评估产品和机构的整体环境影响（方恺，2015）。2011—2012年，法国开展产品环境足迹试验，160多家企业完成了数百种产品的评价标准和案例研究，法国议会将讨论下一步的政策措施（王洪涛，2013）。2013年5月30日，欧盟启动了为期3年的PEF试点阶段（王洪涛，2013）。至2013年，欧盟委员会也选取了覆盖广泛行业的10个试点进行OEF方法的适用性测试，未来的3年将进行第二轮试点，重点关注组织的环境足迹行业规则制定（Organisation Environmental Footprint Sector Rules（OEFSRs））（Pelletier et al.，2014）。决策者已经认识到最小化碳足迹或环境足迹是航运企业实现航运可持续发展的方向（Hermann，2015；Mansouri et al.，2015）。

2）LCA在航运物流绿色战略规划中运用的可行性分析

LCA是一种环境管理技术（ISO，2006）。基于过程的LCA是一种自下而上（bottom-up）的分析方法，对数据精度的要求也较高，难以适用于区域及以上尺度足迹研究（方恺，2015）。LCA是一种典型的静态而非动态的方法，排除了与时间有关的信息（陈莎和刘尊文，2014）。LCA 很难开展社会经济与环境综合评价，其清单过程存在分配问题，系统边界选择有局限性，影响评价方法局限，这些问题都决定了 LCA 只能被应用于管理决策层面。

而航运物流绿色战略规划是一个针对处于高不确定性、复杂环境的跨区域航运物流活动的战略性规划，具有长远性和综合性的特征，且是一个非结构化和非独立性的战略决策，显然，LCA 方法并不适用。但是，对于航运物流这个新兴产业，要考虑的是必需经过海运的货物从供应地到接收地的实体流动全过程，这与 LCA 的“从摇篮到坟墓”的思路十分切合。

而多维决策法（MDDM 法）适用于非结构化和非独立性的区域性战略决策，但对于非区域性的、带有行业性质的航运物流业的战略决策却难考虑物流链的各个环节，尚没有成功的应用案例。

对需面向绿色发展战略目标的航运物流绿色战略规划，笔者希望以战略规划为目标，采用 MDDM 的战略决策框架，以“自上而下（Top-down）”的技术路线进行战略决策。根据物流的特点结合 LCA 的思路，以物流各个环节的管理入手，采用“自下而上”的管理环节为基础，以支持宏观的战略决策。结合两者的优势和特点，创建基于管理基础的战略决策方法，确保符合绿色发展的战略决策。

3）LCA 在航运物流绿色战略规划中的运用

依据 LCA 的“从摇篮到坟墓”的思路（ISO，2006），结合航运物流业的特征，参考图 3-6 的国际海运物流链的思路（庄佩君，2014），构建航运物流的生命周期，即必需经过海运的货物从货物生产和仓储，经供应地至接收地的实体流动（运输），直至接收地仓储全过程（图 3-7）。

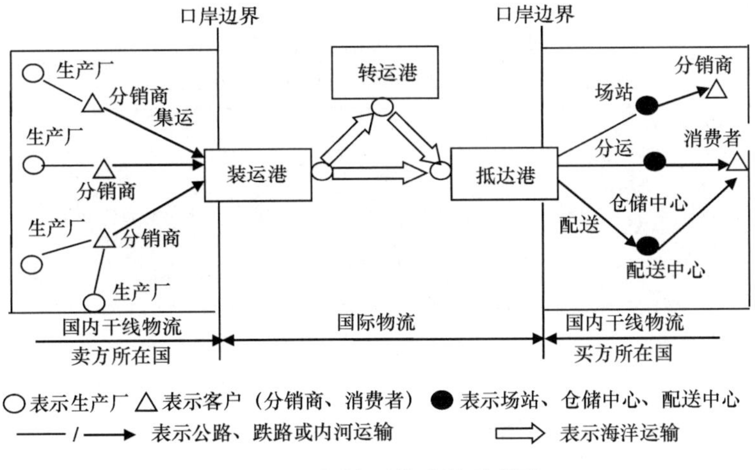

图 3-6 国际海运物流链示意图

Fig. 3-6 Schematic of International Maritime Logistics Chain

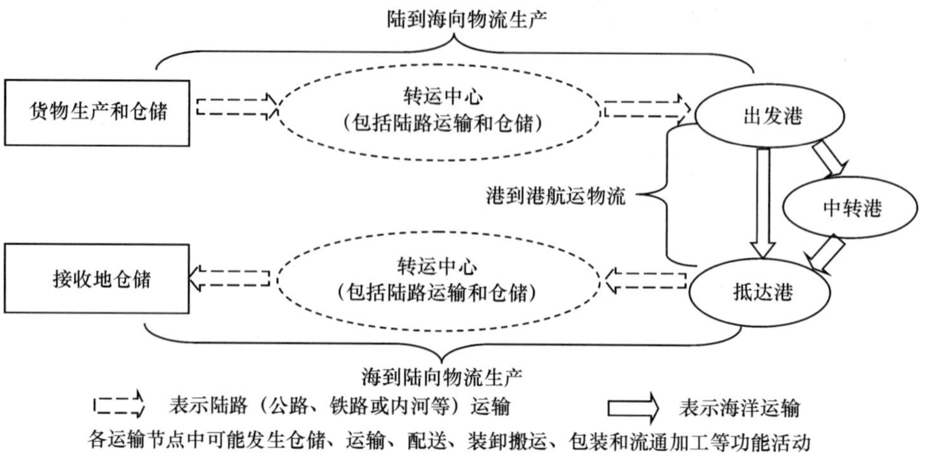

图 3-7 航运物流的生命周期

Fig. 3-7 Life cycle of maritime logistics

所建立的航运物流的生命周期分为陆到海向物流生产、港到港航运物流和海到陆向物流生产 3 部分。陆到海向（或海到陆向）物流生产由连接供应地（或接收地）与海港及连接两地的公路、铁路及内河水路等运输线路网络和场站构成，包括供应地货物生产和仓储及接收地仓储；港到港航运物流由海港和船舶运输构成，直至接收地港口。其中，由于运输货种的差异或限制，航空运输还未成为与海运连接的主要模式，且管道运输主要用于油品，应用范围受限，全球海运物流网络中能深入内地的陆向线路主要是公路、铁路和内河水路运输 3 种（庄佩君，2014）。因此，本研究陆到海向（或海到陆向）物流生产的运输方式仅考虑公路、铁路和内河水路运输。航运物流的生命周期清单见表 3-6。

表 3-6 航运物流的生命周期清单

Table 3-6 Life cycle inventory of maritime logistics

物流环节	过程	评价内容
货物生产和仓储	生产过程	生产工艺、生产流程、资源消耗与效率、排放与废弃
	仓储	仓储类型、货物储存形式、资源消耗与效率、排放与废弃
陆到海向运输	装卸搬运	作业形式、装卸形式、资源消耗与投入、排放与废弃
	公路运输	运输形式、运输能力（包括货运量、货物周转量等）、运输经济（包括运输成本和收益）、运输效率（包括空驶率、实载率和待货时间率等）、燃料消耗与效率、运输安全（包括行车事故、货运赔偿等）、不良记录（违规）、排放与废弃
陆到海向运输	铁路运输	运输形式、运输能力（包括货运量、货物周转量等）、运输经济（包括运输成本和收益）、运输效率（包括实载率等）、燃料消耗与效率、运输安全（包括货运赔偿等）、排放与废弃
	内河运输	运输形式、运输能力（包括吞吐量、集装箱周转量等）、运输经济（包括运输成本和收益）、运输效率、燃料消耗与效率、运输安全（包括事故、货运赔偿等）、不良记录（违规）、排放与废弃

续表

物流环节	过程	评价内容
转运中心	装卸搬运	作业形式、装卸形式、资源消耗与效率、排放与废弃
	包装	组合拼配、加固捆扎、更换包装、资源消耗与效率、排放与废弃
	流通加工	粘贴标签和条码、辅助加工、资源消耗与效率、排放与废弃
	仓储	仓储类型、货物储存形式、资源消耗与效率、排放与废弃
出发港/中转港作业	装卸搬运	作业形式、装卸搬运形式、资源消耗与效率、排放与废弃
	码头库场作业	货物入库作业、储存形式、出库作业、库场安全、资源消耗与效率、排放与废弃
	港内运输	港内运输形式、资源消耗与效率、排放与废弃
港到港运输	船舶运输	运输形式、运输航线、运输能力（包括吞吐量、集装箱周转量等）、运输经济（包括运输成本和收益）、运输效率、燃料消耗与效率、运输安全（包括事故、货运赔偿等）、不良记录（违规）、排放与废弃
抵达港作业	装卸搬运	作业形式、装卸形式、资源消耗与效率、排放与废弃
	码头库场作业	货物入库作业、存储形式、出库作业、库场安全、资源消耗与效率、排放与废弃
	港内运输	港内运输形式、资源消耗与效率、排放与废弃
海到陆向运输	公路运输	运输形式、运输能力（包括货运量、货物周转量等）、运输经济（包括运输成本和收益）、运输效率（包括空驶率、实载率和待货时间率等）、燃料消耗与效率、运输安全（包括行车事故、货运赔偿等）、不良记录（违规）、排放与废弃
	铁路运输	运输形式、运输能力（包括货运量、货物周转量等）、运输经济（包括运输成本和收益）、运输效率（包括实载率等）、燃料消耗与效率、运输安全（包括货运赔偿等）、排放与废弃
	内河运输	运输形式、运输能力（包括吞吐量、集装箱周转量等）、运输经济（包括运输成本和收益）、运输效率、燃料消耗与效率、运输安全（包括事故、货运赔偿等）、不良记录（违规）、排放与废弃
	装卸搬运	作业形式、装卸形式、资源消耗与投入、排放与废弃
转运中心	装卸搬运	作业形式、装卸形式、资源消耗与效率、排放与废弃
	包装	组合拼配、加固捆扎、更换包装、资源消耗与效率、排放与废弃
	流通加工	粘贴标签和条码、辅助加工、资源消耗与效率、排放与废弃
	仓储	仓储类型、货物储存形式、资源消耗与效率、排放与废弃
接收地仓储	仓储	仓储类型、货物储存形式、资源消耗与效率、排放与废弃、排放与废弃

3.3.3.3.2　环境管理体系（EMS）

1）EMS 的内涵和运行模式

环境管理体系（Environmental Management Systems，EMS）作为 ISO 14000 系列标准中的核心标准，以帮助组织识别、管理、监视与控制其环境问题，并强调整体形式（in a holistic manner）和持续改进（continual improvement）（ISO，2015b）。EMS 的基础运行模式为：策划、实施、检查和改进（Plan-Do-Check-Act，PDCA），为组织提供了一个用于实现持续改进、循环往复的过程，该模式可应用于整个环境管理体系及体系中每个单独要素。“持续”表示持续在一段时间内发生，但是会有中断的时间间隔（ISO，2015c）。

2）EMS 在航运物流绿色战略规划中的运用

航运物流绿色战略规划的目标是绿色发展。但在现实中是无法一步就实现绿色发展的，必须在现有的条件下坚持循序渐进、持续改进的原则以实现绿色发展目标。EMS 持续改进的思想给绿色发展提供了一个绝佳的思路和行动方向，使得绿色发展有可能在现有的条件下通过“持续改进”得以实现。没有持续改进就不可能逐步迈向航运物流业的绿色发展。

航运物流绿色战略规划以维护自然生态系统内在价值为准则。在航运物流生命周期评价过程中，若发现明显不符合绿色发展要求时不予通过该物流运营；即使是目前较为先进的物流企业和物流运营，也不可能现状就实现绿色发展，也必须遵循 EMS 持续改进的思想，拟定持续改进方案，包括管理性方案和技术性方案。在每一轮战略决策和运营后都要提出持续改进方案，以便在新一轮的运营决策中不断改进，迈向航运物流业的绿色发展。

3.3.3.4 其他方法

3.3.3.4.1 数据分析方法

数据分析方法包括数据的描述性统计分析、非参数假设检验、方差分析、回归分析、主成分分析、因子分析、聚类分析、判别分析、时间序列分析等（陈方樱和沈思，2016）。其中，数据的描述性统计分析用以描述数据分布状况及对总体分布特征进行推断；非参数假设检验适用于对总体分布信息知道甚少，无法简单假定分布类型的情形；方差分析和回归分析体现数据的相关关系；主成分分析和因子分析体现了降维的思想；聚类分析将分类对象按一定规则分为若干类进行分析；判别分析在已知历史上用某些方法把研究对象已分成若干组的情况下，来判定新的观测样品应归属的组别；时间序列分析是对按照随时间变化且相互关联的数据序列进行观察、研究，找寻变化发展规律，预测未来走势（陈方樱和沈思，2016）。

鉴于航运物流绿色战略规划遵循大数据的思想，尽可能收集可能收集到的所有数据资料，数据分析方法必不可少。拟根据数据和决策需求，选择相应的数据分析方法进行数据分析。

3.3.3.4.2 远程耦合分析

1）远程耦合分析的概念和进展

远程耦合（Telecoupling）是一种使自然和社会科学家通过不同学科的理解并生成信息，管理人类如何与自然可持续共存的新途径（Michigan State University，2016）。远程耦合以一种综合的伞形框架的形式处理远距离人类和自然系统中各种社会经济与环境的相互作用，帮助科学家系统地了解不同地点的连接与反馈，同时还有助于政策制定者制定更有效的保护环境与自然系统，且造福世界人民的政策（Michigan State University，2016）。远程耦合的研究关注新边界及异常情况的探索，以更快的方式从全球气候变化和自然灾害等重大事件到旅游、贸易、移民、污染扩散、信息与金融资本流、和动植物物种入侵等日常事件连接整个地球（Michigan State University，2016）。

2007 年，美国国家科学基金会（U. S. National Science Foundation）设立“自然和人类系统动态耦合”（Dynamics of Coupled Natural and Human Systems）的正式长期计划（Alberti et al.，2011）。

Liu 等（2013）对远程耦合系统进行定义，即远程耦合是关于人类与自然耦合系统、社会生态耦合系统或者人类与环境耦合系统研究的逻辑延伸，提出远程耦合框架，该框架主要包括 5 个相互关联的组成部分（人类与自然耦合系统、流、代理、原因和效果），并进行案例的应用。

从 2013 年开始，远程耦合框架被广泛应用，如应用于土地使用变化、森林的可持续性、全球环境治理、能源的可持续性等领域（Eakin et al.，2014；Liu，2014；Fang et al.，2016；Lenschow et al.，2016）。

2）远程耦合分析在航运物流绿色战略规划中的运用

远程耦合的思想与航运物流的远距离运作相吻合，与 MDDM 决策法也契合，是航运物流战略规划决策的有效方法之一。基于远程耦合的分析思路，运用框架分析的模式（Liu et al.，2013），对航运物流远距离的供应地和接收地，进行包括政治、法律、管理条件和要求以及自然条件等因素的耦合性分析，帮助人类真正理解生态系统的价值，而不是简单地进行环境保护。

3.3.4　所构建的航运物流绿色战略规划方法体系及其讨论

3.3.4.1　航运物流绿色战略规划框架和方法体系

本研究适应航运业的发展趋势、满足绿色发展的要求，认为人类是自然的一部分，以维护自然生态系统内在价值为绿色发展的目标，创建航运物流绿色战略规划体系，引导航运业迈向永续发展。

战略规划以航运物流整体作为规划对象，运用 MDDM 法构建多维决策体系，运用 LCA 的“从摇篮到坟墓”的思路解析整个航运物流的全生命周期，分析整个航运物流链的 6 个 MDDM 维度，运用经济学、社会学和自然科学评价方法进行航运物流运营的生命周期评价，包括远程耦合分析，并进行价值化辅助决策。基于 MDDM 法的决策模型进行战略决策，融合 EMS 持续改进的思想，以迈向绿色发展为目标。航运物流绿色战略规划的框架见图 3-1 的技术路线图，方法体系见表 3-7。

表 3-7 航运物流绿色战略规划方法体系

Table 3-7 Methods of greening strategic planning for maritime logistics

类别	名称	应用内容	作用	适用
决策方法	多维决策法（MDDM 法）	应用 MDDM 法的技术路线和决策模型	构建航运物流绿色战略规划的多维决策体系，开展战略决策	适用于高不确定性、数据缺失多、难定量、非结构化与非独立性的战略决策
ISO 14000 系列标准	生命周期评价（LCA）	“摇篮到坟墓”和“自下而上”的思路	确定航运物流生命周期，从管理层面改进并推动决策	适用于企业运营管理，拟从管理层面直接推动绿色发展
	环境管理体系（EMS）	持续改进的思想	识别规划过程和结果的不足，不断完善	难以直接实现的目标
经济学评价方法	传统经济评价方法	成本收益分析法	评价航运物流的直接经济效益	可用经济效益直接量化表达
社会学评价方法	专家评判法	专家知识和经验	运用于战略决策，以及难以定量化的问题	适用于难定量、非结构化、非独立性的战略决策
	公众参与	公众参与决策	提高决策的民主化和有效性	避免决策失误，确保永续发展
环境评价方法	回顾性评价	回顾性评价方法	探究环境问题产生的潜在根源和机制，识别累积效应，预测评价的基础	适用于难以发现的问题、难以定量预测的问题
	战略环境评价	战略环境评价方法	避免决策失误；及早介入、辅助决策	适用于决策过程，迈向绿色发展
	环境影响评价	环境影响评价的方法	减缓环境影响；预警预防，资源定位	评价对象为项目
	风险评价方法	经济学、自然科学和社会学的风险评价方法	评价所有维度的风险，降低风险影响，确保安全	适用于决策和项目；注重决策风险
资源与环境价值评估方法	服务价值评估法	效用价值评估方法	评估社会、区位、资源维度损益的价值	适用于含有社会学和经济学属性的内容
	内在价值评估法	生态系统内在价值评估方法	评估生态、环境维度损益的内在价值	适用于自然科学属性的对象
其他方法	数据分析方法	数据分析的方法	进行资源等大量数据的分析	适用于大数据分析
	远程耦合	远距离耦合分析	进行远距离人类和自然系统的耦合	连接与反馈两个远距离地的人类和自然耦合系统，以保障永续性

说明：该方法体系可根据规划所需进行选择或补充。

3.3.4.2 航运物流绿色战略规划方法体系讨论

本研究所构建的航运物流绿色战略规划方法体系具有以下几个特点：①符合航运业的发展趋势，考虑“门到门”的航运物流业；采用LCA“从摇篮到坟墓”的思路评价航运物流的全生命周期。②以绿色发展为战略目标，以维护自然生态系统的内在价值为原则，引导行业迈向绿色发展。③以战略决策为手段，基于MDDM法构建多维决策体系，融合多维视角、大数据概念进行战略决策（而不是航运物流业的管理规划），才有可能迈向绿色发展。④基于航运物流生命周期评价（自下而上），作为物流供应链战略决策的基础；遵循EMS“循序渐进、持续改进”的理念，逐步走向绿色发展。

航运物流绿色战略规划方法体系的优点包括：①适应了航运业和航运物流业的发展趋势，摈弃传统航运规划“港到港”的模式，针对航运物流的全生命周期作为规划对象，建立了“门到门”的航运物流规划体系，避免割裂行业而造成碎片化管理（fragmented governance）。②在辨析可持续发展和绿色发展理念的本质差异的基础上，坚持“自然第一性”原则，坚持维护自然生态系统的内在价值为绿色发展的基本原则，才能确保满足绿色发展要求，真正保障航运物流业的永续发展。③采用“自上而下”的战略决策的思路，确保绿色发展的战略目标；运用MDDM法构建的多维决策体系充分融合多维思考、价值导向、大数据概念、公众参与，克服了传统决策依据有限数据和更多依赖于主观评判决策的不足。④方法学运用了社会学、经济学和自然科学的评价方法，实现综合性（holistic）评价，确保多维体系能够有效评价，尤其是运用了新的生态系统内在价值评估方法，维护自然生态系统的内在价值，以实现绿色发展目标。⑤合理运用ISO 14000标准体系的核心内容，运用LCA以充分评价整个航运物流链（自下而上），确保战略规划的完整性和有效性；运用“循序渐进、持续改进”的EMS核心思想，推动迈向绿色发展。

航运物流绿色战略规划方法体系的创新性体现在：①明确界定了绿色发展的概念及其目标，以此建立面向绿色发展的航运物流战略规划。②首次运用MDDM法构建航运物流绿色战略规划的多维决策体系，实现战略决策；体现多维决策思想、大数据概念、价值导向等理念，满足复杂、动态环境下，数据缺失多且难以定量、非结构化和非独立性的战略决策的需要。③创新性地提出运用自然生态系统内在价值评估方法以评价自然生态系统的客观价值，充分体现绿色发展的自然第一性，真正保障航运物流业永续发展。④将ISO 14000标准体系的生命周期思路和“循序渐进、持续改进”的思想运用于航运物流绿色战略规划体系，既适应现代航运业“门到门”的模式，又能实现绿色发展的战略目标，为航运物流绿色战略规划体系打下良好基础。

3.4 本章总结

本章在评价现有港口和航运规划技术方法的基础上，辨析了可持续发展和绿色发展的本质区别以及可持续航运和绿色航运的理念，明确了迈向绿色航运的关键问题，并确立了绿色航运规划的目标。由此提出航运物流绿色战略规划，并界定了航运物流绿色战略规划的定义和内涵。依据航运物流绿色战略规划的定义和内涵，确定了航运物流绿色战略规划的基本原则，以指导航运物流绿色战略规划的技术路线和方法体系的构建。

3.4.1 现有航运规划技术路线和方法的评价

港口作为航运的一个环节，活动范围窄，受航运物流链整体活动的影响显著，仅仅针对港口无法开展真正意义上的战略规划，无法引导航运业走向永续发展。

当前航运战略规划关注港到港的海洋运输，不符合航运业的发展趋势。现有基于数据分析决策的传统规划和基于愿景或目标决策的现代规划的技术路线基本上还是面向管理规划，难以满足战略规划需求。目前还没有成熟的航运战略规划的技术路线，难以推动航运业的绿色发展和永续发展。现有的规划方法也存在局限性：辅助决策评价维度不完善，难以提供综合性的辅助决策信息；决策方法强烈受限于获取基础数据的数量或质量以及决策者的知识背景和经验，难以满足航运战略规划的需求。

绿色航运的概念还处于讨论阶段，没有实际意义上的绿色航运战略规划技术路线和方法及其运用，难以指导航运业迈向绿色发展。

3.4.2 可持续发展与绿色发展的理论辨析

通过相关理论的辨析可发现，可持续发展强调“以人类为中心”的基本思想作为它的基本理论基础；可持续发展的目标是“满足人类今世后代在发展与环境方面的需求”。而绿色发展是“非人类中心主义”的环境价值观的体现，强调人类是自然的一部分。“非人类中心主义”是绿色发展的理论基础；维护自然的内在价值是绿色发展的目标，是迈向永续性（sustainability）的必要条件。绿色发展是一种新的、超越可持续发展理念的新的发展理念，是指导人类发展的长远的战略目标和战略决策。

依据绿色发展的理论基础和目标，本研究认为绿色发展的定义是：人类是自然的一部分，人类的发展必须从自然整体视角出发，以维护自然生态系统内在价值为目标，以实现自然和人类发展的永续。绿色发展的定义包括以下几个内涵：①强调“自然第一性”，人类是自然的一部分，没有自然就没有人类；②自然具有内在价值，自然生态系统的存在决定它的内在价值，独立于人类的客观价值，是人类赖以生存和发展的基础；③维护自然生态系统的内在价值是绿色发展的目标，是自然和人类永续发展的基础；④绿色发展是一个战略决策过程，终极目标始终是维护自然生态系统的内在价值，以实现发展的永续性。

3.4.3 航运物流绿色战略规划的理念辨析及其内涵

基于可持续发展和绿色发展理念的辨析，充分认识到可持续航运和绿色航运在概念、内涵、目标、内容、理论依据和发展思路上存在本质的区别。

可持续航运基于“人类中心主义”的理论基础，以平衡航运的经济、社会和环境发展为目标；而绿色航运基于“非人类中心主义”的理论基础，认为人类是自然的一部分，以维护自然生态系统的内在价值为准则，迈向绿色发展。

认识了绿色航运的理论基础，明确了绿色航运规划的目标，本研究创造性地界定了其定义和内涵。航运物流绿色战略规划是指从以自然为中心的视角出发，以绿色发展为目标，以维护自然生态系统的内在价值为准则，对必需经过海运的货物，从供应地到接收地的实体流动全过程进行的战略决策，通过执行持续改进以迈向绿色发展。该定义体现了非人类中心主义的理论基础；以维护自然生态系统内在价值为准则；以航运物流的全生命周期为对象；以战略决策为手段；坚持持续改进 5 个方面的内涵。

3.4.4 构建航运物流绿色战略规划的技术路线和方法体系

依据航运物流绿色战略规划的定义和内涵，确立以自然为中心、维护自然的内在价值和航运物流整体性 3 个基本原则以指导航运物流绿色战略规划。

航运物流绿色战略规划的技术路线坚持战略决策、价值导向、资源定位、预警预防、公众参与、全生命周期评价（LCA）和“循序渐进、持续改进”的构建原则构建航运物流绿色战略规划的技术路线，主要包括规划维度识别、航运物流生命周期清单的确定、信息获取、现状和回顾性评价、生命周期评价、战略决策、绿色战略规划和持续改进 8 个主要步骤（图 3-1）。

在航运物流绿色战略规划的基本原则和所构建的技术路线指导下，构建航运物流绿色战略规划的方法体系，包括运用多维决策体系的 MDDM 战略决策方法，采用 LCA 方法以确定航运物流生命周期清单。用于航运物流多维生命周期评价的方法包括：成本收益分析、专家评判、公众参与、战略环境评价、环境影响评价、风险评价、生态系统服务价值评估和自然生态系统内在价值评估的价值评估方法以及数据分析方法和远程耦合分析的方法，并采纳了体现 EMS 的“持续改进”思想（表 3-7）。该方法体系体现了航运物流全生命周期、以绿色发展为战略目标、以战略决策为手段，并持续改进，适用于行业运营全生命周期的绿色战略规划。该方法体系不仅适应航运业和航运物流业的发展趋势、满足绿色发展要求，确保航运物流业的永续发展。

本章重点构建了航运物流绿色战略规划的技术路线和方法体系，填补了航运、航运物流领域战略规划的研究空白，为航运物流绿色发展提供了思路和实施方法。该规划体系体现了绿色发展的长远战略目标（永续发展目标），紧紧把握航运业的发展趋势，预先对航运物流的全生命周期进行评价和监控，并将评价结果直接指导和纠正航运物流全生命周期的各个生产环节，将战略规划直接融入管理过程，也就是将绿色发展理念从长远的战略目标直接贯穿到具体生产环节。

随着物联网（Internet of Things）（International Telecommunication Union，2005；Weber and Weber，2010）和大数据的发展，该航运物流绿色战略规划可依托物联网，基于所构建的技术路线和方法体系，将航运物流的全生命周期活动事先与互联网相连接，获取航运物流生命周期各生产环节各维度的数据信息，预先开展航运物流的生命周期评价，以实现绿色战略规划的作用，敦促和指导航运物流过程持续改进，不断迈向绿色发展，最终实现永续发展。

第4章　案例研究

案例研究大致包括3种类型：解释性的（explanatory）或因果的案例研究、描述性的（descriptive）案例研究和探索性的（exploratory）案例研究（Yin，2017）。解释性的或因果性的案例研究旨在有力地解释同一组事件，并解释说明如何运用于其他情形；描述性的案例研究通过跟踪一系列的事件以描述之前未被充分关注的主题，并发现关键现象；探索性的案例研究开始于基础理论和方向，通过案例研究进行探索（Yin，2017）。探索性的案例研究的实证性社会研究方法的质量被认为高于解释性的或因果性的案例研究，并有利于理论的升华，是案例研究的发展方向（苏敬勤和李召敏，2011）。

本研究对所建立的航运物流绿色战略规划的技术路线和方法体系开展案例研究，不是简单地验证与推广，也不是通过描述以揭示新现象，而是旨在检验所建立的航运物流绿色战略规划的技术路线和方法体系的有效性和科学性，进行探索性地分析、总结和提炼；基于案例的探索发现再进行航运物流绿色战略规划技术路线和方法体系的验证和修订。由于目前的条件限制无法开展区域航运物流行业的绿色战略规划。但从战略目标（绿色发展）、行业发展趋势（门到门的航运物流）以及案例所经区域规划的综合性和复杂性来说，区域航运物流行业的绿色战略规划与个案航运物流的绿色战略规划是一致的；涉及的战略规划的维度和数据要求也是一样的，个案的可操作性相对更强。因此，本章将应用第3章所建立的航运物流绿色战略规划的技术方法体系，通过两个案例研究，以检验所建立的方法体系的科学性和实用性，完善并提高技术方法体系。

4.1　案例一：厦门帝胜公司开襟衫航运物流绿色战略规划

4.1.1　案例概述

选取位于厦门市同安区同安工业集中区的厦门市帝胜工贸有限公司（TMKIN COMPANY LIMITED）（以下简称“帝胜公司”（TMKIN COMPANY））服装工厂生产的开襟衫出口瑞典的航运物流，包括开襟衫的生产和仓储，经公路运输到达厦门港，再从厦门港出发，经海洋运输（途径马来西亚丹戎帕拉帕斯港和比利时安特卫普港）到达瑞典斯德哥尔摩港（Port of Stockholm），再经公路运输到达瑞典斯德哥尔摩省乌普兰斯韦斯比市（Upplands Väsby）的JOBMAN工作服公司（JOBMAN Workwear AB）（以下简称“JOBMAN”）仓库的航运物流的全生命周期作为案例研究。但根据产品生命周期评价（LCA）的定义，LCA评价包含产品的原料来源（包括资源利用）以及产品销售、用户使用及其废弃物处置的产品生命周期的内容。由于产品生命周期与物流生命周期的界定不同，本研究重点考虑航运物流的生命周期（货物的生产、仓储和运输），将包含产品原料来源以及产品销售、用户使用及其废弃物处置的产品生命周期的内容作为航运物流的外延内容，不作为航运物流的生命周期，不参与物流生命周期评价，仅考虑其绿色发展评价。运用第 3 章构建的航运物流绿色战略规划技术方法体系开展航运物流的绿色战略规划。

该贸易活动买卖双方采用离岸价（Free On Board，FOB）的交易形式，即帝胜公司承担货物在指定的装运港装船之前货物灭失或损坏的一切风险；JOBMAN 支付货物在指定的装运港装船之时与货物有关的一切费用，以及承担货物在指定的装运港装船之后的灭失或损坏的一切风险。帝胜公司的货代公司为 DHL 全球货运代理（中国）有限公司（DHL Global Forwarding（China）Company Limited），航运公司为地中海航运股份公司（Mediterranean Shipping Company S. A.，MSC），JOBMAN 的货代公司为诺曼全球物流有限公司（Norman Global Logistics Limited）。

4.1.2 帝胜公司开襟衫航运物流的生命周期清单

将帝胜公司开襟衫的货物生产、厦门到斯德哥尔摩航运物流的各个生产环节耦合连接成为航运物流的全生命周期（图 4-1）。该生命周期包括开襟衫生产、仓储和搬运出库，开襟衫运输（包括在厦门的公路运输、船舶运输以及在瑞典的公路运输），开襟衫接收、仓储的全过程。各个环节构成航运物流的全生命周期，以检验该航运物流系统全生命周期各个环节是否符合绿色发展要求。

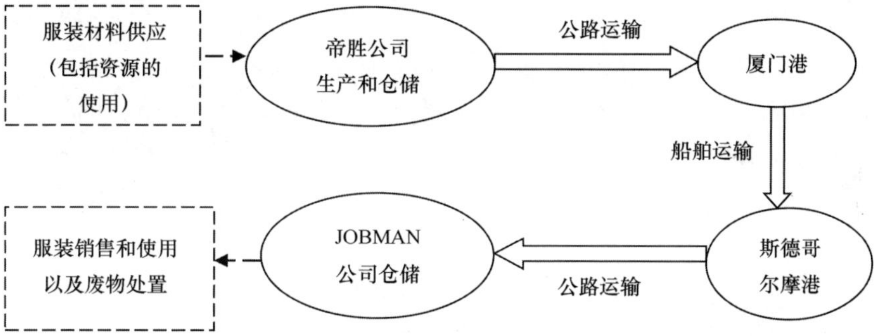

图 4-1 帝胜公司开襟衫航运物流（厦门到斯德哥尔摩）的生命周期

Fig. 4-1 Life cycle of maritime logistics for cardigans of TMKIN COMPANY (from Xiamen to Stockholm)

开襟衫生产的原料或物料的获取和来源、货物销售和使用及废弃物处置作为航运物流的相关产品生命周期的步骤，不参与物流生命周期评价，仅考虑物流产品的绿色发展评价。

4.1.2.1 生产原料的来源

本案例中厦门市帝胜工贸有限公司从上海潽裕面料纺织有限公司购进梭织开襟衫的面料，针织开襟衫的面料来自厦门宏瑞兴针纺织品有限公司，拉链购买于 Yoshida Kogyo Kabushikigaisha（YKK）公司，两类货物的主要材料清单见附录 1 的表 1 和表 2。工厂对照样布对布料进行颜色、品质、色牢度、外观是否有抽纱、障污等检验，服装面料和拉链的抽检率约为20%。

4.1.2.2 生产和仓储

帝胜工厂的原料分门别类地存放于工厂仓库物料区（附录1的彩图1）。

开襟衫的生产工艺流程为：裁剪、车缝、质量检验、包装和入仓。生产图片见附录1的彩图2。过程中主要产生边角余料、废弃物、废水、粉尘、噪声、废气和生活垃圾等。2017年9月工厂员工180人、环境人员20人；车间每月水费为580元、每月电费为3.76万元、月租金为7.18万元；工人平均工资为每月4 500元。成品见附录1的彩图3。

帝胜公司该批货物为梭织开襟衫1 320件，853.6 kg，单价为6.319 9美元，总价为8 342美元；针织开襟衫6 793件，3 714.6 kg，单价为4.096 9美元，总价为2.78万美元。集装箱总重为5 109.2 kg。1 320件梭织开襟衫在正常情况下一般需要16人工作20 d；6 793件针织开襟衫在正常情况下一般需要20人工作30 d。

开襟衫生产完成后装入纸箱，储存于工厂仓库成品区（附录1的图彩4a）。

4.1.2.3 帝胜公司开襟衫集装箱的公路运输（2017年8月23日）

帝胜公司开襟衫物流的运输路径见附录1的表3。

出库时工人用手推车将成箱的服装搬运至集装箱（附录1的彩图4b）。公路运输包括集装箱空箱运输和重箱运输。2017年8月23日，装运空箱（40英尺高柜（40′HQ），内长为12.032 m、内宽为2.352 m、内高为2.69 m）从厦门港海沧港区嵩屿码头运至同安工业集中区的帝胜公司工厂；装箱（附录1的彩图4c）；重箱经拖挂车运输约36.4 km、耗时约53 min到达厦门港海沧港区国际货柜码头，期间经过同集北路、同集中路、同集南路、集源隧道、银江路、杏前路、杏滨路、新阳大桥、马青路和海景路。装载集装箱和运输线路见附录1的彩图4d。该运输过程往返消耗柴油43 L。该公路运输活动由厦门友顺行供应链管理有限公司负责，费用为1 000元。

4.1.2.4 厦门海沧港区国际货柜码头仓储和装船（2017年8月23—28日）

该集装箱到达海沧港区国际货柜码头后，由岸上集装箱起重机将集装箱吊下在前方堆场堆垛。2017年8月28日，由起重机将集装箱从堆场吊装上船，船舶名为MARGRETHE MAERSK。

4.1.2.5 首艘船舶运输（2017年8月29日至9月4日）

帝胜公司开襟衫物流的运输路径见附录1的表3。执行该集装箱运输的首艘船舶名为MARGRETHE MAERSK（IMO编号9632131，MMSI219629000，见附录1的彩图5；船籍为丹麦，登记持有人为MAERSK LINE A/S；该船舶于2015年4月建造，船长399 m、船宽60 m、吃水14.8 m，总吨位为194 849 t）。该航次为733 W，船舶于2017年8月29日从厦门港开航，2017年9月4日到达马来西亚丹戎帕拉帕斯港。

4.1.2.6 马来西亚丹戎帕拉帕斯港装卸、仓储和装船（2017年9月4—12日）

2017年9月4日到达马来西亚丹戎帕拉帕斯港后该集装箱由岸上集装箱起重机将集装

箱吊下，在前方堆场堆垛。2017 年 9 月 12 日，由起重机将集装箱从堆场吊装上船，船舶名为 MAERSK EMDEN。

4.1.2.7　第二艘船舶运输（2017 年 9 月 12 日至 10 月 3 日）

到达丹戎帕拉帕斯港之后，该集装箱改由 MAERSK EMDEN 船舶（IMO 编号 9456769，MMSI538003947，见附录 1 的彩图 6；船籍为马绍尔群岛（Marshall Islands），登记持有人为 OCEAN ORCHID SHIPPING LTD；该船于 2010 年 7 月建造，船长 366 m、船宽 48 m、吃水 9.5 m，总吨位为 141 716 t）运输。2017 年 9 月 12 日从丹戎帕拉帕斯港出发，2017 年 10 月 3 日到达比利时安特卫普港。

4.1.2.8　比利时安特卫普港装卸、仓储和装船（2017 年 10 月 3—8 日）

2017 年 10 月 3 日到达比利时安特卫普港后该集装箱由岸上集装箱起重机将集装箱吊下，在前方堆场堆垛。其中在 2017 年 10 月 6 日进行出场（Positioned out）、2017 年 10 月 7 日进行入场（Positioned in）操作。2017 年 10 月 8 日，由起重机将集装箱从堆场吊装上船，船舶名为 HELUAN。

4.1.2.9　第三艘船舶运输（2017 年 10 月 8—13 日）

到达比利时安特卫普港后，该集装箱又改为导轨式全集装箱船 HELUAN 号（IMO 编号 9358905，MMSI 636091854，见附录 1 的彩图 7；船籍为利比里亚（Liberia），登记持有人为 HELUAN SCHIFFAHRTSGESELLSCHAFT；该船于 2007 年 11 月建造，船长 161 m、船宽 25 m、吃水 10.3 m，总吨位为 15 633 t）运输。该船于 2017 年 10 月 8 日从安特卫普港出发，于 2017 年 10 月 13 日抵达瑞典的斯德哥尔摩港。

厦门港到斯德哥尔摩港海洋运输的总运费约为 12 668 元。

4.1.2.10　到达斯德哥尔摩港及其之后的公路运输（2017 年 10 月 13—23 日）

货物到达目的港斯德哥尔摩港后，由诺曼全球物流公司（Norman Global Logistics）提货；该集装箱直接从船上起吊至拖挂车，并由诺曼全球物流公司负责通过拖挂车运输到位于瑞典乌普兰斯韦斯比市的 JOBMAN 仓库，耗时约 26 min。2017 年 10 月 23 日，通过集装箱拖挂车的公路运输将空箱归还给托运人。

4.1.2.11　货物的仓储

该开襟衫储存于 JOBMAN 仓库，见附录 1 的彩图 8。

4.1.2.12　货物的销售、使用及废弃

JOBMAN 全部通过当地经销商的全球网络销售，包括澳大利亚、比利时、加拿大、丹麦、芬兰、法国、德国、冰岛、荷兰、挪威、英国和美国。JOBMAN 官网中该梭织开襟衫售价为 369 瑞典克朗，针织开襟衫售价为 239 瑞典克朗。

帝胜公司开襟衫主要用作工作服。一般使用寿命为 2 年。

衣服经使用后被当作垃圾处置、再利用或回收。瑞典的衣服回收和再循环率较低（Ekström and Salomonson, 2014）。

4.1.3 航运物流相关区域的现状和回顾性评价及其评价因子识别

对帝胜公司开襟衫航运物流的生命周期的每个环节都根据多维决策法（MDDM 法）从6个维度进行评价，以便识别存在的问题及其变化趋势，开展 LCA 评价，并对影响损益进行价值评估，以辅助帝胜公司开襟衫航运物流的绿色战略规划。现状和回顾性评价是 MDDM 法的基础。

4.1.3.1 多维信息收集

根据3.3.3.1小节的航运物流绿色发展战略决策涵盖的区位、资源、社会、经济、环境和生态6个环境维度的评价要素和内容（表3-3），以及3.3.3.2小节的航运物流生命周期清单（表3-6）进行数据收集与分析，数据来源包括以下几个。

（1）现场走访与调查数据。帝胜公司现场调查、厦门公路运输调查和厦门港调查等。

（2）年鉴、统计数据或公报、年报。①年鉴：厦门经济特区年鉴、厦门港统计年鉴、安特卫普港的统计年鉴和斯德哥尔摩统计年鉴（Statistical Year-book of Stockholm）等；②统计数据或公报：厦门市国民经济和社会发展统计公报、厦门市环境质量公报、厦门市水资源公报、马来西亚丹戎帕拉帕斯港统计数据、安特卫普港的情况和统计数据、斯德哥尔摩港的统计数据、斯德哥尔摩的情况和数据（STOCKHOLM FACTS & FIGURES）、瑞典统计局（Statistics Sweden）统计数据和北欧主要城市统计数据（NORDIC MAJOR CITY STATISTICS）等；③年报：厦门港口工作报告、厦门港务发展股份有限公司年报、MMC集团有限公司（MMC Corporation Berhad）年报、安特卫普港年报、马士基班轮公司（Maersk Line A/S）年报和永续发展政策和斯德哥尔摩港年度报告和可持续报告（Ports of Stockholm Annual Report and Sustainability Report）等。

（3）区划和规划文件。《厦门市环境功能区划》（第三次修订）《厦门市生态文明建设“十三五”规划》《厦门市环境保护“十三五”规划》《美丽厦门环境保护总体规划（2014—2030年）》《美丽厦门生态文明建设》示范市规划（2014—2030）》《厦门市森林城市建设总体规划（2011—2020年）》《厦门港总体规划（修编）》《厦门港绿色港口建设“十三五”规划方案》《柔佛绿色港口倡议》（GREEN PORT INITIATIVES IN JOHOR）《2040愿景：每个人的斯德哥尔摩》（Vision 2040: A Stockholm for Everyone）（2015）和《斯德哥尔摩的环境规划（2016—2019）》（The Stockholm Environment Programme 2016—2019）等。

（4）历史与现状的监测、监控资料。《厦门市帝胜工贸有限公司监测报告书》《厦门市帝胜工贸有限公司检测报告书》和 IMO 全球综合航运信息系统（Global Integrated Shipping Information System（GISIS））关于海洋事故、事件的统计等。

（5）自然保护区与典型生态系统相关资料。厦门珍稀海洋物种国家级自然保护区、九龙江口红树林升级自然保护区和《瑞典被保护的动植物》（Protected species of plants and animals in Sweden）等。

（6）研究报告和文献。海岸带主体功能区划分技术体系框架研究与应用示范项目（200905005-6）厦门湾专题报告和研究报告（2012）、《厦门港总体规划（修编）环境影响报告书》（2014）、马来西亚环境保护部关于蒲莱河桥梁和道路基础设施项目环境影响评价初步报告、安特卫普港的永续发展报告（Sustainability Report）、《世界海运地理》、联合国贸易和发展会议的海洋运输评论（Review of Maritime Transport）、联合国环境规划署关于全球环境的展望、第一份的全球海洋综合评价、《2009—2013年开阔大洋污染报告》、跨边界水域评估项目之开阔大洋和大型海洋生态系统项目结果和报告、城市和生物多样性展望、DHL全球货运代理（中国）有限公司的责任、DHL全球货运代理（中国）有限公司的货运信息、地中海航运股份公司的责任、斯德哥尔摩地方评价之斯德哥尔摩城市的重新评价和经济合作与发展组织（OECD）关于斯德哥尔摩绿色增长的研究报告（Green Growth in Stockholm, Sweden）等。

（7）网页信息和新闻资讯。①官方网页包括：厦门市人民政府（http：//www. xm. gov. cn/）、厦门港口管理局（http：//www. portxiamen. gov. c）、马来西亚丹戎帕拉帕斯港（http：//www. ptp. com. my/hom）、马来西亚柔佛港口管理机构（http：//www. lpj. gov. my/index. php/en/）、安特卫普港（http：//www. portofantwerp. com/en）、可持续的安特卫普港（https：//www. sustainableportofantwerp. com/）、世界港口资源（World Port Source）（http：//www. worldportsource. com/index. php）、国际海事组织（http：//www. imo. org/EN/Pages/Default. aspx）、跨界水域评估计划（Transboundary Waters Assessment Programme）（http：//geftwap. org/）、运输追踪及其能耗和排放计算网站（https：//www. ecotransit. org/calculation. en. html、https：//www. msc. com/和 http：//www. dhl. com. hk/en. html）、海洋环境保护科学问题联合专家组的报告（The Joint Group of Experts on the Scientific Aspects of Marine Environmental Protection）（http：//www. gesamp. org/publications/pollution-in-the-open-oceans）、太平洋环境规划署（Secretariat of the Pacific Environment Programme）（https：//www. sprep. org/）、斯德哥尔摩港口群（http：//www. portsofstockholm. com/）、大斯德哥尔摩（http：//www. storsthlm. se/）和斯德哥尔摩区域欧盟办公室（Stockholm Region EU Office）（https：//stockholmregion. org/）等；②百科网页包括：大英百科全书（Encyclopaedia Britannica）（https：//www. britannica. com/）、维基百科（https：//en. wikipedia. org/wiki/Main_ Page）之太平洋、大西洋、印度洋、斯德哥尔摩省（Stockholm County）和斯德哥尔摩市（Stockholm）和百度百科（https：//baike. baidu. com/）之安特卫普港等；③新闻资讯包括：厦门日报资讯、央广网新闻和中国港口资讯网等。

本研究拟考虑以2015年为现状基准年进行现状评价；以2010年作为回顾性评价的基准年，回顾评价2010—2015年的变化趋势。

4.1.3.2　厦门区域现状和回顾性评价及其评价因子识别

4.1.3.2.1　厦门区域现状和回顾性评价

根据所获取的信息，从区位、资源、社会、经济、环境和生态6个维度进行厦门区域的现状和回顾性评价。

1）区位维度

地理区位：厦门地处我国东南沿海、台湾海峡西岸，是闽台经济圈、文化圈的中心点和转接点，海西建设的龙头城市；位于长三角、珠三角以及台湾的中间，从大区域考虑地理区位没有优势，但在华东南区域范围有一定的区位优势。

自然区位：厦门地区属亚热带海洋性季风气候，全年气候温和，自然区位状况较优越。

资源区位：拥有丰富的旅游资源及较丰富的港口资源；土地资源较少，沿海地区淡水资源较匮乏，资源区位较优越。

生态区位：厦门是一座高颜值的生态花园之城，人与自然和谐共生，荣获“国家森林城市”“绿色交通城市”和“国家园林城市”等称号，生态区位优越。

经济区位：厦门经济发展在我国东部沿海城市中处于居中水平，GDP 总量较小，且受到长三角、珠三角及台湾三区域经济夹击，但在华东南区域范围有一定的区位优势，经济区位中等偏上。

社会区位：厦门是最早建立的 4 个经济特区之一、海峡西岸经济区建设的核心城市之一、国家“一带一路”倡议实施的重要枢纽城市和福建自由贸易实验区的重要片区；厦门法治政府建设成果在全国名列前茅、全省第一；2015 年荣获全国文明城市“四连冠”；厦门城市公共安全处于全国中上水平，但落后于上海、广州和深圳。社会区位优越。

2）资源维度

自然资源：厦门全市土地面积 1 699 km^2。2015 年厦门市水资源总量 13.9 亿 m^3，较 2010 年增加 0.762 亿 m^3。厦门市旅游资源极丰富；但土地资源、淡水资源和能源资源匮乏，不具备发展大规模工业、农业、种植业的条件。海岸线曲折多湾，拥有丰富的水产养殖资源，但水产养殖已退出；港口航运与旅游争夺海洋空间资源，造成严重的资源利用冲突，近年来有所缓解。

人文资源：厦门历史较短，但既有闽南传统文化，又带有较浓的西方文化，中西方文化交融；厦门是著名的侨乡，该地区独特的闽南文化使其与台湾和东南亚有着割不断的渊源。

3）社会维度

政治文明：厦门市全面推进依法行政，法治政府建设取得明显成效，建设低碳城市试点和海洋生态文明城市。厦门《中国法治政府评估报告（2015）》中，连续第二年取得全国 100 个被评估的城市中的第四名；在省政府对各设区市政府绩效评估依法行政指标考核中，再次以满分的成绩保持全省第一。厦门市深化文明城市建设，市民文明素质和城市文明程度不断提升。全面深化行政审批制度改革。2010—2015 年民政经费逐年增加，2015 年为 70 288 万元，平均年增长为 18.1%；社会救济总人数逐年减少，平均年增长率为-9.9%；慈善捐赠机构 7 个；至 2015 年年底各种收养性社会福利单位的床位 8 280 张，较 2010 年增加 3 210 张，平均年增长 12.7%；城镇社区服务设施都大于 480 个（厦门市统计局和国家统计局厦门调查队，2017a）。厦门市整体高度文明，岛内外一体化发展不断推进。

人口家庭：2010—2015 年厦门市全市常住人口仍呈上涨趋势，平均年增长 1.7%，2015 年达 386 万人；城镇居民人均可支配收入除 2014 年呈现负增长外，其余年份均呈现增长态势，2015 年为 4. 26 万元，平均年增长 9. 12%；农村居民全年收入逐年增加，2015 年为 1. 76 万元，平均年增长 15%；社会消费品零售总额增长率保持在 8. 9%以上，近年来有所放缓；居民消费价格指数逐年上升，基本在 102%左右；2015 年城镇登记失业率为 3. 22% 较 2010 年下降 0. 11%（厦门市统计局和国家统计局厦门调查队，2017a）；基本养老保险水平保持全国前列。

文化艺术：厦门剧团有 6 个，群艺馆、文化馆机构 8 个；公共图书馆 2015 年 10 个，藏书 544 万册，较 2010 年增加 209 万册；博物馆 2015 年为 3 个，较 2010 年减少 1 个，至 2015 年馆藏品 29 779 件；2015 年电影院放映收入 3. 85 亿元，平均年增长 62. 8%；2015 年制作广播节目 41 748 h，平均年增长 3. 9%；2015 年期刊出版 1 222 万印张，较 2010 年增加 14. 4%；2015 年厦门市文化及相关产业法人单位资产总计 820 亿元，较上一年增长 23. 3%（厦门市统计局和国家统计局厦门调查队，2017a）。厦门市文化底蕴丰厚，既有闽南传统文化，又带有较浓的西方文化的印记；重视对历史和人文景观的保护，文化艺术源远流长，中西方文化交融。厦门是著名的侨乡，该地区独特的闽南文化使其与台湾之间有着史源久、地缘近、血缘亲、语缘通、文缘深、俗缘同、商缘广等难以分割的同胞情谊，对台对外文化交流深入活跃；华侨文化广泛联系东南亚（张珞平，2012）。

基础设施：厦门市总体基础设施建设较完善，港口航运、铁路、公路、航空等交通运输发达。国家发改委初步确定厦门市为国家现代物流创新发展试点城市之一，至 2015 年年底，全市共有各类物流企业近 4 000 家，物流基础设施逐步完善（厦门市统计局和国家统计局厦门调查队，2017a）。配合区内跨境电商、融资租赁、保税展示等新兴业态发展的基础设施也较完善。城市基础设施较先进。

行政管理：市级权力事项精简 51. 3%，商事主体年报公示率 93. 3%。深化“多规合一”改革。自贸试验区制度创新不断深化。率先建设国际贸易“单一窗口”，推进关检“一站式”查验。实施外商投资准入前国民待遇、负面清单和备案管理的管理模式。成立国际商事仲裁院、国际商事调解中心、两岸知识产权智库，承接 253 项省级行政许可事项（厦门市统计局和国家统计局厦门调查队，2017a）。

环境管理：万元生产总值耗电、耗水一直保持全国大中城市领先水平，2015 年分别下降 4. 5%和 3. 6%，年度节能减排任务全面完成。14 个涉农镇街均获评国家级生态镇，93. 6%行政村获评省级生态村。2015 年厦门市顺利通过国家生态市考核验收、市长环保目标责任书考核全省排名第一。加强规划引领、“多规合一”、绿色低碳循环经济、体制机制创新和环境执法监管。厦门环境污染治理投资总额 2010—2015 年年平均为 41. 44 亿元，年平均占 GDP 总额的 1. 45%（厦门市统计局和国家统计局厦门调查队，2017a）。

卫生和健康：2015 年全市卫生机构 1 437 个，其中医院数达 45 家，分别比 2010 年增长 46. 8%和 25%；卫生机构床位达 1. 4 万个，较 2010 年增长 32. 9%，病床使用率都大于 86%。甲乙类法定报告传染病发病率于 2011 年明显减少（厦门市统计局和国家统计局厦门调查队，2017a），居民主要健康指标接近发达国家平均水平。

教育科技：教育投入稳定增长，2010 年全市教育经费为 70. 6 亿元，2015 年全市一般公共预算教育支出分别为 99. 2 亿元，平均年增长 8. 1%。2015 年厦门研究与开发（R&D）经费内外部支出近 113 万元，平均年增长 20. 6%。2015 年厦门国内专利授权量 1. 25 万件，较 2010 年增长 48%。以企业为主体的高新技术产业创新研发和成果转化呈现快速增长态势。厦门成为入选国家首批小微企业创业创新基地城市示范的唯一计划单列市。2015 年厦门市继续实施科技惠民工程（厦门市统计局和国家统计局厦门调查队，2017a）。

厦门社会维度总体状况良好。

4）经济维度

经济实力：2010—2015 年厦门市 GDP 逐年递增，2015 年达 3 466 亿元，平均年增长 13.6%；但 GDP 总量规模偏小，在福建省中位列第三；按常住人口计算，2015 年人均 GDP 为 9.04 万元（厦门市统计局和国家统计局厦门调查队，2017a），人均 GDP 和城镇居民人均可支配收入均在福建省内位列第一，与北京、上海、广州等中国经济发达城市相比差距较小。

产业结构：厦门市第一产业在 2011 年和 2015 年呈现负增长状态，第二产业的增长趋势于 2014 年有所放缓，第三产业都保持增长态势；2010 年和 2015 年第一、二、三产业结构分别为 1.1∶49.7∶49.2 和 0.7∶43.6∶55.7，第三产业的比重持续增加（厦门市统计局和国家统计局厦门调查队，2017a），已成为主导产业。

固定资产投资：2010—2015 年全社会固定资产投资除 2013 年的增长率为 1.1%外，其他年份都大于 14%，2015 年投资为 1 896 亿元，较 2010 年增长 87.8%。2010 年完成城镇交通运输和仓储业投资 162 亿元，而 2015 年完成投资 312 亿元，增长近 1 倍；2010 年完成城镇环境管理业投资 3.16 亿元，而 2015 年完成投资 17.1 亿元，有大幅度增长；2010 年完成城镇公共设施业投资 103 亿元，2015 年完成投资 170 亿元，有大幅度增长；2010 年完成城镇科学研究、技术服务和地质勘查投资 1.60 亿元，2015 年完成投资 7.84 亿元，增长 4.9 倍；2010 年完成城镇教育业投资 17.5 亿元，2015 年完成教育业投资 33.3 亿元，增长近 1 倍；2010 年完成城镇卫生、社会保障和社会福利业投资 7.05 亿元，2015 年完成投资 32.2 亿万元（厦门市统计局和国家统计局厦门调查队，2017a），增长约 4.6 倍。

贸易物流：2010—2015 年货运量一直保持 13%以上的增长速度，至 2015 年为 2.68 亿 t；集装箱吞吐量前 4 年增长率在 11%以上，后两年保持在 7%以上，2015 年集装箱吞吐量为 918 万标箱；外贸进出口总额（海关数）在 2012 年大幅度减少，2013 年有所回升，但 2014 年和 2015 年呈现负增长，2015 年总额为 833 亿美元（厦门市统计局和国家统计局厦门调查队，2017a），增幅仍位列东部省（市）和计划单列市第一。至 2015 年年底，全市实现物流增加值 312 亿元，比上年增长 16.5%，占 GDP 的 9.0%（厦门市统计局和国家统计局厦门调查队，2017a）。

财政税务：2015 年全市财政总收入达 1 001 亿元，平均年增长率为 18.1%（厦门市统计局和国家统计局厦门调查队，2017a）；地方财政收入在福建省内位列第 1；2015 年财政支出 651 亿元，较 2010 年增长 112%（厦门市统计局和国家统计局厦门调查队，2017a）。

金融保险：中资金融机构各项人民币存款余额逐年增长；贷款余额保持在 10%以上的增长率。截至 2015 年年底厦门市银行业资产总额比年初增长 21.4%、负债总额增长 21.0%（厦门市统计局和国家统计局厦门调查队，2017a）。

总体来看，厦门经济水平中等偏上。

5）环境维度

大气环境：2010—2015 年全年空气质量达标（AQI<100）天数都大于 340 d，2015 年为 362 d；厦门市空气质量优良率都保持在 93%以上，其中 2010 年为 97.5%，2015 年为 99.2%。2015 年厦门空气质量在全国 74 个城市中排名第二，主要空气污染物为细颗粒物（$PM_{2.5}$）和二氧化氮（NO_2）（厦门市环境保护局，2017）。

水环境：2010—2015 年厦门污水排放量逐年增加，2015 年为 2.89 亿 m^3，较 2010 年增加 0.70 亿 m^3；历年污水集中处理率都在 90%以上，2015 年较 2010 年增加 3.0%（厦门市统计局和国家统计局厦门调查队，2017a）。2011 年后，饮用水源水质达标率都为 100%。厦门市主要地表水水质一般，杏林湾水库水质主要污染物为总磷、总氮、氨氮和五日生化需氧量；大多数年份全年地下水水质达标率为 100%；厦门湾海域海水环境质量现状较好，无明显变化，超标因子主要为无机氮和活性磷酸盐；九龙江河口区水质达标率较低，都不超过 70%，2015 年按照Ⅲ类标准评价，高、低平潮的功能区达标率分别为 50.7%和 29.0%（厦门市环境保护局，2017），主要是营养盐超标严重。

声环境：厦门市区域环境噪声、道路交通噪声总体水平较高。2015 年区域环境噪声污染程度同比略有下降，道路交通噪声同比有所上升。2015 年昼间道路交通噪声质量良好，平均等效声级为 67.9 dB（A），较之于 2010 年有所下降。2015 年城市功能区噪声质量总体良好，昼、夜间达标率分别为 95.0%和 70.0%（厦门市环境保护局，2017）。

固体废物：2015 年，厦门市一般工业固体废物处置利用率为 99.5%，同比增加 1.6 个百分点，2010 年工业固体废物综合利用率为 87.3%；医疗废物处置率都达到 100%；2015 年生活垃圾无害化处理率较 2010 年上升，达 100%。生活垃圾清运量逐年增加，2015 年为 16.2 亿 t，较 2010 年增加 67.5 万 t（厦门市环境保护局，2017）。

环境风险：厦门海岸带地区的环境风险水平中等，其中风险源主要来自气象灾害（如暴雨、台风风暴潮）、船舶溢油等（吴侃侃，2012）。

2010—2015 年年平均环保年投入占 GDP 总量的 1.45%，低于上海市环保投资比例。

总体上，环境质量持续改善，环保发展有保障，环境监管水平不断提升。

6）生态维度

陆地生态系统：2015 年厦门市建成区绿地率为 37.2%，建成区绿化覆盖率为 41.9%，较 2010 年增加 1.5%，人均公园绿地面积达到 11.46 m^2，较 2010 年减少 8.89 m^2（厦门市统计局和国家统计局厦门调查队，2017b）。

水域生态系统：由于未收集到 2012 年以后关于厦门生态调查的资料，参考《厦门湾海岸带主体功能区划》（2012）的生态专题评价结果进行回顾性评价。厦门海域生物群落结构稳定。西海域和东南部湾口水域物种较丰富，浮游动物种类多样性指数相对较高，大型底栖生物物种较丰富，而鼓浪屿西部和嵩屿周围水域物种较单纯，多样性指数低。粪大肠菌群污染减少，浮游植物群落结构转好。但浅海底栖生物种类数下降明显，指示污染的多毛类占比增加，而棘皮动物占比减少。渔业资源衰退明显，初级生产力呈上升趋势。厦门湾海岸带地区生态系统生物成分和服务均为中等水平，湿地面积明显减少（张珞平，2012）。

敏感生物生态：至 2015 年年底，厦门拥有国家级自然保护区 1 个（海洋珍稀物种国家级自然保护区，包括中华白海豚、文昌鱼、白鹭），水源保护区 3 个（石兜-坂头水库水源保护区、汀溪水库水源保护区、九龙江北溪厦门市饮用水源保护区），建制镇水源保护区 1 个（新圩镇古宅水库水源保护区），森林公园 6 个（莲花国家森林公园、天竺山森林公园、同安郭山村森林公园、集美灌口镇越尾山森林公园、翔安吕塘村森林公园、同安洋麻山森林公园），国家重点风景名胜区 1 个（鼓浪屿-万石山风景名胜区），省级风景名胜区 2 个（香山风景名胜区、北辰山风景名胜区），市级自然保护区 1 个（厦门五缘湾栗喉蜂虎自然保护区）。2015 年较 2010 年增加 3 个森林公园和 1 个市级自然保护区（厦门市环境保护局，2017）。2015 年自然保护区面积为 3.3 万 hm^2，较 2010 年减少 912 hm^2。此外，厦门湾还包括九龙江口红树林省级自然保护区（厦门市环境保护局，2017）。敏感保护物种中，中华白海豚和鹭鸟群落稳定，九龙江口红树林保护良好；厦门市辖区红树林、文昌鱼和中国鲎资源明显减少（厦门市环境保护局，2017）。

生态风险：厦门海岸带地区的生态风险水平中等，其中风险源主要来自气象灾害（如暴雨、台风风暴潮）、船舶溢油、赤潮、生物入侵等（俞炜炜，2012）。

总体上，生态环境持续优化，生态环境质量总体保持良好。

7）总结

综上所述，厦门地区区位条件较好，其中地理区位有一定的区位优势；自然和资源区位较好；经济区位中等偏上；社会和生态区位优越。

资源维度较好，其中土地资源、淡水资源和能源资源匮乏；旅游资源丰富；港航资源和水产养殖资源较丰富，但港口航运和旅游存在资源利用冲突；人文文化资源丰富。

社会维度好，其中政治文明、人口家庭、文化教育、卫生与健康等方面有优势，基础设施和行政管理较先进。

经济维度较好（中等偏上），其中经济实力较好，尽管经济总量较小，但人均 GDP 较高；产业结构合理；固定资产投资增长较快；外贸增长近年来有所下降，但货运和物流仍保持快速增长；财政税务和金融保险持续高增长。

环境维度较好，其中大气环境质量优良；水环境质量较好，海域海水环境质量主要超标因子为无机氮和活性磷酸盐；声环境质量良好；固体废物处置率较高；存在一定的环境风险；环保投资偏低。

生态维度总体状况良好，其中陆域和海域生态有所好转，但渔业资源衰退明显，湿地面积明显减少；敏感保护物种中华白海豚和鹭鸟群落稳定，但文昌鱼和中国鲎资源明显减少。

4.1.3.2.2 厦门区域评价因子识别

基于厦门区域现状和回顾性评价结果，结合帝胜公司开襟衫生产原料的来源和仓储、生产过程、厂内仓储和集装箱公路运输的特征，从 6 个维度进行评价因子的识别。

（1）区位维度：帝胜公司开襟衫在厦门地区的生产、仓储和运输与厦门地区的区位维度基本不产生相互影响，不设置区位维度的评价因子。

（2）资源维度：帝胜公司开襟衫项目与资源维度相互影响较小，选择水资源消耗、电力消耗和燃油消耗等评价因子。

（3）社会维度：帝胜公司开襟衫项目与社会维度相互影响较小，选择社会维度的评价因子为：人员就业、物流基础设施、贸易行政管理、环境管理水平和交通事故。

（4）经济维度：选择评价因子为帝胜公司的经济成本和经济收益；厦门地区的外贸和物流。

（5）环境维度：选择与项目相关的陆域运输过程的大气环境（$PM_{2.5}$、NO_2）和声环境（道路交通噪声），生产过程的污水排放量、声环境（厂区噪声）和工厂固体废物。

（6）生态维度：帝胜公司开襟衫项目与生态维度相互影响较小，仅考虑陆域鸟类的影响（工厂生产和公路运输）。

（7）适当考虑帝胜公司开襟衫生产原料的来源及其生产过程的绿色评价。

4.1.3.3　厦门港现状和回顾性评价及其评价因子识别

4.1.3.3.1　厦门港现状和回顾性评价

根据所获取的信息，从 6 个维度进行厦门港区现状和回顾性评价。由于本案例经海沧港区起运，因此重点关注海沧港区。

1）区位维度

地理区位：厦门港地处我国东南沿海、台湾海峡西岸，是我国综合交通运输体系的重要枢纽、闽东南乃至福建省货流集散中心，“海上丝绸之路”和自由贸易试验区。地理区位同厦门市。但由于位于长三角、珠三角以及台湾的港口群中间，从港口本身考虑地理区位没有优势，但针对闽东南乃至福建省、服务赣南和粤东地区有明显的区位优势。

自然区位：厦门港港阔、水深、不冻、少雾、少淤、避风条件好，是我国东南沿海优良的深水港，自然区位优越。

资源区位：厦门港天然深水岸线和可围滩地资源较为丰富，中浅岸线可深用，但深水岸线资源有限。其他资源同厦门市。资源区位中等。

生态区位：2015 年厦门市被交通部授予“绿色交通城市”称号（徐景明，2016），生态区位优越。

经济区位：经济区位同厦门市。厦门港以闽南金三角为核心腹地，辐射全省、赣南和粤东地区。经济区位中等。

社会区位：社会区位同厦门市。厦门港位于海峡西岸经济区的中心城市和现代化国际港口风景城市，是我国的集装箱干线港、福建省最大和最具发展潜力的港口，是厦门国际航运中心和大陆对台最主要的贸易口岸。2015 年厦门港的中国沿海集装箱港口综合服务评价指数名列第 6。2015 年厦门港的集装箱吞吐量世界排名第 17 位、全国第 7（吴顺彬，2016）。社会区位优越。

厦门港总体区位条件较优越。

2）资源维度

土地资源：根据《厦门港总体规划（修编）》（2013）方案显示，厦门港陆域面积 8 624 万 m^2（交通运输部规划研究院，2013）。陆域资源较紧张。

岸线资源：厦门港大陆海岸线总长约 899 km，其中适宜港口开发的岸线总长 122.8 km，位于厦门湾的岸线长 226 km，其中只有 51.68 km 适合港口开发（交通运输部规划研究院，2013；Wu et al.，2018）。海沧港区已成为厦门湾地区港口开发的重点区域，但岸线资源有限，深水岸线资源供给趋紧。

水域资源：厦门湾是优良的深水港湾，湾内水域宽阔、岸线曲折、天然掩护条件良好。泥沙淤积轻微，拥有良好的水域资源。2015 年厦门港通航水深保证率达到 95%，较 2010 年下降 5%（厦门港口管理局，2011a；吴顺彬，2016）。

能源消耗：厦门港的能源消耗总量呈增长趋势且增速较快，年均增长率为 8.6%；能源单耗基本呈下降趋势，年均下降率为 3.6%，2014 年生产综合能源单耗为 3.89 tce/万 t（注：tce 为吨标准煤当量）；集装箱生产综合能源单耗为 49.23 tce/万 TEU（万标箱）。电力和天然气等清洁能源能耗占比不断提升，电力占比由 2010 年的 26.3%增加到 2014 年的 57.9%，年均增长率为 21.8%；天然气占比由 2010 年的 0 增长到 4.0%（交通运输部水运科学研究院，2016）。

交通资源：厦门港位于国道主干线沈海线和国家重点干线厦昆线的交汇点；铁路以鹰厦铁路为干线，梅坎铁路沟通厦门港与粤东地区，福厦铁路、龙厦铁路和厦深、赣龙扩能工程等铁路沟通海峡西岸经济区与周边地区（交通运输部规划研究院，2013），港口集疏运条件较好。厦门航空港 2015 年货邮吞吐量 31.06 万 t（厦门市统计局和国家统计局厦门调查队，2017b），列居全国第 12 位，在海西地区机场中稳居龙头。海沧港区路网密度大、等级较高。

航线资源：2015 年周航班较 2010 年增加 26 班，达 202 班。2015 年“海上丝绸之路”航线总数达 41 条（厦门港口管理局，2011b；吴顺彬，2016）。

旅游资源：厦门湾地区旅游资源丰富，成为国际性、区域性旅游中心城市。厦门港是国际豪华游轮停泊、起始港，初步形成台湾、东北亚、东南亚邮轮圈。2010 年成为我国首个个案实行国际邮轮多港挂靠的港口（厦门港口管理局，2011b）；拟打造国际邮轮母港。

总体来看，厦门港资源总体状况较好。

3）社会维度

发展战略：2010 年厦门和漳州所有港区合并组成新的厦门港；主动融入“21 世纪海上丝绸之路”和自由贸易试验区建设；并研究出台了 2010 年港口奖励补贴政策，促进湖南长沙、江西新余等地“陆地港”建设（厦门港口管理局，2011a）。

行政管理：厦门港近年来健全依法行政、信用信息公示等相关工作机制，优化行政审批，简政放权，落实“多规合一”。2015 年挂牌成立厦门港航综合行政执法支队，强化港航综合执法（吴顺彬，2016）。

港口效益：2010—2015 年厦门港货物吞吐量逐年上升，2015 年达 2.10 亿 t，比 2010 年增长 65.2%，平均年增长 13.0%。集装箱吞吐量逐年上升，2015 年为 918 万 TEU，比 2010 年增长 57.7%，平均年增长 11.5%（厦门港口管理局，2011b；厦门港口管理局，2016）；2015 年厦门港集装箱吞吐量的世界排名从 2010 年的第 19 位上升到第 16 位，增幅居沿海八大干线港口前列。2015 年旅客吞吐量为 984 万人次，较 2010 年增长 0.5%。2015 年邮轮旅客吞吐量 17.6 万人次，2010 年出入境邮轮旅客达 1.8 万人次（厦门港口管理局，2011b；厦门港口管理局，2016）。港口效益明显提升。厦门港全面实施电子化和无纸化、建设视频监控系统及综合信息管理指挥体系等，成为全国第三个获交通运输部批准组建的交通电子口岸分中心（吴顺彬，2016）。

基础设施：2015 年厦门港拥有泊位 159 个，较 2010 年增加 55 个；2015 年码头货物综合通过能力 1. 66 亿 t，较 2010 年增加 0. 61 亿 t；2015 年集装箱通过能力 1 033 万标箱，较 2010 年增加 394 万标箱（厦门港口管理局，2011b；厦门港口管理局，2016）。

作业效率：2015 年厦门港外贸集装箱船平均每艘次在港停时 0. 5 d，较 2010 年缩短 0. 11 d；平均每装载千吨货在港停时 0. 07 d，较 2010 年缩短 0. 02 d；2015 年停泊艘次 8 678 艘次、总艘时为 10. 36 万艘时，较 2010 年增加 2 272 艘次和 0. 28 万艘时（厦门港口管理局，2011b；厦门港口管理局，2016）。港口作业效率有明显提高，并体现较高的管理效果。

环境管理：厦门港 2010 年编制完成《厦门港节能减排规划方案和考核指标体系研究报告》，提出 8 项节能减排重点工程。2014 年完成《“美丽港口”战略规划纲要》编制。依据《绿色港口考核评价指标体系（试行）》，以厦门港 2014 年发展现状为基础，总得分为 89 分。落实上级清洁空气计划，采取多种措施加大对码头及水运在建项目扬尘整治力度。2015 年国家支持港口企业节能循环经济和资源节约重大项目（交通运输部水运科学研究院，2016）。

安全生产和事故：2015 年厦门港 114 家港航企业安全生产标准化省级达标考评达标数目占比达 79. 6%；整改港口生产安全隐患 1 315 项，整改率达到 99. 6%（吴顺彬，2016）。

总体来看，厦门港社会维度总体状况较好。

4）经济维度

经济指标：未发现有针对厦门港营业收入、利润等经济指标的统计信息。该案例中的集装箱由厦门嵩屿集装箱码头有限公司负责港口经营，该公司受厦门港务发展股份有限公司控制，厦门港务发展股份有限公司 2015 年的营业收入为 72. 6 亿元，较 2010 年增加 57. 2 亿元；2015 年利润较 2010 年增长 7. 6%（厦门港务发展股份有限公司，2017）。

固定资产投资：2015 年厦门港固定资产投资完成 20. 7 亿元，较 2010 年减少 12. 9 亿元（厦门港口管理局，2011b；厦门港口管理局，2016）。2015 年厦门港全国首个第四代自动化码头远海码头投入运营。

总体来看，厦门港经济总体状况较好。

5）环境维度

大气环境：2010 年海沧港区及周边的 SO_2 未超标，NO_2 日均浓度监测值略有超标，最大超标倍数为 0. 087；PM_{10} 日均浓度监测值均超标，最大超标倍数为 0. 95。总体上，海沧港区及周边的环境空气质量良好。碳排放总量呈先增长后下降的趋势；碳排放强度呈下降趋势，年均下降率为 10. 8%（交通运输部规划研究院，2014）。

水环境：2013 年厦门港西海域、南部海域及河口地区存在无机氮和活性磷酸盐超标现象，超标率均在 80%以上（交通运输部规划研究院，2014）。总体上，厦门港西海域南部海域及河口地区的水环境质量较好。

声环境：2010 年海沧港区声环境质量现状良好，大部分监测点位声环境监测结果均达标，仅有青礁监测点位受海沧保税区出入口集装箱车辆影响，噪声略有超标。根据《厦门港绿色港口建设“十三五”规划方案》（2014）现场监测表明，港区噪声对周边环境的影响范围一般在距码头前沿 300 m 以内，港区声学环境符合《工业企业厂界噪声标准》（GB 12348-90）三类区标准（交通运输部规划研究院，2014）。

固体废物：港区生活垃圾有所削减，规划建设的海沧环卫码头和新建的西部基地（海沧垃圾焚烧场）可为海沧港区产生的垃圾提供收集、中转和处理。来自船舶的生活垃圾经港监部门检验后，采用塑料垃圾桶收集贮存后，由港口接收设施接收，运到临近的垃圾焚烧场或综合处置场处理，且船舶垃圾产生量在全市垃圾总量占比较小。海沧港区为集装箱运输，产生的机修固废所占比例很小，且属于一般废弃物，多数能进行综合利用（交通运输部规划研究院，2014）。

环境风险：根据《厦门港总体规划（修编）环境影响评价报告书》（2014）的风险评价结果，厦门港海域存在发生船舶溢油及危险化学品泄漏事故的风险（交通运输部规划研究院，2014）。

总体来看，厦门港环境总体状况较好。

6）生态维度

陆域生态系统：海沧港区嵩屿作业区从西往东分别由茶口山（高约 53 m）、寨前山（高约 86 m）和象鼻山（高约 66 m），除已利用岸线外，其余岸线主要以基岩岬角海岸为主，区域山体植被覆盖率高，整体绿色质量好。港区陆域及后方植被未见珍稀保护植物（交通运输部规划研究院，2014）。

水域生态系统：2013 年厦门港西海域、南部海域及河口地区的浮游植物数量有所增加，但生物多样性指数和均匀度较小；浮游动物种类和生物量有所减少，但总个体密度平均值有显著增长，多样性指数和均匀度有所降低；底栖生物种类减少，生物量明显降低，但平均密度显著增加，生物多样性指数有所提高；鱼卵及仔鱼个数、种类及密度下降（交通运输部规划研究院，2014）。

敏感生物生态：厦门港海沧港区的敏感生物生态包括海洋珍稀物种国家级自然保护区的中华白海豚、龙海九龙江口红树林省级自然保护区、龙海九龙江河口湿地县级自然保护区和鼓浪屿-万石山国家级风景名胜区。

生态风险：厦门港存在生物多样性减少、物种入侵等生态风险。

总体来看，厦门港生态总体状况较好。

7）总结

综上所述，厦门港区位条件较优越，其中自然、生态和社会区位优越；资源和经济区位中等；地理区位一般。

资源维度较好，其中港口交通资源和航线资源好；旅游资源丰富；水域资源良好；土地资源和岸线资源紧张；港口能源单耗下降，但总量上升迅速，清洁能源消耗不断增加。

社会维度较好，其中发展战略前瞻性好；行政管理较先进；港口效益明显；港口基础设施较完善，且作业效率较高；环境管理水平较高；安全生产状况较好，事故发生率极低。

经济维度较好，其中经济效益较好，港口企业营业收入和利润增长率都较高，但固定资产投资减少明显。

环境维度较好，其中大气环境质量良好；水环境质量较好，海域主要污染物为无机营养盐，与航运无关；声环境质量良好；固体废物处置状况好；存在一定的环境风险。

生态维度总体状况较好，其中陆域生态较好；水域生态有所好转，但浮游植物和浮游动物生物多样性较低，底栖生物生物量明显降低，渔业资源呈衰退状态；对中华白海豚和白鹭保护物种有一定影响；存在一定生物入侵的生态风险。

4.1.3.3.2 厦门港评价因子识别

基于厦门港现状和回顾性评价结果，结合帝胜公司开襟衫航运物流在厦门港作业的特征，从6个维度进行评价因子的识别。

（1）区位维度：帝胜公司开襟衫将厦门港作为出发港，与该港的区位条件有一定关系，因此设置区位维度的评价因子为地理区位、资源区位和社会区位。

（2）资源维度：选择港口作业占用的土地资源、港口岸线资源和港区集疏运资源，港口作业消耗的电力和燃油，以及通航条件为评价因子。

（3）社会维度：帝胜公司开襟衫在厦门港的作业与社会维度相互影响较小，选择社会维度的评价因子为：行政管理、港口效益、港口基础设施、作业效率、环境管理水平和港口安全生产。

（4）经济维度：选择评价因子为该集装箱发生的厦门港港费。

（5）环境维度：选择与该集装箱在厦门港出发作业相关的大气环境（PM_{10}、NO_2、SO_2、CO_2）；由于港口作业与主要水环境问题（无机氮、活性磷酸盐）基本无关，暂不考虑水环境的评价因子；港区机械和道路交通噪声；船舶溢油环境风险。

（6）生态维度：该集装箱在厦门港出发作业与生态维度相互影响较小，考虑船舶作业对水域浮游植物和浮游动物多样性、底栖生物生物量和鱼卵及仔鱼的影响；并考虑船舶作业对中华白海豚和白鹭活动的影响，以及生物入侵生态风险。

4.1.3.4 丹戎帕拉帕斯港现状和回顾性评价及其评价因子识别

4.1.3.4.1 丹戎帕拉帕斯港现状和回顾性评价

根据所获取的信息，从6个维度进行马来西亚丹戎帕拉帕斯港（Port of Tanjung Pelepas or Pelabulan Tanjung Pelepas）区域现状和回顾性评价。

1）区位维度

地理区位：丹戎帕拉帕斯港位于马来西亚半岛南端，紧邻新加坡西侧；坐落于世界主要东西航线的汇合处，45 min就能和世界上最繁忙的航线汇合（Port of Tanjung Pelepas, 2017）。但受到国际大港——新加坡港的竞争，地理区位处于相对弱势。

自然区位：丹戎帕拉帕斯港在蒲莱河（Sungai Pulai）的入海口，一个天然庇护的海湾，没有潮流的限制条件，水深、不冻、避风条件好，是马来西亚优良的深水港，自然区位优越。

资源区位：丹戎帕拉帕斯港是世界27个水深15 m以上的深水港之一，和新加坡港一道成为东南亚地区的深水港，马来西亚唯一的深水港。水深16~19 m，且拥有12.6 km长和250 m宽的锚地（Johor Port Authority, 2017c），可供世界上最大的船只停靠，资源区位优越。

生态区位：丹戎帕拉帕斯港2012年和2016年获得亚太绿色码头运营年奖，生态区位优越。

经济区位：丹戎帕拉帕斯港所在的柔佛州经济水平落后于马来西亚的平均水平，在整个东南亚地区处于中等地位，经济区位一般。

社会区位：丹戎帕拉帕斯港是马来西亚最大的集装箱港口，被定位为东南亚地区的中转港；位于自由区（free zone），涵盖自由商业区和自由贸易区，免海关手续、进口关税和进出口许可证。丹戎帕拉帕斯港是马来西亚最先进的集装箱港口，荣获 2014 世界海事日马来西亚“最佳港口”称号（Port of Tanjung Pelepas，2017）。社会区位优越。

丹戎帕拉帕斯港总体区位条件较优越。

2）资源维度

土地资源：丹戎帕拉帕斯港陆域面积 1 935 英亩（约 783 万 m^2），可储存和容纳 623.7 万 TEU（Johor Port Authority，2017c）。陆域资源仅为厦门港约 1/10。

岸线资源：丹戎帕拉帕斯港每个泊位 360 m，共 5.04 km（Johor Port Authority，2017c）。岸线资源有限。

水域资源：丹戎帕拉帕斯港的自然水深达 16~19 m。锚地水域长 12.6 km、宽 250 m，有利于减少船舶等待时间（Johor Port Authority，2017c）。

能源消耗：未能收集到丹戎帕拉帕斯港关于能源消耗的数据信息。

交通资源：丹戎帕拉帕斯港货运通过第二条马来西亚-新加坡高速公路、南北公路和当地主要工业园区连接；除了公路、水路和航空的联运，丹戎帕拉帕斯港还通过国家铁路网络从新加坡到泰国南部穿过马来西亚半岛（Port of Tanjung Pelepas，2017）。

航线资源：2015 年丹戎帕拉帕斯港的航线总数达 33 条（Port of Tanjung Pelepas，2017）。

总体上，丹戎帕拉帕斯港资源维度状况较好。

3）社会维度

发展战略：丹戎帕拉帕斯港致力于改善港口基础设施、港口安全、健康和工作环境以提升港口能力；建立战略信息中心、加强研究和质量管理以提高港口的研究与发展水平；通过贸易便利化和形象建设增强战略关系；加强高质量的人力资本、金融资源和法律法规以强化港口资源。马士基航运集团公司于 2000 年将丹戎帕拉帕斯港作为战略伙伴，几乎将转运业务全部从新加坡港转移到丹戎帕拉帕斯港，大约每年带来 200 万 TEU（Port of Tanjung Pelepas，2017）。

行政管理：柔佛港口管理机构（Johor Port Authority，JPA）作为丹戎帕拉帕斯港的监管主体，致力于确保获得许可的港口经营者根据国际服务标准提供有效率和有效益的服务；通过 MS ISO 9001：2000 认证落实工作场所文化，并持续地提高质量；制定顾客章程并严格遵守，保障港口服务高质量（Johor Port Authority，2017c）。

港口效益：2010—2015 年，丹戎帕拉帕斯港的货物吞吐量逐年增加，2015 年为 1.39 亿 t，比 2010 年增长 38.5%，平均年增长 7.7%。集装箱吞吐量除 2013 年较 2012 年有小幅降低外，其余年份都呈增长趋势，2015 年为 911.7 万 TEU，较 2010 年增长 39.5%，平均年增长 7.9%（Johor Port Authority，2017b）。2015 年丹戎帕拉帕斯港集装箱吞吐量的世界排名保持 2010 年的第 17 位。

基础设施：丹戎帕拉帕斯港有 14 个线性泊位，较 2010 年增加 2 个。最大的集装箱仓库位于码头后方，可堆存 623.7 万 TEU（Johor Port Authority，2017c）。

作业效率：2015 年丹戎帕拉帕斯港停泊艘次 4 696 艘次，较 2010 年增加 534 艘次。2015 年的泊位利用率为 66%，码头泊位平均周转时间为 20.64 h，平均每个月堆场的利用率为 53.8%。集装箱堆场的进口、出口和中转停泊时间分别为 7.79 d、3.96 d 和 5.83 d（Johor Port Authority，2017b）。丹戎帕拉帕斯港作业效率高，并仍不断提高。

环境管理：柔佛港口管理机构（JPA）公布《绿色港口政策（2014—2020）》（JPA GREEN PORT POLICY 2014—2020）作为标准文本，提出主要的性能指标指导港口的安全、健康和环保运营。

安全生产和事故：2016 年丹戎帕拉帕斯港公布《健康、安全和环保政策》（HEALTH，SAFETY，AND ENVIRONMENT POLICY）以承诺港口活动对环境零损害，同时公布《安全政策》（SECURITY POLICY）致力于提供安全的工作场所。未能获得港口已发生事故的数量。

总体上，丹戎帕拉帕斯港社会维度的总体状况较好。

4）经济维度

经济指标：丹戎帕拉帕斯港由 MMC 集团有限公司经营，其年报显示，丹戎帕拉帕斯港 2015 年营业收入为 12.01 亿 RM（RM 为马来西亚令吉），较 2010 年增加 7.76 亿 RM；2015 年税后利润为 1.78 亿 RM，较 2010 年增加 1.11 亿 RM，每股收益翻了 6 倍多（MMC Corporation Berhad，2017）。

固定资产投资：2015 年丹戎帕拉帕斯港投资了 5 台岸边集装箱起重机。

丹戎帕拉帕斯港经济维度的总体状况好。

5）环境维度

大气环境：根据 2014 年蒲莱河河口的一项桥梁和道路工程项目的环境影响初步报告显示，丹戎帕拉帕斯港东北方的大气环境因子未超标。但由于港口货运量的增长，对丹戎帕拉帕斯港大气环境带来的影响逐渐引起重视（Seaport Worldwide Sdn Bhd，2015）。

水环境：丹戎帕拉帕斯港位于蒲莱河河口区，丹戎帕拉帕斯港上游 2014 年的水质量下降到二级和三级，有轻微污染，BOD 和 COD 浓度较高。丹戎帕拉帕斯港东北海域的部分重金属超过马来西亚海水质量标准二级要求（Seaport Worldwide Sdn Bhd，2015）。

声环境：根据 2014 年蒲莱河河口的一项桥梁和道路工程项目的环境影响初步报告显示，丹戎帕拉帕斯港东北方的声环境未超过 60 dB（A）（Seaport Worldwide Sdn Bhd，2015）。

固体废物：丹戎帕拉帕斯港的废物通过环保部许可的废物承包商对废物进行收集、处置和循环利用。所有的废物管理都符合法律法规要求（Johor Port Authority，2017a）。

环境风险：丹戎帕拉帕斯港存在蒲莱河河口的石油化工项目泄漏、爆炸等事故带来的环境风险。

丹戎帕拉帕斯港环境维度的总体状况良好。

6）生态维度

陆域生态系统：丹戎帕拉帕斯港陆域堆场和码头大多为硬质地面，港口堆场后方地势平坦，植被茂盛。

水域生态系统：蒲莱河河口具有极好的完整生态系统和野生动物栖息地，红树林的多样性丰富，生物多样性也十分丰富。但红树林、海草和泥滩生态系统受丹戎帕拉帕斯港影响；渔业产量有所下降（Granek，2012）。

敏感生物生态：丹戎帕拉帕斯港的敏感生态有蒲莱河口红树林及其滩涂、海草床、Merambong 岛、Gelang Patah 水产养殖区、丹绒比艾国家公园（Tanjung Piai National Park）等；敏感生物包括海马、海象、海牛、繁殖鱼类等。

生态风险：丹戎帕拉帕斯港存在生物多样性减少、物种入侵等生态风险。

丹戎帕拉帕斯港生态维度的总体状况较好。

7）总结

综上所述，丹戎帕拉帕斯港区位条件较好，其中地理和经济区位一般；自然、资源、生态和社会区位优越。

资源维度较好，其中港口交通资源和航线资源较好；水域资源好；土地资源和岸线资源较紧张。

社会维度较好，其中发展战略注重港口效益，港口效益较好；行政管理较先进；港口基础设施完善程度一般，但作业效率高；环境管理水平较高；安全生产状况较好。

经济维度好，其中经济效益好，港口营业收入和利润增长明显；固定资产投资不断增加。

环境维度良好，其中大气环境质量较好；水环境质量良好；声环境质量较好；固体废物处置状况好；存在一定的环境风险。

生态维度较好，其中陆域生态和水域生态较好，但丹戎帕拉帕斯港对蒲莱河口红树林及其滩涂、海草床、海马、海象、海牛、繁殖鱼类等敏感生态有一定影响；存在一定生物入侵的生态风险。

4.1.3.4.2 丹戎帕拉帕斯港评价因子识别

基于丹戎帕拉帕斯港区域现状和回顾性评价结果，结合帝胜公司开襟衫航运物流在丹戎帕拉帕斯港中转作业的特征，从6个维度进行评价因子的识别。

（1）区位维度：帝胜公司开襟衫航运物流在丹戎帕拉帕斯港中转作业与丹戎帕拉帕斯港的区位条件有一定关系，因此设置区位维度的评价因子为地理区位、资源区位和社会区位。

（2）资源维度：选择帝胜公司开襟衫航运物流在丹戎帕拉帕斯港中转作业占用的岸线资源和土地资源，以及港口中转作业消耗的电力和燃油为评价因子。

（3）社会维度：帝胜公司开襟衫航运物流在丹戎帕拉帕斯港中转作业与丹戎帕拉帕斯港的社会维度相互影响明显，主要受马士基转运业务从新加坡港转移发展战略的影响，选择社会维度的评价因子为：发展战略、港口行政管理、港口基础设施、作业效率、环境管理水平和港口安全生产；人群就业和收入。

（4）经济维度：选择评价因子为该集装箱在丹戎帕拉帕斯港发生的港口费用。

（5）环境维度：选择与该集装箱在丹戎帕拉帕斯港中转作业相关的大气环境（PM_{10}、NO_2、SO_2、CO_2）；水环境（重金属）；港区机械和道路交通噪声；船舶溢油环境风险。

（6）生态维度：该集装箱在丹戎帕拉帕斯港中转作业与生态维度相互影响较小，考虑船舶作业对蒲莱河口敏感生物生态，包括红树林及其滩涂、海草床、海马、海象、海牛、繁殖鱼类等的影响；及生物入侵的生态风险。

4.1.3.5　安特卫普港现状和回顾性评价及其评价因子识别

4.1.3.5.1　安特卫普港现状和回顾性评价

根据所获取的信息，从 6 个维度进行比利时安特卫普港（Port of Antwerp）区域现状和回顾性评价。

1）区位维度

地理区位：安特卫普港地处英吉利海峡东岸，比利时西侧、荷兰鹿特丹港南侧，欧洲的心脏位置，是欧洲第二大港、比利时最大的海港，地理区位优越。

自然区位：安特卫普港地处斯海尔德河（River Scheldt）下游，距河口 68~89 km，属温带海洋性气候，盛行西北风。冬季潮湿多雾，夏季凉爽。年平均气温最低 1 月为 4℃左右，最高 7 月约 18℃，基本没有冰冻现象。全年平均降雨量 750~900 mm，斯海尔德河的潮差为 4. 2~4. 5 m（百度百科，2017a）。自然区位中等。

资源区位：安特卫普港是世界上面积最大的港口，水深条件好，一般情况深度达 13. 1 m，乘潮水深可达 15. 5 m（Antwerp Port Authority，2017c）。资源区位好。

生态区位：安特卫普港的海运船舶可向内地运输货物 80 km（Antwerp Port Authority，2017b），内河航运生态效应显著，生态区位优越。

经济区位：安特卫普是比利时最大港口和重要工业城市，比利时第二大经济中心，世界最大钻石加工和贸易中心，处于欧洲三大经济圈之一，经济区位优越。

社会区位：安特卫普港是全球供应链的节点，最快、最便宜地连接欧洲内陆。港口永续发展报告（2012）获得最佳永续发展报告。社会区位优越。

安特卫普港总体区位条件优越。

2）资源维度

土地资源：安特卫普港口面积达 12 068 万 m^2，其中右岸（right bank）6 784 万 m^2，左岸（left bank）5 284 万 m^2（Antwerp Port Authority，2017c）。

岸线资源：码头系泊长度为 169 km，码头岸壁 1 206 km（Antwerp Port Authority，2017c）。

水域资源：安特卫普港处于斯海尔德河下游，水域宽阔，水域资源丰富，水深条件好。

水资源消耗：安特卫普港 2015 年水资源消耗总量下降明显，约为 16 亿 m^3，较 2010 年减少 6. 5 亿 m^3（Antwerp Port Authority et al.，2017）。

能源消耗：安特卫普港 2010—2015 年每年总能源消耗量在 250 PJ（1 PJ 折合 3. 41 万吨标准煤），2015 年较 2010 年有所减少。可再生能源使用增加较明显，包括风能生物能、沼气和太阳能（Antwerp Port Authority et al.，2017）。

交通资源：安特卫普港有着快捷、高效的集疏运系统，公路总长 358 km、铁路 1 047 km。58%集装箱货运通过道路运输（2010 年为 47%）、35%通过驳船运输（2010 年为 37%）及 7%通过铁路运输（2010 年为 11%）（Antwerp Port Authority，2017c）。

航线资源：安特卫普港拥有超过500个直接目的地，每周不少于300个停靠，并能够运输任何种类的货物。

旅游休闲资源：安特卫普港未见有明显的旅游资源，当地居民将港口作为旅游和休闲区域的意愿越来越强烈。

总体上，安特卫普港资源维度状况较好。

3）社会维度

发展战略：安特卫普港是欧洲的海运物流中心；创造可持续的港口附加值以保持领导者的地位。航运和循环经济成为安特卫普港可持续发展新增主题（Antwerp Port Authority et al.，2017）。

行政管理：安特卫普港发挥港口社区（port community）的作用，增强利益相关者之间的合作，每年开展当地居民的调查活动（Antwerp Port Authority et al.，2017）。

港口效益：2010—2015年，安特卫普港货物吞吐量缓慢增加，2015年货物吞吐量为2.08亿t，比2010年增长17.0%，平均年增长3.4%。集装箱吞吐量除2012年外，其他年份较上一年都有所增加，2015年为965万TEU，比2010年增长14.0%，平均年增长2.8%（Antwerp Port Authority，2017b）；2015年安特卫普港集装箱吞吐量的世界排名从2010年的第14位上升到第11位，港口效益明显提升。

基础设施：安特卫普港集装箱年通过能力为1 500万TEU。安特卫普港拥有极好的腹地连接道路运输系统，但道路运输拥挤度逐年上升；而许多港口铁路基础设施处于荒废状态。2015年完成规划生态基础设施建设的61%，较2010年减少1%（Antwerp Port Authority，2017b）。

作业效率：安特卫普港的装卸速度世界闻名。2015年安特卫普港到港船舶1.44万艘，较2010年减少366艘，呈大型化趋势。码头即使是在公假期间也实行24 h、7 d制工作。2005年Deurganck码头增加700万标准箱的容量，港口处理能力很强（Antwerp Port Authority，2017b）。

环境管理：安特卫普港建立港区生态基础设施网络，其核心区确保不少于针对90个受威胁的动植物种的生态廊道和步行石道（stepping stones），并于2014年公布《安特卫普港物种保护规划》（Port of Antwerp Species Protection Plan）关注港区14个保护物种的长期保育。2015年安特卫普港获得ISO 50001能源管理体系认证。2015年港口循环经济中的直接就业人数较2010年约增长15.2%，循环经济投资较2010年有所减少，但增加价值却保持增长（Antwerp Port Authority et al.，2017）。

安全生产和事故：安特卫普港的事件报告数量在2012年呈明显减少，2015年的数据统计还未公布，2014年的事件报告数量约为340件，较2010年减少约22%，最常见的安全问题是未经授权的进入、滥用证章系统、周围可疑的行为和破坏围栏。2015年发生油泄漏事件总数较2010年增加约20%（Antwerp Port Authority et al.，2017）。

此外，安特卫普港从业人员近年来都超过14万人（Antwerp Port Authority et al.，2017），社会效应显著。总体上，安特卫普港社会维度状况好。

4）经济维度

经济指标：安特卫普港2015年港口的附加值占比利时GDP的4.8%，较2010年明显增加，基本都大于 180 亿欧元。安特卫普港港口管理机构 2015 年的运营最终收入为 1.05 亿欧元，较 2010 年增加 2 443 万欧元；2015 年税前利润为 1.05 亿欧元，较 2010 年增长 31.3%，平均年增长 6.3%（Antwerp Port Authority，2017a）。

固定资产投资：2010 年码安特卫普港港口管理机构码头投资为 1 220 万欧元，2015 年集装箱码头投资 680 万欧元；2010 年港口建筑投资 370 万欧元，2015 年港口办公建筑投资 2 000 万欧元；2015 年安特卫普港的有形和无形资产下降了 1 200 万欧元，较 2010 年多下降 160 万欧元（Antwerp Port Authority，2017a）。

安特卫普港经济维度总体状况好。

5）环境维度

大气环境：2010—2015 年安特卫普港 CO_2 当量每年的排放量在 1 900 万 t 左右；2015 年 SO_2 的总排放量较 2010 年减少约 17.9%；NO_X 排放量约减少 2.6%；颗粒物排放量约减少 12.8%。总体上，安特卫普港的大气环境中，SO_2、PM_{10}、$PM_{2.5}$ 的排放处于“好”（good）水平，NO_2 的排放处于“满意”（sufficient）水平。2015 年较 2010 年颗粒物的排放明显减少（Antwerp Port Authority et al.，2017）。

水环境：安特卫普港码头 2015 年夏天的 COD 多次超过标准，溶解氧浓度满足水环境质量要求；但从 2013 年秋天开始盐度明显变高；基于总磷和总氮的营养盐水平也满足水质要求。总体上，安特卫普港的水环境溶解氧平衡（oxygen balance）处于“满意”（sufficient）水平，营养盐和优先污染物（priority substances）处于“中等”（moderate）水平（Antwerp Port Authority et al.，2017）。

声环境：2013 年约有 4.5 万的当地居民暴露于噪声环境中，其中不超过 2 万人所处的噪声环境水平大于 55 dB（A），港口边界区域的声环境较好（Antwerp Port Authority et al.，2017）。

固体废物：安特卫普港垃圾的清洁指数处于“好”（good）水平（Antwerp Port Authority et al.，2017）。

土壤环境：2010—2015 年，安特卫普港土壤调查逐渐增加，土壤环境质量较高（Antwerp Port Authority et al.，2017）。

环境风险：安特卫普港的环境风险主要存在于 Fort Filip 现场的土壤污染，包括地表和水下的土壤污染，相关方已经深切意识到土壤调查的重要性（Antwerp Port Authority et al.，2017）。

安特卫普港环境维度总体状况较好。

6）生态维度

安特卫普港位于咸、淡水交汇区，物种多样性丰富，有许多特殊保护区，譬如低斯海尔德（Lower Scheldt）盐碱地、斯海尔德和柯姆（Durme）河口；多达 90 种受保护的物种。2011 年建立了物种保护计划（Species Protection Programme），物种数量缓慢增加（Sustainable Port of Antwerp，2017）。

生态风险：2015 年安特卫普港左岸（Left bank）的保护区面积较 2010 年有所增加，但目标物种的数量却未见增长；右岸（Right bank）保护区的面积有所减少，目标物种的数量减少明显。总体上，目标物种的数量和其目标数量相差较大，处于“糟糕”（poor）

水平，因此，存在目标物种减少的生态风险。

安特卫普港生态维度总体状况较好。

7）总结

综上所述，安特卫普港区位条件优越，其中地理、资源、生态、经济和社会区位优越，自然区位中等。

资源维度较好，其中土地资源和岸线资源较充足；水域资源好；港口水资源消耗下降明显，能源消耗也有所下降，生产能源单耗明显低于厦门港；港口交通资源和航线资源好。

社会维度好，其中发展战略处于世界领先水平；行政管理较先进；港口效益较好，但增长缓慢；港口基础设施较完善且呈现生态化，作业效率高；环境管理水平好；安全生产和事故状况较好。

经济维度好，其中经济效益好，港口营业收入和利润增长明显；港口固定资产投资不断增加，但码头固定资产投资有所减少。

环境维度较好，其中大气环境质量好；水环境质量较好；声环境质量较好；固体废物处置状况好；存在一定的环境风险。

生态维度较好，其中港区物种数量缓慢增加，物种多样性丰富；对港口特殊保护区及受保护物种有一定影响；存在一定生物入侵的风险。

4.1.3.5.2 安特卫普港评价因子识别

基于安特卫普港区域现状和回顾性评价结果，结合帝胜公司开襟衫航运物流在安特卫普港中转作业的特征，从6个维度进行评价因子的识别。

（1）区位维度：帝胜公司开襟衫航运物流在安特卫普港中转作业与安特卫普港的区位条件有一定关系，因此设置区位维度的评价因子为地理区位、资源区位和社会区位。

（2）资源维度：帝胜公司开襟衫航运物流在安特卫普港中转作业与安特卫普港的资源维度相互影响较小，选择该集装箱在安特卫普港中转作业消耗的电力和燃油为评价因子。

（3）社会维度：帝胜公司开襟衫航运物流在安特卫普港中转作业与安特卫普港的社会维度相互影响较小，选择社会维度的评价因子为：港口行政管理、港口基础设施、作业效率、环境管理水平及港口安全生产和事故，人群就业和收入。

（4）经济维度：选择评价因子为该集装箱在安特卫普港发生的港口费用。

（5）环境维度：选择与该集装箱在安特卫普港中转作业相关的大气环境（PM_{10}、NO_2、SO_2、CO_2），水环境（优先污染物），港区机械和道路交通噪声，船舶溢油环境风险。

（6）生态维度：该集装箱在安特卫普港中转作业与生态维度相互影响较小，考虑船舶作业对安特卫普港特殊保护区和受保护物种的影响，以及生物入侵的生态风险。

4.1.3.6 海事区域现状和回顾性评价及其评价因子识别

帝胜公司开襟衫在各港口之间沿海运航线穿过相应的海事区域（maritime regions），包括太平洋、印度洋和大西洋海事区域。这些海事区域自身除了航运以及少量捕捞外并不存在大量的人类社会活动，因此，本案例研究将不再单独对海事区域进行区位、社会和经济维度的现状和回顾性评价，而将该部分内容涵盖于航线资源内。因而，本案例研究仅从资源、环境和生态维度对相关海事区域进行现状和回顾性评价。

基于 2015 年海洋环境保护科学问题联合专家组（Joint Group of Experts on the Scientific Aspects of Marine Environmental Protection，GESAMP）提出的《2009—2013 年开阔大洋污染报告》（Pollution in the Open Oceans 2009—2013），开阔大洋不同于沿海水域，其污染来源主要为大气和商船，由人类活动产生并进入海洋的大多数物质到目前为止没有明确的证据表明这些物质对开阔大洋产生了有害的影响，当然，不能排除由于不能忽视的各种压力导致的累积效应的可能性（Boelens and Kershaw，2015）。因此，本案例适当考虑开阔大洋的主要影响压力因素（气候变化、商业捕捞和商业活动（例如航运）产生的累积效应，重点关注沿岸的大海洋生态系（LME，Large Marine Ecosystem）（UNESCO-IOC and UNEP，2016a）。

4.1.3.6.1　太平洋海事区域现状和回顾性评价

1）资源维度

航线资源：太平洋是全球面积最大、平均水深最深、边缘海和岛屿最多的大洋（陆琪，2011）；面积占全球水面的 46%，主要边缘海有 28 个，约有 2.5 万个岛屿；海水表面水温为 −1.4～30℃，航线受冰冻影响小。太平洋环流包括顺时针的北太平洋环流和逆时针的南太平洋环流。每年 5—12 月西北太平洋进入东亚和东南亚的台风较活跃。太平洋区域提供了廉价的海上运输、丰富的渔场、沿海石油和天然气田、矿物以及建筑工业所需的砂和砾石（SPREP，2017；Wikipedia，2017c）。2013 年北太平洋提供了世界上 30% 的捕鱼量（UN，2016a）。

太平洋航线根据不同的起点和走向，分为 2 组 10 条：①以远东、东亚为起点：西行航线（北印度洋、地中海、西北欧航线；东南非、西非、南美东岸航线）；南行航线（澳大利亚、新西兰、太平洋岛国航线；东南亚航线）；东行航线（北美西岸航线；加勒比、北美东岸航线；南美西岸航线）。②以澳大利亚、新西兰为起点：东行航线（北美东岸、西岸航线；南美西岸航线）；北美东、西海岸与南美西海岸航线（陆琪，2011）。

总体上，太平洋海事区域资源状况好。

2）环境维度

大气环境：如前所述，由人类活动产生并进入海洋的大多数物质到目前为止没有明确的证据表明这些物质对开阔大洋产生了有害影响，大洋区域不考虑大气环境问题，仅在沿岸区域适当考虑（Boelens and Kershaw，2015）（下同）。但在过去 150 年，由于人类活动海洋大气中氮的浓度可能增加至少 3 倍（Boelens and Kershaw，2015）；在沿岸的大海洋生态系统中，南海海洋表面水温快速增长（UNESCO-IOC and UNEP，2016a）；氮沉积浓度也较大（Boelens and Kershaw，2015）。

水环境：根据跨边界水域评估项目结果和报告显示，开阔大洋总体环境质量较好；但溶解氧浓度呈下降趋势；海洋表面 pH 下降 0.1；20 世纪海平面以每年 1.7 mm 的平均速度上升（UNESCO-IOC and UNEP，2016b）。在沿岸的大海洋生态系统中，南海（香港区域附近）多氯联苯浓度相比较高（>500 ng/g（nanograms per gram））；南海（香港区域和越南北部附近）滴滴涕浓度高（>200 ng/g）；南海和东海营养元素含量相对较高；马来西亚东海岸大多区域水质呈“中等”状态（UNESCO-IOC and UNEP，2016b）。

声环境和固体废物：相关数据信息不足，未发现较为明显的环境问题（UN，2016b；UNESCO-IOC and UNEP，2016b；UNESCO-IOC and UNEP，2016a）。

环境风险：太平洋海事区域存在石油泄漏、海洋垃圾等带来的环境风险。

总体上，太平洋海事区域环境状况好。

3）生态维度

水域生态系统：根据跨边界水域评估项目结果和报告显示，太平洋开阔大洋的生态质量好。中西太平洋海域大多数的鱼类资源被充分或过度开发；太平洋水域有世界上最大的低氧水域，其中海洋物种丰度较低（UNESCO-IOC and UNEP，2016b）。沿岸的大海洋生态系统中，南海珊瑚礁生态系统质量处于一般水平（UNESCO-IOC and UNEP，2016a）。

敏感生物生态：太平洋拥有大量特有物种（endemic species），超过400种特有鸟类，且大约30%的本地植物物种是特有的。太平洋区域大多数特有物种都是世界上最濒危的，包括世界上25%的受威胁鸟类；濒危和受威胁物种包括金枪鱼、鲸、海龟、儒艮、海豚、鼠海豚、咸水鳄等（SPREP，2017）。

生态风险：太平洋海事区域存在生物入侵、石油泄漏、海洋垃圾等带来的生态风险。总体上，太平洋海事区域生态状况较好。

总体上，太平洋海事区域资源状况好，生态与环境状况较好。

4.1.3.6.2 印度洋海事区域现状和回顾性评价

1）资源维度

航线资源：印度洋是世界第三大洋，占全球水面约20%；海岸线6.65万km，主要边缘海有6个；海水表面水温为22℃到超过28℃。在冬季为东北季风洋流；夏季为西南季风洋流。印度洋有着丰富的渔业、石油、天然气和矿物资源。印度洋海啸成为全球十大自然灾害之一，且还受热带气旋的影响（陆琪，2011；Wikipedia，2017b）。

印度洋航线分别以中东海湾地区和南非为起点，加上两条中继线，分为3组6条：①以海湾地区为起点：东行航线（远东航线）；西行航线（欧洲、北美东岸航线）。②以南非为起点：东行航线（远东航线；澳大利亚、新西兰航线）。③西行中继航线：远东（海湾、苏伊士运河航线）；澳大利亚（海湾、苏伊士运河航线）（陆琪，2011）。

总体上，印度洋海事区域资源状况好。

2）环境维度

大气环境：印度洋海事区域开阔大洋环境质量良好，但二氧化碳、氮气呈快速增长状态（Boelens and Kershaw，2015）。在沿岸的大海洋生态系统中，马六甲海峡氮沉积浓度较高（Boelens and Kershaw，2015）。

水环境：印度洋海事区域开阔大洋的环境状况较好；但溶解氧浓度也呈下降趋势；海洋表面pH值下降0.1；20世纪海平面以1.7 mm/a的平均速度上升（UNESCO-IOC and UNEP，2016b）。在沿岸的大海洋生态系统的水环境中持久性有机污染较少（UNESCO-IOC and UNEP，2016a），整体水环境质量较好；但孟加拉湾营养元素含量高，常发生有害藻华；安达曼海大多数年份的12月至翌年2月营养水平有所升高并出现藻华，但近年有所改善（UN，2016a）。

声环境和固体废物：印度洋海事区域开阔大洋和沿岸的大海洋生态系统的相关数据信息不足，未发现较为明显的环境问题（UN，2016b；UNESCO-IOC and UNEP，2016b；UNESCO-IOC and UNEP，2016a）。

环境风险：印度洋海事区域存在石油泄漏、海洋垃圾等带来的环境风险。

总体上，印度洋海事区域环境状况较好。

3）生态维度

水域生态系统：根据跨边界水域评估项目结果和报告显示，印度洋开阔大洋生态质量总体好（UNESCO-IOC and UNEP，2016b）。在沿岸的大海洋生态系统中，孟加拉湾海是全球有效捕鱼活动增长最大的区域之一，孟加拉湾和安达曼海存在渔业过度开发现象；红海和阿曼海（Sea of Oman）有着相对高的生物多样性（UN，2016a）；红海珊瑚礁生态系统质量呈较好水平、孟加拉湾和阿拉伯海则一般、泰国湾则较差（UNESCO-IOC and UNEP，2016a）。

敏感生物生态：印度洋的敏感生物生态包括珊瑚礁、鲸、海豚、腔棘鱼、儒艮、海龟等。红海和亚丁湾分布有 12 个海洋保护区（UN，2016b）。

生态风险：印度洋海事区域存在生物入侵威胁物种、石油泄漏和海洋垃圾等带来的生态风险。

总体上，印度洋海事区域资源状况好，生态与环境状况也较好。

4.1.3.6.3　大西洋海事区域现状和回顾性评价

1）资源维度

航线资源：大西洋是世界第二大洋，约占全球水面面积的 29%；海岸线 11.18 万 km，主要边缘海有 20 个；海水表面水温为-2℃到超过 30℃，航线受冰冻影响小。北大西洋为顺时针环流，南大西洋为逆时针环流。大西洋海洋资源丰富，已勘探和利用的主要为矿产资源和水产资源。每年的 2—8 月，在戴维斯海峡（Davis Strait）、丹麦海峡（Denmark Strait）、西北大西洋及百慕大群岛（Bermuda）和马德拉群岛（Madeira）有冰山出现；5—9 月海上持续的雾和 5—12 月赤道以北的飓风可能带来航运风险；每年 6—11 月，北大西洋常出现飓风（陆琪，2011；Wikipedia，2017a）。

大西洋沿岸是世界海运最发达的地区，以西北欧、欧洲及北美东海岸为起点，分为 2 组 8 条：①以西北欧、欧洲为起点：西行航线（北美东岸航线；加勒比航线）；南行航线（地中海、中东、远东、澳大利亚及新西兰航线；南美东岸、西非航线）。②以北美东海岸为起点：东行航线（地中海、中东、亚太航线；好望角航线）；南行航线（加勒比海航线；南美东岸航线）（陆琪，2011）。

总体上，大西洋海事区域资源状况较好，存在一定的风险。

2）环境维度

大气环境：大西洋海事区域开阔大洋环境质量良好，但二氧化碳和氮气也呈快速增长状态（Boelens and Kershaw，2015）。在沿岸的大海洋生态系统中，北海、波罗的海和伊比利亚海岸海洋表面温度快速增长（UNESCO-IOC and UNEP，2016a）；凯尔特海-比斯开湾大陆架的氮沉积浓度较高（Boelens and Kershaw，2015）。

水环境：根据跨边界水域评估项目结果和报告显示，大西洋开阔大洋的水环境状况较好；但溶解氧浓度呈下降趋势；海洋表面 pH 下降 0.1；20 世纪海平面以每年 1.7 mm 的平均速度上升（UNESCO-IOC and UNEP，2016b）。在沿岸的大海洋生态系统中，凯尔特海-比斯开湾大陆架多氯联苯质量分数高（$>500\times10^{-9}$），地中海北部、北海和伊比利亚海岸都较高；地中海北部滴滴涕质量分数高（$>200\times10^{-9}$）；凯尔特海-比斯开湾大陆架和伊比利亚海岸的六氯环乙烷质量分数较高（$10\times10^{-9}\sim20\times10^{-9}$）；凯尔特海-比斯开湾大陆架和北海的营养元素含量较高（UNESCO-IOC and UNEP，2016a）。2004 年卫星观测地中海约一半区域浮油浓度高；意大利威尼斯邻近海域缺氧风险非常高（UN，2016b）。

声环境和固体废物：根据跨边界水域评估项目结果和报告显示，大西洋海事区域开阔大洋和大海洋生态系统的相关数据信息不足，未发现较为明显的环境问题（UN，2016b；UNESCO-IOC and UNEP，2016b；UNESCO-IOC and UNEP，2016a）。

环境风险：大西洋海事区域存在石油泄漏、海洋垃圾等带来的环境风险。

总体上，大西洋海事区域环境状况较好。

3）生态维度

水域生态系统：根据跨边界水域评估项目结果和报告显示，大西洋海事区域开阔大洋总体上生态质量好（UNESCO-IOC and UNEP，2016b）。在沿岸的大海洋生态系统中，凯尔特海-比斯开湾大陆架和地中海属于全球有效捕鱼活动增长最大的五大区域中的两个（UNESCO-IOC and UNEP，2016a）；地中海大多数的特有物种濒临灭绝（UN，2016b）；过去 30 年北大西洋有毒浮游植物水华暴发的频率呈增加状态；从 2002 年开始，东北大西洋水母繁殖频率呈增加状态（UN，2016a）。

敏感生物生态：波罗的海 2010 年海洋保护区的面积占 10.3%，并仍呈增长趋势。北大西洋繁殖鸟类的数量正在减少，北海的迁徙物种也变得十分罕见。北大西洋的生物多样性很不乐观（UN，2016a）。

生态风险：大西洋海事区域存在生物入侵威胁物种、石油泄漏、海洋垃圾等带来的生态风险。

总体上，大西洋海事区域资源状况好，但存在一定的风险；生态与环境状况良好。

4.1.3.6.4 海事区域现状和回顾性评价总结

综上所述，太平洋、印度洋和大西洋海事区域资源维度好，其中自然资源和航线资源丰富，在一定程度上存在台风（飓风、热带气旋）、海啸或冰山等自然灾害风险。

海事区域环境维度都较好，其中开阔大洋的大气环境好，沿岸大海洋生态系统的大气环境较好；水环境都较好，但太平洋沿岸大海洋生态系统的水环境出现持久性有机污染和营养元素高的现象；印度洋沿岸大海洋生态系统出现营养元素高的问题；大西洋沿岸大海洋生态系统出现持久性有机污染和营养元素高、浮油和缺氧现象；声环境都好；固体废物都未发现明显问题。海事区域都存在一定的石油泄漏和海洋垃圾等环境风险。

海事区域生态维度都较好，其中开阔大洋生态质量好；沿岸大海洋生态系统的生态较好，但中-西太平洋海域鱼类资源过度开发、低氧水域海洋物种丰度较低、珊瑚礁生态系统受到一定的威胁，且大多数特有物种处于濒危状态；印度洋海事区域存在鱼类资源过度开发、珊瑚礁生态系统受到一定威胁的问题，且对海洋保护区及敏感物种有一定影响；大西洋海事区域捕鱼活动增长大，地中海大多数特有物种濒临灭绝，有毒浮游植物水华暴发频率增加。海事区域都存在一定的生物入侵、石油泄漏、海洋垃圾等的生态风险。

4.1.3.6.5　海事区域评价因子识别

基于海事区域现状和回顾性评价结果，结合帝胜公司开襟衫航运物流在海事区域航行的特征，从资源、环境和生态 3 个维度进行评价因子的识别。

（1）资源维度：帝胜公司开襟衫航运物流在海事区域海上航行与海事区域资源维度相互影响较小，选择燃油消耗为评价因子，适当考虑自然灾害影响。

（2）环境维度：选择帝胜公司开襟衫航运物流在海事区域沿岸的大海洋生态系统海上航行相关的大气环境（CO_2、NO_X因子）；考虑到海事区域主要水环境问题（多氯联苯、滴滴涕、营养元素、六氯环乙烷等）均与帝胜公司开襟衫航运无关，不考虑水环境问题；考虑船舶溢油风险为评价因子。

（3）生态维度：帝胜公司开襟衫航运物流在太平洋海事区域海上航行与太平洋海事区域生态维度相互影响较小，考虑太平洋海事区域的南海珊瑚礁和太平洋特有物种，印度洋海事区域的孟加拉湾、阿拉伯海和泰国湾的珊瑚礁、红海和亚丁湾的海洋保护区，以及大西洋海事区域的地中海特有物种、波罗的海保护区、北大西洋繁殖鸟类和北海迁徙物种等因子，以及溢油和生物入侵和海洋垃圾的生态风险。

4.1.3.7　斯德哥尔摩港现状和回顾性评价及其评价因子识别

4.1.3.7.1　斯德哥尔摩港现状和回顾性评价

根据所获取的信息，从 6 个维度进行斯德哥尔摩港（Port of Stockholm）区域现状和回顾性评价。斯德哥尔摩港各个码头分工不同，集装箱码头坐落于 Frihamnen，运往斯德哥尔摩的集装箱大多先运至欧洲其他港口，再经小型支线船舶运至斯德哥尔摩港的 Frihamnen 集装箱码头。因此，本案例研究重点关注 Frihamnen 港区。

1）区位维度

地理区位：斯德哥尔摩港位于波罗的海西北侧，瑞典东南的梅拉伦湖（Mälaren）入海口，是瑞典东海岸最大的港口，瑞典首都所在城市，地理区位优越。

自然区位：斯德哥尔摩港冬季寒冷，易发生冰冻。港区外众多岛屿罗列以至于入港航道曲折。自然区位较差。

资源区位：斯德哥尔摩港受水深限制（8.5~9.0 m）只能停靠中小型船舶，当前仅 Frihamnen 港区拥有集装箱泊位，集装箱码头长 240 m（Ports of Stockholm，2017b），较之瑞典第一大港、水深 12~13 m 的哥德堡港（Port of Göteborg）差距明显，在众多波罗的海港口中更是沧海一粟。资源区位较差。

生态区位：斯德哥尔摩港位于世界上最漂亮的城市之一的斯德哥尔摩市，以环境为优先，是欧洲港口组织公认的环境友好港，生态区位好。

经济区位：Frihamnen 港区位于高度发达的瑞典经济和金融中心城市斯德哥尔摩市，经济区位有优势。但该港主要为来往芬兰、波罗的海国家和俄罗斯的小型船舶货运服务，因此经济区位中等。

社会区位：斯德哥尔摩港是瑞典第二大港、波罗的海的主要港口之一，位于瑞典首都。Frihamnen 码头是斯德哥尔摩东海岸最重要的集装箱码头之一，靠近瑞典最大的城市和市场。社会区位优越。

总体上，斯德哥尔摩港区位条件一般。

2）资源维度

土地资源：斯德哥尔摩港口群土地面积共 110 万 m^2，仓储 7.14 万 m^2（Ports of Stockholm，2017b）。

港航资源：斯德哥尔摩港口群的码头岸线共 14 km（Ports of Stockholm，2017b）；港内水深条件一般。

能源消耗：斯德哥尔摩港口群能源消耗集中在供暖、冷却、燃料、自身能源生产和电力，能源消耗量变化不大。

交通资源：每周都有安特卫普港、汉堡港和不来梅港（Port of Bremerhaven）等港口的支线船舶（feeder ship）到达斯德哥尔摩港。斯德哥尔摩建立协同的铁路运输和海洋运输模式（Ports of Stockholm，2017b）。

航线资源：斯德哥尔摩港的航线约有 9 条，包括芬兰、波罗的海国家和俄罗斯等。

旅游资源：斯德哥尔摩市风景秀丽、拥有许多历史建筑物、文化艺术感浓，是著名的旅游胜地。斯德哥尔摩是国际邮轮的热门目的地，2016 年邮轮乘客数量接近 50 万人。2016 年港口调查显示，斯德哥尔摩约 80%的人相信港口对旅游十分重要（Ports of Stockholm，2016）。

总体上，斯德哥尔摩港区域资源状况一般，其中港航资源较差，旅游资源较好。

3）社会维度

发展战略：促进商品供给可持续性，并将斯德哥尔摩发展为有吸引力的旅游城市是斯德哥尔摩港的长期目标。港口与城市的综合发展、斯德哥尔摩的稳定、永续发展（sustainability）、长期盈利及减排与可再生能源使用是斯德哥尔摩港近年关注的重点（Ports of Stockholm，2016）。

行政管理：斯德哥尔摩港口群（Ports of Stockholm）（包括斯德哥尔摩港、Nynäshamn 港和 Kapellskär 港）管理机构通过利益相关者分析、重要性分析以确定港口发展方向。在近年顾客满意度调查中，运输业务的满意度有所下降（Ports of Stockholm，2016）。

港口效益：抵达瑞典的货物有 9/10 通过海运方式转运，通常以集装箱运输。2015 年斯德哥尔摩港的货物吞吐量为 464 万 t，较 2010 年减少 23.5 万 t，增长率为 -4.8%，平均年增长率为 -1.0%。斯德哥尔摩港口群 2015 年集装箱吞吐量为 5 094 TEU，货物周转量为 46.5 万 t，较 2010 年减少 4.6%（Ports of Stockholm，2016）。

基础设施：Frihamnen 港区拥有 5 个泊位（Quay），其中 1 个集装箱码头（container terminal），长 240 m。该集装箱码头拥有两台轨道式集装箱起重机（Ports of Stockholm，2017b）。斯德哥尔摩港正努力改善基础设施以适应船舶大型化要求，尽可能通过海运将货物运输至目的地以减少拥挤的道路和铁路的压力。

环境管理：斯德哥尔摩港的环境措施主要关注能源使用、化石燃料排放、废弃物和原材料，减少港口运营噪声和排放；根据氮氧化物的排放适当减少港费（Ports of Stockholm，2017a）。

总体上，斯德哥尔摩港区域社会状况较好。

4）经济维度

经济指标：2013—2015 年斯德哥尔摩港口群（Ports of Stockholm）账户金额都大于 5 200 万克朗，其中 2015 年为 7 382 万克朗。斯德哥尔摩港 2015 年的运营利润为 1.47 亿克朗（Ports of Stockholm，2017b）。

固定资产投资：2014—2015 年斯德哥尔摩港口群基础设施和维护投资逐年增加，2015 年达 8.03 亿克朗（Ports of Stockholm，2017b）。

总体上，斯德哥尔摩港区域经济状况中等。

5）环境维度

根据《2016 年斯德哥尔摩港年报和永续发展报告》显示，斯德哥尔摩港的港口运营会产生较大影响，主要包括港口排放和能源使用。

大气环境：根据 OECD《斯德哥尔摩绿色增长》报告显示，斯德哥尔摩市空气污染的所有污染物都小于标准值（OECD，2013）。

水环境：斯德哥尔摩港水环境质量较好，主要污染来自船舶黑灰水（black and grey water）卸载。98%的客运渡轮废水和 8%的国际游轮黑灰水卸载在斯德哥尔摩，2015 年斯德哥尔摩港口群从船舶卸载黑灰水达 54.4 万 m^3（Ports of Stockholm，2016）。

声环境：未能获取斯德哥尔摩港声环境的数据信息。

固体废物：斯德哥尔摩港固体废物的回收或重复利用逐年增长。2015 年斯德哥尔摩港口群内部商业活动产生废物 2 631 公吨，船舶垃圾 1 562 公吨。斯德哥尔摩管理的污泥量为 1 841 公吨（Ports of Stockholm，2016）。

环境风险：存在咸水入侵梅拉伦湖的环境风险。

总体上，斯德哥尔摩港区域环境状况较好。港口利益相关者关心港口船舶排放、效率、清洁能源使用和长期的利润。

6）生态维度

未能获得斯德哥尔摩港区域的生态环境数据和资料。

总体上，斯德哥尔摩港区域的区位较好，资源状况一般（港航资源较差，旅游资源较好），社会状况较好，经济状况中等，环境状况较好。

7）总结

综上所述，斯德哥尔摩港区位条件一般，其中生态和社会区位好；地理和经济区位中等；自然和资源区位较差。

资源维度较好，其中土地资源和岸线资源较少；水资源良好；港口能源消耗变化不大；港口交通资源和航线资源一般；旅游资源丰富。

社会维度较好，其中发展战略前瞻性较好；行政管理较先进；港口集装箱运输效益下降；港口基础设施条件较落后；环境管理水平较高。

经济维度中等，其中经济效益较好，但不显著，港口呈盈利状态，固定资产投资逐年增加。

环境维度较好，其中大气环境质量好；水环境质量较好；固体废物处置状况较好；存在一定的环境风险。

未能获得相关数据资料对斯德哥尔摩港进行生态评价。

4.1.3.7.2 斯德哥尔摩港评价因子识别

基于斯德哥尔摩港区域现状和回顾性评价结果，结合帝胜公司开襟衫航运物流在斯德哥尔摩港到达作业的特征，从6个维度进行评价因子的识别。

（1）区位维度：帝胜公司开襟衫到达斯德哥尔摩港作业与斯德哥尔摩港的区位条件有一定关系，因此设置区位维度的评价因子为地理区位、资源区位和社会区位。

（2）资源维度：选择港口到达作业占用的土地资源、港口岸线资源和港区集疏运资源，港口作业消耗的电力和燃油，以及通航条件和航线资源为评价因子。

（3）社会维度：帝胜公司开襟衫到达斯德哥尔摩港作业与社会维度相互影响较小，选择社会维度的评价因子为：行政管理、港口效益、作业效率、港口基础设施、环境管理水平和港口安全生产；人群就业和收入。

（4）经济维度：选择评价因子为该集装箱发生的斯德哥尔摩港港费。

（5）环境维度：选择与该集装箱在斯德哥尔摩港到达作业相关的大气环境（PM_{10}、NO_2、SO_2、CO_2）；水环境（船舶黑灰水）；港区机械和道路交通噪声；船舶溢油环境风险。

（6）生态维度：考虑该集装箱在斯德哥尔摩港到达作业对斯德哥尔摩港特殊物种的影响，以及生物入侵生态风险。

4.1.3.8 斯德哥尔摩区域现状和回顾性评价及其评价因子识别

4.1.3.8.1 斯德哥尔摩区域现状和回顾性评价

帝胜公司开襟衫经海运到达斯德哥尔摩港，再经公路运输至位于斯德哥尔摩省的乌普兰斯韦斯比市的JOBMAN工作服公司仓库。因乌普兰斯韦斯比市是与斯德哥尔摩市相邻的自治市，能获取的乌普兰斯韦斯比市的相关数据资料较少，多为瑞典语言案例中的公路运输主要在斯德哥尔摩区域（重点为斯德哥尔摩市），在乌普兰斯韦斯比市仅有极短的公路运输以及简单的仓储活动；乌普兰斯韦斯比市与斯德哥尔摩市紧邻，环境较相似，所以，本案例研究根据所获得的信息，从6个维度进行斯德哥尔摩区域（重点为斯德哥尔摩市）的现状和回顾性评价，替代乌普兰斯韦斯比市的评价。

1）区位维度

地理区位：斯德哥尔摩省位于瑞典东海岸、以波罗的海和梅拉伦湖为界，在瑞典的地理位置为东中部。斯德哥尔摩市位于斯德哥尔摩省中部，是瑞典的首都，政治、文化和经济中心；乌普兰斯韦斯比市位于斯德哥尔摩市的北边，三面被斯德哥尔摩市包围，地理区位优越。

自然区位：斯德哥尔摩位于梅拉伦湖（Lake Mälaren）到波罗的海（Baltic Sea）的入海处，地势较平坦、气候温和、环境优美，冬季寒冷、夏季舒适，自然区位较优越。

资源区位：斯德哥尔摩区域岛屿众多，风景秀丽，旅游资源丰富；文化资源和教育资源在瑞典国家中名列前茅；港航资源较差，资源区位较优越。

生态区位：斯德哥尔摩市是欧洲第一个绿色首都，自然生态保持良好，生态区位优越。

经济区位：斯德哥尔摩市是高度发达的瑞典的经济和金融中心，工业和金融实力在整个北欧地区首屈一指，经济区位优越。

社会区位：斯德哥尔摩省是瑞典的政治和金融中心。斯德哥尔摩市是瑞典首都，瑞典第一大城市、北欧第二大城市，是瑞典的文化、媒体、政治和交通中心，是欧洲最具创新力的城市。乌普兰斯韦斯比市是瑞典人口密度排名前列的自治市。社会区位条件优越。

总体上，斯德哥尔摩区域和乌普兰斯韦斯比市区位条件优越。

2）资源维度

自然资源：斯德哥尔摩省的土地面积为 6 524 km^2，其中斯德哥尔摩区域 4 509 km^2，乌普兰斯韦斯比市 75 km^2。斯德哥尔摩省除四大湖的内陆水域面积为 270 km^2，四大湖的水域面积为 380 km^2，海水面积为 9 471 km^2；乌普兰斯韦斯比市除四大湖之外的内陆水域面积为 4.92 km^2，四大湖的水域面积为 3.99 km^2，无海水水域（Statistics Sweden，2017）。区域水资源较为丰富。

斯德哥尔摩加入了贯穿欧洲运输的网络项目（Trans-European Transport Network，TENT），交通基础设施网络较完备（OECD，2013）。

总体上，斯德哥尔摩区域资源状况良好。

3）社会维度

政治文明：斯德哥尔摩区域政治高度文明。2010—2015 年斯德哥尔摩区域超过 80%的选民参与地方选举（Nordatat，2016）。斯德哥尔摩市 2015 年每户家庭的社会帮助时间为每年 7.3 个月；接受经济援助的人员占比呈下降趋势，2015 年为 2.7%，较 2010 年减少 1.1%；2015 年报告犯罪行为 21.6 万件，占斯德哥尔摩省的 45.8%，较 2010 年增加 4 万件（Stockholms stad，2017a）。斯德哥尔摩市拥有 80%左右的选举参与率，并通过公众参与建立斯德哥尔摩 2040 年城市愿景（Stockholms stad，2015）。

人口家庭：2010—2015 年，斯德哥尔摩省人口逐年增加，至 2015 年为 223 万人，较 2010 年增长 8.6%，人口密度为 342 人/km^2，在瑞典省份中最大。其中，2015 年斯德哥尔摩市 92.4 万人，较 2010 年增长 9.0%；乌普兰斯韦斯比市 4.3 万人，较 2010 年增长 8.6%（Statistics Sweden，2017）。2010 年斯德哥尔摩市 20~64 岁的平均年收入为 32.7 万瑞典克朗（SEK），且以大于 2%的增长率增长（Stockholms stad，2017a）。2015 年斯德哥尔摩省的失业率为 7.0%，较 2010 年降低 0.1%（Statistics Sweden，2017）。2015 年斯德哥尔摩市的交通消费物价指数较 2010 年增长 3.3%；生活成本较 2010 年增长 3.2%；瑞典克朗（SEK）的购买力较 2010 年减小 1 个单位（Stockholms stad，2017a）。

文化艺术：斯德哥尔摩市是欧洲的文化之都，是阿尔弗雷德·诺贝尔的故乡，拥有两个联合国教科文组织颁布的世界遗产。2015 年斯德哥尔摩市拥有 38 座图书馆，较 2010 年减少 1 座（Stockholms stad，2017a），其他还包括多座博物馆、电影院、剧院、音乐与舞蹈场景和艺术殿堂。斯德哥尔摩涌现出多位世界闻名的文学家（Wikipedia，2017e）。斯德哥尔摩市是每年诺贝尔奖的颁奖地。

基础设施：2010—2015 年斯德哥尔摩市的住房数量逐年上升（Stockholms stad，2017a）；无线通信研究领域处于领先优势，被誉为“欧洲 IT 都”。斯德哥尔摩市于 1975 年共建成了 3 条地铁线（Wikipedia，2017e）。

行政管理：Storsthlm 作为由大斯德哥尔摩（Greater Stockholm）的 26 个自治市组成的

非营利性组织，代表政治和公共行政领域的市政管理，推动区域发展和合作（Storsthlm，2017）。

环境管理：2014 年斯德哥尔摩市公布《斯德哥尔摩市环境计划（2016—2019）》（The Stockholm Environment Programme 2016—2019），致力于城市可持续增长，包括可持续能源使用、交通环境友好、可持续土地和水资源使用、资源回收利用、无毒化和健康的室内环境（Stockholm Government，2016）。

卫生和健康：2015 年斯德哥尔摩市人群健康状况良好，92%的 16~64 岁的人从未请过病假，较 2010 年减少 1%；2015 年平均请病假天数为 7.2 d，较 2010 年增加 3.2 d。至 2016 年 1 月，65 岁以上老人护理人数占比为 20.2%，较 2010 年 12 月 31 日减少 2.3%（Stockholms stad，2017a）。

教育科技：斯德哥尔摩市的科学研究和高等教育开始于 18 世纪，受高等教育比例逐年增加。至 2015 年斯德哥尔摩市至少 57.5%的人受过高等教育，30.6%的人受过中等教育，分别较 2010 年增长 3.5%、减少 2.4%（Stockholms stad，2017a）。

安全生产和事故：斯德哥尔摩市 2015 年警方公布的交通涉及人身伤亡造成重大事故的数量约为 1 290 件，较 2010 年增加约 100 件；2015 年死亡事故 5 件，较 2010 年减少约一半；2015 年发生职业事故数为 3 125 件，较 2010 年增加 844 件（Stockholms stad，2017a）。

斯德哥尔摩区域社会总体状况好。

4）经济维度

经济实力：2010 年斯德哥尔摩省的生产总值为 10 679 亿克朗，并逐年增加，至 2014 年为 12 445 亿克朗，增长 16.5%（Statistics Sweden，2017）；斯德哥尔摩市的生产总值为 5 730 亿克朗，且逐年增加，年增长率呈降低趋势（Stockholms stad，2017a）。

产业结构：斯德哥尔摩市的最大产业是服务业，高科技产业在近 10 年发展迅速，旅游业也在近年成为了主要产业。

固定资产投资：2010 年固定资产为 541 亿克朗，随后呈增长趋势，至 2012 年为 600 亿克朗（Stockholms stad，2017b）。

贸易物流：2015 年斯德哥尔摩市进出货物周转量为 464 万 t，较 2010 年减少 4.7%（Stockholms stad，2017a）。

财政税务：2015 年斯德哥尔摩省的市政税收收入为 974 亿克朗，较 2010 年增长 21.1%，平均年增长 4.2%（Statistics Sweden，2017）。

金融保险：2010 年负债 264 亿克朗，其中长期负债 24 亿克朗；2012 年负债为 372 亿克朗，其中长期负债 139 亿克朗，分别比 2010 年增加 40.9%和 475%（Stockholms stad，2017a）。

总体来看，斯德哥尔摩区域经济水平高。

5）环境维度

大气环境：根据 OECD《斯德哥尔摩绿色增长》显示，斯德哥尔摩区域的所有空气污染物都小于标准值。斯德哥尔摩二氧化碳的人均排放在经济合作和发展组织（OECD）的都市区域中最低，且人均温室气体排放呈下降趋势（OECD，2013）。

水环境：根据 OECD《斯德哥尔摩绿色增长》报告显示，斯德哥尔摩区域的水质非常棒（OECD，2013）。

声环境：未能获得斯德哥尔摩区域声环境的数据信息。据了解，该区域人口密度较低，声环境质量较好。

固体废物：斯德哥尔摩垃圾数量呈减少趋势，但分类垃圾数量也减少；斯德哥尔摩极少进行垃圾填埋（OECD，2013）。

环境风险：斯德哥尔摩区域存在波罗的海咸水入侵的环境风险（OECD，2013）。

总体上，斯德哥尔摩区域环境质量好。

6）生态维度

陆地生态系统：斯德哥尔摩市于 2010 年被公开宣布为欧洲第一个绿色首都，斯德哥尔摩市的公园和绿色空间约占 40%。2 700 hm^2 的市中心国家城市公园具有高生物多样性（Secretariat of the Convention on Biological Diversity，2012）。

水域生态系统：斯德哥尔摩市超过 14%的面积为水生环境，水域生态系统动植物较丰富。但温暖的夏季，水域藻类可能大量繁殖（Colding，2013）。

敏感生物生态：根据生物多样性公约秘书处（Secretariat of the Convention on Biological Diversity）的报告，斯德哥尔摩市有着丰富的动植物。超过 1 000 种维管束植物记录在案，瑞典 69 种哺乳动物中 43 种在斯德哥尔摩或其附近繁殖（Secretariat of the Convention on Biological Diversity，2012）。在瑞典，所有的兰花、两栖动物、爬行动物、蝙蝠和野鸟都被保护（Swedish Environmental Protection Agency，2009），至 2010 年，约有 1 080 个物种被列入红名录，但仍有一些常见的物种数量急剧下降，如两栖动物、爬行动物和鸟类。由于生境的丧失和土地使用的变化，湿地生境明显减少（Colding，2013）。

生态风险：斯德哥尔摩市存在气候变化和有毒藻类繁殖带来的生态风险。

总体上，斯德哥尔摩区域生态质量良好。

乌普兰斯韦斯比市的区位条件总体较好，资源条件良好，社会状况和经济状况好，环境质量和生态状况好。

7）总结

综上所述，斯德哥尔摩区域区位条件较好，其中地理、生态、经济和社会区位有一定的区位优势；自然和资源区位较好。

资源维度良好，其中土地资源匮乏；交通资源较好；水资源较为丰富；旅游资源丰富。

社会维度好，其中政治文明、人口家庭、文化艺术、卫生与健康和教育科技方面有优势，基础设施、行政管理和环境管理较先进，安全生产和事故状况较好。

经济维度好，其中经济实力较好，经济总量较大，人均 GDP 也较高；产业结构较好；固定资产投资总量一般，且呈缓慢增长趋势；财政税务缓慢增长；负债增长迅速。

环境维度好，其中大气环境和水环境质量好；固体废物处置状况较好；存在一定的环境风险。

生态维度良好，其中陆域生态好；水域生态较好，可能发生藻类大量繁殖；一些常见保护物种数量急剧下降；湿地生境减少明显。

4.1.3.8.2 斯德哥尔摩区域评价因子识别

基于斯德哥尔摩区域现状和回顾性评价结果，结合帝胜公司开襟衫到达斯德哥尔摩港后的公路运输和开襟衫仓储的特征，从6个维度进行评价因子的识别。

（1）区位维度：帝胜公司开襟衫在斯德哥尔摩区域的公路运输和仓储与斯德哥尔摩区域的区位维度基本不产生相互影响，不设置区位维度的评价因子。

（2）资源维度：帝胜公司开襟衫项目与资源维度相互影响受土地资源影响，选择土地资源以及作业相关的电力消耗和燃油消耗等评价因子。

（3）社会维度：帝胜公司开襟衫项目与社会维度相互影响较小，选择社会维度的评价因子为：人员就业和收入、物流基础设施、贸易行政管理、环境管理水平和交通事故。

（4）经济维度：选择评价因子为JOBMAN公司的经济成本和经济收益。

（5）环境维度：选择与项目相关的陆域运输过程的大气环境（$PM_{2.5}$、NO_2、SO_2、CO_2）和声环境（道路交通噪声）；仓储过程的污水和固体废物处置。

（6）生态维度：帝胜公司开襟衫项目与生态维度相互影响较小，仅考虑陆域对保护物种和湿地生境的影响（公路运输和货物仓储）。

4.1.3.9 帝胜公司开襟衫的销售、使用和废弃的绿色评价因子识别

考虑瑞典JOBMAN工作服公司对厦门帝胜公司开襟衫销售和使用过程的绿色评价，以及包装固废和服装废弃处置的绿色评价。

综合来看，由帝胜公司开襟衫航运物流相关区域现状和回顾性评价的结果可知，对于仅仅为一个集装箱的航运物流，其所造成的影响极小；未发现该航运物流活动明显违背绿色发展目标的现象，因此，继续进行帝胜公司开襟衫航运物流的生命周期评价。

4.1.4 帝胜公司开襟衫航运物流的生命周期评价

4.1.4.1 厦门帝胜公司开襟衫原料来源及其绿色分析

帝胜公司开襟衫的主要原料中，拉链来源于YKK公司，YKK是拉链行业的鼻祖，代表行业标准。YKK开展供应商的企业社会责任调查以理解和支持其社会和环境改善；致力于减少产品和生产过程有害化学物质使用，以及坚持3R原则（减量化、再利用和再循环）；提高产品能效。2016年以出色的能效荣获第25届全球环保奖（Global Environment Award）的经济、贸易和产业部长奖；2017年YKK台湾公司获得“蓝色标志”（bluesign）系统认证（Yoshida Kogyo Kabushikigaisha Corporation，2017）。YKK处于行业领先水平，绿色发展水平高。

梭织面料来源于上海缙裕纺织面料有限公司，针织面料来源于厦门宏瑞兴针纺织品有限公司，服装标来源于厦门恒豪服装辅料有限公司，车线来源于厦门煌泰包装用品有限公司，这些公司均为小型民营企业，未能获取企业详细的多维数据信息，但据了解，这些企业生产都满足国家标准要求；经济效益都较好，并不断提升服务质量；诚信、实力和产品质量都获得业界的认可；整体绿色发展水平处于行业一般水平。

帝胜公司对购进的材料依照相应的国家标准和企业要求进行抽检，检验因子包括异味、甲醛含量、pH、染色牢度、可分解致癌芳香胺燃料等，面料合格率约 90%，拉链合格率为 100%。虽然，不合格的面料不予购进，但服装原料的绿色发展选择未被适当考虑，尤其是服装面料。根据国际纺织生态研究和检验协会颁布并批准使用的 Oeko-Tex 标准 100（STANDARD 100 by OEKO-TEX ®），应尽可能选用天然纤维面料、新型生态环保面料（如彩棉）和天然无毒辅料（OEKO-TEX ®, 2017），且还应尽可能采用可回收处理和再生利用的原料。因此，帝胜公司应要求上海缙裕纺织面料有限公司和厦门宏瑞兴针纺织品有限公司尽可能选择天然纤维或再生原料；要求厦门恒豪服装辅料有限公司和厦门煌泰包装用品有限公司尽可能选用天然无毒的辅料，并要求这些企业提高生产过程能效、减少排放，尽可能选用回收处理以及再生利用的原料。

整体上，帝胜公司开襟衫原料来源绿色发展水平中等偏上，有必要持续改进。

4.1.4.2　厦门区域的影响分析

4.1.4.2.1　帝胜公司开襟衫生产和仓储的影响分析

根据帝胜公司开襟衫生产和仓储环节的特征，结合 4.1.3.2 节厦门区域的现状和回顾性评价及其评价因子识别结果，分析帝胜公司开襟衫生产和仓储环节对厦门区域各维度的影响。因该活动仅仅为一个集装箱运输，所造成的影响在大环境中极小，难以估算影响损益的内在价值，所以本研究通过比较国内外绿色发展水平，进行航运物流生命周期各环节各维度的绿色评价（下同）。

1）帝胜公司开襟衫的生产

区位维度：帝胜公司开襟衫的生产过程对厦门地区的区位没有影响。

资源维度：帝胜公司在该集装箱开襟衫的生产过程约消耗 25 t 水和 1.7 万度电，该总能耗较之厦门区域水电资源消耗总量，其负面影响十分轻微，当前对制衣厂能耗没有明确的国家或行业标准要求，但根据工厂经理经验判断，该案例开襟衫平均每件开襟衫消耗 3.08 kg 水和 2.1 度电的能耗水平处于行业中等，绿色发展水平一般。

社会维度：该集装箱货物生产过程中工人工资为 4 500 元/月，共支付工人工资约 27 万元，对厦门区域社会维度产生轻微正面影响。但该工资水平在厦门区域为中下等，工人工作环境一般，社会维度绿色发展水平一般。

经济维度：该集装箱帝胜公司开襟衫货物的交易总价为 3.62 万美元，较之厦门区域 GDP 总量，其正面影响十分轻微。但该贸易价格低于生产成本，经济效益较差，经济维度绿色发展水平较低。

环境维度：①大气环境：根据厦门市同安区疾病预防控制中心 2016 年 5 月对帝胜工厂车间进行粉尘和空气检测结果显示，帝胜工厂的粉尘浓度小于 0.9 mg/m^3，苯浓度最大的针车作业点小于 4.3 mg/m^3，甲苯浓度都小于 3 mg/m^3，二甲苯浓度都小于 3.3 mg/m^3，均远低于卫生标准（厦门市同安区疾病预防控制中心，2016b；厦门市同安区疾病预防控制中心，2016a）；根据同月厦门市环境监测中心站对帝胜工厂排气口的监测结果，苯浓度小于 0.16 mg/m^3，甲苯浓度小于 0.92 mg/m^3，未检出二甲苯（厦门市环境监测站，2016a）。因此，帝胜公司开襟衫生产过程对厦门区域大气环境影响极其轻微。帝胜公司将容易产生粉尘污染的工序（如捣棉花）专门安排在特定房间，工作人员戴上口罩。大气环境绿色发展水平较高。②水环境：根据 2016 年 5 月 17—18 日厦门市环境监测中心站对车间的废水监测结果，该车间废水 pH 日均值为 6.7～6.9；化学需氧量日均值分别为 90 mg/L、123 mg/L；动、植物油日均值分别为 1.573 mg/L、1.009 mg/L；悬浮物日均值为 26 mg/L、65 mg/L；氨氮日均值为 29 mg/L、36.7 mg/L；五日生物需氧量为 91 mg/L、99 mg/L，均满足《厦门市水污染物排放标准》（DB 35/322-2011）三级排放标准（厦门市环境监测站，2016b），对厦门区域水环境影响极其轻微。③声环境：根据 2016 年 5 月厦门市同安区疾病预防控制中心的车间噪声检测结果，中整作业点噪声最大，其噪声等效声级为 55 dB（A），小于卫生标准的 85 dB（A）（厦门市同安区疾病预防控制中心，2016b）；根据 2016 年 5 月 20 日厦门市环境监测中心站对厂界环境噪声监测结果，最大监测点噪声等效声级为 58.5 dB（A），小于该区域《工业企业厂界环境噪声排放标准》（GB 12348-2008）的排放限值（65 dB（A））（厦门市环境监测站，2016c），因此该生产环节对周边环境基本不产生噪声影响，绿色发展水平较高。④固体废物：帝胜公司开襟衫的生产过程采用较为先进的机械设备，通过机械制图优化材料裁剪，边角废料少。根据现场调研，拉链基本不产生废料，面料、车线、织带和包边带废料量都低于用料的 3%、纸箱贴纸废料量低于用料量的 5%、其他废料量一般低于其用料量的 1%。且工厂产生的边角余料和纸箱等包装废弃物都被回收利用，对环境基本没影响。整体上，帝胜公司开襟衫生产过程对环境维度的影响轻微，基本满足绿色发展要求。

生态维度：帝胜公司开襟衫在同安工业集中区室内生产，对厦门区域生态维度基本没影响，生态维度绿色发展水平较高。

总体上，帝胜公司开襟衫生产过程对厦门区域区位维度没有影响，对资源维度产生轻微负面影响，对社会维度和经济维度有轻微正面影响，对环境维度和生态维度影响极其轻微。生产的废边角余料和纸箱等包装废弃物均能回收利用，符合绿色发展要求。但帝胜公司的生产线和生产过程未实现全自动化，仍为劳动密集型生产；部分工人为兼职妇女，员工系统培训较欠缺；生产过程能耗水平处于行业中等；未实施太阳能光伏发电等清洁能源项目，绿色发展水平一般。

2）仓储

帝胜公司开襟衫的生产原料以及包装于纸箱的成品存放于工厂仓库，对厦门区域社会、环境和生态维度基本没有影响。工厂仓库所在区域功能区划为工业区，对资源维度几乎没有影响。该仓储活动支付一定租金，但金额少，对厦门区域经济维度的正面影响基本可忽略。帝胜公司注重货物的分门别类、合理布局、整齐放置，货物损失少、有效保护商品以节约资源。仓储活动基本满足绿色发展要求。

4.1.4.2.2 帝胜公司开襟衫航运物流的公路运输对厦门区域的影响分析

根据帝胜公司开襟衫航运物流在厦门区域的集装箱公路运输环节的特征，结合 4.1.3.2 节厦门区域的现状和回顾性评价及其评价因子识别结果，分析帝胜公司开襟衫航运物流在厦门的公路运输环节对厦门区域各维度的影响。

区位维度：帝胜公司开襟衫的公路运输对厦门地区的区位没有影响。

资源维度：帝胜公司开襟衫集装箱空箱和重箱运输往返于厦门港海沧港区和同安工业

集中区之间，共消耗柴油 45 L，货车油耗为 0. 59 L/km，较之厦门区域总能源消耗量，其负面影响十分轻微，但根据《营运货车燃料消耗量限值及测量方法》（JTT719-2016），该油耗大于中国第三阶段柴油半挂牵引车和牵引货车燃油消耗量限值（0. 375 L/km），而低于意大利威尼托区域的 0. 63 L/km（案例二）、高于瑞典斯德哥尔摩区域的 0. 45 L/km，绿色发展水平一般。

社会维度：帝胜公司开襟衫集装箱运输增加人员就业机会，但同时也增加了厦门区域公路运输的拥挤度，且存在交通事故隐患。综合来看，该集装箱公路运输对厦门区域社会维度产生轻微负面影响。据了解，集装箱运输因工作环境较艰苦，满足要求的司机供不应求，社会维度绿色发展水平较低。

经济维度：帝胜公司开襟衫集装箱公路运输由厦门友顺行供应链管理有限公司收取运输费用 1 000 元，其他还包括报关费 100 元，对厦门区域经济维度正面影响十分轻微。厦门市为支持物流产业发展壮大，打造现代物流千亿产业，减征 50%集装箱车辆通行年费，经济竞争力强（厦门市交通运输局，2016）；保障“门到门”运输服务，经济效率高。经济维度整体绿色发展水平较高。

环境维度：该集装箱公路运输过程沿线经过的公路路况较好，车辆排气和大气降尘都极少，几乎没有运输物洒落，水污染和固体废物可忽略。①大气环境：根据中华人民共和国国家环境保护标准之《环境影响评价技术导则　公路建设项目（征求意见稿）》（2008）（中华人民共和国环境保护部，2008c）估算帝胜公司开襟衫集装箱公路运输的 NO_2和 CO 的排放强度。已知该集装箱公路运输通过重型车运输，且平均车速约为 41. 2 km/h，经查图得 NO_2排放因子为 12. 5 g/（km · 辆），又因来回运输距离为 36. 4 km×2 = 72. 8 km，故而 NO_2排放量为 72. 8×12. 5 = 910 g，排放强度为 2. 45 g/（t · kg），虽然 NO_2为厦门区域主要空气污染物之一，但该负面影响十分轻微；同样可得 CO 的排放因子为 48. 0 g/（km · 辆），排放量为 3. 49 kg，排放强度为 9. 39 g/（t · km），负面影响也十分轻微。但较之欧 VI 排放标准的集装箱公路运输 NO_X排放强度大了一个数量级，可见该绿色发展水平较低。②声环境：根据中华人民共和国国家环境保护标准之《环境影响评价技术导则 公路建设项目（征求意见稿）》（2008）（中华人民共和国环境保护部，2008c）估算帝胜公司开襟衫集装箱公路运输的大型车在离行车线 7. 5 m 处参照点的平均辐射噪声级 $L_{oi} = 22.0 + 36.32 \times \lg V_H$（$V_H$ 为大型车的平均行驶速度，km/h）$= 22.0 + 36.32 \times \lg 50 = 83.7$（dB），对厦门区域运输沿线声环境产生短暂的负面影响，将略微提高沿线的等效声级。整体上，该集装箱公路运输环境维度的绿色发展水平一般。

生态维度：根据《海西晨报》（2015 年 3 月）特别报道（黄劲超，2015），杏林湾较多水鸟，该集装箱公路运输穿过杏林湾园博苑，对其产生轻微负面影响，应考虑距离鸟类栖息地较远的公路线路，提高生态维度绿色发展水平。

总体上，帝胜公司开襟衫集装箱公路运输对厦门区域的区位维度没有影响，对资源和社会维度产生轻微的负面影响，对经济维度有轻微的正面影响，对环境噪声和生态维度有轻微负面影响。但该油耗大于中国第三阶段柴油半挂牵引车和牵引货车燃油消耗量限值，且排放水平落后于国际先进水平，整体绿色发展水平一般，应适当考虑选择对环境更友好的运输路线，或选择更加节能减排的运输货车，降低对环境和生态的负面影响。

4.1.4.2.3 厦门区域对帝胜公司开襟衫航运物流的影响分析

基于4.1.3.2节厦门区域的现状和回顾性评价，结合其评价因子识别结果，分析厦门区域各维度对帝胜公司开襟衫航运物流（包括生产、仓储和集装箱公路运输各环节）的影响。其中，厦门区域的区位维度对帝胜公司开襟衫航运物流的生产、仓储和集装箱公路运输环节影响十分小，可以忽略。

1）资源维度

生产过程：厦门区域虽然淡水资源较匮乏，但帝胜公司开襟衫用水量较少，对生产基本没影响。

仓储：厦门紧缺的土地资源在一定程度上增加了工厂仓储成本，产生轻微负面影响。

集装箱公路运输：厦门地区较匮乏的能源资源以及较繁忙的公路交通，一定程度上增加公路运输油耗成本，但负面影响轻微。

总体上，厦门区域资源维度对生产过程基本没影响，对仓储环节和集装箱公路运输产生轻微负面影响。

2）社会维度

生产过程：据帝胜公司经理反映，厦门地区较严格的环境政策，以及近几年企业人力成本明显增加，企业运营压力较大，严格的环保压力以及快速增加的人力成本对帝胜公司开襟衫生产造成明显的负面影响。

仓储：厦门较好的环境管理水平为帝胜公司开襟衫仓储提供了良好的环境，带来轻微的正面影响。

集装箱公路运输：由于厦门交通较为繁忙，故而对帝胜公司开襟衫集装箱的公路运输产生轻微的负面影响。

总体上，厦门区域社会维度对生产过程产生明显的负面影响，对仓储环节产生轻微的正面影响，对集装箱公路运输产生轻微负面影响。

3）经济维度

生产过程：厦门区域经济实力较强，对帝胜公司及其开襟衫生产有推动作用，但生产成本也显著上升，开襟衫外贸价格优势越发不明显，对帝胜公司开襟衫航运物流带来较明显的负面影响。

仓储：厦门区域高昂的土地价格对帝胜开襟衫原料仓储产生轻微负面影响。

集装箱公路运输：厦门区域完成交通运输基础设施固定资产投资大，改善交通环境，产生一定的正面影响，但交通运输费用提高有一定的负面影响。综合来看经济维度对帝胜开襟衫集装箱公路运输基本没有影响。

总体上，厦门区域经济维度对生产过程产生较明显的负面影响，对仓储环节产生轻微负面影响，对集装箱公路运输基本没影响。

4）环境维度

厦门区域环境质量总体较好，对帝胜公司开襟衫航运物流的生产、仓储和集装箱公路运输活动开展基本没有影响。

5）生态维度

厦门区域生态质量总体较好，对帝胜公司开襟衫航运物流的生产、仓储和集装箱公路运输活动开展基本没有影响。

4.1.4.3　厦门港的影响分析

4.1.4.3.1　帝胜公司开襟衫航运物流对厦门港的影响分析

根据帝胜公司开襟衫航运物流在厦门港作业的特征，结合 4.1.3.3 节厦门港的现状和回顾性评价及其评价因子识别结果，分析帝胜公司开襟衫航运物流（出发港作业）对厦门区域各维度的影响。

（1）区位维度：帝胜公司开襟衫航运物流活动对厦门港区位维度基本没有影响。

（2）资源维度：帝胜公司开襟衫航运物流在出发港作业占用厦门港集装箱堆场箱位 6 d，运输船舶占用码头岸线大约 27 h，该活动消耗厦门港土地和岸线资源，产生轻微负面影响，应考虑缩短集装箱堆场停留时间；根据《厦门港绿色港口建设“十三五”规划方案》（交通运输部水运科学研究院，2016）显示，2014 年集装箱生产综合能源单耗为 49.2 tce/万 TEU（注：tce 为吨标准煤当量），其中，电力占综合能耗的 57.9%、天然气占 4%；该综合能源单耗量较 2010 年下降 13.7%，完成《公路水路交通运输节能减排“十二五”规划》目标，但超过中华人民共和国国家标准《集装箱码头单位产品能源消耗限额》（GB 31823−2015）的限定值，且清洁能源占比小，在我国沿海港口中位于中上游，但落后于国际先进水平。因此，可推算该集装箱能耗约 4 923 gce（克标准煤），其中，电力消耗约 2 850 gce、天然气消耗约 197 gce，占厦门港的 6.2×10^{-10}，负面影响轻微，但该能源效率较低，且清洁能源占比小，绿色发展水平较低，应考虑加强设施设备节能技术改造、优化装卸工艺及推广应用清洁能源与新能源。

（3）社会维度：帝胜公司开襟衫航运物流增加 1 TEU 港口吞吐量，并促进港口人员就业，为厦门港带来轻微正面影响。厦门港实施自贸区政策（吴顺彬，2016），港口作业效率较高，社会维度整体绿色发展水平较高。

（4）经济维度：帝胜公司开襟衫航运物流支付厦门港港费 3 300 元、海运费 3 000 美元，对厦门港经济维度正面影响轻微。据了解，厦门港 40 英尺普通集装箱装卸包干费 638 元，经济竞争力较强；港口经济效益较好，经济维度整体绿色发展水平较高。

（5）环境维度：①大气环境：根据《厦门港绿色港口建设“十三五”规划方案》（交通运输部水运科学研究院，2016），2014 年厦门港集装箱生产综合二氧化碳排放强度为 46.3 t/万 TEU，较 2010 年下降 36.6%，完成《公路水路交通运输节能减排“十二五”规划》目标，处于国内中上水平，高于深圳港（2016 年二氧化碳排放平均强度为 34.6 t/万 TEU（武汉理工大学，2016）），与美国长滩港（2014 年集装箱二氧化碳排放强度为 2.49 t/万 TEU（Starcrest Consulting Group Limited Liability Company，2015））的差距十分显著；港口生产和辅助生产（不包括船舶靠港排放）单位吞吐量二氧化硫的排放强度为 12.3 kg/万 t，略高于深圳港（109 t/万 TEU（武汉理工大学，2016）），但大大高于美国长滩港（0.32 t/万 TEU（Starcrest Consulting Group Limited Liability Company，2015）），差距十分显著。由此估算该集装箱生产综合二氧化碳排放量约为 4.63 kg，港口生产和辅助生产二氧化硫的排放量约为 6.3 g，分别占厦门港生产综合二氧化碳排放量和二氧化硫排放量的 7×10^{-6} 和 2×10^{-12}，对厦门港大气环境仅有轻微的负面影响。但该集装箱出发作业活动产生的二氧化碳和二氧化硫排放量仍较大，明显落后于国际先进水平，未能达到绿色发展要求。②声环境：该集装箱运输至堆场指定位置的噪声级较高（如前所述平均噪声级 83.7 dB），对港区主干道噪声环境有一定的负面影响，但由于仅一个集装箱，对周边环境的等效声级的提高较小；装卸过程中的噪声同样对港口区域产生较明显的噪声影响，但仅一个集装箱所产生的港口等效声级也是微乎其微。③环境风险：该集装箱船舶为马士基集团的船舶，2015 年马士基集团船舶溢油量超过 10 m^3的事件发生 3 次（Maersk Group，2017），因而，厦门港仍存在轻微的船舶溢油环境风险负面影响，应加强船舶溢油风险的防范。整体上，环境维度绿色发展水平一般，应努力跟上国际先进水平。

（6）生态维度：港区污水事故性排放和船舶溢油风险可能对水域的浮游植物、浮游动物、底栖生物和鱼卵及仔鱼等产生一定的负面影响；船舶压载水中的外来生物也可能对生物群落造成威胁，据 IMO 估计，船舶每年将约 120 亿 t 压载水带到世界各地，每天压舱水中至少有 7 000~10 000 种海洋微生物和动植物在全球流动（交通运输部规划研究院，2014）。因此，帝胜公司开襟衫航运物流对厦门港带来轻微负面影响和一定的生态风险。厦门港海沧港区周边水域作业与敏感生物（如白海豚）矛盾较突出，生态维度绿色发展水平一般。

总体上，帝胜公司开襟衫航运物流（出发港作业）对厦门港区位维度基本没有影响，带来社会和经济维度轻微正面影响；对环境维度和生态维度产生轻微的负面影响，港口能效和空气污染物排放量等在国内沿海港口中处于中上游，但与国际先进水平差距十分明显，绿色发展水平不高。应加强船舶溢油风险和生态风险的防范。

4.1.4.3.2 厦门港对帝胜公司开襟衫航运物流的影响分析

基于 4.1.3.3 小节厦门港的现状和回顾性评价，结合其评价因子识别结果，分析厦门港各维度对帝胜公司开襟衫航运物流（出发港作业）的影响。

（1）区位维度：厦门港较优越的地理、资源和社会区位为帝胜公司开襟衫外贸提供了较之周边其他港口更好的基础设施条件，以及更高的服务质量，厦门港区位维度对帝胜公司开襟衫航运物流产生较明显的正面影响。

（2）资源维度：厦门港土地资源和岸线资源紧张在一定程度上给帝胜公司开襟衫集装箱运输带来负面影响，但在厦门港集装箱通过能力范围内，该影响十分轻微。厦门港良好的航运资源为帝胜集装箱通航提供了较高保证率，港口较好的集疏运条件和航线资源对开襟衫航运物流带来轻微正面影响；港口能源单耗的下降（较 2010 年下降 13.7%）也降低帝胜集装箱的能源消耗，产生较明显的正面影响。

（3）社会维度：厦门港较先进的行政管理、较完善的港口基础设施、较高的作业效率、较高的环境管理水平及较好的安全生产环境为帝胜公司开襟衫航运物流带来较明显的正面影响。

（4）经济维度：厦门港较好的经济效益和高固定资产投资，促进帝胜开襟衫航运物流活动，具有轻微的正面影响。

（5）环境维度：厦门港海沧港区及周边的环境空气质量良好，海沧港区声环境质量现状良好，对帝胜公司开襟衫航运物流基本没有影响。根据《厦门港总体规划（修编）环境影响评价报告书》（2014）显示，厦门海域近 10 年仅 2005 年发生 1 起溢油量 50 t 以上船舶溢油事故，溢油量 386 t（交通运输部规划研究院，2014），事故概率很低，对帝胜公司开襟衫航运物流负面影响十分轻微。因此，厦门港环境维度对帝胜公司开襟衫航运物流负面影响十分轻微。

（6）生态维度：厦门港较好的生态质量对帝胜公司开襟衫航运物流基本没有影响。

总体上，厦门港的区位、资源维度和社会维度对帝胜公司开襟衫航运物流产生较明显的正面影响，经济维度有轻微正面影响、环境维度有轻微负面影响，生态维度基本没有影响。

4.1.4.4　丹戎帕拉帕斯港的影响分析

4.1.4.4.1　帝胜公司开襟衫航运物流对丹戎帕拉帕斯港的影响分析

根据帝胜公司开襟衫航运物流在马来西亚的丹戎帕拉帕斯港中转作业的特征，结合 4.1.3.4 节丹戎帕拉帕斯港的现状和回顾性评价及其评价因子识别结果，分析帝胜公司开襟衫航运物流（中转港作业）对丹戎帕拉帕斯港各维度的影响。

（1）区位维度：丹戎帕拉帕斯港是马来西亚最大的集装箱港口，坐落于世界主要东西航线的汇合处，但受到国际大港——新加坡港的竞争。帝胜公司开襟衫航运物流仅一个集装箱，对丹戎帕拉帕斯港区位维度基本没有影响。

（2）资源维度：帝胜公司开襟衫航运物流在中转港作业占用丹戎帕拉帕斯港集装箱堆场箱位 9 d，两艘运输船舶共占用码头岸线不到 1 d，该中转作业消耗丹戎帕拉帕斯港土地和岸线资源，产生轻微负面影响。该集装箱在丹戎帕拉帕斯港进行简单的装卸和堆放作业，港口设施设备较先进，能耗低，处于世界先进水平，对丹戎帕拉帕斯港资源维度负面影响十分轻微，绿色发展水平较高。

（3）社会维度：帝胜公司开襟衫航运物流增加 1 TEU 港口吞吐量，并促进港口人员就业，为丹戎帕拉帕斯港带来轻微正面影响。丹戎帕拉帕斯港实施“自由区”制度（Port of Tanjung Pelepas，2017），港口作业效率处于国际领先水平，社会维度整体绿色发展水平较高。

（4）经济维度：帝胜公司开襟衫航运物流的首艘和第二艘靠港船舶分别支付港费，由于同时到港或离港的集装箱数量难以确定，因而难以估算该集装箱的港费，该部分也已经包含于海运费中，数额较小，对丹戎帕拉帕斯港经济维度有轻微的正面影响。丹戎帕拉帕斯港港口装载费用为 345 吉特（即 562 元），低于厦门港，经济竞争力强。港口经济效益好，经济维度整体绿色发展水平较高。

（5）环境维度：①大气环境：与厦门港相似，该港区作业以及两艘船舶均处于世界先进水平，对丹戎帕拉帕斯港大气环境产生轻微负面影响。丹戎帕拉帕斯港于 2017 年 7 月实施了船舶排放管理系统，计算和评估船舶排放（包括 CO_2、NO_X、SO_X、PM_{10}、$PM_{2.5}$和 HC），并提出改进措施，通过不同利益相关者控制船舶排放（Johor Port Authority，2017a）。②水环境：鉴于丹戎帕拉帕斯港存在部分重金属超标问题，该船舶集装箱中转作业对丹戎帕拉帕斯港产生轻微负面影响。③声环境：同集装箱在厦门港堆放、装卸活动产生噪声影响分析，该集装箱活动的噪声产生轻微负面影响。④固体废物：由马士基班轮 2015 年船舶固体废物产生量为 166.5 t/万 TEU（Maersk Group，2017），可知该集装箱在丹戎帕拉帕斯港产生的废物少于 16.6 kg，负面影响极其轻微。⑤类比厦门港，马士基集装箱船舶溢油环境风险对丹戎帕拉帕斯港带来轻微负面影响。整体上，丹戎帕拉帕斯港中转作业的环境维度绿色发展水平较高。

（6）生态维度：该集装箱中转作业可能对蒲莱河口敏感生物生态（包括河口红树林及其滩涂、海草床、海马、海象、海牛、繁殖鱼类等）及港口生物入侵生态风险产生轻微负面影响。丹戎帕拉帕斯港建立港口生态公园以保护自然环境，尊重当地社区的发展；生态维度绿色水平较高。

总体上，帝胜公司开襟衫航运物流对丹戎帕拉帕斯港区位维度基本没有影响，对社会维度有轻微正面影响，对资源、环境和生态维度有轻微负面影响。该集装箱运输船舶为马士基班轮，马士基航运集团是世界上最大的集装箱航运公司，以可靠、灵活和生态节能服务著称，绿色发展处于世界领先水平，但“零排放”目标仍未实现，能源效率还在不断提高（Maersk Group，2017）；丹戎帕拉帕斯港港口设施设备较先进、作业效率高、注重港口环境管理和生态保护。因此，该集装箱中转作业整体绿色发展水平较高。

4.1.4.4.2 丹戎帕拉帕斯港对帝胜公司开襟衫航运物流的影响分析

基于 4.1.3.4 节丹戎帕拉帕斯港的现状和回顾性评价，结合其评价因子识别结果，分析丹戎帕拉帕斯港各维度对帝胜公司开襟衫航运物流（中转作业）的反馈影响。

（1）区位维度：丹戎帕拉帕斯港相较新加坡港处于较弱势的地理位置，但资源和社会区位十分优越，为帝胜公司开襟衫航运物流中转作业带来明显的正面影响。

（2）资源维度：丹戎帕拉帕斯港虽然土地资源和岸线资源较紧张，但泊位利用率和平均每个月堆场的利用率都在 60%左右，故其对帝胜公司开襟衫航运物流中转作业基本没影响。港口较好的水域资源、交通资源和航线资源有利于节约中转时间，产生轻微正面影响。

（3）社会维度：丹戎帕拉帕斯港所在地政府十分重视港口效益，相应的激励政策力度较大，是帝胜公司开襟衫中转港选择的直接原因，产生显著的正面影响。此外，较先进的行政管理和环境管理、较好的安全生产环境和高作业效率给港口中转作业带来较明显的正面影响。

（4）经济维度：丹戎帕拉帕斯港固定资产投资的不断增加以保障港口的高效作业，对该集装箱中转作业产生轻微的正面影响。

（5）环境维度：丹戎帕拉帕斯港环境质量良好，对该集装箱中转作业基本没有影响，但丹戎帕拉帕斯港每天约 800 艘船舶经过，不排除溢油事故环境风险（Sulaiman et al.，2011）。

（6）生态维度：丹戎帕拉帕斯港生态质量好，对帝胜公司开襟衫航运物流基本没有影响。

总体上，丹戎帕拉帕斯港区位维度和社会维度对帝胜公司开襟衫航运物流产生较明显的正面影响，资源维度和经济维度有轻微正面影响，环境和生态维度基本没有影响。

4.1.4.5 安特卫普港的影响分析

4.1.4.5.1 帝胜公司开襟衫航运物流对安特卫普港的影响分析

根据帝胜公司开襟衫航运物流在比利时的安特卫普港中转作业的特征，结合 4.1.3.5

节安特卫普港的现状和回顾性评价及其评价因子识别结果，分析帝胜公司开襟衫航运物流（中转港作业）对安特卫普港各维度的影响。

（1）区位维度：安特卫普港是一个国际大港，帝胜公司开襟衫航运物流对安特卫普港区位维度基本没有影响。

（2）资源维度：帝胜公司开襟衫航运物流在中转港作业占用安特卫普港集装箱堆场箱位 6 d，两艘运输船舶共占用码头岸线不到 1 d，该活动消耗安特卫普港土地和岸线资源，产生轻微负面影响。未能获取安特卫普港集装箱生产运输的能耗数据信息，该集装箱在安特卫普港进行简单的装卸和堆放作业，港口设施设备较先进，能耗较低，资源维度绿色发展水平较高，但船舶 Heluan 的总吨位为 15 633 t，且建造年限已达 10 年，能效较低，在一定程度上影响该活动绿色发展水平。

（3）社会维度：帝胜公司开襟衫航运物流增加 1 TEU 港口吞吐量，并促进港口人员就业，为安特卫普港带来轻微正面影响。安特卫普港十分注重港口的社会责任，港口提供了超过 14 万个的全职岗位，并不断改进（Antwerp Port Authority et al.，2017）；港口作业效率处于国际领先水平，社会维度绿色发展水平高。

（4）经济维度：安特卫普港每条船到港需支付吨位费（Tonnage dues）17.95 欧元（即 141.1 元）和泊位费为 0.172 7 欧元/t（即 1.358 元/t）（Antwerp Port Authority，2017c），该集装箱中转作业对安特卫普港经济维度正面影响轻微。安特卫普港经济竞争力强，港口经济效益较好，经济维度整体绿色发展水平较高。

（5）环境维度：①大气环境：根据《2017 年安特卫普港永续发展报告》（Antwerp Port Authority et al.，2017）显示，安特卫普港 SO_2 排放强度约 0.05 t/万 t，大于长滩港（2015 年 SO_X 排放强度 0.03 t/万 t）；NO_X 排放强度约 0.39 t/万 t，小于长滩港（2015 年 NO_X 排放强度 1.01 t/万 t）；PM_{10} 排放强度约 0.01 t/万 t，小于长滩港（2015 年 PM_{10} 排放强度 0.02 t/万 t）。该集装箱中转作业分别排放 SO_2、NO_X 和 PM_{10} 约为 15.3 g、199.3 g 和 5.1 g，对安特卫普港大气环境仅有轻微负面影响，整体处于世界领先水平，绿色发展水平较高。②水环境：根据《2017 年安特卫普港永续发展报告》（Antwerp Port Authority et al.，2017）显示，平均每艘船舶污水量为 0.14 m^3；船体涂料是安特卫普港水环境中铜的主要来源，约占铜总量的 79%，2013 年达 35 t。帝胜公司开襟衫航运物流运输对安特卫普港水环境仅有轻微负面影响。③声环境：类比集装箱在厦门港堆放、装卸活动产生噪声影响分析，该集装箱活动产生噪声负面影响微乎其微，但安卫普港码头前沿声环境差，该中转作业环节噪声影响还应被关注。④固体废物：据《2017 年安特卫普港永续发展报告》（Antwerp Port Authority et al.，2017）显示，安特卫普港平均每艘船舶垃圾平均 1.18 m^3。帝胜公司开襟衫航运物流对安特卫普港固体废物基本没有影响。⑤环境风险：因安特卫普港 2015 年发生油泄漏事件总数增加明显（Antwerp Port Authority et al.，2017），因此该集装箱中转作业船舶溢油环境风险存在轻微负面影响。整体上，安特卫普港环境管理处于世界先进水平，环境维度绿色发展水平较高。

（6）生态维度：安特卫普港港口特殊保护区和受保护物种数量多，该集装箱中转作业可能影响受保护物种，并存在生物入侵的生态风险，因而对安特卫普港生态维度带来轻微负面影响，但港口作业与港口生态矛盾较多，生态维度绿色发展水平一般。

总体上，帝胜公司开襟衫航运物流对安特卫普港区位维度基本没有影响，对资源、环境和生态维度有轻微负面影响，对社会和经济维度有轻微正面影响。安特卫普港极其注重永续发展，该集装箱在安特卫普港中转作业处于较高的绿色发展水平，但环境与生态风险应该被重点关注。

4.1.4.5.2 安特卫普港对帝胜公司开襟衫航运物流的影响分析

基于4.1.3.5节安特卫普港的现状和回顾性评价，结合其评价因子识别结果，分析安特卫普港各维度对帝胜公司开襟衫航运物流（中转作业）的反馈影响。

（1）区位维度：安特卫普港优越的区位条件为该集装箱中转作业带来较明显的正面影响。

（2）资源维度：安特卫普港的土地和岸线资源较充足，水域、交通和航线资源好；根据《2017年安特卫普港永续发展报告》（Antwerp Port Authority et al.，2017）显示，2016年安特卫普港满足欧VI的机动车占46%、欧V的占40%，港口机动车能耗效率较高；港口清洁能源发展较迅速，2016年风力发电总装机容量达122 MWe（兆瓦电力），天然气消耗468 t，安特卫普港生产能源单耗明显低于厦门港，位于绿色港口前列，对该集装箱的绿色中转作业具有显著的正面影响。

（3）社会维度：安特卫普港的社会维度好，对帝胜公司开襟衫航运物流产生轻微正面影响，但不排除突发事件发生的隐患。

（4）经济维度：安特卫普港不断增长的经济效益和固定资产投资为该集装箱中转作业提供良好的环境，带来轻微的正面影响。

（5）环境维度：安特卫普港环境质量好，对该集装箱中转作业基本没影响。

（6）生态维度：安特卫普港生态质量好，对该集装箱中转作业基本没影响。

总体上，安特卫普港区位和资源维度为帝胜公司开襟衫航运物流产生较明显的正面影响、社会和经济维度有轻微正面影响，环境和生态维度基本没影响。

4.1.4.6 海事区域的影响分析

4.1.4.6.1 帝胜公司开襟衫航运物流对海事区域的影响分析

根据帝胜公司开襟衫航运物流在海事区域（太平洋、印度洋和大西洋）海上航行的特征，结合4.1.3.6节海事区域的现状和回顾性评价及其评价因子识别结果，分析帝胜公司开襟衫航运物流（海上航行）对海事区域资源、环境和生态维度的影响。

（1）资源维度：依据欧洲标准（16258）（European Standard EN 16258）计算可得厦门港到斯德哥尔摩港海洋运输过程中消耗燃油25 413 MJ（从油箱到车轮（tank to wheel），即所装载的燃料被转换为动力的过程）（DHL International GmbH，2017），对海事区域资源维度基本没影响。根据《船舶能效营运指数（EEOI）自愿使用指南》，该集装箱运输船舶“MARGRETHE MAERSK”的船舶能效营运指数EEOI（以二氧化碳计）为104 g/（TEU · nm）（即11 g/（t · km））（Mediterranean Shipping Company，2018）），船舶“MAERSK EMDEN”和“HELUAN”的EEOI（以二氧化碳计）分别为47.1 g/（TEU · nm）（即5 g/（t · km））和132 g/（TEU · nm）（即14 g/（t · km）），因而可知，船舶“MAERSK EMDEN”的营

运能效高于“MARGRETHE MAERSK”和“HELUAN”。根据 IMO《第二次温室气体排放研究报告》（2009）显示，集装箱船舶的二氧化碳排放效率一般为 12.5~37.5 g/（t·km）（IMO，2009），因此，该集装箱运输船舶二氧化碳排放效率都低于该范围，船舶能效较高，资源维度绿色发展水平较高，但根据《MARPOL 73/78 公约》要求，船舶的建造时间在 2013 年 1 月 1 日之后必须满足船舶能效设计指数（EEDI）要求（IMO，2016a）。因此，最好应选择 2013 年 1 月 1 日后建造的船舶，船舶公司也可参照行业 EEOI 标杆，尽可能提高船舶能效。

（2）环境维度：依据欧洲标准（16258）（European Standard EN 16258）计算得厦门港到斯德哥尔摩港海洋运输过程中排放二氧化碳当量 2 006 kg（从油箱到车轮）（DHL International GmbH，2017），对海事区域几乎没影响。根据《MARPOL 73/78 公约》，船舶“MARGRETHE MAERSK”的 NO_X 排放量满足Ⅱ级（Tier Ⅱ）（不超过 14.4 g/（kW·h）），船舶“MAERSK EMDEN”和“HELUAN”满足Ⅰ级（Tier Ⅰ）（不超过 17.0 g/（kW·h））；船舶“MAERSK EMDEN”途经北海船舶排放控制区，以及船舶“HELUAN”途经北海和波罗的海船舶排放控制区所使用的燃油的硫质量分数不超过 0.1%；其他航行途经区域内 3 艘船上所使用的任何燃油的硫质量分数都不超过 3.50%，该集装箱运输产生的 NO_X 和硫排放量极小，对海事区域也基本没影响。虽然该海事区域航运物流环节绿色发展水平较高，但运输船舶的新旧程度影响差异较大，应尽可能选择新船，并防止船舶溢油，不断提高绿色发展水平。

（3）生态维度：帝胜公司开襟衫航运物流海事区域海上航行与太平洋海事区域生态维度相互影响较小，可能对南海珊瑚礁、太平洋特有物种，印度洋海事区域的孟加拉湾、阿拉伯海和泰国湾的珊瑚礁、红海和亚丁湾的海洋保护区，以及大西洋海事区域的地中海特有物种、波罗的海保护区、北大西洋繁殖鸟类和北海迁徙物种造成极其轻微的负面影响，并存在船舶溢油、生物入侵的生态风险。整体上，海上航行与海事区域生态矛盾较小，生态维度绿色发展水平较高。

总体上，帝胜公司开襟衫航运物流海上航行对海事区域的资源、环境和生态维度基本没影响，但不排除船舶溢油的环境风险，以及生物入侵的生态风险。海运本质上是一种较绿色的运输方式。IMO 通过公约（Convention）、协定（Agreement）和议定书（Protocol）等强制性条约文件降低能源消耗、防止船舶污染以保护海洋环境，包括《MARPOL 73/78》、《2004 年国际船舶压载水和沉积物控制和管理公约》等，不断提高航运绿色水平。

4.1.4.6.2　海事区域对帝胜公司开襟衫航运物流的影响分析

基于 4.1.3.6 小节海事区域的现状和回顾性评价，结合其评价因子识别结果，从海事区域的资源、环境和生态维度分析对帝胜公司开襟衫航运物流（海上航行）的反馈影响。

海事区域资源丰富、环境和生态质量好，对帝胜公司开襟衫航运物流（海上航行）基本没影响。

4.1.4.7　斯德哥尔摩港的影响分析

4.1.4.7.1　帝胜公司开襟衫航运物流对斯德哥尔摩港的影响分析

根据帝胜公司开襟衫航运物流在斯德哥尔摩港抵达港作业的特征，结合 4.1.3.7 小节斯德哥尔摩港的现状和回顾性评价及其评价因子识别结果，分析帝胜公司开襟衫航运物流（抵达港作业）对斯德哥尔摩港各维度的影响。

（1）区位维度：帝胜公司开襟衫航运物流对斯德哥尔摩港区位维度基本没影响。

（2）资源维度：帝胜公司开襟衫航运物流在到达港作业占用斯德哥尔摩港集装箱堆场箱位和运输船舶共占用码头岸线都不到 1 d，该活动消耗港口土地和岸线资源，产生轻微的负面影响。未能获取斯德哥尔摩港集装箱生产运输的能耗数据信息，但斯德哥尔摩港设施设备较落后，还不能够适应船舶大型化的发展，能耗较高，对该集装箱作业产生轻微的负面影响。需提高绿色发展水平。

（3）社会维度：类比厦门港，斯德哥尔摩港较好的社会维度给帝胜公司开襟衫航运物流产生轻微正面影响，但较落后的基础设施使港口作业效率偏低、能耗较高，绿色发展水平偏低，需提高绿色发展水平。

（4）经济维度：类比厦门港，帝胜公司开襟衫航运物流对斯德哥尔摩港经济维度产生轻微正面影响。斯德哥尔摩港集装箱处理费用为 1 125 瑞典克朗（合 902 元）；港口经济效益较好。

（5）环境维度：根据《斯德哥尔摩港口群年报和永续发展报告 2016》显示，斯德哥尔摩港气体排放和黑灰水卸载大部分来自邮轮或散货活动。未能得到集装箱活动环境影响的数据资料，但斯德哥尔摩港环境质量整体上较好，帝胜公司开襟衫航运物流集装箱在抵达港作业时间极短，对该港环境维度基本没有影响。不排除一定的船舶溢油风险。因斯德哥尔摩港港口设施设备较落后，节能减排性能较低，斯德哥尔摩港环境维度的绿色发展水平整体较低。

（6）生态维度：斯德哥尔摩港生态质量整体较好，帝胜公司开襟衫航运物流集装箱抵达港作业对该港生态维度基本没有影响；但该集装箱作业可能对斯德哥尔摩港特殊物种产生影响，以及造成生物入侵生态风险，生态维度绿色发展水平一般。

总体上，帝胜公司开襟衫航运物流对斯德哥尔摩港区位维度基本没有影响，对资源维度有轻微负面影响，对社会和经济维度有轻微正面影响，对环境和生态维度基本没有影响，但不排除一定的环境和生态风险性。运往斯德哥尔摩的集装箱通常先到达欧洲其他港口，再通过较小的支线船舶运至斯德哥尔摩港（Ports of Stockholm，2016），能耗相对较大，随着斯德哥尔摩集装箱吞吐量的增长，集装箱港口基础设施需要加快发展，以适应船舶大型化需求，提高绿色发展水平。

4.1.4.7.2 斯德哥尔摩港对帝胜公司开襟衫航运物流的影响分析

基于 4.1.3.7 节斯德哥尔摩港的现状和回顾性评价，结合其评价因子识别结果，分析斯德哥尔摩港各维度对帝胜公司开襟衫航运物流（抵达港作业）的反馈影响。

（1）区位维度：虽然斯德哥尔摩港区位条件一般，但它是距离 JOBMAN 仓库最近的沿海港口，货物运输便利；自然和资源区位对该集装箱物流几乎没有影响。斯德哥尔摩港区位维度对帝胜公司开襟衫航运物流总体上产生轻微正面影响。

（2）资源维度：尽管斯德哥尔摩资源状况一般，但对该集装箱抵达港作业几乎没影响。斯德哥尔摩港能源消耗仍处于较高水平，港口绿色发展水平较低，对帝胜公司开襟衫航运物流产生轻微负面影响。

（3）社会维度：斯德哥尔摩港较好的社会维度有利于该航运物流活动，但港口基础设施条件还处于较落后水平，轻微影响港口作业效率。

（4）经济维度：斯德哥尔摩港较好的经济效益和不断增加的固定资产投资为该集装箱抵达作业带来轻微的正面影响。

（5）环境维度：斯德哥尔摩港环境质量好，对该集装箱抵达港作业基本没有影响。

（6）生态维度：斯德哥尔摩港生态质量好，对该集装箱抵达港作业基本没有影响。

总体上，斯德哥尔摩港区位和经济维度对帝胜公司开襟衫航运物流产生轻微正面影响，资源和社会维度存在轻微负面影响，环境和生态维度基本没有影响。

4.1.4.8　斯德哥尔摩区域的影响分析

4.1.4.8.1　帝胜公司开襟衫航运物流的公路运输对斯德哥尔摩区域的影响分析

根据帝胜公司开襟衫航运物流在斯德哥尔摩区域的集装箱公路运输环节的特征，结合 4.1.3.8 节斯德哥尔摩区域的现状和回顾性评价及其评价因子识别结果，分析帝胜公司开襟衫航运物流在斯德哥尔摩的公路运输环节对斯德哥尔摩区域各维度的影响。其中，帝胜公司开襟衫航运物流的公路运输对斯德哥尔摩区域的区位维度影响很小，可以忽略。

（1）资源维度：帝胜公司开襟衫集装箱重箱和空箱运输往返于斯德哥尔摩港和位于乌普兰斯韦斯比市的 JOBMAN 仓库之间，运输距离约 28. 1 km，单程耗时约 26 min。根据瑞典环保署的《不同运输方式环境影响报告》显示，装载能力 14 t 的货车油耗为 0. 45 L/km（略低于厦门的 0. 59 L/km、威尼托区域的 0. 63 L /km），估算出该集装箱往返公路运输油耗约为 25. 3 L，较之斯德哥尔摩区域总能源消耗量，其负面影响十分轻微，绿色发展水平较高。但在斯德哥尔摩省，运输业的能源消耗仅排在住宅和商业建筑之后，仍应关注节能问题。

（2）社会维度：帝胜公司开襟衫集装箱运输对斯德哥尔摩区域社会维度影响主要为交通拥堵，产生轻微负面影响。斯德哥尔摩区域公路基础设施完善、运输效率高，社会维度整体绿色发展水平较高。

（3）经济维度：帝胜公司开襟衫集装箱运输缴纳运输费，对斯德哥尔摩区域经济维度产生轻微正面影响。该集装箱公路运输实现了“门到门”的运输服务，经济效率较高。因此，经济维度绿色发展水平较高。

（4）环境维度：该集装箱公路运输对斯德哥尔摩区域水环境和固体废物基本没有影响。①大气环境：根据瑞典环保署的《不同运输方式环境影响报告》可推算，该集装箱在斯德哥尔摩区域公路运输 NO_X、SO_X和颗粒物的最大排放值为 494. 8 g、18. 6 g 和 13. 6 g，负面影响十分轻微；得其排放强度分别为 1. 723 g/（t · km）、0. 065 g/（t · km）和 0. 047 g/（t · km），其中 NO_X排放强度低于厦门区域集装箱公路运输，但高于欧 VI 标准一个数量级，因而该绿色发展水平一般。②声环境：虽然斯德哥尔摩声环境较好，但交通是斯德哥尔摩市主要的噪声来源，该集装箱公路运输噪声的负面影响应被关注。环境维度整体上的绿色发展水平一般。

（5）生态维度：根据谷歌地图显示，该集装箱公路运输沿途经过城镇居民区、自然保护区、农场和湿地等，对保护物种和湿地生境可能产生轻微负面影响。斯德哥尔摩高速公路与公园存在冲突时采取隧道模式减少生态影响（Swedish Transport Administration，2015），生态维度绿色发展水平较高。

总体上，帝胜公司开襟衫航运物流对斯德哥尔摩区域资源、社会、环境和生态维度均产生轻微负面影响，对经济维度产生轻微正面影响。在斯德哥尔摩区域的集装箱公路运输较之厦门区域能效高、能耗少，产生废气排放也较少，但仍未满足国际先进水平（欧Ⅵ排放标准），绿色发展水平整体较高，仍应关注减排问题，生物燃料使用被认为是瑞典绿色道路运输最有效的选择（Nykvist and Suljada，2017）。

4.1.4.8.2 帝胜公司开襟衫在JOBMAN仓库仓储对斯德哥尔摩区域的影响分析

帝胜公司开襟衫成品到达JOBMAN仓库后，分门别类地堆放于仓储区，对斯德哥尔摩区域的区位、社会、环境和生态基本没有影响；该仓库位于与斯德哥尔摩市相邻的乌普兰斯韦斯比市，土地和交通资源较丰富，对资源维度几乎没有影响；该仓储活动支付一定租金，但金额少，对斯德哥尔摩区域经济维度正面影响基本可忽略，且基本满足绿色发展要求。

4.1.4.8.3 斯德哥尔摩区域对帝胜公司开襟衫航运物流的影响分析

基于4.1.3.8节斯德哥尔摩区域的现状和回顾性评价，结合其评价因子识别结果，从各维度分析斯德哥尔摩区域对帝胜公司开襟衫航运物流（包括集装箱公路运输及货物仓储）的反馈影响。

（1）区位维度：斯德哥尔摩区域区位条件较好，不会对帝胜公司开襟衫航运物流带来负面影响，反而有轻微的正面影响。

（2）资源维度：斯德哥尔摩区域资源维度良好，其中土地资源匮乏。①集装箱公路运输：繁忙的公路交通在一定程度上给帝胜公司开襟衫航运物流带来轻微的负面影响，但交通资源较好，影响极小。②仓储：斯德哥尔摩市紧缺的土地资源直接影响JOBMAN公司仓库的选址，因此仓库选址位于与斯德哥尔摩市相邻的乌普兰斯韦斯比市，土地和交通资源较丰富，尽管增加少量的公路运输及其对环境的轻微影响，但明显减少仓储环节资源维度产生的负面影响，降低了仓储费用。总体上，斯德哥尔摩区域资源维度对帝胜公司开襟衫航运物流集装箱公路运输及仓储环节基本没有影响。

（3）其他维度。斯德哥尔摩区域社会、经济、环境和生态维度各方面均良好，对集装箱公路运输以及仓储环节产生轻微正面影响。总体上，斯德哥尔摩区域的各个维度现状均良好，其中区位、社会和经济维度对帝胜公司开襟衫航运物流集装箱公路运输及仓储环节产生轻微正面影响，资源、环境和生态维度基本没有影响。

4.1.4.9 厦门帝胜公司开襟衫的销售、使用和废弃物的绿色分析

JOBMAN公司注重商品的高质量和高性能，通过经销商将货物销往全球，包括欧洲各国、澳大利亚、加拿大和美国。梭织开襟衫售价为369瑞典克朗（293元）、针织开襟衫售价为239瑞典克朗（190元）。销售过程未见违背绿色发展的行为。

该开襟衫为工作服，一般使用寿命为2年，据了解，该使用年限处于国内外一般水平。瑞典每人每年消耗15 kg的服装和纺织品废物（PORSE，2013），低于美国（每人每年丢弃超过30.8 kg的服装和纺织物）和英国（每人每年丢弃超过30 kg的服装和纺织物）

(Ekström and Salomonson, 2014)，服装和纺织品废弃状况较好。但瑞典每人每年有 8 kg 废旧纺织品被焚烧（占 53.3%），3 kg 纺织品废物给予慈善组织（占 20%），剩下的 4 kg 被储存于衣橱或者通过其他方式处理（PORSE, 2013），而欧盟约 25%的废旧纺织品被慈善机构或工业企业回收，剩下的被焚烧或填埋（PORSE, 2013）；英国收集的纺织品约 50%被重新利用、约 50%被循环利用，回收的可穿戴式服装中约 61%出口到其他国家；加拿大约 10%的慈善捐赠被旧货店销售，而另外 90%的捐赠面料将转售给纺织品回收商（LeBlanc, 2017）。可见瑞典的服装和纺织品回收率低。这或许是由于瑞典缺乏收集衣服和纺织品的国家机制(Ekström and Salomonson, 2014)。当前国际上废旧纺织品回收较高的国家包括日本、美国、英国和加拿大（王中珍等, 2012; LeBlanc, 2017)。

总体上，厦门帝胜公司开襟衫通过瑞典 JOBMAN 公司的销售和使用绿色发展水平较高，但废旧衣服回收和再循环利用在欧盟还有待加强，应加强斯德哥尔摩区域废弃服装的回收和再循环利用机制建设，提高废弃服装回收和再循环率。

4.1.5　帝胜公司开襟衫航运物流的战略决策

4.1.5.1　决策方法

本航运物流案例的绿色战略规划在完成航运物流的生命周期清单确定、区域信息收集、区域回顾性评价以及生命周期评价后，进入战略决策阶段。战略决策运用多维决策(MDDM，3.3.3.1 节）法，采用专家问卷评判法进行评判。

航运物流绿色战略规划多维决策的专家评价问卷是应用多维决策法进行航运物流绿色战略规划的决策过程，专家的评分结果是战略规划决策的依据。本研究选取了较为熟悉海洋科学以及海洋管理的 5 位专家（表 4-1），以问卷调查的形式进行航运物流绿色战略规划的多维决策。

表 4-1　专家信息

Table 4-1　Information of Experts

专家	专家信息
专家一	杨圣云，教授，厦门大学海洋与地球学院（已退休）；研究背景：海岸带综合管理、海洋生态系统管理
专家二	张珞平，教授，厦门大学海洋与海岸带发展研究院（已退休）；研究背景：战略环境评价、环境风险评价、区域环境规划、海岸带资源与环境管理、海洋有机污染物生物地球化学行为研究
专家三	陈玮琪，教授，厦门大学海洋与海岸带发展研究院（已退休）；研究背景：环境经济学及其在环境管理中的应用，有机污染物的环境化学
专家四	方秦华，教授，厦门大学环境与生态学院、厦门大学海洋与海岸带发展研究院；研究背景：环境系统评估、海洋空间规划、海洋政策研究
专家五	李杨帆，副教授，厦门大学环境与生态学院、厦门大学海洋与海岸带发展研究院；研究背景：海岸带城市化与区域环境变化、海岸带景观生态学、生态环境规划与生态文明、战略环境评价与环境影响评价

多维决策的专家问卷（问卷内容见附录3）包括3个部分。

第一部分：航运物流途经的相关区域的6个维度的现状评价和回顾评价。专家根据4.1.3节航运物流所经过的相关区域的现状和回顾性评价的评价结果，并结合专家的经验首先对各个维度的各个“要素”进行综合评价打分（好=3；中=2；差=1；只取整数，不取小数点）；然后再根据专家对各个要素的评价结果对各个“维度”进行综合评分（评分标准同上，只取1，2，3）。评价结果略。

第二部分：航运物流生命周期各生产环节的多维决策评价。专家根据4.1.2节和4.1.4节航运物流生命周期中各个生产环节的生产过程及其影响因子、第一部分的评价结果，并结合专家的经验进行每个航运物流生产环节对所在区域各个维度的影响进行评价（包括正面/有利影响和负面/不利影响），取值范围为-3，-2，-1，0，1，2，3。因本研究的目标是绿色发展，因此通过比较国内外绿色发展水平，进行航运物流生命周期各环节及其对区域各维度的绿色评价。专家根据表中各个生产环节绿色发展水平的评价结论并结合专家的经验对每个环节进行绿色发展水平评价（好=3；中=2；差=1）。评价结果略。

第三部分：多维决策分析。专家根据第一部分和第二部分的评价结果对航运物流各生产环节与所在区域之间的相互影响进行［I，C；R］评分（相关参数的含义见3.3.3.1.3.3节）。评价结果见表4-2，即航运物流生命周期各生产环节对各区域各个维度的影响（正向作用）的［I，C；R］评分表；各区域的各个维度对航运物流各生产环节的影响（反馈作用）评分表（表4-3）。其中，正向作用是基于航运物流各生产环节的评价结果（包括影响评价和绿色发展水平评价）（第二部分）评价航运物流各生产环节对各区域的影响；反馈作用是基于各区域的现状和回顾性评价结果（第一部分）评价各区域的各维度对航运物流各生产环节的影响。

最后，专家根据第二部分各个生产环节绿色发展水平的评价结论及其对区域各个维度的绿色评价、并结合经验对每个生产环节进行绿色发展水平评价（好=3；中=2；差=1）。帝胜公司开襟衫航运物流生命周期各生产环节的“绿色评价”结果见表4-4。根据LCA的精神，每个案例末尾包括在航运物流生命周期之外的生产原料来源以及最终产品销售、使用及其废弃阶段的绿色评价（表4-4）。

4.1.5.2 决策结果

帝胜公司开襟衫航运物流的多维决策分析专家［I，C；R］评分结果分别见表4-2（航运物流生命周期各生产环节对各区域各个维度的影响）以及表4-3（各区域各个维度对航运物流各生产环节的影响）；各生产环节（含生产原料来源以及最终产品销售、使用及其废弃阶段）的绿色发展专家评价结果见表4-4。

表 4-2　帝胜公司开襟衫航运物流各生产环节对各区域各个维度的影响及其相关关系的［I，C；R］专家评分

Table 4-2　［I，C；R］scores of the impact and relationships of the production processes of maritime logistics for the cardigans of TMKIN COMPANY on and with the dimensions of relevant regions by experts' judgement

生产环节	区域维度	专家一	专家二	专家三	专家四	专家五	平均
帝胜公司开襟衫生产	区位	[0, 0.9; 1] =0	[0, 0.9; 1] =0	[0, 0.9; 1] =0	[0, 0.7; 0] =0	[0, 0.9; 0] =0	0
	资源	[−1, 0.7; 1] =−0.7	[−1, 0.8; 1] =−0.8	[−1, 0.8; 1] =−0.8	[−1, 0.8; 0] =0	[−1, 0.7; 1] =−0.7	−0.6
	社会	[1, 0.9; 1] =0.9	[1, 0.8; 1] =0.8	[1, 0.8; 1] =0.8	[1, 0.8, 1] =0.8	[1, 0.9; 1] =0.9	0.84
	经济	[1, 0.8; 2] =1.6	[1, 0.9; 1] =0.9	[1, 0.9; 1] =0.9	[1, 0.7, 1] =0.7	[1, 0.8; 1] =0.8	0.98
	环境	[−1, 0.8; 1] =−0.8	[−1, 0.9; 2] =−1.8	[−1, 0.8; 2] =−1.6	[−1, 0.8; 1] =−0.8	[−1, 0.5; 1] =−0.5	−1.1
	生态	[−1, 0.7; 1] =−0.7	[−1, 0.6; 1] =−0.6	[0, 0.7; 1] =0	[−1, 0.7; 1] =−0.7	[0, 0.9; 1] =0	−0.5
帝胜公司工厂仓储	区位	[0, 0.9; 1] =0	[0, 0.9; 1] =0	[0, 0.9; 1] =0	[0, 0.7; 2] =0	[0, 0.9; 0] =0	0
	资源	[−1, 0.8; 1] =−0.8	[−1, 0.9; 1] =−0.9	[0, 0.8; 1] =0	[−1, 0.7; 1] =−0.7	[0, 0.8; 0] =0	−0.48
	社会	[1, 0.9; 1] =0.9	[1, 0.8; 1] =0.8	[0, 0.8; 1] =0	[1, 0.8; 0] = 0	[0, 0.9; 0] =0	0.34
	经济	[1, 0.9; 1] =0.9	[1, 0.8; 1] =0.8	[0, 0.8; 1] =0	[1, 0.7; 1] =0.7	[0, 0.7; 0] =0	0.48
	环境	[−1, 0.8; 1] =−0.8	[0, 0.8; 1] =0	[0, 0.8; 1] =0	[−1, 0.8; 0] = 0	[0, 0.9; 0] =0	−0.16
	生态	[0, 0.7; 1] =0	[0, 0.7; 1] =0	[0, 0.7; 1] =0	[0, 0.7; 0] =0	[0, 0.9; 0] =0	0
厦门区域公路运输	区位	[1, 0.9; 1] =0.9	[0, 0.9; 1] =0	[0, 0.9; 1] =0	[0, 0.7; 2] =0	[0, 0.9; 0] =0	0.18
	资源	[−1, 0.9; 2] =−1.8	[−1, 0.8; 1] =−0.8	[−1, 0.8; 1] =−0.8	[0, 0.7; 1] =0	[−1, 0.8; 1] =−0.8	−0.84
	社会	[1, 0.9; 1] =0.9	[−1, 0.8; 1] =−0.8	[1, 0.7; 1] =0.7	[1, 0.8; 1] =0.8	[−1, 0.8; 1] =−0.8	0.16
	经济	[2, 0.9; 2] =3.6	[1, 0.9; 1] =0.9	[1, 0.8; 1] =0.8	[1, 0.7; 1] =0.7	[1, 0.8; 1] =0.8	1.36
	环境	[−1, 0.9; 1] =−0.9	[−1, 0.9; 2] =−1.8	[−1, 0.9; 2] =−1.8	[−1, 0.8; 1] =−0.8	[−1, 0.7; 1] =−0.7	−1.2
	生态	[−1, 0.9; 2] =−1.8	[−1, 0.6; 1] =−0.6	[−1, 0.6; 1] =−0.6	[−2, 0.7; 1] =−1.4	[−1, 0.8; 1] =−0.8	−1.04

续表

生产环节	区域维度	专家一	专家二	专家三	专家四	专家五	平均
厦门港出发装卸作业	区位	[0, 0.9; 1] =0	[0, 0.9; 1] =0	[0, 0.9; 1] =0	[0, 0.7; 1] =0	[0, 0.9; 1] =0	0
	资源	[1, 0.7; 1] =0.7	[-1, 0.8; 1] =-0.8	[-1, 0.8; 1] =-0.8	[-1, 0.8; 0] =0	[-1, 0.7; 1] =-0.7	-0.32
	社会	[1, 0.9; 1] =0.9	[1, 0.7; 1] =0.7	[1, 0.7; 1] =0.7	[1, 0.8; 1] =0.8	[1, 0.8; 1] =0.8	0.78
	经济	[2, 0.8; 2] =3.2	[1, 0.8; 2] =1.6	[1, 0.8; 2] =1.6	[1, 0.7; 1] =0.7	[1, 0.9; 1] =0.9	1.6
	环境	[-1, 0.8; 1] =-0.8	[-1, 0.9; 1] =-0.9	[-1, 0.8; 1] =-0.8	[0, 0.8; 1] =0	[-1, 0.7; 1] =-0.7	-0.64
	生态	[-1, 0.7; 1] =-0.7	[-1, 0.8; 1] =-0.8	[-1, 0.7; 1] =-0.7	[-1, 0.7; 1] =-0.7	[-1, 0.8; 1] =-0.8	-0.74
丹戎帕拉帕斯港中转作业	区位	[0, 0.9; 1] =0	[0, 0.8; 1] =0	[0, 0.8; 1] =0	[0, 0.6; 1] =0	[0, 0.9; 0] =0	0
	资源	[-1, 0.7; 1] =-0.7	[-1, 0.7; 1] =-0.7	[-1, 0.7; 1] =-0.7	[0, 0.7; 0] =0	[-1, 0.9; 1] =-0.9	-0.6
	社会	[1, 0.9; 1] =0.9	[1, 0.8; 1] =0.8	[1, 0.7; 1] =0.7	[1, 0.7; 1] =0.7	[1, 0.7; 1] =0.7	0.76
	经济	[2, 0.8; 1] =1.6	[1, 0.8; 2] =1.6	[1, 0.8; 2] =1.6	[1, 0.6; 1] =0.6	[1, 0.6; 1] =0.6	1.2
	环境	[-1, 0.8; 1] =-0.8	[-1, 0.8; 1] =-0.8	[-1, 0.8; 1] =-0.8	[0, 0.7; 1] =0	[-1, 0.8; 1] =-0.8	-0.64
	生态	[-1, 0.7; 1] =-0.7	[-1, 0.8; 1] =-0.8	[-1, 0.8; 1] =-0.8	[-1, 0.6; 1] =-0.6	[-1, 0.8; 1] =-0.8	-0.74
安特卫普港中转作业	区位	[0, 0.9; 1] =0	[0, 0.7; 1] =0	[0, 0.8; 1] =0	[0, 0.6; 1] =0	[0, 0.9; 0] =0	0
	资源	[-1, 0.7; 1] =-0.7	[-1, 0.8; 2] =-1.6	[-1, 0.7; 2] =-1.4	[0, 0.7; 0] =0	[-1, 0.8; 1] =-0.8	-0.9
	社会	[1, 0.9; 1] =0.9	[1, 0.7; 1] =0.7	[1, 0.7; 1] =0.7	[0, 0.7; 1] =0	[1, 0.7; 1] =0.7	0.6
	经济	[2, 0.8; 1] =1.6	[1, 0.8; 1] =0.8	[1, 0.8; 1] =0.8	[1, 0.6; 1] =0.6	[1, 0.7; 1] =0.7	0.9
	环境	[-1, 0.8; 1] =-0.8	[-1, 0.9; 1] =-0.9	[-1, 0.8; 1] =-0.8	[0, 0.7; 1] =0	[-1, 0.8; 1] =-0.8	-0.66
	生态	[-1, 0.7; 1] =-0.7	[-1, 0.9; 1] =-0.9	[-1, 0.8; 1] =-0.8	[-1, 0.6; 1] =-0.6	[-1, 0.7; 1] =-0.7	-0.74
海上运输	资源	[0, 0.8; 1] =0	[-1, 0.7; 1] =-0.7	[-1, 0.7; 1] =-0.7	[0, 0.6; 1] =0	[0, 0.9; 0] =0	-0.28
	环境	[0, 0.8; 1] =0	[0, 0.8; 1] =0	[0, 0.8; 1] =0	[0, 0.7; 2] =0	[0, 0.9; 0] =0	0
	生态	[-1, 0.7; 1] =-0.7	[-1, 0.8; 1] =-0.8	[-1, 0.7; 1] =-0.7	[-1, 0.7; 2] =-1.4	[-1, 0.8; 1] =-0.8	-0.88

续表

生产环节	区域维度	专家一	专家二	专家三	专家四	专家五	平均
斯德哥尔摩港抵达作业	区位	[1, 0.8; 1] =0.8	[0, 0.6; 1] =0	[0, 0.6; 1] =0	[0, 0.6; 1] =0	[0, 0.9; 0] =0	0.16
	资源	[1, 0.8; 1] =0.8	[-1, 0.7; 1] =-0.7	[-1, 0.7; 1] =-0.7	[0, 0.7; 0] =0	[-1, 0.8; 1] =-0.8	-0.28
	社会	[1, 0.9; 1] =0.9	[1, 0.7; 1] =0.7	[1, 0.7; 1] =0.7	[1, 0.7; 1] =0.7	[1, 0.8; 1] =0.8	0.76
	经济	[1, 0.9; 2] =1.8	[1, 0.7; 1] =0.7	[1, 0.7; 1] =0.7	[2, 0.6; 1] =1.2	[1, 0.7; 1] =0.7	1.02
	环境	[1, 0.9; 1] =0.9	[-1, 0.8; 2] =-1.6	[-1, 0.8; 1] =-0.8	[-1, 0.7; 1] =-0.7	[-1, 0.8; 1] =-0.8	-0.6
	生态	[1, 0.8; 1] =0.8	[-1, 0.8; 2] =-1.6	[-1, 0.8; 1] =-0.8	[-1, 0.6; 1] =-0.6	[0, 0.9; 0] =0	-0.44
斯德哥尔摩区域公路运输	区位	[1, 0.9; 1] =0.9	[0, 0.8; 1] =0	[0, 0.8; 1] =0	[0, 0.6; 2] =0	[0, 1; 0] =0	0.18
	资源	[-1, 0.9; 1] =-0.9	[-1, 0.7; 1] =-0.7	[-1, 0.7; 1] =-0.7	[0, 0.6; 1] =0	[1, 0.9; 1] =0.9	-0.28
	社会	[1, 0.9; 2] =1.8	[1, 0.7; 1] =0.7	[1, 0.7; 1] =0.7	[1, 0.7; 1] =0.7	[-1, 0.9; 1] =-0.9	0.6
	经济	[2, 0.9; 2] =3.6	[1, 0.7; 1] =0.7	[1, 0.7; 1] =0.7	[1, 0.6; 1] =0.6	[1, 0.8; 1] =0.8	1.28
	环境	[-1, 0.9; 1] =-0.9	[-1, 0.9; 2] =-1.8	[-1, 0.8; 2] =-1.6	[-1, 0.7; 1] =-0.7	[-1, 0.8; 1] =-0.8	-1.16
	生态	[-1, 0.7; 1] =-0.7	[-1, 0.9; 2] =-1.8	[-1, 0.7; 1] =-0.7	[-2, 0.6; 1] =-1.2	[-1, 0.7; 1] =-0.7	-1.02
JOBMAN公司仓储	区位	[0, 0.9; 1] =0	[0, 0.8; 1] =0	[0, 0.8; 1] =0	[0, 0.6; 0] =0	[0, 1; 0] =0	0
	资源	[-1, 0.8; 1] =-0.8	[-1, 0.7; 1] =-0.7	[0, 0.7; 1] =0	[0, 0.6; 0] =0	[0, 1; 0] =0	-0.3
	社会	[1, 0.9; 2] =1.8	[1, 0.7; 1] =0.7	[0, 0.8; 1] =0	[1, 0.7; 0] =0	[0, 1; 0] =0	0.5
	经济	[1, 0.9; 2] =1.8	[1, 0.7; 1] =0.7	[0, 0.7; 1] =0	[1, 0.6; 1] =0.6	[0, 1; 0] =0	0.62
	环境	[-1, 0.9; 1] =-0.9	[0, 0.9; 2] =0	[0, 0.8; 1] =0	[-1, 0.7; 0] =0	[0, 1; 0] =0	-0.18
	生态	[-1, 0.9; 1] =-0.9	[0, 0.9; 2] =0	[0, 0.8; 1] =0	[0, 0.6; 0] =0	[0, 1; 0] =0	-0.18

表 4-3 帝胜公司开襟衫航运物流途经各区域的各个维度对航运物流各生产环节的影响及其相关关系的 [I, C; R] 专家评分

Table 4-3 [I, C; R] scores of the impact and relationships of the dimensions of relevant regions on and with the production processes of maritime logistics for the cardigans of TMKIN COMPANY by experts' judgement

生产环节	区域维度	专家一	专家二	专家三	专家四	专家五	平均
帝胜公司开襟衫生产	区位	[1, 0.8; 1] =0.8	[1, 0.8; 1] =0.8	[1, 0.8; 1] =0.8	[1, 0.7; 0] =0	[1, 0.9; 1] =0.9	0.66
	资源	[1, 0.8; 1] =0.8	[-1, 0.6; 1] =-0.6	[-1, 0.6; 1] =-0.6	[1, 0.8; 0] =0	[0, 0.6; 0] =0	-0.08
	社会	[1, 0.9; 2] =1.8	[1, 0.8; 1] =0.8	[1, 0.8; 1] =0.8	[1, 0.8; 1] =0.8	[2, 0.8; 2] =3.2	1.48
	经济	[1, 0.8; 2] =1.6	[2, 0.8; 2] =3.2	[2, 0.8; 2] =3.2	[1, 0.7; 1] =0.7	[2, 0.6; 2] =2.4	2.22
	环境	[1, 0.9; 1] =0.9	[-1, 0.9; 1] =-0.9	[-1, 0.8; 2] =-0.8	[-1, 0.8; 1] =-0.8	[1, 0.6; 1] =0.6	-0.2
	生态	[1, 0.7; 1] =0.7	[-1, 0.8; 1] =-0.8	[-1, 0.8; 1] =-0.8	[-1, 0.7; 1] =-0.7	[0, 0.9; 0] =0	-0.32
帝胜公司工厂仓储	区位	[0, 0.9; 1] =0	[0, 0.8; 1] =0	[0, 0.8; 1] =0	[1, 0.7; 2] =1.4	[0, 0.9; 0] =0	0.28
	资源	[-1, 0.7; 1] =-0.7	[-1, 0.6; 1] =-0.6	[-1, 0.6; 1] =0	[-1, 0.7; 0] =0	[0, 0.9; 0] =0	-0.26
	社会	[1, 0.9; 1] =0.9	[1, 0.8; 1] =0.8	[1, 0.8; 1] =0.8	[1, 0.8; 0] =0	[1, 0.7; 1] =0.7	0.64
	经济	[2, 0.8; 2] =3.2	[1, 0.8; 2] =1.6	[1, 0.8; 2] =1.6	[1, 0.7, 1] =0.7	[1, 0.8; 1] =0.8	1.58
	环境	[1, 0.9; 1] =0.9	[-1, 0.9; 1] =-0.9	[0, 0.9; 1] =0	[0, 0.8; 0] =0	[-1, 0.5; 1] =-0.5	-0.1
	生态	[1, 0.8; 1] =0.8	[-1, 0.8; 1] =-0.8	[0, 0.9; 1] =0	[0, 0.7; 0] =0	[-1, 0.7; 1] =-0.7	-0.14
厦门区域公路运输	区位	[1, 0.9; 1] =0.9	[0, 0.8; 1] =0	[0, 0.7; 1] =0	[1, 0.7; 2] =1.4	[2, 0.8; 2] =3.2	1.1
	资源	[2, 0.9; 2] =3.6	[0, 0.6; 1] =0	[0, 0.7; 1] =0	[1, 0.7; 1] =0.7	[0, 1; 0] =0	0.86
	社会	[2, 0.9; 1] =1.8	[1, 0.8; 1] =0.8	[1, 0.8; 1] =0.8	[2, 0.8; 1] =1.6	[3, 0.8; 3] =7.2	2.44
	经济	[2, 0.9; 2] =3.6	[1, 0.8; 2] =1.6	[1, 0.7; 2] =1.4	[2, 0.7; 1] =1.4	[3, 0.8; 3] =7.2	3.04
	环境	[-1, 0.9; 1] =-0.9	[-1, 0.9; 1] =-0.9	[-1, 0.8; 1] =-0.8	[-1, 0.8; 1] =-0.8	[-2, 0.5; 2] =-2	-1.08
	生态	[-1, 0.8; 1] =-0.8	[-1, 0.8; 1] =-0.8	[-1, 0.8; 1] =-0.8	[-1, 0.7, 1] =-0.7	[-2, 0.5; 2] =-2	-1.02

续表

生产环节	区域维度	专家一	专家二	专家三	专家四	专家五	平均
厦门港出发装卸作业	区位	[1, 0.8; 1] =0.8	[1, 0.7; 1] =0.7	[1, 0.7; 1] =0.7	[1, 0.7; 1] =0.7	[1, 0.6; 1] =0.6	0.7
	资源	[1, 0.8; 1] =0.8	[1, 0.6; 1] =0.6	[1, 0.7; 1] =0.7	[1, 0.8; 1] =0.8	[2, 0.7; 2] =2.8	1.14
	社会	[1, 0.9; 1] =0.9	[1, 0.7; 1] =0.7	[1, 0.7; 1] =0.7	[1, 0.8; 1] =0.8	[3, 0.8; 3] =7.2	2.06
	经济	[1, 0.9; 2] =1.8	[1, 0.7; 1] =0.7	[1, 0.7; 1] =0.7	[0, 0.7; 0] =0	[1, 0.5; 1] =0.5	0.74
	环境	[1, 0.9; 1] =0.9	[−1, 0.8; 1] =−0.8	[−1, 0.8; 1] =−0.8	[−1, 0.8; 1] =−0.8	[−2, 0.6; 2] =−2.4	−0.78
	生态	[1, 0.8; 1] =0.8	[−1, 0.8; 1] =−0.8	[−1, 0.8; 1] =−0.8	[−1, 0.7; 1] =−0.7	[−1, 0.6; 1] =−0.6	−0.42
丹戎帕拉帕斯港中转作业	区位	[1, 0.8; 1] =0.8	[1, 0.6; 1] =0.6	[1, 0.7; 1] =0.6	[2, 0.6; 1] =1.2	[3, 0.8; 3] =7.2	2.08
	资源	[1, 0.8; 1] =0.8	[−1, 0.6; 1] =−0.6	[1, 0.6; 1] =0.6	[1, 0.7; 1] =0.7	[3, 0.7; 3] =6.3	1.56
	社会	[1, 0.9; 1] =0.9	[1, 0.6; 1] =0.6	[1, 0.7; 1] =0.7	[1, 0.7; 1] =0.7	[3, 0.7; 3] =6.3	1.84
	经济	[1, 0.9; 2] =1.8	[1, 0.7; 2] =1.4	[1, 0.7; 1] =0.7	[0, 0.6; 0] =0	[3, 0.7; 3] =6.3	2.04
	环境	[1, 0.9; 1] =0.9	[−1, 0.7; 1] =−0.7	[−1, 0.6; 1] =−0.6	[−1, 0.7; 1] =−0.7	[−3, 0.5; 3] =−4.5	−1.12
	生态	[1, 0.8; 1] =0.8	[−1, 0.7; 1] =−0.7	[−1, 0.7; 1] =−0.7	[−1, 0.6; 1] =−0.6	[−2, 0.5; 2] =−2	−0.64
安特卫普港中转作业	区位	[1, 0.8; 1] =0.8	[1, 0.6; 1] =0.6	[1, 0.6; 1] =0.6	[2, 0.6; 1] =1.2	[3, 0.7; 3] =6.3	1.9
	资源	[1, 0.8; 1] =0.8	[1, 0.7; 2] =1.4	[1, 0.7; 2] =1.4	[1, 0.7; 1] =0.7	[3, 0.7; 3] =6.3	2.12
	社会	[1, 0.9; 1] =0.9	[1, 0.6; 1] =0.6	[1, 0.7; 1] =0.7	[1, 0.7; 1] =0.7	[3, 0.8; 3] =7.2	2.02
	经济	[1, 0.9; 2] =1.8	[1, 0.7; 1] =0.7	[1, 0.7; 1] =0.7	[1, 0.6; 0] =0	[3, 0.7; 3] =6.3	1.9
	环境	[1, 0.9; 1] =0.9	[−1, 0.8; 1] =−0.8	[−1, 0.7; 1] =−0.7	[−1, 0.7; 1] =−0.7	[−2, 0.5; 2] =−2	−0.66
	生态	[1, 0.8; 1] =0.8	[−1, 0.8; 1] =−0.8	[−1, 0.7; 1] =−0.7	[−1, 0.6; 1] =−0.6	[−2, 0.5; 2] =−2	−0.66
海上运输	资源	[1, 0.8; 1] =0.8	[1, 0.7; 1] =0.7	[1, 0.8; 1] =0.8	[3, 0.8; 3] =7.2	[1, 0.4; 3] =1.2	2.14
	环境	[1, 0.8; 1] =0.8	[−1, 0.7; 1] =−0.7	[0, 0.7; 1] =0	[0, 0.8; 1] =0	[−1, 0.5; 1] =−0.5	−0.08
	生态	[−1, 0.8; 1] =−0.8	[−1, 0.7; 1] =−0.7	[0, 0.7; 1] =0	[−1, 0.8; 1] =−0.8	[−1, 0.4; 1] =−0.4	−0.54

续表

生产环节	区域维度	专家一	专家二	专家三	专家四	专家五	平均
斯德哥尔摩港抵达作业	区位	[1, 0.8; 1] =0.8	[1, 0.7; 1] =0.7	[1, 0.7; 1] =0.7	[1, 0.6; 1] =0.6	[-1, 0.7; 1] =-0.7	0.42
	资源	[1, 0.8; 1] =0.8	[-1, 0.7; 1] =-0.7	[-1, 0.6; 1] =-0.6	[1, 0.7; 1] =0.7	[2, 0.7; 1] =1.4	0.32
	社会	[1, 0.9; 1] =0.9	[1, 0.7; 1] =0.7	[1, 0.7; 1] =0.7	[1, 0.7; 1] =0.7	[-1, 0.6; 1] =-0.6	0.48
	经济	[1, 0.9; 2] =1.8	[1, 0.7; 1] =0.7	[1, 0.8; 1] =0.8	[1, 0.6; 0] =0	[2, 0.6; 2] =2.4	1.14
	环境	[1, 0.9; 1] =0.9	[-1, 0.9; 2] =-1.8	[-1, 0.8; 1] =-0.8	[-1, 0.7; 1] =-0.7	[-3, 0.6; 3] =-5.4	-1.56
	生态	[1, 0.8; 1] =0.8	[-1, 0.9; 2] =-1.8	[-1, 0.8; 1] =-0.8	[-1, 0.6; 1] =-0.6	[-2, 0.6; 2] =-2.4	-0.96
斯德哥尔摩区域公路运输	区位	[1, 0.9; 1] =0.9	[1, 0.7; 1] =0.7	[1, 0.7; 1] =0.7	[0, 0.6; 2] =0	[3, 0.8; 3] =7.2	1.9
	资源	[2, 0.9; 2] =3.6	[1, 0.8; 1] =0.8	[1, 0.8; 1] =0.8	[1, 0.6; 1] =0.6	[2, 0.8; 2] =3.2	1.8
	社会	[2, 0.9; 2] =3.6	[1, 0.8; 1] =0.8	[1, 0.7; 1] =0.7	[2, 0.7; 1] =1.4	[0, 1; 0] =0	1.3
	经济	[2, 0.9; 2] =3.6	[1, 0.8; 1] =0.8	[1, 0.8; 1] =0.8	[2, 0.6; 1] =1.2	[1, 0.9; 1] =0.9	1.46
	环境	[-1, 0.9; 1] =-0.9	[-1, 0.8; 2] =-1.6	[-1, 0.7; 1] =-0.7	[-1, 0.7; 1] =-0.7	[-1, 0.8; 1] =-0.8	-0.94
	生态	[-1, 0.8; 1] =-0.8	[-1, 0.8; 2] =-1.6	[-1, 0.8; 2] =-1.6	[-1, 0.6; 1] =-0.6	[-1, 0.8; 1] =-0.8	-1.08
JOBMAN公司仓储	区位	[0, 0.9; 1] =0	[1, 0.7; 1] =0.7	[1, 0.7; 1] =0.7	[1, 0.6; 2] =1.2	[1, 0.8; 1] =0.8	0.68
	资源	[1, 0.7; 1] =0.7	[1, 0.8; 1] =0.8	[1, 0.8; 1] =0.8	[-1, 0.6; 0] =0	[1, 0.8; 1] =0.8	0.62
	社会	[1, 0.9; 1] =0.9	[1, 0.8; 1] =0.8	[1, 0.7; 1] =0.7	[1, 0.7; 0] =0	[0, 0.9; 0] =0	0.48
	经济	[2, 0.8; 2] =3.2	[1, 0.8; 1] =0.8	[1, 0.8; 1] =0.8	[2, 0.6; 1] =1.2	[1, 0.7; 1] =0.7	1.34
	环境	[1, 0.9; 1] =0.9	[0, 0.8; 2] =0	[0, 0.8; 1] =0	[0, 0.7; 0] =0	[-1, 0.8; 1] =-0.8	0.02
	生态	[1, 0.8; 1] =0.8	[0, 0.8; 2] =0	[0, 0.8; 1] =0	[0, 0.6; 0] =0	[0, 0.9; 0] =0	0.16

表 4-4　帝胜公司开襟衫航运物流各生产环节的绿色发展专家评价结果

Table 4-4　Assessment of green development of the production processes of maritime logistics for the cardigans of TMKIN COMPANY by experts' judgement

生产环节	绿色评价					
	专家一	专家二	专家三	专家四	专家五	平均
帝胜公司开襟衫原料来源	2	2	2	2	2	2
帝胜公司开襟衫生产	2	2	2	2	1	1.8
帝胜公司工厂仓储	3	2	2	1	3	2.2
厦门区域公路运输	2	1	2	1	2	1.6
厦门港出发的装卸作业	2	1	1	2	2	1.6
丹戎帕拉帕斯港中转作业	2	3	2	3	2	2.4
安特卫普港中转作业	2	3	3	3	2	2.6
海上运输	3	3	3	2	3	2.8
斯德哥尔摩港抵达作业	3	2	2	1	2	2
斯德哥尔摩区域公路运输	2	3	3	2	2	2.4
JOBMAN 公司仓储	3	2	2	2	2	2.2
帝胜公司开襟衫的销售、使用和废弃	2	2	2	2	2	2

4.1.5.3　结果讨论

4.1.5.3.1　专家打分结果分析

1）帝胜公司开襟衫航运物流各生产环节对各区域各个维度的影响结果分析

分析表 4-2 各专家对帝胜公司开襟衫航运物流各生产环节对各区域各个维度的影响及其相关关系评分可知：

（1）所有评分的“置信度”较高。共 285 个评分中，除 1 个置信度分值为 0.5 外，其余置信度分值都在 0.6~1，且均值为 0.81。可见，该部分内容的专家评分的可信度较好。

（2）各专家在产生“影响”的正面或负面判断较为一致。共 285 个评分中，仅有 7 个评分中个别专家的判断与多数专家的正负面不同，分别是专家一认为厦门港出发装卸作业给区域资源维度带来正面影响，且斯德哥尔摩港抵达作业也给区域资源维度和环境维度带来正面影响；专家二和专家五认为厦门区域公路运输对社会维度带来负面影响；专家五还认为斯德哥尔摩区域公路运输给区域资源维度带来正面影响，给社会维度带来负面影响。但个别专家的意见并不影响最终结果，只是削弱了影响的程度。最终“影响”的正、负性以多数专家的结果决定。

（3）各专家在各生产环节与各区域各个维度的“关联性”评分接近。在 5 位专家分别进行的 57 个评分情景中，仅有 9 种情景出现“关联性”评分分值（0，1，2，3）相差 2 分的情形，其他都在两个临近分值内（仅相差 1 分）。深入分析可发现，9 种情形中有 5 种情形是仅专家五认为“关联性”为“0”，而其他专家出现“2”的判断；3 种情形是仅专家五和专家四认为“关联性”为“0”，而其他专家出现“2”的判断；剩余1种情形是专家四认为“关联性”为“0”，而专家二和专家三做出“2”的判断。可见专家五在对“关联性”的判断较为严格，但结果不影响所有专家综合的最终判断。总体来说，各专家对多数生产环节与各区域各个维度的“关联性”的评分较一致。

（4）各专家在各生产环节对各区域各个维度的影响的最终评分值较接近。最终各专家的评分值都在-1.8~3.6，且正值多为0.7、0.8和0.9；负值多为-0.7、-0.8和-0.9。除了个别专家在帝胜公司开襟衫航运物流各生产环节对各区域各个维度的影响的评分中的正/负面影响（或没有影响）略有不同外，多数专家对各生产环节对各区域的各个维度所产生的影响的意见较为一致。

2）帝胜公司开襟衫航运物流途经各区域各个维度对航运物流各生产环节的影响结果分析

分析表4-3各专家对帝胜公司开襟衫航运物流途经各区域的各个维度对航运物流各生产环节的影响及其相关关系评分可知：

（1）所有评分的“置信度”较高。总共285个评分中，除两个置信度分值为0.4、9个为0.5外，其余置信度分值都在0.6~1，且均值为0.75。可见，该部分内容的专家评分的可信度较好。

（2）各专家在产生“影响”的正面或负面判断差异较明显。在57个评分情景（5位专家共有285个评分）中，有20个情景出现个别专家对区域各维度对各生产环节产生正、负面影响与多数专家不同的判断，除对厦门区域和斯德哥尔摩区域公路运输生产环节的影响正、负面影响判断一致外，其余生产环节都出现不一致现象。这充分体现了不同专家对区域各维度对航运物流生产环节产生的正、负面影响的差异化评判。尽管如此，最终的平均分值仍以多数专家的评分结果为主，个别的差异性结果只是削弱了多数专家判断的平均数值，即降低了影响的程度，未影响最终结果的趋势。

（3）各专家在各区域各个维度对航运物流各生产环节的“关联性”评分差异较大。在5位专家分别进行的57个评分情景中（5位专家共有285个评分），有两个情景出现“关联性”评分分值相差3分的情形，20个情景“关联性”评分分值相差2分，其他35个情景在两个临近分值内。深入分析可发现，22个差异较大的情景中有20个都与专家五的“关联性”打分相关（4个“0”、1个“2”和15个“3”）。若不考虑专家五的“关联性”打分，仅有7个情景“关联性”评分分值相差2分。可见，专家五认为各区域对航运物流生产环节的相关关系较大。但最终打分值I×C×R的正、负面影响受多数专家判断主导，只是在一定程度上拉大了打分值之间的差距。综合各个专家的结果，“关联性”评分虽然差异较大，但结果还是较为合理的。个别专家的差异对最终结果的影响很小。

（4）各专家在各区域各个维度对航运物流各生产环节的影响的最终评分值差异较大。首先，最终各专家的评分值在-5.4~7.2，数值较为离散；其次，由于各专家对“影响”的正面或负面评判的差异，区域各维度对各生产环节的正、负影响的判断较为不同。多数差异化存在于资源、环境和生态维度。但个别专家的不同评分结果对最终的平均结果影响不大。

3）帝胜公司开襟衫航运物流各生产环节的绿色发展评价结果分析

分析表4-4帝胜公司开襟衫航运物流各生产环节的绿色发展专家评价结果可发现，多数环节的绿色发展评分都在邻近分值中，较为一致；仅对帝胜公司工厂仓储和斯德哥尔摩港抵达作业两个生产环节，专家四较其他专家认为它们绿色发展水平较差，评分结果出现2分的差异。可见，各专家对帝胜公司开襟衫航运物流各生产环节的绿色发展水平评价较一致。

4）结果分析小结

该案例的MDDM法专家评判结果的分析表明，MDDM法专家评判结果的效果很好，置信度高，科学性和可靠性强；结果的一致性较高，有效性较强；能够有效地运用于战略决策，解决难以定量的战略决策的棘手问题。

由评分结果分析可看出，个别专家的不同评判结果对总的结果影响不大，只是略微移动分值结果，有可能对结果还起到一定的调和作用。若参与评判的专家人数增加，评判结果的可靠性将进一步提高。

4.1.5.3.2　战略决策结果

根据MDDM法的决策模型［I，C；R］的评分取值（-3，-2，-1，0，1，2，3），最终评分值以（I×C×R）计算（张珞平等，2014），我们可以初步划定“影响”作用的大小如下：绝对值 ≤ 1（包括评判值 ≤ 1或 ≥ -1）为轻微影响；绝对值 > 1但 ≤ 3为影响较小；绝对值 >3但< 6为中等影响；绝对值 ≥ 6为较大影响。

1）帝胜公司开襟衫航运物流各生产环节对各区域各个维度的影响

根据表4-2的所有专家对帝胜公司开襟衫航运物流各生产环节对各区域各个维度的影响评分结果的平均值可知：①帝胜公司开襟衫航运物流各生产环节中除斯德哥尔摩港抵达作业和斯德哥尔摩区域公路运输对区域区位维度带来十分轻微的正面影响，其他生产环节基本不影响区域的区位维度；②各生产环节对各区域的社会、经济维度均产生正面影响；对各区域经济维度的正面影响较之其社会维度都稍强，譬如，厦门港出发装卸作业、厦门区域公路运输、斯德哥尔摩区域公路运输、丹戎帕拉帕斯港中转作业和斯德哥尔摩港抵达作业对区域的经济维度正面影响略强（平均评分结果 > 1）；而各生产环节中对区域社会维度的正面影响相对较弱一些（平均评分结果在0.7 ~ 1）；③除帝胜公司工厂仓储对区域生态维度、海上运输对区域环境维度没有影响外，其余生产环节对资源、环境和生态维度都产生负面影响。各生产环节对区域资源、环境和生态维度产生负面影响的程度不尽相同，但影响程度都较小，轻微至较小影响（平均评分结果在 -0.16 ~ -1.2）。

专家决策结果说明帝胜公司开襟衫航运物流各生产环节对途经的各区域的各个维度的影响都很小，不管是正面影响还是负面影响。

2）开襟衫航运物流途经各区域的各个维度对航运物流各生产环节的影响

根据表4-3各专家对帝胜公司开襟衫航运物流途经各区域的各个维度对航运物流各生产环节的影响评分结果的平均值可知：①帝胜公司开襟衫航运物流途经各区域的区位、社会和经济维度都对生产环节产生正面影响，但影响程度各不相同（0.28 ~ 3.04），从轻微至较小影响；譬如，厦门区域的经济维度、厦门港的社会维度和丹戎帕拉帕斯港的区位维度对其生产环节带来较明显的正面影响；②各区域的资源维度对除帝胜公司开襟衫生产和帝胜公司工厂仓储外的其他生产环节都产生正面影响；③各区域的环境和生态维度对除JOBMAN公司仓储外的其余生产环节都产生轻微的负面影响。例如，厦门区域的环境和生态维度对其公路运输、丹戎帕拉帕斯港和斯德哥尔摩港的环境维度对其港口作业以及斯德哥尔摩区域的生态维度对其公路运输带来轻微的负面影响。

专家决策结果说明帝胜公司开襟衫航运物流途经的各区域的各个维度对航运物流的各生产环节的影响都很小，不管是正面影响还是负面影响。

3）帝胜公司开襟衫航运物流各生产环节的绿色发展评价

根据表4-4帝胜公司开襟衫航运物流各生产环节的绿色发展专家评价结果（平均值）可知：帝胜公司开襟衫航运物流各生产环节（包括生产原料来源以及最终产品销售、使用及其废弃阶段）的绿色发展水平由高到低依次为：海上运输，安特卫普港中转作业，丹戎帕拉帕斯港中转作业和斯德哥尔摩区域公路运输（并列），帝胜公司工厂仓储和JOBMAN公司仓储（并列），帝胜公司开襟衫原料来源、斯德哥尔摩港抵达作业和帝胜公司开襟衫的销售、使用和废弃（并列），帝胜公司开襟衫生产、厦门区域公路运输和厦门港出发的装卸作业（并列）。

专家决策结果说明帝胜公司开襟衫航运物流各生产环节的绿色发展水平中等偏上（评分值在1.6～2.8，平均2.13）（绿色发展水平评价：好=3；中=2；差=1）。

4.1.5.3.3 战略决策结果的启示

（1）由于只有一个集装箱，且航运物流本身并非对环境不友好的生产行业，因此帝胜公司开襟衫航运物流各生产环节对途经的各区域的各个维度的影响都很小，不管是正面影响或负面影响；帝胜公司开襟衫航运物流途经的各区域的各个维度对帝胜公司开襟衫航运物流的各生产环节的影响也都很小，尽管专家评判结果略有波动，但不管是正面影响还是负面影响都较小。

（2）尽管帝胜公司开襟衫航运物流各生产环节与途经的各区域的各个维度的相互影响都很小，但也应该实施持续改进政策，尽量减少相互的不利影响。应重点关注帝胜公司开襟衫生产环节、厦门区域公路运输、厦门港装卸作业、斯德哥尔摩区域公路运输等生产环节，以及斯德哥尔摩港、丹戎帕拉帕斯港、厦门和斯德哥尔摩公路运输等区域条件，推动航运物流的生产环节和区域持续改进。

（3）战略决策的结果表明，帝胜公司开襟衫航运物流各生产环节的绿色发展水平仅为中等，距离绿色发展的要求还有一定距离，存在较大的改进空间，必须要求航运物流业实施持续改进政策，不断推进绿色发展水平，迈向永续发展。

4.1.6 帝胜公司开襟衫航运物流的绿色战略规划和持续改进

4.1.6.1 帝胜公司开襟衫航运物流的绿色战略规划

4.1.5节MDDM法的专家评判结果表明：①帝胜公司开襟衫航运物流各生产环节未对所途经的各个区域的区位、资源、社会、经济、环境和生态等相关维度产生重大的影响（包括正面和负面影响），绝大多数航运物流生产环节对所经区域的资源、环境和生态维度都产生轻微的负面影响；②航运物流途经的各个区域的区位、资源、社会、经济、环境和生态等相关维度也未对帝胜公司开襟衫航运物流各生产环节产生重大影响（包括正面和负面影响），但航运物流所经区域仍存在一定的环境和生态问题，不利于航运物流的绿色发展；③帝胜公司开襟衫航运物流各生产环节未发现较为明显的违背绿色发展的现象，但各生产环节的绿色发展水平均为中等，尚未达到绿色发展要求，必须要求航运物流业实施持续改进政策，不断推进绿色发展水平，迈向永续发展。

据此，根据第 3 章 3.3 节的航运物流绿色战略规划的技术路线拟定帝胜公司开襟衫航运物流的绿色战略规划：①战略愿景：符合航运业的发展趋势；实现航运物流业的永续发展。②战略目标：确保航运物流全生命周期各个生产环节符合绿色发展要求。③绿色战略规划内容：从航运物流全生命周期着手，本着“持续改进”的精神，推动航运物流全生命周期的各个生产环节持续改进，不断走向绿色发展。④绿色战略规划方法：确定帝胜公司开襟衫航运物流全生命周期清单（本案例的 4.1.2 节）；评价航运物流生命周期清单中各个生产环节与途经的各个区域的区位、资源、社会、经济、环境和生态等相关维度的相互影响以及各个生产环节自身的绿色发展水平（本案例的 4.1.4 节的相关内容）；要求航运物流各个生产环节持续改进，持续降低对途经的各个区域的区位、资源、社会、经济、环境和生态等相关维度的负面影响；同时也要求途经的各个区域针对自身存在的问题（本案例 4.1.3 节）持续改进，以推动航运物流的绿色发展；要求航运物流各个生产环节持续改进绿色发展水平，不断走向绿色发展。

本案例研究到此已完成前两项内容，包括运用 MDDM 法的专家决策确定了航运物流与途经区域多维环境的相互影响，以及各个生产环节自身的绿色发展水平。绿色战略规划需要进一步完成的是根据专家评判结果制定帝胜公司开襟衫航运物流的持续改进计划。

4.1.6.2　帝胜公司开襟衫航运物流的持续改进

绿色发展是一个循序渐进的战略决策过程，不断迈向绿色发展，最终实现永续发展。因此，基于帝胜公司开襟衫航运物流全生命周期评价和 MDDM 法的专家评判结果，坚持“循序渐进、持续改进”和维护自然生态系统内在价值的原则，对帝胜公司开襟衫航运物流提出持续改进方案（表 4-5）。

帝胜公司开襟衫航运物流应在本次航运物流战略规划所发现的问题的基础上，根据表 4-5 中所列问题对航运物流的各个生产环节开展持续改进，以期在下一轮航运物流中实现全部或部分改进，逐步走向绿色发展。

表 4-5 帝胜公司开襟衫航运物流生产环节绿色战略规划的持续改进方案

Table 4-5 Continuous improvement of green strategic planning of maritime logistics for the cardigans of TMKIN COMPANY

生产环节	持续改进方案
帝胜公司开襟衫原料来源	持续提高原料来源的绿色发展水平；尽可能选择天然纤维或再生原料
帝胜公司开襟衫生产	持续提高机械设备能效、使用清洁能源；实现生产线和生产过程全自动化；持续降低车间粉尘和噪声污染
帝胜公司开襟衫仓储	减少仓储对土地资源的占用
厦门区域公路运输	持续提高运输能效；持续降低 NO_X 排放和噪音影响；运输线路避开敏感生态区
厦门港出发的装卸作业	持续提高港口作业能效以及清洁能源使用；降低废气排放和噪声污染；避免与敏感生物冲突；防范船舶溢油和生物入侵风险
丹戎帕拉帕斯港中转作业	持续提高能效；降低港口水域重金属污染；持续改善河口生态；防范船舶溢油和生物入侵风险
安特卫普港中转作业	持续提高中转作业效率，降低码头资源占用；持续降低废气排放，降低码头装卸作业的噪声污染，加强船舶污水管理；避免港口作业与生态的冲突；防范船舶溢油和生物入侵风险
海上运输（三大洋）	持续提高船舶能效，降低废气排放；杜绝航行过程中垃圾入海；船舶航行避开生态敏感区
斯德哥尔摩港抵达作业	持续提高港口作业能效，降低废气排放；防范船舶溢油和生物入侵风险
斯德哥尔摩区域公路运输	持续提高运输能效；解决交通拥堵问题；持续降低废气排放（尤其是 NO_X）和交通噪声污染；避免途经生态敏感区
JOBMAN 公司仓储	减少仓储对土地资源的占用
帝胜公司开襟衫销售、使用和废弃	持续提高废旧衣服的回收和再循环利用率

4.1.6.3 帝胜公司开襟衫航运物流途经区域的绿色战略规划

任何战略决策都是、也必须是多维的决策（张珞平等，2014）。由于航运物流与途经区域的各个维度的环境状况是密不可分和相互影响的（从研究过程可看出），因此，航运物流途经区域的各个维度是否符合绿色发展也直接影响到航运物流的绿色发展。

航运物流途经区域的绿色战略规划基本同航运物流绿色战略规划，战略愿景和战略目标基本一致，规划内容和方法不同，一切为了航运物流的绿色发展。

（1）战略愿景：符合航运业的发展趋势；实现航运物流业的永续发展。

（2）战略目标：确保航运物流全生命周期各个生产环节在各个区域的生产符合绿色发展要求。

（3）绿色战略规划内容：从各个区域自身存在的问题及其对航运物流各个生产环节的影响着手，本着“持续改进”的精神，推动航运物流全生命周期各个生产环节的相关区域持续改进，不断促进航运物流走向绿色发展。

（4）绿色战略规划方法：①根据航运物流途经区域的现状评价和回顾性评价结果（本案例见 4.1.3 节）发现该区域所存在的问题、各个区域对航运物流的影响（4.1.4 节的相关内容）以及 MDDM 法的专家评判结果（4.1.5 节），总结各个区域存在的问题及其各个维度对航运物流存在的影响；②根据各个区域存在的问题及其区域各个维度对航运物流存在的影响，要求航运物流途经的各个区域持续改进，包括各个区域的区位、资源、社会、经济、环境和生态等相关维度存在问题的持续改进；③确保航运物流途经的各个区域能推动航运物流不断走向绿色发展。

绿色战略规划需要进一步完成的是根据专家评判结果制定帝胜公司开襟衫航运物流途经区域存在问题的持续改进计划。

4.1.6.4　帝胜公司开襟衫航运物流途经区域的持续改进

除了航运物流各个生产环节本身需要持续改进以实现绿色发展外，通过此次帝胜公司开襟衫航运物流的战略决策分析，也发现航运物流途经区域所存在的问题，也需要持续改善。具体内容见表 4-6。

表 4-6　帝胜公司开襟衫航运物流途经区域绿色发展的持续改善内容

Table 4-6　Continuous improvement of regional green development for the maritime logistics of the cardigans of TMKIN COMPANY

途经区域	持续改善内容
厦门区域	持续改善厦门区域公路运输的环境和生态条件，改善交通沿线的大气和声环境；避免公路运输途经敏感生态区；防范气象灾害的环境风险
厦门港	持续减少港区碳和 PM_{10} 排放，降低港区交通干线噪声，降低海域水体的营养盐含量；保护河口生态系统的生物多样性；防范船舶溢油风险和生物入侵生态风险
丹戎帕拉帕斯港	持续提升港口大气环境质量，降低海域重金属污染；持续改善河口生态；防范船舶溢油和蒲莱河河口的石油化工项目的环境风险，防范生物入侵生态风险
安特卫普港	持续降低海域营养盐浓度和优先污染物浓度，减少码头作业噪声，防止土壤污染；避免港口作业与生态的冲突；防范船舶溢油风险
斯德哥尔摩港	持续加强船舶黑灰水卸载管理，港区固体废物管理；持续降低对区域生态的负面影响，防范咸水入侵环境风险和生物入侵生态风险
斯德哥尔摩区域	持续改善交通沿线的大气环境和声环境；避免途经生态敏感区

由于区域的问题不归航运物流企业管辖，无法由航运物流企业实施持续改进，只能由航运物流企业将存在的问题通过航运生产企业提交当地相关政府部门，敦促当地政府重视绿色发展的持续改进，否则今后有可能选择更加绿色的途径实施航运物流。

4.1.7　小结

该案例选取厦门帝胜公司生产的开襟衫出口瑞典，货物从厦门市同安工业集中区的帝胜公司仓库装载出发，经公路运输到达厦门港海沧港区，再经船舶运输由厦门港出发，途中在马来西亚丹戎帕拉帕斯港和比利时的安特卫普港中转，最终到达瑞典的斯德哥尔摩港，最后由公路运输从斯德哥尔摩港到达位于瑞典斯德哥尔摩省乌普兰斯韦斯比市的JOBMAN公司仓库的航运物流全过程作为研究对象。遵循了“门到门”的现代航运物流新理念，摈弃传统的“港到港”航运运营的思维局限，顺应航运业的发展趋势，为航运业的永续发展提供了基础条件。

该案例研究按照第3章所构建的航运物流绿色战略规划的技术路线和方法体系，通过收集所有可以获取的数据信息，开展航运物流途经区域的现状和回顾性评价；并建立该航运物流生产过程的全生命周期（包括帝胜公司开襟衫的生产过程），开展生命周期评价；在此基础上采用多维决策法（MDDM法）进行专家决策，得出帝胜公司开襟衫航运物流各生产环节对所经各个区域6个维度的影响，以及区域各个维度对航运物流各生产环节的影响。结果表明，航运物流各生产环节对各区域的区位维度产生十分轻微的正面影响或基本没有影响，对社会和经济维度产生轻微正面影响，而对资源、环境和生态维度大多产生轻微的负面影响；帝胜公司开襟衫航运物流途经各区域的区位、社会和经济维度都对生产环节产生正面影响，资源维度大多产生正面影响，而环境和生态维度基本都产生负面影响。

MDDM法专家评判结果表明，帝胜公司开襟衫航运物流各生产环节的绿色发展水平整体中等偏上。

基于专家决策结果，以及航运物流绿色战略规划的愿景和战略目标，按照第3章所建立的绿色战略规划的技术方法拟定了帝胜公司开襟衫航运物流的绿色战略规划及其持续改进方案，以推动该航运物流持续改进，迈向绿色发展，以期实现永续发展。

4.2 案例二：意大利CIELO公司葡萄酒航运物流绿色战略规划

4.2.1 案例概述

选取厦门泰拉进出口有限公司（XIAMEN TAILA IMPORT AND EXPORT CO., LTD）（以下简称“泰拉公司”（TAILA COMPANY））从意大利威尼托大区（Veneto）维琴察省（Vicenza）的CIELO E TERRA S. P. A（以下简称“CIELO公司”）进口葡萄酒。包括货物在意大利维琴察省生产，从维琴察省通过公路运输，然后从威尼斯港（Port of Venice）出发，经海洋运输到达厦门港（途中在希腊的比雷埃夫斯港中转），再经公路运输到达位于厦门市思明区的泰拉公司仓库的航运物流的全生命周期作为案例研究。同案例一，根据生命周期评价（LCA）的方法和思路，考虑葡萄酒生产的原料或物料的获取，以及葡萄酒销售、饮用及其废弃物处置的绿色发展评价。但本研究重点仅考虑航运物流的生命周期，将包含产品原料来源以及产品销售、用户使用及其废弃物处置的产品生命周期的内容作为航运物流的外延内容，不作为航运物流的生命周期，不参与物流生命周期评价，仅考虑其绿色发展评价。运用第3章构建的航运物流绿色战略规划技术方法体系开展航运物流的绿色战略规划。

该贸易活动买卖双方采用工厂交货（Ex Works，EXW）的方式交易，泰拉公司必须承担在 CIELO 公司所在地受领货物的全部费用和风险。该案例中泰拉公司的货运代理为捷士国际货运代理（中国）有限公司（JAS FORWARDING (CHINA) CO., LTD.），航运公司为长荣海运股份有限公司（Evergreen Marine Corp., EMC）。

4.2.2　CIELO 公司葡萄酒航运物流的生命周期清单

将意大利 CIELO 公司葡萄酒的生产、意大利维琴察省陆路运输、海运通过威尼斯港出发、经比雷埃夫斯港（希腊）中转到中国厦门航运物流的各个生产环节耦合连接成为航运物流的全生命周期（图 4-2）。该生命周期包括葡萄酒生产、仓储和搬运出库，葡萄酒运输，葡萄酒货物接收、仓储的全过程各个环节，构成航运物流的全生命周期，以检验该航运物流系统全生命周期各个环节是否符合绿色发展要求。葡萄酒的运输路径见附录 2 的表 1。

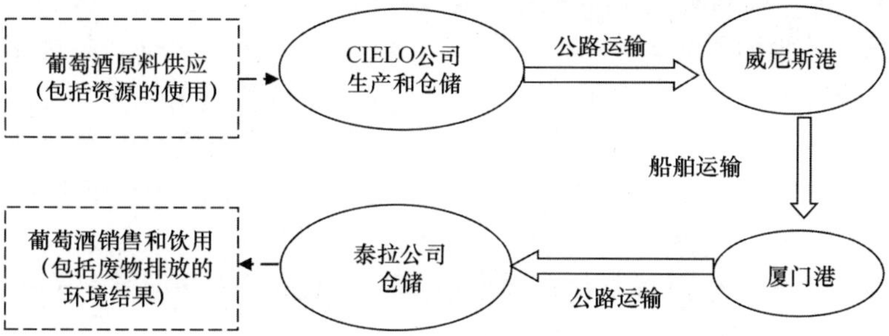

图 4-2　CIELO 公司葡萄酒航运物流（维琴察省到厦门）的生命周期

Fig. 4-2　Life cycle of maritime logistics from Vicenza to Xiamen for wine of CIELO E TERRA S. P. A

葡萄酒生产的原料或物料的获取和来源、货物销售和使用及废弃物处置作为航运物流的相关产品生命周期的步骤，不参与物流生命周期评价，仅考虑物流产品的绿色发展评价。

1）生产原料的来源

本案例的葡萄酒成品生产位于意大利威尼托大区维琴察省蒙托尔索维琴蒂诺（Montorso Vicentino）的 CIELO E TERRA S. P. A 公司。该公司的葡萄原料主要来源于威尼托（Veneto）产区。葡萄园景象见附录 2 的彩图 9。CIELO 公司利用先进葡萄栽培技术减少生产成本、改进质量标准和充分尊重环境；认证种植区域并减少人为活动以预防葡萄疾病；促进有机葡萄栽培的进一步合理化、发展天然葡萄栽培和生产有机葡萄酒（化学肥料和农药一概不使用）。通过农学家和酿酒家不断支持葡萄酒生产（CIELO E TERRA S. p. A., 2017b; CIELO E TERRA S. p. A., 2017a）。葡萄园遵循持续发展和生物多样性理念进行天然、健康管理；建立“葡萄园日志”以确保对食品安全和卫生要求在产业链上的广泛控制（CIELO E TERRA S. p. A., 2017b）。CIELO 公司获得 BRC 食品技术标准认证、UNI EN ISO 9001：2008 质量管理体系和 IFS 国际食品标准（CIELO E TERRA S. p. A., 2017b）。

2）生产过程

葡萄酒的生产工艺流程为：采摘选料、去梗破皮、酒精发酵、浸皮搅拌、苹果酸-乳酸发酵、陈酿（低端酒不需要）、过滤、装瓶、储藏（瓶内陈年）、贴标、检查、检测和装箱，部分生产图片见附录 2 的彩图 10。过程中主要产生废弃物、废水、噪声、废气和生活垃圾等。

3）厂内仓储

CIELO 公司的葡萄酒发酵过程中，高端酒装于橡木桶（附录 2 的彩图 10b）、低端酒装于不锈钢桶（附录 2 的彩图 10c），并存放于公司仓库的半成品区；葡萄酒陈年时装于酒瓶，存放于仓库；葡萄酒成品用纸箱包装（附录 2 的彩图 10j），堆放于公司仓库成品区。CIELO 公司的该批货物为卡萨莱托红葡萄酒 17 250 瓶，每瓶 750 mL；利帕索红葡萄酒 600 瓶，每瓶 750 mL（附录 2 的彩图 11）。集装箱总重为 21 409 kg。

4）CIELO 公司葡萄酒集装箱的公路运输（2016 年 10 月 31 日至 2016 年 11 月 2 日）

CIELO 公司葡萄酒物流的运输路径见附录 2 表 4。其中公路运输包括集装箱空箱运输和重箱运输。2016 年 10 月 31 日，提取空箱（40 英尺平板式箱（40'Box），内长为 12. 036 m、内宽为 2. 350 m、内高为 2. 392 m）。随后装箱，CIELO 公司葡萄酒出库时用叉车将成箱的葡萄酒搬运至集装箱。2016 年 11 月 02 日重箱经拖挂车运输抵达威尼斯港（Port of Venice）。

根据谷歌地图显示，CIELO 公司至威尼斯港约 79 km，公路运输需 58 min（附录 2 的彩图 11），沿途经过农场、城镇、公园和河流等。

5）威尼斯港卸货、仓储和装船（2016 年 11 月 2—7 日）

该集装箱于 2016 年 11 月 2 日到达威尼斯港后，由岸上集装箱起重机将集装箱吊下至前方堆场堆垛。2017 年 11 月 4 日通过卡车进行集装箱调度。2016 年 11 月 7 日，由起重机将集装箱从堆场吊装上船，船舶名为 ASIATIC MOON。

6）首艘船舶运输（2016 年 11 月 7—10 日）

执行该集装箱运输的首艘船舶名为 ASIATIC MOON（IMO 编号 9366421，MMSI565865000，见附录 2 的彩图 13；船籍为新加坡，登记持有人为 ASIATIC MOON SHIPPING PTE LTD；该船舶于 2006 年 10 月建造，船长 150 m、船宽 22 m、吃水 7. 4 m，总吨位为 9 978 t）。该船舶于 2016 年 11 月 7 日从意大利威尼斯港开航，2016 年 11 月 10 日到达希腊比雷埃夫斯港。

7）希腊比雷埃夫斯港装卸、仓储和装船（2016 年 11 月 10—17 日）

2016 年 11 月 10 日到达希腊比雷埃夫斯港后该集装箱由岸上集装箱起重机将集装箱吊下，在前方堆场堆垛。2016 年 11 月 17 日，由起重机将集装箱从堆场吊装上船，船舶名为 YM WELLHEAD。

8）第二艘船舶运输（2016 年 11 月 17 日至 12 月 6 日）

到达比雷埃夫斯港之后，该集装箱改由 YM WELLHEAD 船舶（IMO 编号 9684665，MMSI477454100，见附录 2 的彩图 14；船籍为中国香港，登记持有人为 SEASPAN CORP；该船舶于 2015 年 4 月建造，船长 368 m、船宽 51 m、吃水 15 m，总吨位为 144 651 t）运输。2016 年 11 月 17 日由希腊比雷埃夫斯港出发，2016 年 12 月 6 日到达中国厦门港。

CIELO 公司到厦门港所发生的货代费用为 1 140 欧元，其中海运费大约 450 美元。

9）到达厦门港及其之后的公路运输（2016 年 12 月 6—20 日）

货物于 2016 年 12 月 6 日到达目的港厦门港，随后卸船，堆放于堆场。2016 年 12 月 19 日，由捷士国际货运代理（中国）有限公司负责将堆场货物从厦门港运输至泰拉公司仓库，耗时约 44 min，运输距离为 28.6 km，运费为 800 元，运输路线见附录 2 的彩图 15。2016 年 12 月 20 日空箱返还。

10）货物的仓储

货物存放于泰拉公司仓库见附录 2 的彩图 16。

11）货物的销售、使用及废弃

卡萨莱托红葡萄酒大约 1 年内流转出去，利帕索红葡萄酒需要 2~3 年。葡萄酒没有保质期。泰拉公司的零售和批发大致比例为 3∶1。销售区域覆盖福建、广西、山东、湖南、广东、云南、湖北、安徽、北京和重庆。卡萨莱托红葡萄酒的批发价为 38 元，零售价为 98 元；利帕索红葡萄酒的批发价为 100 元，零售价为 400 元。

葡萄酒消费后酒瓶当垃圾处置，未进行回收。

4.2.3　航运物流相关区域的现状和回顾性评价及其评价因子识别

4.2.3.1　多维信息收集

根据 3.3.3.1.3 小节的航运物流绿色发展战略决策涵盖的区位、资源、社会、经济、环境和生态 6 个环境维度的评价要素和内容（表 3-3）及 3.3.3.1.3 小节的航运物流生命周期清单（表 3-6）进行数据收集与分析，数据来源包括以下几方面。

（1）现场走访与调查数据：泰拉公司调查、厦门公路运输调查、厦门港调查等。

（2）年鉴、统计数据或公报、年报：①年鉴：厦门港统计年鉴和厦门经济特区年鉴等；②统计数据或公报：意大利国家统计局关于威尼托大区的统计数据、维琴察省官网统计数据、威尼斯港口统计数据、希腊统计局官网统计数据、厦门市国民经济和社会发展统计公报、厦门市环境质量公报、厦门市水资源公报等；③年报：威尼斯省空气质量年度报告、CIELO 公司年报、比雷埃夫斯集装箱码头公司财务报表（Financial Statements）、长荣海运股份有限公司企业社会责任报告、厦门港口工作报告、厦门港务发展股份有限公司年报等。

（3）区划和规划文件：意大利绿色基础设施战略规划、威尼斯港 3 年运营规划（Three-year Operational Plans）《厦门市环境功能区划》（第三次修订）《厦门市生态文明建设“十三五”规划》《厦门市环境保护“十三五”规划》《美丽厦门环境保护总体规划（2014—2030 年）》《美丽厦门生态文明建设示范市规划（2014—2030）》《厦门市森林城市建设总体规划（2011—2020 年）》《厦门港总体规划（修编）》和《厦门港绿色港口建设“十三五”规划方案》等。

（4）历史与现状的监测资料：威尼托区域地表水监测、威尼托区域过渡性水域监测、威尼托区域海水监测、威尼斯潟湖生态监测、IMO 全球综合航运信息系统（Global Integrated Shipping Information System（GISIS））关于海洋事故、事件的统计等。

（5）自然保护区与典型生态系统相关资料：联合国教科文组织关于威尼斯及其潟湖的概述、厦门珍稀海洋物种国家级自然保护区和九龙江口红树林升级自然保护区等。

（6）研究报告和文献：威尼托区域战略环评：综合景观和城市规划、威尼斯港效率和环境保护发展的两条平行线、中国投资希腊比雷埃夫斯港：欧盟与荷兰相关性研究报告、比雷埃夫斯港环保报告、联合国贸易和发展会议的海洋运输评论（Review of Maritime Transport）、《世界海运地理》、联合国环境规划署关于全球环境的展望、全球海洋综合评价、《2009—2013年开阔大洋污染报告》、跨边界水域评估项目之开阔大洋和大型海洋生态系统项目结果和报告、城市和生物多样性展望、《厦门港总体规划（修编）环境影响报告书》（2014）和海岸带主体功能区划分技术体系框架研究与应用示范项目（200905005-6）厦门湾专题报告和研究报告（2012）等。

（7）网页信息和新闻资讯：①官方网页包括：CIELO公司（http：//www. cieloeterravini. com/en-UK/home-page. php）、红酒世界之威尼托（http：//www. wine-world. com/area/italy/veneto）、威尼托环境预防和保护局（http：//www. wine-world. com/area/italy/veneto）、世界港口资源（World Port Source）（http：//www. worldportsource. com/index. php）、威尼斯港（https：//www. port. venice. it/en）、北亚得里亚海港口协会（North Adriatic Sea Port Association）（http：//www. portsofnapa. com/）、比雷埃夫斯港（http：//www. olp. gr/en/）、中远比雷埃夫斯集装箱码头有限公司（http：//www. pct. com. gr/）、希腊统计局（Hellenic Statistical Authority）（http：//www. statistics. gr/en/home）、国际海事组织（http：//www. imo. org/EN/Pages/Default. aspx）、跨界水域评估计划（Transboundary Waters Assessment Programme）（http：//geftwap. org/）、运输追踪及其能耗和排放计算网站（https：//www. ecotransit. org/calculation. en. html、https：//www. msc. com/和 http：//www. dhl. com. hk/en. html）、海洋环境保护科学问题联合专家组的报告（The Joint Group of Experts on the Scientific Aspects of Marine Environmental Protection）（http：//www. gesamp. org/publications/pollution-in-the-open-oceans）、太平洋环境规划署（Secretariat of the Pacific Environment Programme）（https：//www. sprep. org/）、厦门港口管理局（http：//www. portxiamen. gov. c）和厦门市人民政府（http：//www. xm. gov. cn/）等；②百科网页包括：维基百科（https：//en. wikipedia. org/wiki/Main_ Page）之意大利、威尼托、威尼斯、太平洋、大西洋和印度洋等；③新闻资讯：厦门日报、央广网新闻、中国港口资讯网等。本研究拟考虑以2015年为现状基准年进行现状评价；以2010年作为回顾性评价的基准年，回顾评价2010—2015年的变化趋势。

4.2.3.2 威尼托区域现状和回顾性评价及其评价因子识别

4.2.3.2.1 威尼托区域现状和回顾性评价

CIELO葡萄酒的原产地位于意大利威尼托大区（Veneto）维琴察省（Vicenza）的蒙托尔索维琴蒂诺（Montorso Vicentino），葡萄酒经公路运输到达位于威尼托大区威尼斯省（Venezia）威尼斯市的威尼斯港（Port of Venice），该部分活动都发生在威尼托大区内，因此，本案例根据所获取的信息，从6个维度开展威尼托区域的现状和回顾性评价，但侧重途经的维琴察省、帕多瓦省（Padova）和威尼斯省区域。

1）区位维度

地理区位：威尼托大区位于意大利东北部（百度百科，2017b），西部紧邻意大利工业重镇米兰，著名旅游胜地威尼斯岛位于威尼托区域东部。地理区位优越。

自然区位：威尼托区域位于地中海的亚德里亚海西北部，意大利最大的河流——波河（Po River）下游及其入海处，多洛米蒂山脉（Dolomites）和亚得里亚海（Mare Adriatico）之间，受到北部山脉与东部海洋的调节，威尼托气候温和、稳定，夏天平均温度 16.8～29.9℃，冬天为-3.2～9.3℃（百度百科，2017b），极少出现冰冻现象。自然区位较好。

资源区位：威尼托的面积在意大利排名第八，自然资源贫乏，土壤肥沃、农业发达，旅游资源丰富（Wikipedia，2017f）。资源区位中等。

生态区位：威尼斯及其潟湖、帕多瓦植物园被联合国教科文组织列为世界遗产（Cutaia，2016）。2013 年意大利环境保护部实施国家绿色基础设施（Green Infrastructure）战略规划（European Commission，2014a）。生态区位好。

经济区位：意大利北部经济较发达。威尼托是意大利新兴工业区、最大的法定葡萄酒生产中心（意大利三大葡萄酒产区之一）（红酒世界网，2012）。经济区位好。

社会区位：威尼托区域人口密度大（Italian National Institute of Statistics，2017），历史悠久，拥有多处世界遗产；威尼托区域失业率在意大利偏低；大区首府为世界知名“水城”（威尼斯）。社会区位好。

总体上，威尼托区位条件较好，尤其是维琴察省、帕多瓦省和威尼斯省。

2）资源维度

自然资源：威尼托区域的总面积为 1.84 万 km^2，由 29%的高山、14%的丘陵和 57%的平原组成，土地资源较丰富。海岸线大约 200 km，其中 100 km 为海滩（Wikipedia，2017f）。威尼斯海湾以砂质海岸为主，水深 8～40 m。意大利北部每年可利用的地表水资源量估计为 242 亿 m^3、地下水资源量为 114 亿 m^3（Wikipedia，2017h），威尼托区域平均年降水量约为 1 121 mm（Agenzia Regionale per la Prevenzione e Protezione Ambientale del Veneto，2017b）。威尼托区域自然资源贫乏，石油产量小；重视可再生能源的利用，较为普及。维琴察省每 1 000 名居民中安装在市政建筑物上的光伏太阳能电池板的功率约为 3.1 kW，威尼斯省约为 0.5 kW，帕多瓦省逐年增加，至 2012 年为 11.7 kW；维琴察省 1 000 名居民中安装在市政建筑物上的热能太阳能电池板的尺寸为 3.0 m^2，帕多瓦省为 0.4 m^2，威尼斯省为 1.0 m^2（Italian National Institute of Statistics，2017）。

人文资源：威尼托区域历史悠久、文化资源丰富，拥有许多历史悠久、艺术价值高的美丽城市，旅游资源丰富，威尼斯水城享誉世界。维琴察省省会城市车辆 6%使用甲烷、11%使用液化石油气、4%为电力或混合动力、79%使用汽油或柴油；帕多瓦省省会城市车辆使用汽油或柴油的比例有微小减少，至 2012 年 9.1%使用甲烷、19.3%使用液化石油气、2%为电力或混合动力、69.6%使用汽油或柴油；威尼斯省省会城市车辆使用汽油或柴油的比例有微小减少，至 2012 年 15%使用甲烷、0.6%使用液化石油天然气、1.1%为电力或混合动力、83.3%使用汽油或柴油（Italian National Institute of Statistics，2017）。

总体上，威尼托区域的资源状况一般。

3）社会维度

政治文明：威尼托区域政治高度文明，但社会安全程度轻微下降。2015 年威尼托区域 39.1%的 14 岁及以上的人每天获取意大利政治信息。区域 25.8%的人领取养老金，较 2010 年减少约 1%；维琴察省、帕多瓦省和威尼斯省 2015 年抗议件数较 2010 年都减少了一半左右，但 2015 年威尼托区域处理诉讼数却明显增加。区域 22.8%居民认为存在犯罪问题，较 2010 年增加 15.5%。2015 年维琴察省、帕多瓦省和威尼斯省发生道路事故数较 2010 年有所减少（Italian National Institute of Statistics，2017）。

人口家庭：2016 年威尼托区域的人口为 491 万人，较 2011 年减少 0.46%，平均年减少 0.09%。其中，维琴察省 86.7 万人、帕多瓦省 93.7 万人、威尼斯省 85.6 万人，也都有所减少。2016 年威尼托区域的平均年龄为 44.8 岁，较 2011 年增长 1.2 岁。2015 年威尼托区域家庭年收入 3.30 万欧元，较 2010 年增长 2.0%；家庭相对贫困发生率为 4.9%，较 2010 年增加 0.7%；消费基尼集中度指数为 0.271，较上一年有所增加。每 100 人中就有 17.3 人遭遇家庭事故，较 2010 年约增加 5 人。2010 年威尼托区域国内工资和薪金超过 410 亿欧元，且基本呈小幅增长趋势。2015 年威尼托区域被雇佣者报酬为 594 亿欧元，较 2010 年增长 4.4%，平均年增长 0.88%，雇主的社会贡献在 160 亿欧元左右波动（Italian National Institute of Statistics，2017）。

文化艺术：意大利是著名的文艺复兴时期的文化发祥地，是世界顶尖的文化艺术区域。威尼托区域有超过 300 家的博物馆和文化展览馆，国有图书馆座位超过 328 个、普通支出 145 万欧元。2015 年威尼托区域出版图书 2 507 本，较 2010 年增加 223 本。持续进行体育运动及与朋友会面的业余时间在减少（Italian National Institute of Statistics，2017）。

基础设施：2015 年威尼托区域 94.1%的住院人员对卫生设施十分满意，较 2010 年增加 3.3%。2015 年威尼托区域居民 25.9%认为停车十分难，35.2%认为交通问题十分严峻，较 2010 年分别减少 2.3%和 1.2%；而 34.4%认为街道照明十分差，48%认为道路条件十分差，较 2010 年分别增加 5.1%和 5%（Italian National Institute of Statistics，2017）。交通基础设施完善，但建设时期早，普遍较为陈旧。

行政管理：威尼托区域传统的"从上到下"规划制度效率低，带来政策矛盾、规范重叠和不确定管理等问题，现阶段正实行分权行政管理（Cutaia，2016）。行政管理人员培训体系较完善，管理费用明显增加（Italian National Institute of Statistics，2017）。

环境管理：威尼托区域遵守"21 世纪议程"，实施环境管理和审计计划（Eco-Management and Audit Scheme，EMAS）、生态标签，开展环境教育和培训，建立环境管理体系（EMS）等（Cutaia，2016）。空气监测站数量较多，分布较密集。威尼托区域运营中的城市污水处理厂 1 212 座。2015 年威尼托区域 13.9%居民认为居住环境存在污染问题，16.8%认为存在噪声问题，分别较 2010 年减少 0.7%和 5.8%（Italian National Institute of Statistics，2017）。

卫生和健康：2015 年威尼托区域 48.1%的人健康状况好，较 2010 年减少 24.3%；44.1%的人超重，较 2010 年减少 1%；42.6%的人在过去两天使用过毒品，较 2010 年增加 1.9%。维琴察省有 7 家医院，每 1 000 居民病床数 2.7 个左右；帕多瓦省有 9 家医院，每 1 000 居民病床数 3.7 个左右；威尼斯省有 9 家医院，每 1 000 居民病床数 3.2 个左右。威尼托区域每 10 万居民的社会和健康保健设施数为 19 个左右（Italian National Institute of Statistics，2017）。

教育科技：威尼托区域初中约 650 所、高中约 460 所；2010 年高等教育准入率为 63.6%、升学率为 35.4%，呈微小下降趋势。2015 年威尼托区域研究与开发的支出为 16.76 亿欧元，平均年增长 2.4%；至少拥有 10 人的企业中每个员工的创新支出为 5.4 欧元（Italian National Institute of Statistics，2017）。

总体上，威尼托区域的社会状况较好。

4）经济维度

经济实力：2015 年威尼托区域的 GDP 为 1 518 亿欧元，总附加值 1 359 亿欧元，较 2010 年分别增长 4.6% 和 4.4%，平均年增长分别为 0.93% 和 0.88%（Italian National Institute of Statistics，2017）。

产业结构：维琴察省的第一产业（农业、森林和渔业）、第二产业（包括采矿和采石业，制造业，电力、油气、蒸汽和空调供给，水供给，污水，废物管理和整治，建筑业）、第三产业（服务业）的总增加值占比基本稳定在 1.4∶41.2∶57.4 左右；2010 年帕多瓦省的三次产业总增加值占比为 1.5∶28.6∶69.9，随后第二产业总增加值呈下降趋势，第一、第三产业总增加值有所增长；2010 年威尼斯省的三次产业总增加值占比为 1.6∶23.1∶75.3，随后第一、第二产业总增加值都有所下降，第三产业总增加值呈增长趋势（Italian National Institute of Statistics，2017）。

固定资产投资：2010 年威尼托区域的固定资产形成总值（gross fixed capital formation）为 303 亿欧元，至 2014 年为 248 亿欧元，较 2010 年下降 18.1%（Italian National Institute of Statistics，2017）。

贸易物流：2010 年威尼托区域出口贸易 456 亿欧元，2012 年 511 亿欧元（未见进口贸易数据）。2015 年威尼托区域船舶货运量 4 689 t、总吨位 8 445 万 t。2015 年威尼托区域道路货运的装货量为 1.22 亿 t，较 2010 年减少 33.2%；卸货量为 1.2 亿 t，较 2010 年减少 33.2%（Italian National Institute of Statistics，2017）。

财政税务：2010 年威尼托区域的财务收入为 325 万欧元、财务费用为 3 501 万欧元。2015 年威尼托区域扣减补贴后的税收 159 亿欧元，较 2010 年增长 6.7%，平均年增长 1.3%（Italian National Institute of Statistics，2017）。

金融保险：意大利公共债务十分庞大。2010 年威尼托区域的应收账款减值为 258 万欧元，留存收益为-2.22 亿欧元，随后年份都有一定程度的增加（Italian National Institute of Statistics，2017）。

总体上，威尼托区域经济状况较好。

5）环境维度

大气环境：日均 PM_{10}浓度、二氧化氮的最大小时值和臭氧平均值超过 8 h 的最大限值，用这 3 种关键污染物的法定指标判断威尼托区域空气质量指数（分为：好、可接受、中等、差和极差 5 个等级）。维琴察省的空气质量指数大部分在可接受水平，少数区域在中等水平；帕多瓦省的空气质量指数大部分在中等水平，少数区域在可接受水平；威尼斯省的空气质量指数基本都在可接受水平；三省的超标因子都为 PM_{10}（Agenzia Regionale per la Prevenzione e Protezione Ambientale del Veneto, 2017a)。2010 年维琴察省超过人类健康保护范围的 PM_{10} 每日限额的最大数量为 87，随后呈增加状态；帕多瓦省为 96，随后有增减；威尼斯省为 108，随后逐渐减少（Italian National Institute of Statistics, 2017）。

水环境：2015 年威尼托区域河流水质宏观污染程度在二级以内的比例超过 70%，较 2010 年约增长 8%，其中，维琴察省和帕多瓦省分别较 2010 年约增加 4%和 10%，但 2015 年威尼托区域特定污染物超标数量较 2010 年有微小增加，尤其是威尼斯港口附近，其中除草剂所占分量最大（Parati et al., 2011；Cason et al., 2016）。

声环境：维琴察省 2010 年噪声监测中 28.6%超过限值，至 2012 年仅 11.4%超过限值；帕多瓦省 2010 年噪声监测中 25%超过限值，2011 年没有超过限值，2012 年有 11.1%超过限值；威尼斯省 2010 年噪声监测中 17.7%超过限值，至 2012 年有 81.8%超过限值（Italian National Institute of Statistics, 2017）。

固体废物：维琴察省、帕多瓦省和威尼斯省垃圾总量都呈减少趋势、分类收集量有所增加。2015 年维琴察省年人均产量 392 kg、分类收集量占 68.3%；帕多瓦省中部年人均产量 554 kg、分类收集占 52.7%；威尼斯省年人均产量 554 kg、分类收集占 60.0%（Agenzia Regionale per la Prevenzione e Protezione Ambientale del Veneto, 2012; Agenzia Regionale per la Prevenzione e Protezione Ambientale del Veneto, 2016a）。

环境风险：威尼托区域存在高山雪崩、高氡气、电磁场、噪声污染、放射性污染、海水侵蚀的环境风险。

总体上，威尼托区域的环境状况较好。

6）生态维度

陆地生态系统：维琴察省城市绿地密度为 3.8%，帕多瓦省 8.8%，威尼斯省 2.4%；维琴察省城市居民人均绿地面积为 27.1 m^2，帕多瓦省 39.1 m^2，威尼斯省 37.4 m^2（Italian National Institute of Statistics, 2017）。

水域生态系统：2015 年威尼托区域河流水质的宏观生态污染程度较 2010 年有微小改善，维琴察省、帕多瓦省和威尼斯省河流水质宏观生态污染程度在二级以内的比例分别约为 62.8%、30.2%和 11.1%，威尼斯省最差。2015 年威尼托区域湖泊生态状况较 2010 年有所好转（Parati et al., 2011；Cason et al., 2016）。

敏感生物生态：维琴察省自然保护区的密度约为 0.9%，帕多瓦省为 0.1%，威尼斯省为 62.7%（Italian National Institute of Statistics, 2017）。

生态风险：威尼托地区海域存在气象和水动力有关的化学、物理和生物变化，海床深度变化，潟湖水体交换及农业和工业河流污染等生态风险（UNESCO, 2017）。

总体上，威尼托区域的生态状况较好。

7）总结

综上所述，威尼托区域区位条件较好，其中地理、生态、经济和社会区位好，自然区位较好，资源区位一般。

资源维度一般，其中自然资源匮乏，尤其是水资源和能源资源；交通资源状况一般；文化资源和旅游资源丰富。

社会维度较好，其中政治文明、文化艺术、环境管理、卫生和健康、教育科技等方面有优势，人口家庭、基础设施和行政管理较好。

经济维度较好，经济总量较大，人均 GDP 也较高；产业结构较好；固定资产投资总量一般，且呈下降趋势；税务缓慢增长，但负债较大。

环境维度较好，其中大气环境较好，但 PM_{10}超标较严重；水环境质量较好，但近岸海域相对较差；声环境一般，尤其是威尼斯省声环境超标严重；固体废物环境较好；存在一定的环境风险。

生态维度较好，其中陆域生态系统较好，人均绿地面积较大；水域生态系统较好，但威尼斯省河流水质宏观生态污染不容乐观；威尼托区域拥有多处世界遗产、维琴察省和威尼斯省自然保护区密度较大；近岸海域存在一定的生态风险。

4.2.3.2.2　威尼托区域评价因子识别

基于威尼托区域现状和回顾性评价结果，结合 CIELO 公司葡萄酒生产原料的来源、生产过程、厂内仓储和集装箱公路运输的特征，从 6 个维度进行评价因子的识别。

（1）区位维度：CIELO 公司葡萄酒在威尼托区域的生产、仓储和运输与威尼托区域的区位维度基本不产生相互影响，不设置区位维度的评价因子。

（2）资源维度：CIELO 公司葡萄酒项目与资源维度相互影响较小，选择水资源消耗、电力消耗、燃油消耗、交通资源等评价因子。

（3）社会维度：CIELO 公司葡萄酒项目与社会维度相互影响较小，选择社会维度的评价因子为：人员就业、物流基础设施、贸易行政管理。

（4）经济维度：选择评价因子为 CIELO 公司的经济成本和收益；威尼托区域的外贸和物流。

（5）环境维度：选择与项目相关的陆域运输过程的大气环境（PM_{10}）和声环境（道路交通噪声），生产过程的污水排放量、声环境（厂区噪声）和工厂固体废物。

（6）生态维度：CIELO 公司葡萄酒项目与生态维度相互影响较小，仅考虑陆域自然保护区的影响（工厂生产和公路运输）。

（7）适当考虑 CIELO 公司葡萄酒生产原料来源及其生产过程的绿色评价。

4.2.3.3　意大利威尼斯港现状和回顾性评价及其评价因子识别

4.2.3.3.1　威尼斯港现状和回顾性评价

根据所获取的信息，从 6 个维度进行威尼斯港现状和回顾性评价。

1）区位维度

地理区位：威尼斯港位于意大利东北沿岸，地中海北部的亚得里亚海西岸的威尼斯湾西北岸、威尼托大区的首府——威尼斯市，坐落于威尼斯潟湖（Venice lagoon）、Brenner 山口的终点以南（Terranova et al.，2015），是贯穿欧洲运输网络的战略节点，但不在地中海主要航线上（Wikipedia，2017g）。地理区位较优越。

自然区位：威尼斯港风况、天气和海况好，冬暖夏凉，平均气温为 3.3～23.0℃（Wikipedia，2017g），基本没有冰冻现象，自然区位好。

资源区位：威尼斯历史悠久，文化底蕴深厚，旅游资源十分丰富。威尼斯港是意大利第 8 个繁忙的商港，水深 12 ~ 14 m（North Adriatic Ports Association，2017）。资源区位较好。

生态区位：威尼斯由 118 个岛屿组成，被称为世界“水城”。威尼斯及其潟湖是一个不可逆转的自然和气候变化形成的脆弱栖息地，生态系统相互耦合（UNESCO，2017）。生态区位较好。

经济区位：威尼斯在中世纪和文艺复兴时代为欧洲极其富裕的城市，但至 2016 年年底，威尼斯预算赤字严重，债务超过 4 亿欧元，城市已经破产，威尼斯的居民由于租赁成本过高逐渐离开（Wikipedia，2017g）。经济区位中等。

社会区位：威尼斯是马可波罗旅行的起点和古丝绸之路的终点，威尼斯港是意大利亚得里亚海航线中最重要的港口（Wikipedia，2017g）。威尼斯和威尼斯潟湖都被列入联合国教科文组织世界遗产名录。2017 年威尼斯港入围欧洲海港组织（ESPO）的“港口的社会综合”奖。社会区位好。

总体上，威尼斯港的区位条件较好。

2）资源维度

土地资源：威尼斯港的面积为 2 045 万 m^2（Port of Venice，2017b）。案例所经的集装箱码头包括 1 个线性泊位和 1 个滚装泊位，堆场面积 28. 3 万 m^2（VECON S. P. A.，2017）。集装箱码头陆域资源较紧张。

港航资源：威尼斯港拥有 3 万 m 长的码头（quayside）（Port of Venice，2017b），案例所经的集装箱码头岸线全长 852 m（VECON S. P. A.，2017），岸线资源并不充裕。威尼斯港的集装箱货运航线主要来往于威尼斯港和地中海港口、黑海、中东、远东和印度（Port of Venice，2017b）。

水域资源：威尼斯港位于威尼斯潟湖中间，潟湖的主要形态结构为 67. 30 km^2的天然航道（channel）和 435. 68 km^2的潟湖床（包括盐滩和泥沼），该天然航道水深可达 15 m（Wayback Machine，2004）。

能源消耗：未能收集到威尼斯港关于能源消耗的数据信息。

交通资源：威尼斯港有 205 km 铁路网络、70 km 内部道路网络（Port of Venice，2017b），并且是意大利唯一和内陆水运相联系的港口。码头通过 A4 公路连接米兰（Milan）和塔尔维西奥（Tarvisio）（VECON S. P. A.，2017）。

旅游资源：威尼斯旅游资源十分丰富，包括建筑、绘画、教堂、遗迹等独特的艺术成就和威尼斯岛屿、河道、桥梁和潟湖等自然风景（UNESCO，2017）。

总体来看，威尼斯港资源总体状况较好。

3）社会维度

发展战略：威尼斯港近年注重港口综合发展，包括利益相关者合作、海关手续精简以提高效率、港口通信信息技术投资、绿色化学、港口供应链建设等（Port of Venice，2014）。

行政管理：威尼斯港由北亚得里亚海港务局（North Adriatic Sea Port Authority）指导、计划、协调、推进和监督港口运营（Port of Venice，2017b）。北亚得里亚海港口协会（North Adriatic Ports Association）发挥北亚得里亚海各海港优势，协调其规划和发展

(North Adriatic Ports Association, 2017)。

港口效益：2015 年威尼斯港装卸货物 2 514 万 t，较 2010 年增长 54. 7%，平均年增长 10. 9%。2015 年威尼斯港的集装箱吞吐量为 540. 7 万 t，较 2010 年增长 102%，平均年增长 20. 5%。威尼斯港或其相关产业直接雇佣的员工 1. 8 万人（Port of Venice, 2017b）。

基础设施：威尼斯港拥有 163 个有效泊位、23 个货运码头、1 个专用邮轮码头和游艇设施（Port of Venice, 2017b）。集装箱码头通过能力为每年 42 万 TEU（VECON S. P. A. , 2017）。

环境管理：2007 年 4 月，第一份威尼斯蓝旗自愿协议“Venice Blue Flag”签署，提出自愿在威尼斯港系泊时使用越来越低硫含量的燃料和遵守发动机规则（Terranova et al. , 2015）。北亚得里亚海港口务局（North Adriatic Sea Port Authority）于 2011 年建立环保政策和 ISO 14001 环境管理制度，2012 年通过 ISO 14001 认证，提高能源效率措施，改善空气质量，保护威尼斯潟湖（Port of Venice, 2017a）。

总体来看，威尼斯港社会维度总体状况较好。

4）经济维度

案例所经的集装箱码头由 VECON 私人股份公司负责经营，未能收集到相关经济数据信息。

5）环境维度

大气环境：2015 年威尼斯港区域 SO_2 排放量和 2010 年相当，都未出现超出生态系统保护的年限值；2015 年 NO_2 排放较 2010 年有所改善，但北部仍轻微超出年限值；NO_X 排放变化不大，都严重超出植被保护年限值；2015 年 O_3 累积量较 2010 年有所增加，都大于植被保护的目标值；2010 年 PM_{10} 的平均浓度都未超标，但 2015 年有所增加、出现少量超标现象，且 PM_{10} 的 24 h 限值都严重超出人体健康保护限值；2015 年 $PM_{2.5}$ 的平均浓度也出现轻微超标现象；多环芳烃（PAH）在冬季超出年度目标值（Vianello and Pistollato, 2011; Pistollato, 2016）。

水环境：2013—2015 年间威尼斯港附近水域溶解无机氮有轻微超标现象；夏季出现缺氧现象（Agenzia Regionale per la Prevenzione e Protezione Ambientale del Veneto, 2016b）。

声环境：船舶在运输过程中或在泊位都不超过威尼斯政府的噪声限值（Torricella, 2013）。

固体废物：威尼斯港的废物收集率为 50%～65%，较 2010 年有所上升（Agenzia Regionale per la Prevenzione e Protezione Ambientale del Veneto, 2012; Agenzia Regionale per la Prevenzione e Protezione Ambientale del Veneto, 2016a）。

环境风险：威尼斯港存在港口危险品处理带来的环境风险（Venice Port Authority, 2014）及船舶溢油环境风险。

威尼斯港环境总体状况较好。

6）生态维度

陆域生态系统：未能获取威尼斯港区陆域生态系统的数据信息。

水域生态系统：评价等级划分为“高”“好”“一般”“差”和“糟糕”5 个等级。威尼斯港附近水域的大型底栖无脊椎动物的生态状况分类指数的 M-AMBI 指数（Multivariate

Marine Biotic Index）处于“一般”水平、BITS 指数（Benthic Index based on Taxonomic Sufficiency）处于“好”水平；水生植物的质量指数（Macrophyte Quality Index，MaQI）处于“差”水平；多级浮游植物指数（Multimetric Phytoplankton Index，MPI）处于“好”水平；威尼斯港附近北边水域栖息地鱼生物学指标指数（Habitat Fish Bioindicator Index，HFBI-Ve）处于“一般”水平，南边水域有所改善，变为“好”水平（Agenzia Regionale per la Prevenzione e Protezione Ambientale del Veneto，2016b）。

敏感生物生态：威尼斯港的敏感区域主要为威尼斯潟湖大陆沿岸及其自身，敏感生物生态包括威尼斯潟湖特有的动植物（UNESCO，2017）。

总体来看，威尼斯港生态状况一般。

7）总结

综上所述，威尼斯港区位条件较好，其中自然和社会区位好，地理、资源和生态区位较好，经济区位中等。

资源维度较好，其中港口土地资源较紧缺；岸线资源、水域资源和交通资源较好；旅游资源丰富；航线资源一般。

社会维度较好，发展战略和行政管理较好；港口效益一般，但增长明显；港口基础设施较完善，但集装箱码头设施设备有待改善；环境管理和安全生产水平较高。

未能获得相关经济数据资料对威尼斯港进行经济评价。

环境维度较好，其中大气环境一般，NO_X 排放问题较严重，O_3、PM_{10}、$PM_{2.5}$ 和 PAH 也出现超标现象；水环境和固体废物环境较好；声环境好；存在一定的环境风险。

生态维度一般，其中水域生态有所改善，但大型底栖无脊椎动物的生态环境质量一般、水生植物生态环境质量差、鱼类栖息地生态状况一般，对威尼斯潟湖敏感生态有一定影响；存在一定生物入侵的生态风险。

4.2.3.3.2 威尼斯港评价因子识别

基于威尼斯港现状和回顾性评价结果，结合 CIELO 公司葡萄酒航运物流在威尼斯港作业的特征，从 6 个维度进行评价因子的识别。

（1）区位维度：CIELO 公司葡萄酒将威尼斯港作为航运出发港，与该港的区位条件有一定关系，因此设置区位维度的评价因子为地理区位、资源区位和社会区位。

（2）资源维度：选择港口作业占用的土地资源、港口岸线资源和港区集疏运资源，港口作业能源消耗为评价因子。

（3）社会维度：CIELO 公司葡萄酒在威尼斯港的作业与社会维度相互影响较小，选择社会维度的评价因子为：行政管理、港口效益、集装箱码头基础设施。

（4）经济维度：选择评价因子为该集装箱发生的威尼斯港港费。

（5）环境维度：选择与该集装箱在威尼斯港出发作业相关的大气环境（NO_X、PM_{10}、$PM_{2.5}$、CO_2）；由于港口作业与主要水环境问题（无机氮）基本无关，暂不考虑水环境的评价因子；考虑船舶溢油的环境风险。

（6）生态维度：该集装箱在威尼斯港出发作业与生态维度相互影响较小，考虑船舶作业对水域大型底栖无脊椎动物、水生植物和鱼类栖息地的影响；并考虑船舶作业对威尼斯潟湖敏感生态的影响，以及生物入侵生态风险。

4.2.3.4 希腊比雷埃夫斯港现状和回顾性评价及其评价因子识别

4.2.3.4.1 比雷埃夫斯港现状和回顾性评价

根据所获取的信息，从6个维度进行比雷埃夫斯港（希腊）的现状和回顾性评价，重点评价该案例经过的集装箱码头，即码头二（Pier II）。该码头于2009年希腊政府特许由中远集团经营，现由中远比雷埃夫斯集装箱码头有限公司运营。

1）区位维度

地理区位：比雷埃夫斯港位于地中海东部、亚洲、非洲和欧洲交叉的战略位置。比雷埃夫斯港距离希腊的首都雅典仅10 km。地理区位十分优越。

自然区位：比雷埃夫斯港集装箱码头无潮、水深（Piraeus Port Authority S. A., 2016b），基本没有冰冻现象，自然区位十分优越。

资源区位：比雷埃夫斯港是天然良港，水深12~19 m，可供现代最大的船舶停泊（Piraeus Port Authority S. A., 2016b）。资源区位好。

生态区位：比雷埃夫斯港被欧洲海港组织的生态港口（ECOPORTS）计划认证为地中海绿色港口（Piraeus Port Authority S. A., 2017）。生态区位总体好。

经济区位：比雷埃夫斯港距离希腊的首都雅典10 km；集装箱码头位于自由区（Free Zone），没有增值税和关税、流程高效、税收灵活（Piraeus Port Authority S. A., 2016b）。经济区位较好。

社会区位：雅典是希腊的首都、政治和经济中心、欧盟的商业中心之一（Piraeus Port Authority S. A., 2016b），比雷埃夫斯港距离雅典10 km。比雷埃夫斯港是希腊最大的港口，是东地中海唯一的欧洲港口和国际中转港之一。2010年年底比雷埃夫斯港排名在世界集装箱港口前100名，2012年成为世界上增长最快的码头，2015年世界排名第45。2012年比雷埃夫斯港荣获欧洲海港组织颁发的“港口社会整合”奖。

总体上，比雷埃夫斯港区位条件好。

2）资源维度

土地资源：比雷埃夫斯港的集装箱码头二总面积为4.75万m^2（Piraeus Container Terminal S. A., 2017b）。陆域资源较紧张。

岸线资源：比雷埃夫斯港集装箱码头二总运营码头（Quayside）1 480 m，其中东区780 m、西区700 m（Piraeus Container Terminal S. A., 2017b）。

水域资源：比雷埃夫斯港集装箱码头二东区安全水深14.5 m、西区16.5 m（Piraeus Container Terminal S. A., 2017b）。

能源消耗：比雷埃夫斯港燃油、加热油消耗量逐年降低，电力消耗量大（Piraeus Port Authority S. A., 2016a）。

交通资源：比雷埃夫斯港集装箱码头和欧洲铁路运输网络相连通，每天10列火车，通过铁路运输可抵达巴尔干半岛和中欧（Piraeus Container Terminal S. A., 2017b）。

航线资源：比雷埃夫斯港的大型支线网络可供集装箱船舶服务地中海、黑海和亚得里亚海附近的所有港口（Piraeus Container Terminal S. A., 2017b）。

旅游资源：文化的交互、历史背景和重要位置塑造了比雷埃夫斯独特的景色，包括考古博物馆、海军博物馆、历史遗迹及各种文化、娱乐和体育活动的举办等；且比雷埃夫斯港距离希腊首都雅典很近，雅典旅游资源丰富（Wikipedia，2017d）。

总体来看，比雷埃夫斯港资源状况较好。

3）社会维度

发展战略：比雷埃夫斯港通过提升基础设施和服务进一步促进发展（Piraeus Port Authority S. A.，2017）。高质量的服务和长期就业是其所关心的重要内容（Piraeus Port Authority S. A.，2017），并努力解决社会和环境问题（Piraeus Port Authority S. A.，2016b）。

行政管理：比雷埃夫斯港逐步私有化，希腊政府（Greek State）签订特许协议，将集装箱码头一（Pier I）由比雷埃夫斯港务局股份公司（Piraeus Port Authority S. A.）运营（Piraeus Port Authority S. A.，2017），码头二和码头三（Pier II 和 Pier III）由中远比雷埃夫斯集装箱码头有限公司运营。该私有化成果显著，扭转港口亏损局面。

港口效益：希腊统计局（Hellenic Statistical Authority）仅公布 2014 年及以后各个港口的运输量数据。比雷埃夫斯港 2015 年货物吞吐量为 597 万 t，较上一年增长 2.4%；2015 年集装箱吞吐量为 178 万 t，较上一年增长 4.9%（Hellenic Statistical Authority，2017）。

基础设施：比雷埃夫斯港集装箱码头二拥有 4 个泊位，集装箱通过能力为 320 万 TEU（Piraeus Container Terminal S. A.，2017b）。

环境管理：比雷埃夫斯港通过邮轮港口服务 ISO 14001 认证和港口环境审计系统认证。全港的环保总成本为 220 万欧元（Piraeus Port Authority S. A.，2013）。

安全生产和事故：比雷埃夫斯港 2014—2015 年没有重大或严重的环境事故事件发生；未收到关于港口活动的投诉（Piraeus Port Authority S. A.，2016a）。

总体来看，比雷埃夫斯港社会维度状况较好。

4）经济维度

经济指标：2015 年中远比雷埃夫斯集装箱码头有限公司税后收入总额为 0.26 亿欧元，较 2010 年增长 270%，平均年增长 54.1%；2015 年税前净利润 0.37 亿欧元，较 2010 年增长 354%，平均年增长 70.9%（Piraeus Container Terminal S. A.，2017a）。

固定资产投资：2015 年中远比雷埃夫斯集装箱码头有限公司总固定资产 3.60 亿欧元，较 2010 年增长 244%（Piraeus Container Terminal S. A.，2017a）。

总体来看，比雷埃夫斯港经济状况较好。

5）环境维度

大气环境：参照国际和欧洲的标准，比雷埃夫斯港 2014—2015 年 PM_{10}年平均值小于标准限值，每天在船舶运输繁忙时可能短期出现超过标准限制现象；2010—2015 年的 NO_2、SO_2和 CO 浓度值都未超过标准限值（Piraeus Port Authority S. A.，2016a）。大气环境质量好。

水环境：希腊国家没有港口水域环境参数限制的相关规定，参照国际和欧洲的标准评价，海水水质好，近几年变化不大；2015 年石油烃浓度还略有降低（Piraeus Port Authority S. A.，2016a）。

声环境：比雷埃夫斯港的声环境基本都满足具体的限制值（Piraeus Port Authority S. A.，2016a）。

固体废物：比雷埃夫斯港产生的固体废物中，80%为车间含油废物（Piraeus Port Authority S. A.，2013）。2015 年港口的废物回收率为 39.1%，较前几年有所增加，港口废物基本都得到有效管理（Piraeus Port Authority S. A.，2016a）。

环境风险：比雷埃夫斯港存在油泄漏，危险有毒物质爆炸和泄漏等的环境风险（Piraeus Port Authority S. A.，2016a）。

总体上看，比雷埃夫斯港环境状况好。

6）生态维度

陆域生态系统：比雷埃夫斯港陆域注重景观配置，根据当地环境和低维护的需求选择特定的植物种类，改善港口景观及其小气候（Piraeus Port Authority S. A.，2016a）。

水域生态系统：未能获取比雷埃夫斯港水域生态系统数据信息。

敏感生物生态：比雷埃夫斯港敏感生物生态较少，主要是一些软体动物和海事考古遗址等（Marisca，2017）。

总体上看，比雷埃夫斯港生态状况较好。

7）总结

综上所述，比雷埃夫斯港区位维度较好，其中地理、自然和社会区位优越；生态和资源区位好；经济区位较好。

资源维度较好，其中陆域土地资源紧张，岸线资源、交通资源和水域资源较好，航线资源和旅游资源丰富。

社会资源较好，其中发展战略先进性一般；行政管理逐步改善；港口效益逐渐提升；码头二的基础设施好，环境管理和安全生产水平较高。

经济维度较好，其中集装箱码头二的经济效益在近年增长迅猛，固定资产投资增长迅速。

环境维度较好，其中大气环境好，仅 PM_{10}偶尔出现短期超标现象；水环境和声环境好；固体废物环境较好；存在一定的环境风险。

生态维度陆域生态系统一般，其中景观有待改善，但敏感生物生态较少。

4.2.3.4.2　比雷埃夫斯港评价因子识别

基于比雷埃夫斯港现状和回顾性评价结果，结合 CIELO 公司葡萄酒航运物流在比雷埃夫斯港中转作业的特征，从 6 个维度进行评价因子的识别。

（1）区位维度：CIELO 公司葡萄酒在比雷埃夫斯港中转作业与比雷埃夫斯港的区位条件有一定关系，因此设置区位维度的评价因子为地理区位和资源区位。

（2）资源维度：选择 CIELO 公司葡萄酒航运物流在比雷埃夫斯港中转作业占用的土地资源和岸线资源，以及港口中转作业消耗的电力和燃油为评价因子。

（3）社会维度：CIELO 公司葡萄酒航运物流在比雷埃夫斯港中转作业与比雷埃夫斯港的社会维度相互影响较明显，其中港口先进的基础设施对该中转作业影响最显著，其他社会维度的评价因子包括港口行政管理和环境管理水平。

（4）经济维度：选择评价因子为该集装箱在比雷埃夫斯港发生的港口费用。

（5）环境维度：选择与该集装箱在比雷埃夫斯港中转作业相关的大气环境（PM_{10}）；港区机械噪声；船舶溢油环境风险。

（6）生态维度：该集装箱在比雷埃夫斯港中转作业与生态维度相互影响较小，考虑船舶作业对软体动物栖息地和海事考古遗址的影响，以及生物入侵生态风险。

4.2.3.5 海事区域现状和回顾性评价及其评价因子识别

CIELO 公司葡萄酒航运物流所经海事区域依次包括大西洋海事区域（主要为地中海和红海大海洋生态系统）、印度洋海事区域和太平洋海事区域，该部分参见 4.1.4.6 节海事区域现状和回顾性评价及其评价因子识别结果。

4.2.3.6 厦门港现状和回顾性评价及其评价因子识别

该部分参见 4.1.4.3 节的厦门港现状和回顾性评价及其评价因子识别结果。

4.2.3.7 厦门区域现状和回顾性评价及其评价因子识别

该部分参见 4.1.4.2 节的厦门区域现状和回顾性评价及其评价因子识别结果。

4.2.3.8 CIELO 公司葡萄酒的销售、使用和废弃的绿色评价因子识别

考虑厦门泰拉公司对意大利 CIELO 公司葡萄酒销售和使用过程的绿色评价，以及包装固废和酒瓶废弃处置的绿色评价。

综合来看，由 CIELO 公司葡萄酒航运物流相关区域现状和回顾性评价的结果可知，对于仅仅为一个集装箱的航运物流，所造成的影响极小；未发现该航运物流活动明显违背绿色发展目标的现象，因此，继续进行 CIELO 公司葡萄酒航运物流的生命周期评价。

4.2.4 意大利 CIELO 公司葡萄酒航运物流的生命周期评价

4.2.4.1 CIELO 公司葡萄酒原料来源及其绿色分析

该案例中的葡萄原料主要来源于意大利威尼托产区的 Colli Berici 丘陵。Berici 山是维罗纳（Verona）和帕多瓦（Padua）之间一系列古火山来源（ancient volcanic origin）的上升地，北坡是维琴察市。山上阳光充足、气候温和，拥有超过 4 000 hm^2 的葡萄园，葡萄种植在这里繁荣了几千年。葡萄质量通过原产地（Controlled Designation of Origin，DOC）和典型地理（Typical Geographical Indication，IGT）标志认证（CIELO E TERRA S. p. A.，2017b）。

CIELO 公司通过选择优质种植区域并减少人为行动以预防葡萄疾病；不使用化肥和农药，尽可能采用天然肥料进行葡萄栽培；葡萄园始终遵循持续发展和生物多样性理念进行天然、健康管理（CIELO E TERRA S. p. A.，2017b）。CIELO 公司实施了超过 10 年的有机葡萄栽培项目，超过 60 hm^2 葡萄园满足 CCPB 标准；农产品的有机生产符合 EEC Regulation 2092/91 要求，并获得国家 Bioagricert 认证（CIELO E TERRA S. p. A.，2017b）。CIELO 公司通过 ISO 9001 质量管理体系对供方进行审计以确保货源质量（CIELO E TERRA S. p. A.，2016）。

CIELO 葡萄酒生产原料为有机葡萄，属于绿色食品，满足绿色发展要求。

4.2.4.2　意大利威尼托区域的影响分析

4.2.4.2.1　CIELO 公司葡萄酒生产和仓储的影响分析

根据 CIELO 公司葡萄酒生产和仓储环节的特征，结合 4.2.3.2 节威尼托区域现状和回顾性评价及其评价因子识别结果，分析 CIELO 公司葡萄酒生产和仓储环节对威尼托区域各维度的影响。因该活动所造成的负面影响在大环境中极小，难以估算影响损益的内在价值，所以本研究通过比较国内外绿色发展水平，进行航运物流生命周期各环节各维度的绿色评价（下同）。

1）CIELO 公司葡萄酒的生产

（1）区位维度：CIELO 公司葡萄酒的生产过程对威尼托区域的区位没有影响。

（2）资源维度：CIELO 公司生产过程消耗的能源 100%为可再生能源，对威尼托区域负面影响十分轻微。2015 年 CIELO 公司通过实施酒瓶生命周期评价，100 万瓶酒生产增加了 199 万 MJ 的可再生能源配额消耗、减少了 28.9 万 L 的水资源消耗，分别占其消耗的 19%和 24%，也就是 CIELO 公司 2015 年增加可再生能源消耗 19%和水资源减少消耗 24%（CIELO E TERRA S. p. A.，2016），因此，可以推算每瓶酒生产消耗可再生能源 1.05×10^6 J 和水资源 1.21 L。根据《清洁生产标准 葡萄酒制造业》（HJ 452-2008），该葡萄酒生产使用清洁能源，且该水资源消耗量处于国际先进水平（≤2.0 m^3/kL），资源维度的绿色发展水平高。

（3）社会维度：CIELO 公司葡萄酒的生产支付一定数额工人工资，对威尼托区域社会维度产生轻微正面影响。威尼托区域工资水平在意大利区域处于领先位置，甚至在整个欧洲都较高，因而为葡萄酒生产提供较好的就业机会；CIELO 公司 2006 年开始认证英国零售商协会（BRC）的国际食品标准（IFS）；2015 年开始通过英国标准协会职业健康安全管理体系（BS OHSAS 18001）保护员工健康和安全；2015 年质量、安全和环境管理系统培训时长达 3 179 h；创造 Ekuò 品牌有机葡萄酒等（CIELO E TERRA S. p. A.，2016）。因此，该企业生产社会维度绿色发展水平高。

（4）经济维度：该集装箱的 CIELO 公司葡萄酒交易总价占威尼托区域 GDP 总额极小，其正面影响十分轻微。CIELO 公司 2015 年经营成果和权益净额的比值为 29%，经营成果和净收入的比值为 6%，外部资金和净收入的比值为 3（CIELO E TERRA S. p. A.，2016），该葡萄酒生产保持长期的利润和金融的稳定性，经济维度绿色发展水平较高。

（5）环境维度：CIELO 公司 2015 年减少排放 10%的二氧化碳当量（CIELO E TERRA S. p. A.，2016），推算每瓶酒生产排放 0.41 kg 二氧化碳当量，明显少于世界一般水平（1.28 kg）（Francis，2017）。该集装箱的葡萄酒生产共排放 7 318 kg 二氧化碳当量，对威尼托区域负面影响十分轻微。CIELO 公司实施 ISO 14001 环境管理体系和产品生命周期评价（LCA）（CIELO E TERRA S. p. A.，2016），并使用生态玻璃瓶（CIELO E TERRA S. p. A.，2017b），环境性能较高。该集装箱葡萄酒生产对 CIELO 公司水环境、声环境和固体废物负面影响也极小，环境维度绿色发展水平高。

（6）生态维度：CIELO 公司葡萄酒在工厂区域内生产，对威尼托区域生态维度基本没有影响。CIELO 公司监控产品生命周期（涵盖研究与发展、维护和回收），包括实施

“ALTAVIA”项目监理更有责任和更可持续的供应链、运用更轻的瓶子以减少玻璃使用和使用有 FSC 商标的纸张实现葡萄酒的生态友好，生态维度绿色发展水平较高。

总体上，CIELO 公司葡萄酒生产对威尼托区域的区位维度和生态维度没有影响，对资源维度和环境维度有轻微的负面影响，对社会维度和经济维度有轻微正面影响。CIELO 公司运用 Ekuo Murialdo 世界非营利性组织的“4Es”模型促进企业发展的永续性，包括经济（Economy）、生态（Ecology）、同理心（Empathy）和平等（Equality），整体处于世界先进水平，绿色发展水平高。

2）仓储

CIELO 公司葡萄酒成品用纸箱包装存放于公司仓库成品区，对威尼托区域资源、社会、环境和生态维度基本没有影响；该仓储活动支付一定租金，但金额少，对威尼托区域经济维度的正面影响基本可忽略。CIELO 公司注重货物的分门别类、合理布局、整齐放置，货物损失少、有效保护商品以节约资源，该仓储活动基本满足绿色发展要求。

4.2.4.2.2 CIELO 公司葡萄酒航运物流的公路运输对威尼托区域的影响分析

根据 CIELO 公司葡萄酒航运物流在威尼托区域的集装箱公路运输环节的特征，结合 4.2.3.2 节威尼托区域的现状和回顾性评价及其评价因子识别结果，分析 CIELO 公司葡萄酒航运物流在威尼托的公路运输环节对威尼托区域各维度的影响。

（1）区位维度：CIELO 公司葡萄酒的公路运输对威尼托区域的区位没有影响。

（2）资源维度：CIELO 公司葡萄酒集装箱空箱和重箱运输往返于威尼斯港和 CIELO 公司之间，公路运输全程 78.7 km、耗时 58 min，未能获取该公路运输实际油耗数据，但根据欧洲标准 EN 16258 DECLARATION，选择该卡车最新排放标准 EURO VI 且载重量为 26~40 t，计算得出 CIELO 公司到威尼斯码头消耗能源 1 019 MJ（从油箱到车轮）；同样可得空箱从威尼斯码头到 CIELO 公司消耗能源 415 MJ（从油箱到车轮）（EcoTransIT World Initiative，2016）。该油耗较之威尼托区域总能源消耗量所产生的负面影响十分轻微，平均油耗 0.63 L/km（从油箱到车轮），高于厦门区域（0.59 L/km）和斯德哥尔摩区域（0.45 L/km），因此，该公路运输资源维度绿色发展水平一般。

（3）社会维度：CIELO 公司葡萄酒集装箱公路运输增加了威尼托区域公路运输的拥挤度，且存在交通事故隐患，对威尼托区域社会维度产生轻微负面影响。该活动虽然提供了就业机会，但意大利卡车司机面临着减薪和工作环境差的问题（Florentine，2017），该社会维度绿色发展水平较低。

（4）经济维度：CIELO 公司葡萄酒集装箱公路运输费用低于 5 000 元人民币，对威尼托区域经济维度正面影响十分轻微。威尼托区域加强物流货运村（Freight Village）建设，提高运输效率；发达的公路运输网络保障“门到门”的运输服务，经济效率较高（Regional Union of the Chamber of Commerce of Veneto，2013）。因此，经济维度绿色发展水平较高。

（5）环境维度：该集装箱公路运输过程沿线经过的公路路况较好，车辆排气和大气降尘都极少；水污染和固体废物可忽略。①大气环境：根据欧洲标准 EN 16258 DECLARATION，选择该卡车最新排放标准 EURO VI 且载重量为 26~40 t，计算得出 CIELO 公司到威尼斯码头排放温室气体 0.072 t 二氧化碳当量（注：排放均为从油箱到车轮）；排放 CO_2 为

0.071 t；排放 NO_X 为 0.021 kg；排放 SO_X 为 0.000 48 kg；排放 PM 为 0.000 29 kg。同样可得空箱从威尼斯码头到 CIELO 公司排放温室气体、CO_2、NO_X、SO_X 和 PM 分别为 0.029 4 t、0.028 9 t、0.010 kg、0.000 19 kg 和 0.000 13 kg（EcoTransIT World Initiative, 2016）。对威尼托区域负面影响十分轻微，且满足欧 VI 排放标准，绿色发展程度较高。②水环境：CIELO 公司葡萄酒集装箱公路运输对威尼托区域水环境基本没有影响。③声环境：该集装箱公路运输对威尼托区域运输沿线声环境产生短暂的负面影响，将略微提高沿线的等效声级。欧 VI 排放标准为当前国际最严要求，因此，该运输的环境维度绿色发展水平较高。

（6）生态维度：该公路运输线路沿途虽然未穿过自然保护区，公路最近距离 500 m 左右有自然保护区，且穿过山体隧道，因此该公路运输对鸟类生境和动物廊道存在轻微负面影响。意大利公路基础设施实施“绿色基础设施”战略（European Commission, 2014a），加强生物多样性保育，绿色发展水平较高。

总体上，CIELO 公司葡萄酒集装箱公路运输对威尼托区域的区位维度没有影响，对资源和社会维度产生轻微的负面影响、对经济维度有轻微的正面影响，对环境噪声和生态维度有轻微负面影响。该集装箱公路运输卡车满足当前世界上最严格的排放标准，处于世界领先水平，整体上绿色发展水平较高，但其能耗仍较高，应采取相应的措施降低能耗。

4.2.4.2.3　威尼托区域对 CIELO 公司葡萄酒航运物流的影响分析

基于 4.2.3.2 节威尼托区域的现状和回顾性评价，结合其评价因子识别结果，分析威尼托区域各维度对 CIELO 公司葡萄酒航运物流（包括生产、仓储和集装箱公路运输各环节）的影响。其中，威尼托区域的区位维度对 CIELO 公司葡萄酒航运物流的影响十分小，可以忽略。

1）资源维度

（1）生产：威尼托区域虽然自然资源贫乏，但可再生能源丰富，用于葡萄酒生产的水、电等资源丰富，对生产基本没影响。

（2）仓储：CIELO 公司位于小镇，其土地资源较充裕，威尼托区域对 CIELO 公司葡萄酒仓储基本没有影响。

（3）集装箱公路运输：威尼托地区贫乏的自然资源以及较繁忙的公路交通，一定程度上增加了公路运输油耗成本，对该集装箱公路运输产生轻微的负面影响。

总体上，威尼托区域资源维度对仓储环节和集装箱公路运输产生轻微的负面影响。

2）社会维度

（1）生产：威尼托区域较高的劳动力成本对 CIELO 公司葡萄酒生产产生轻微的负面影响。

（2）仓储：威尼托较好的环境管理水平为 CIELO 公司葡萄酒仓储提供了良好的环境，带来轻微的正面影响。

（3）集装箱公路运输：由于威尼托交通较为繁忙且道路条件较差，故而对 CIELO 公司葡萄酒集装箱的公路运输产生轻微的负面影响。

总体上，威尼托区域社会维度对仓储环节产生轻微的正面影响，对集装箱公路运输产生轻微的负面影响。

3）经济维度

（1）生产：威尼托区域拥有较好的葡萄酒经济圈，为 CIELO 公司葡萄酒生产带来规模效应，可适当降低成本，带来一定的正面影响。

（2）仓储：蒙托尔索维琴蒂诺小镇土地资源较丰富，对 CIELO 公司葡萄酒仓储成本基本没有影响。

（3）集装箱公路运输：威尼托区域呈下降趋势的固定资产投资不利于条件较差的公路基础设施的改善，且拥堵费也给公路运输增加一定的成本，因此，威尼托区域经济维度对帝胜开襟衫集装箱公路运输产生轻微的负面影响。

总体上，威尼托区域经济维度对仓储环节基本没有影响，对集装箱公路运输有轻微负面影响。

4）环境维度

威尼托区域环境质量较好，对 CIELO 公司葡萄酒航运物流的生产、仓储和集装箱公路运输活动的开展基本没有影响。

5）生态维度

威尼托区域生态质量较好，对 CIELO 公司葡萄酒航运物流的生产、仓储和集装箱公路运输活动开展基本没有影响。

4.2.4.3 意大利威尼斯港的影响分析

4.2.4.3.1 CIELO 公司葡萄酒航运物流对威尼斯港的影响分析

根据 CIELO 公司葡萄酒航运物流在威尼斯作业的特征，结合 4.2.3.3 节威尼斯港的现状和回顾性评价及其评价因子识别结果，分析 CIELO 公司葡萄酒航运物流（出发港作业）对威尼斯港各维度的影响。

（1）区位维度：CIELO 公司葡萄酒航运物流活动对威尼斯港的区位维度基本没有影响。

（2）资源维度：CIELO 公司葡萄酒航运物流在出发港作业占用威尼斯港集装箱堆场箱位 6 d，运输船舶占用码头岸线不到半天，该活动消耗威尼斯港土地和岸线资源，产生轻微的负面影响。由于未能收集到威尼斯港关于能源消耗的数据信息，因此类比厦门港出发作业可知，该集装箱作业对威尼斯港能耗负面影响十分轻微。威尼斯港务局长期以来实施了许多项目以确保港口活动更高的能源永续性（Torricella，2013）。但该集装箱码头设施设备较落后（VECON S. P. A.，2017）。整体上，该集装箱在威尼斯港出发作业绿色发展程度一般，应考虑缩短集装箱堆场滞留时间，提高港口设施设备的先进性及推广应用清洁能源与新能源。

（3）社会维度：CIELO 公司葡萄酒航运物流增加 1 TEU 港口吞吐量，并促进港口人员就业，为威尼斯港带来轻微正面影响。威尼斯港提供了 1.7 万个工作机会，并成立两个培训中心，对其人力资本充满信心（Port of Venice，2017b），因此，该社会维度绿色发展水平较高。

（4）经济维度：CIELO 公司葡萄酒航运物流支付海运费 450 美金，对威尼斯港经济维度正面影响轻微。该集装箱装卸费用 160 欧元（即 1 264 元）（7 d 以内免收仓储费）（VECON S. P. A.，2017），是马来西亚丹戎帕拉帕斯港装载费用（345 吉特，即 562 元）

的两倍多，经济效益较好，但竞争力较弱；港口经济效益一般，经济维度整体绿色发展水平较低。

（5）环境维度：①大气环境：未能获取威尼斯港集装箱运输作业的大气排放数据信息，类比厦门港可知该集装箱在威尼斯港出发作业的废气排放对威尼斯港大气环境负面影响十分轻微，但威尼斯港集装箱码头设施设备较落后，设备减排性能较弱，绿色水平一般。②声环境：由于威尼斯港船舶中转或停泊都遵守威尼斯政府的噪声限值（Torricella，2013），因此，该集装箱作业噪声对威尼斯港基本没有影响。③环境风险：该集装箱船舶 ASIATIC MOON 建造于 2006 年，较旧，且根据船讯网船舶详细档案显示，该船舶在近年港口国家监控（Port State Control，PSC）中存在问题较多，包括船舶油过滤设备，因此该集装箱船舶出发作业对威尼斯港船舶溢油带来一定的环境风险，应加强防范。整体上，该集装箱出发作业环境维度的绿色发展水平一般。

（6）生态维度：该集装箱出发作业对威尼斯潟湖特有的动植物带来一定的负面影响和生态风险，虽然该集装箱作业对水域大型底栖无脊椎动物和水生植物的影响较小，但威尼斯港位于威尼斯潟湖中部，该潟湖是世界遗产，该集装箱作业与敏感生态矛盾较突出。因此，该集装箱威尼斯港作业的生态维度绿色发展水平较低。

总体上，CIELO 公司葡萄酒航运物流（出发港作业）对威尼斯港区位维度基本没有影响，带来社会和经济维度轻微正面影响；对环境维度和生态维度产生轻微负面影响。该集装箱在威尼斯港出发作业与国际先进性水平有一定差距，受主要港口设施设备的制约，应加强船舶溢油风险防范；可能给威尼斯潟湖带来生态风险，绿色发展水平不高。

4.2.4.3.2　威尼斯港对 CIELO 公司葡萄酒航运物流的影响分析

基于 4.2.3.3 节威尼斯港的现状和回顾性评价，结合其评价因子识别结果，分析威尼斯港各维度对 CIELO 公司葡萄酒航运物流（出发港作业）的影响。

（1）区位维度：威尼斯港较优越的地理和社会区位为 CIELO 公司葡萄酒出口提供了较好的基础条件；从亚洲到慕尼黑（Munich）的集装箱运输选择威尼斯港较之于其他北欧港口可以减少 97 kg/TEU 的二氧化碳排放（Port of Venice，2017b）。威尼斯港区位维度对 CIELO 公司葡萄酒航运物流有着较明显的正面影响。

（2）资源维度：威尼斯港较紧张的土地资源和敏感的水域资源在一定程度上给 CIELO 公司葡萄酒集装箱运输带来负面影响，但在威尼斯港集装箱通过能力范围内，该影响十分轻微；港口较好的集疏运条件对该集装箱运输带来轻微的正面影响。综合来看威尼斯港资源维度对 CIELO 公司葡萄酒航运物流基本没有影响。

（3）社会维度：威尼斯港较先进的行政管理、较完善的港口基础设施以及较高的环境管理和安全生产水平为 CIELO 公司葡萄酒航运物流带来轻微的正面影响。

（4）经济维度：虽然未能收集到威尼斯港的经济数据信息，但 VECON 私人股份公司对码头的经济运营处于有序状态（VECON S. P. A.，2017），对 CIELO 公司葡萄酒航运物流基本没有影响。

（5）环境维度：威尼斯港环境质量较好，但较一般的大气环境在一定程度上影响港口作业人员健康，对 CIELO 公司葡萄酒航运物流造成的负面影响十分轻微。港口邮轮在近年发生溢油现象，对该集装箱出发作业带来一定的环境风险。

（6）生态维度：较敏感的港口水域对 CIELO 公司葡萄酒航运物流带来约束，产生轻微的负面影响。

总体上，威尼斯港的区位对 CIELO 公司葡萄酒航运物流产生较明显的正面影响，资源维度和经济维度基本对 CIELO 公司葡萄酒航运物流没有影响，社会维度有轻微正面影响，环境维度和生态维度有轻微的负面影响。

4.2.4.4 希腊比雷埃夫斯港的影响分析

4.2.4.4.1 CIELO 公司葡萄酒航运物流对比雷埃夫斯港的影响分析

根据 CIELO 公司葡萄酒航运物流在比雷埃夫斯港中转作业的特征，结合 4.2.3.4 节比雷埃夫斯港的现状和回顾性评价及其评价因子识别结果，分析 CIELO 公司葡萄酒航运物流（中转港作业）对比雷埃夫斯港各维度的影响。

（1）区位维度：CIELO 公司葡萄酒航运物流仅一个集装箱中转，对比雷埃夫斯港的区位维度基本没有影响。

（2）资源维度：CIELO 公司葡萄酒航运物流在中转港作业占用比雷埃夫斯港集装箱堆场箱位 8 d，两艘运输船舶共占用码头岸线不到 1 d，该中转作业消耗比雷埃夫斯港土地和岸线资源，产生轻微负面影响。该集装箱在比雷埃夫斯港进行简单的装卸和堆放作业，港口设施设备较先进，能耗低，处于世界先进水平，对比雷埃夫斯港资源维度负面影响十分轻微，绿色发展程度较高。

（3）社会维度：CIELO 公司葡萄酒航运物流增加 1 TEU 港口吞吐量，并促进港口人员就业，为比雷埃夫斯港带来轻微正面影响。比雷埃夫斯港码头二在希腊面临债务庞大时扭转了港口亏损局面，有利于缓解希腊债务危机，创造许多就业机会，给员工家庭带来稳定保障，该社会维度绿色发展水平高。

（4）经济维度：CIELO 公司葡萄酒航运物流的首艘和第二艘靠港船舶分别支付港费，由于同时到港或离港的集装箱数量难以确定，因而难以估算该集装箱的港费，该部分也已经包含于海运费中，数额较小，对比雷埃夫斯港经济维度有轻微的正面影响。比雷埃夫斯港进口、出口装载费用分别为 117.8 欧元（即 929 元）和 90 欧元（即 710 元），费用略高，经济效益较好，但竞争力较差。港口经济效益较好，扭转了亏损局面，经济维度整体绿色发展水平较好。

（5）环境维度：①大气环境：未能获得比雷埃夫斯港港口废气排放数据信息，但与案例一的丹戎帕拉帕斯港相似，尽管第一艘船舶较旧但基本满足 MARPOL 公约附件六要求，该集装箱中转作业对比雷埃夫斯港大气环境产生轻微负面影响。港区设置有空气监测站实时监测全天的空气污染状况，包括 NO_X、SO_2、CO、O_3、C_7H_8、C_6H_6 和 PM_{10}，港区作业和第二艘船舶整体均处于世界先进水平，绿色发展水平较高。②水环境：比雷埃夫斯港水环境质量好，该集装箱中转作业对比雷埃夫斯港水环境基本没有影响。③声环境：类比集装箱在案例一的厦门港堆放、装卸活动产生噪声影响分析，该集装箱活动的噪声产生轻微负面影响。④固体废物：类比案例一的丹戎帕拉帕斯港中转作业活动，CIELO 公司葡萄酒在比雷埃夫斯港中转作业对比雷埃夫斯港负面影响极其轻微。⑤类比案例一的丹戎帕拉帕斯港，该集装箱船舶溢油环境风险可能给比雷埃夫斯港带来轻微的负面影响，尤其是船舶

ASIATIC MOON。因此，整体上看，该环境维度绿色发展水平较高。

（6）生态维度：该集装箱中转作业对比雷埃夫斯港较不敏感的生态系统影响不大，但存在一定的港口生物入侵生态风险。因此，CIELO公司葡萄酒航运物流中转作业对比雷埃夫斯港生态维度带来十分轻微的负面影响，生态维度绿色发展水平较高。

总体上，CIELO公司葡萄酒航运物流对比雷埃夫斯港的区位维度基本没有影响，对社会维度有轻微正面影响，对资源、环境和生态维度有轻微负面影响。比雷埃夫斯港由中远比雷埃夫斯集装箱码头有限公司接手运营后，港口效益显著增长，港口设施设备较先进、作业效率高，整体绿色发展水平较高。但首艘运输船舶ASIATIC MOON由于建造年份较久，且存在卫生条件、防火安全和油污问题，能效也较低，在一定程度上影响该集装箱中转作业绿色发展水平。应尽可能选择绿色发展程度较高的运输船舶。

4.2.4.4.2 比雷埃夫斯港对CIELO公司葡萄酒航运物流的影响分析

基于4.2.3.4节希腊比雷埃夫斯港的现状和回顾性评价，结合其评价因子识别结果，分析比雷埃夫斯港各维度对CIELO公司葡萄酒航运物流（中转作业）的反馈影响。

（1）区位维度：比雷埃夫斯港十分优越的地理区位直接影响CIELO公司葡萄酒航运物流中转港的选择，较好的自然区位、生态区位、资源区位和社会区位对该集装箱中转作业也带来轻微正面影响。

（2）资源维度：比雷埃夫斯港较紧张的土地资源对CIELO公司葡萄酒航运物流中转作业产生一定的负面影响。港口较好的岸线资源、水域资源和航线资源有利于节约中转时间，提高作业效率。综合来看，比雷埃夫斯港资源维度对CIELO公司葡萄酒航运物流中转作业基本没有影响。

（3）社会维度：比雷埃夫斯港运营企业十分重视港口效益，港口基础设施十分先进、作业效率高、服务质量好，对该集装箱中转作业产生较明显的正面影响，此外，较好的环境管理和安全生产环境也带来轻微的正面影响。

（4）经济维度：比雷埃夫斯港明显增加的固定资产投资保障了港口的高效作业，对该集装箱中转作业产生较明显的正面影响。

（5）环境维度：比雷埃夫斯港环境质量好，对该集装箱中转作业基本没有影响，但类比丹戎帕拉帕斯港，比雷埃夫斯港存在一定的船舶溢油环境风险，对该集装箱中转作业产生轻微负面影响。

（6）生态维度：比雷埃夫斯港生态质量好，对CIELO公司葡萄酒航运物流基本没有影响。

总体上，比雷埃夫斯港的区位维度和经济维度对CIELO公司葡萄酒航运物流产生较明显的正面影响，资源维度和生态维度基本没有影响，社会维度有轻微的正面影响，环境维度有轻微的负面影响。

4.2.4.5 海事区域的影响分析

4.2.4.5.1 CIELO公司葡萄酒航运物流对海事区域的影响分析

根据CIELO公司葡萄酒航运物流在海事区域（大西洋（主要为地中海和红海大海洋

生态系统）、印度洋和太平洋）海上航行的特征，结合 4. 1. 3. 6 节海事区域的现状和回顾性评价及其评价因子识别结果，分析 CIELO 公司葡萄酒航运物流（海上航行）对海事区域资源、环境和生态维度的影响。

（1）资源维度：未能获取该集装箱海洋运输的实际油耗数据，但类比案例一可知其对海事区域资源维度基本没有影响。依据欧洲标准（16258）（European Standard EN 16258）、《清洁货物工作组碳排放计算方法》（Clean Cargo Working Group Carbon Emissions Accounting Methodology）和《船舶能效营运指数（EEOI）自愿使用指南》可得，从威尼斯港到比雷埃夫斯港的集装箱运输船舶 ASIATIC MOON 的船舶能效（以二氧化碳计）营运指数 EEOI 为 528 gCO_2/（TEU · n mile）（即 13 g/（t · km）），从比雷埃夫斯港到厦门港的集装箱运输船舶 YM WELLHEAD 的 EEOI 为 247 g/（TEU · n mile）（以碳计）（即 6 g/（t · km）），因而可知船舶 YM WELLHEAD 的营运能效高于 ASIATIC MOON（Mediterranean Shipping Company, 2018）。根据 IMO《第二次温室气体排放研究报告》（2009）显示，集装箱船舶的二氧化碳排放效率一般为 12. 5～37. 5 g/（t · km）（IMO, 2009），因此，该集装箱运输船舶二氧化碳排放效率都低于该范围，船舶能效较高。此外，根据《MARPOL 73/78 公约》要求，船舶的建造时间在 2013 年 1 月 1 日之后必须满足船舶能效设计指数（EEDI）要求（IMO, 2016a）。因此，尽管该集装箱船舶运输资源维度绿色发展水平较高，但最好应选择 2013 年 1 月 1 日后建造的船舶，船舶公司也可参照行业 EEOI 标杆，尽可能提高船舶能效。

（2）环境维度：未能获取该集装箱海洋运输的实际油耗数据，但依据欧洲标准（16258）（European Standard EN 16258）和《清洁货物工作组碳排放计算方法》（Clean Cargo Working Group Carbon Emissions Accounting Methodology）计算得威尼斯港到比雷埃夫斯港的集装箱运输排放二氧化碳 0. 54 t、比雷埃夫斯港到厦门港排放二氧化碳 2. 07 t，对海事区域几乎没有影响。根据《MARPOL 73/78 公约》，该集装箱运输船舶产生的 NO_X 和硫排放量极小，对海事区域也基本没有影响。该海事区域航运物流环节绿色水平较高，但应防止船舶溢油。

（3）生态维度：CIELO 公司葡萄酒航运物流海事区域海上航行与地中海和太平洋海事区域生态维度的相互影响较小，可能对大西洋海事区域的地中海特有物种以及南海珊瑚礁、太平洋特有物种，印度洋海事区域的孟加拉湾、阿拉伯海和泰国湾的珊瑚礁、红海和亚丁湾的海洋保护区造成极其轻微的负面影响，并存在船舶溢油的生态风险。整体上，生态维度绿色发展水平较高。

总体上，CIELO 公司葡萄酒航运物流海上航行对海事区域的资源、环境和生态维度基本没有影响，但不排除船舶溢油风险。海运本质上是一种较绿色的运输方式，但绿色发展水平受船舶新旧程度影响明显。

4. 2. 4. 5. 2 海事区域对 CIELO 公司葡萄酒航运物流的影响分析

基于 4. 1. 3. 6 节海事区域的现状和回顾性评价，结合其评价因子识别结果，从海事区域的资源、环境和生态维度分析对 CIELO 公司葡萄酒航运物流（海上航行）的反馈影响。

海事区域资源丰富、环境和生态质量好，对 CIELO 公司葡萄酒航运物流（海上航行）基本没有影响。

4.2.4.6　厦门港的影响分析

4.2.4.6.1　CIELO 公司葡萄酒航运物流对厦门港的影响分析

根据 CIELO 公司葡萄酒航运物流在厦门港作业的特征，结合 4.1.3.3 节厦门港的现状和回顾性评价及其评价因子识别结果，分析 CIELO 公司葡萄酒航运物流（到达港作业）对厦门港各维度的影响。

（1）区位维度：CIELO 公司葡萄酒航运物流活动对厦门港区位维度基本没有影响。

（2）资源维度：CIELO 公司葡萄酒航运物流在抵达港作业占用厦门港集装箱堆场箱位 14 d，运输船舶占用码头岸线不到半天，该活动消耗厦门港土地和岸线资源，产生轻微的负面影响，应考虑缩短集装箱堆场停留时间；类比案例一中集装箱在厦门港作业情景，该集装箱能耗约 4 923 gce（克标准煤），其中电力消耗约 2 850 gce、天然气消耗约 197 gce，对厦门港负面影响十分轻微。但该作业能源效率较低，在我国沿海港口中位于中上游，落后于国际先进水平，绿色水平较低。

（3）社会维度：CIELO 公司葡萄酒厦门港作业对厦门港社会维度影响类比案例一，产生轻微的正面影响，社会维度绿色发展水平较高。

（4）经济维度：CIELO 公司葡萄酒厦门港作业对厦门港经济维度影响类比案例一，产生轻微的正面影响，经济维度绿色发展水平较高。

（5）环境维度：①大气环境：类比案例一中集装箱在厦门港作业情景，该集装箱生产综合二氧化碳排放量约为 4.63 kg，港口生产和辅助生产二氧化硫的排放量约为 0.026 kg，分别占厦门港生产综合二氧化碳排放量和二氧化硫排放量的 7×10^{-6} 和 1×10^{-7}，对厦门港大气环境仅有轻微的负面影响，但该集装箱港区作业活动产生的二氧化碳和二氧化硫排放量仍较大，明显落后于国际先进水平，未能达到绿色发展要求。②声环境：类比案例一中集装箱在厦门港作业情景，该集装箱运输从堆场离场的噪声级较高，对港区主干道噪声环境有一定的负面影响，但对周边环境的等效声级的提高较小；装卸过程噪声同样对港口区域产生噪声影响，但也是微乎其微。③环境风险：该集装箱船舶“YM WELLHEAD”存在船舶溢油的可能性，对厦门港产生轻微的环境风险负面影响。整体上，环境维度绿色发展水平一般。

生态维度：类比案例一中集装箱在厦门港作业情景，港区污水事故性排放和船舶溢油风险可能对水域的浮游植物、浮游动物、底栖生物和鱼卵及仔鱼等产生一定的负面影响；船舶压载水中的外来生物也可能对生物群落造成威胁。因此，CIELO 公司葡萄酒航运物流对厦门港带来轻微的负面影响和一定的生态风险。厦门港港口水域敏感生态较多，生态维度绿色发展水平较低。

总体上，CIELO 公司葡萄酒航运物流（抵达港作业）对厦门港的区位维度基本没有影响，带来社会和经济维度轻微的正面影响；对环境维度和生态维度产生轻微的负面影响，该集装箱在厦门港抵达作业绿色发展水平在国内沿海港口中处于中上游，但与国际先进水平差距十分明显。绿色发展水平较低。

4.2.4.6.2 厦门港对 CIELO 公司葡萄酒航运物流的影响分析

基于 4.1.3.3 节厦门港的现状和回顾性评价，结合其评价因子识别结果，分析厦门港各维度对 CIELO 公司葡萄酒航运物流（抵达港作业）的影响。

（1）区位维度：厦门港较优越的地理、资源和社会区位为 CIELO 公司葡萄酒进口提供了较之周边其他港口更好的基础设施条件和更高的服务质量，厦门港区位维度对 CIELO 公司葡萄酒航运物流产生较明显的正面影响。

（2）资源维度：厦门港土地资源和岸线资源紧张，在一定程度上给 CIELO 公司葡萄酒集装箱运输带来负面影响，但在厦门港集装箱通过能力范围内，该影响十分轻微。厦门港良好的航运资源为 CIELO 公司集装箱通航提供了较高的保证率，港口较好的集疏运条件和航线资源对 CIELO 公司葡萄酒航运物流带来轻微正面影响。港口能源单耗的下降也降低 CIELO 公司集装箱的能源消耗，产生较明显的正面影响。

（3）社会维度：厦门港较先进的行政管理、较完善的港口基础设施、较高的作业效率、较高的环境管理水平及较好的安全生产环境为 CIELO 公司葡萄酒航运物流带来较明显的正面影响。

（4）经济维度：厦门港较好的经济效益和高固定资产投资，促进 CIELO 公司葡萄酒航运物流活动，具有轻微的正面影响。

（5）环境维度：厦门港海沧港区及周边的环境空气质量良好，海沧港区声环境质量现状良好，对 CIELO 公司葡萄酒航运物流基本没有影响，且船舶溢油对 CIELO 公司葡萄酒航运物流负面影响十分轻微。因此，厦门港环境维度对 CIELO 公司葡萄酒航运物流负面影响十分轻微。

（6）生态维度：厦门港较好的生态质量对 CIELO 公司葡萄酒航运物流基本没有影响。

总体上，厦门港的区位、资源维度和社会维度对 CIELO 公司葡萄酒航运物流产生较明显的正面影响，经济维度有轻微的正面影响、环境维度有轻微的负面影响，生态维度基本没影响。

4.2.4.7 厦门区域的影响分析

4.2.4.7.1 CIELO 公司葡萄酒航运物流的公路运输对厦门区域的影响分析

根据 CIELO 公司葡萄酒航运物流在厦门区域的集装箱公路运输环节的特征，结合 4.1.3.2 节厦门区域的现状和回顾性评价及其评价因子识别结果，分析 CIELO 公司葡萄酒航运物流在厦门的公路运输环节对厦门区域各维度的影响。

（1）区位维度：CIELO 公司葡萄酒的公路运输对厦门地区的区位没有影响。

（2）资源维度：CIELO 公司葡萄酒集装箱空箱和重箱运输往返于厦门港和厦门思明区泰拉公司仓库之间，该集装箱运输汽车同案例一中厦门区域公路运输汽车，对资源维度影响小，绿色发展水平一般。

（3）社会维度：CIELO 公司葡萄酒集装箱运输对厦门区域社会维度影响类比案例一厦门区域，产生轻微的负面影响，绿色发展水平较低。

（4）经济维度：CIELO 公司葡萄酒集装箱运输对厦门区域经济维度影响类比厦门区

域，产生轻微正面影响，绿色发展水平较高。

（5）环境维度：类比案例一中厦门区域集装箱公路运输，该过程沿线经过的公路路况较好，车辆排气和大气降尘都极少；水污染和固体废物可忽略。①大气环境：根据中华人民共和国国家环境保护标准之《环境影响评价技术导则　公路建设项目(征求意见稿)》（2008）（中华人民共和国环境保护部，2008c）估算 CIELO 公司葡萄酒集装箱往返公路运输的 NO_2 排放因子为 12. 2 g/（km · 辆），排放量为 698 g，排放强度为 0. 570 g/（t · km）；CO 排放因子为 50. 0 g/（km · 辆），排放量为 2 860 g，排放强度为 2. 335 g/（t · km），该公路运输的负面影响十分轻微，但较之威尼托区域集装箱公路运输 NO_X 排放强度大了一个数量级，可见厦门区域集装箱公路运输绿色发展水平较低。②声环境：根据中华人民共和国国家环境保护标准之《环境影响评价技术导则　公路建设项目(征求意见稿)》（2008）（中华人民共和国环境保护部，2008c）估算 CIELO 公司葡萄酒集装箱公路运输的大型车在离行车线 7. 5 m 处参照点的平均辐射噪声级 Loi 为 79. 6 dB，对厦门区域运输沿线声环境产生短暂的负面影响，将略微提高沿线的等效声级。整体上，环境维度绿色发展水平一般。

（6）生态维度：该集装箱公路运输线路未经过厦门重要的鸟类栖息地，对厦门区域生态维度基本没有影响，绿色发展水平较高。

总体上，CIELO 公司葡萄酒集装箱公路运输对厦门区域的区位维度和生态维度基本没有影响，对资源和社会维度产生轻微的负面影响、对经济维度有轻微的正面影响，对环境噪声有轻微负面影响。但能源消耗水平一般，且 NO_X 排放强度明显大于欧 VI 排放标准，绿色发展水平整体偏低。

4. 2. 4. 7. 2　厦门泰拉公司葡萄酒仓储对厦门区域的影响分析

CIELO 公司葡萄酒成品到达泰拉公司仓库后，分门别类地堆放于仓储区，对厦门区域的区位、社会、环境和生态基本没有影响；该仓库位于厦门市区，土地资源较紧缺，对资源维度有轻微负面影响。该仓储活动支付一定租金，但金额少，对厦门区域经济维度正面影响可忽略。基本满足绿色发展要求。

4. 2. 4. 7. 3　厦门区域对 CIELO 公司葡萄酒航运物流的影响分析

基于 4. 1. 3. 2 节厦门区域的现状和回顾性评价，结合其评价因子识别结果，从各维度分析厦门区域对 CIELO 公司葡萄酒航运物流（包括集装箱公路运输及泰拉公司货物仓储）的反馈影响。

（1）区位维度：厦门区域较好的区位条件不会对 CIELO 公司葡萄酒航运物流产生负面影响，反而有轻微的正面影响。

（2）资源维度：①集装箱公路运输：繁忙的公路交通在一定程度上给 CIELO 公司葡萄酒航运物流带来轻微的负面影响，但交通资源较好，影响极小。②仓储：厦门紧缺的土地资源直接影响泰拉公司仓库的选址，公司仓库选在较偏僻的地下室，因此，厦门区域资源维度对该葡萄酒仓储有轻微的负面影响。

总体上，厦门区域资源维度对 CIELO 公司葡萄酒航运物流集装箱公路运输及泰拉公司仓储环节有轻微负面影响。

（3）其他维度：厦门区域社会、经济、环境和生态维度各方面均良好，对集装箱公路运输以及仓储环节产生轻微正面影响。

总体上，厦门区域的各个维度现状均良好，其中区位、社会、经济，环境和生态维度对 CIELO 公司葡萄酒航运物流集装箱公路运输及仓储环节产生轻微正面影响，但资源维度产生轻微负面影响。

4.2.4.8 CIELO 公司葡萄酒的销售、使用和废弃物的绿色分析

厦门泰拉公司对 CIELO 公司葡萄酒的零售和批发大致比例为 3∶1，销售区域覆盖福建省、广西壮族自治区、山东省、湖南省、广东省、云南省、湖北省、安徽省、北京市和重庆市。卡萨莱托红葡萄酒大约 1 年内流转出去，其批发价为 38 元，零售价为 98 元；利帕索红葡萄酒需要 2~3 年流转出去，其批发价为 100 元，零售价为 400 元。销售过程未见违背绿色发展的行为。葡萄酒饮用过程也基本未见违背绿色发展的行为。

CIELO 公司葡萄酒消费后酒瓶当垃圾处置，未进行回收。欧洲发达国家平均废玻璃回收率为 63%（胡文涛，2015），美国玻璃被回收率为 28%（Bennett，2014），而中国的废玻璃回收率只有 10%，差距很大。

总体上，厦门泰拉公司对 CIELO 公司葡萄酒的销售绿色发展水平较高；消费过程基本满足绿色发展要求，但未进行废弃酒瓶的回收，不满足绿色发展要求。

4.2.5 CIELO 公司葡萄酒航运物流的战略决策

4.2.5.1 决策方法

案例二的战略决策方法同案例一，采用多维决策法（MDDM 法，3.3.3.1 节）。

邀请进行 MDDM 法评判的专家同案例一（4.1.5.1 节，表 4-1）。专家信息和专家多维决策过程见 4.1.5.1 节。专家根据 4.2.3 节（CIELO 公司葡萄酒航运物流途经的相关区域的 6 个维度的现状和回顾评价结果）和 4.2.4 节（航运物流的生命周期评价结果）的评判结果进行战略决策评判。

案例二 CIELO 公司葡萄酒航运物流的 MDDM 法的专家评价（战略决策）方法与案例一相同；专家评判问卷形式与案例一相近，尽管航运物流的货物以及所经过的区域不尽相同，部分区域相同。因篇幅原因，未列出案例二的问卷，可参考附录 3（案例一的问卷）。

4.2.5.2 战略决策结果

CIELO 公司葡萄酒航运物流多维决策分析结果如下，其中航运物流生命周期各生产环节对各区域各维度的影响（正向作用）的［I，C；R］评分见表 4-7；各区域各维度对航运物流各生产环节的影响（反馈作用）评分见表 4-8；CIELO 公司葡萄酒航运物流各生产环节的绿色评价结果见表 4-9。

表 4-7 CIELO 公司葡萄酒航运物流各生产环节对各区域各个维度的影响及其相关性的［I，C；R］评分

Table 4-7 ［I，C；R］scores of the impact and relationships of the production processes of maritime logistics for the wine of CIELO E TERRA S. P. A on and with the dimensions of relevant regions by experts' judgement

生产环节	区域维度	专家一	专家二	专家三	专家四	专家五	平均
CIELO 公司 葡萄酒 生产	区位	[0, 0.9; 1] =0	[1, 0.7; 1] =0.7	[0, 0.7; 1] =0.7	[0, 0.6; 0] =0	[0, 1; 0] =0	0.28
	资源	[-1, 0.9; 1] =-0.9	[1, 0.7; 1] =0.7	[-1, 0.7; 1] =-0.7	[-1, 0.7; 2] =-1.4	[-1, 0.9; 1] =-0.9	-0.64
	社会	[1, 0.9; 1] =0.9	[1, 0.8; 1] =0.8	[1, 0.7; 1] =0.7	[1, 0.7; 2] =1.4	[3, 0.7; 2] =4.2	1.6
	经济	[-1, 0.8; 2] =-1.6	[1, 0.8; 1] =0.8	[1, 0.7; 1] =0.7	[1, 0.6; 2] =1.2	[1, 0.8; 1] =0.8	0.38
	环境	[-1, 0.8; 1] =-0.8	[2, 0.8; 2] =3.2	[-1, 0.7; 1] =-0.7	[0, 0.7; 2] =0	[-1, 0.7; 1] =-0.7	0.2
	生态	[-1, 0.7; 1] =-0.7	[2, 0.8; 2] =3.2	[0, 0.7; 1] =0	[0, 0.6; 2] =0	[0, 1; 0] =0	0.5
CIELO 公司 工厂仓储	区位	[0, 0.9; 1] =0	[1, 0.7; 1] =0.7	[1, 0.7; 1] =0.7	[0, 0.6; 2] =0	[0, 1; 0] =0	0.28
	资源	[-1, 0.8; 1] =-0.8	[1, 0.7; 2] =1.4	[0, 0.7; 1] =0	[0, 0.6; 1] =0	[0, 0.9; 0] =0	0.12
	社会	[1, 0.9; 1] =0.9	[1, 0.8; 1] =0.8	[0, 0.7; 1] =0	[1, 0.7; 0] =0	[0, 0.9; 0] =0	0.34
	经济	[1, 0.9; 1] =0.9	[1, 0.8; 1] =0.8	[0, 0.7; 1] =0	[1, 0.6; 1] =0.6	[1, 0.9; 0] =0	0.46
	环境	[-1, 0.8; 1] =-0.8	[1, 0.8; 1] =0.8	[0, 0.7; 1] =0	[0, 0.7; 0] =0	[0, 0.9; 0] =0	0
	生态	[-1, 0.7; 1] =-0.7	[1, 0.8; 1] =0.8	[0, 0.7; 1] =0	[0, 0.6; 0] =0	[0, 0.9; 0] =0	0.02
威尼托 区域 公路运输	区位	[1, 0.9; 1] =0.9	[1, 0.7; 1] =0.7	[0, 0.7; 1] =0	[0, 0.6; 2] =0	[0, 1; 0] =0	0.32
	资源	[-1, 0.9; 1] =-0.9	[1, 0.7; 1] =0.7	[-1, 0.7; 1] =-0.7	[-1, 0.6; 2] =-1.2	[-1, 0.9; 1] =-0.9	-0.6
	社会	[1, 0.9; 1] =0.9	[1, 0.8; 1] =0.8	[-1, 0.7; 1] =-0.7	[2, 0.7; 1] =1.4	[-1, 0.9; 1] =-0.9	0.3
	经济	[2, 0.9; 2] =3.6	[1, 0.8; 1] =0.8	[1, 0.7; 1] =0.7	[2, 0.6; 2] =2.4	[1, 0.9; 1] =0.9	1.68
	环境	[-1, 0.9; 1] =-0.9	[-1, 0.8; 1] =-0.8	[-1, 0.8; 1] =-0.8	[-1, 0.7; 1] =-0.7	[-1, 0.9; 1] =-0.9	-0.82
	生态	[-1, 0.9; 2] =-1.8	[-1, 0.8; 1] =-0.8	[-1, 0.7; 1] =-0.7	[-1, 0.6; 1] =-0.6	[-1, 0.8; 1] =-0.8	-0.94

续表

生产环节	区域维度	专家一	专家二	专家三	专家四	专家五	平均
威尼斯港出发作业	区位	[0, 0.9; 1] =0	[0, 0.8; 1] =0	[0, 0.7; 1] =0	[0, 0.6; 1] =0	[0, 1; 0] =0	0
	资源	[-1, 0.7; 1] =-0.7	[-1, 0.7; 1] =-0.7	[-1, 0.7; 1] =-0.7	[0, 0.7; 1] =0	[-1, 0.9; 1] =-0.9	-0.6
	社会	[1, 0.9; 1] =0.9	[1, 0.7; 1] =0.7	[1, 0.7; 1] =0.7	[1, 0.7; 2] =1.4	[1, 0.8; 1] =0.8	0.9
	经济	[2, 0.8; 2] =3.2	[1, 0.7; 1] =0.7	[1, 0.7; 1] =0.7	[1, 0.6; 2] =1.2	[1, 0.8; 1] =0.8	1.32
	环境	[-1, 0.8; 1] =-0.8	[-1, 0.9; 2] =-1.8	[-1, 0.8; 1] =-0.8	[-1, 0.7; 1] =-0.7	[-1, 0.7; 1] =-0.7	-0.96
	生态	[-1, 0.7; 1] =-0.7	[-1, 0.9; 2] =-1.8	[-1, 0.7; 1] =-0.7	[-1, 0.6; 1] =-0.6	[-2, 0.7; 2] =-2.8	-1.32
比雷埃夫斯港中转作业	区位	[0, 0.9; 1] =0	[0, 0.8; 1] =0	[0, 0.8; 1] =0	[0, 0.6; 2] =0	[0, 1; 0] =0	0
	资源	[-1, 0.7; 1] =-0.7	[-1, 0.6; 1] =-0.6	[-1, 0.6; 1] =-0.6	[0, 0.7; 1] =0	[-1, 0.9; 1] =-0.9	-0.56
	社会	[1, 0.9; 1] =0.9	[1, 0.7; 1] =0.7	[1, 0.7; 1] =0.7	[1, 0.7; 1] =0.7	[1, 0.7; 1] =0.7	0.74
	经济	[2, 0.8; 1] =1.6	[1, 0.7; 1] =0.7	[1, 0.7; 1] =0.7	[1, 0.6; 1] =0.6	[1, 0.8; 1] =0.8	0.88
	环境	[-1, 0.8; 1] =-0.8	[-1, 0.8; 2] =-1.6	[-1, 0.8; 1] =-0.8	[-1, 0.7; 1] =-0.7	[-1, 0.7; 1] =-0.7	-0.92
	生态	[-1, 0.7; 1] =-0.7	[-1, 0.8; 1] =-0.8	[-1, 0.7; 1] =-0.7	[-1, 0.6; 1] =-0.6	[-1, 0.8; 1] =-0.8	-0.72
海上运输	资源	[0, 0.8; 1] =0	[-1, 0.7; 1] =-0.7	[-1, 0.7; 1] =-0.7	[0, 0.6; 1] =0	[0, 0.6; 0] =0	-0.28
	环境	[0, 0.8; 1] =0	[-1, 0.8; 2] =-1.6	[-1, 0.8; 1] =-0.8	[0, 0.7; 2] =0	[0, 0.8; 0] =0	-0.48
	生态	[-1, 0.7; 1] =-0.7	[-1, 0.8; 1] =-1.8	[-1, 0.7; 1] =-0.7	[-1, 0.7; 2] =-1.4	[-2, 0.7; 2] =-2.8	-1.48
厦门港抵达作业	区位	[0, 0.9; 1] =0	[0, 0.7; 1] =0	[0, 0.7; 1] =0	[0, 0.7; 2] =0	[0, 1; 0] =0	0
	资源	[-1, 0.7; 1] =-0.7	[-1, 0.7; 1] =-0.7	[-1, 0.7; 1] =-0.7	[0, 0.8; 1] =0	[-1, 0.8; 1] =-0.8	-0.58
	社会	[1, 0.9; 1] =0.9	[1, 0.7; 1] =0.7	[1, 0.7; 1] =0.7	[1, 0.8; 1] =0.8	[1, 0.8; 1] =0.8	0.78
	经济	[2, 0.8; 1] =1.6	[1, 0.7; 2] =1.4	[1, 0.8; 1] =0.8	[1, 0.7; 2] =1.4	[1, 0.8; 1] =0.8	1.2
	环境	[-1, 0.8; 1] =-0.8	[-1, 0.9; 2] =-1.8	[-1, 0.8; 1] =-0.8	[0, 0.8; 1] =0	[-2, 0.7; 2] =-2.8	-1.24
	生态	[1, 0.7; 1] =0.7	[-1, 0.9; 1] =-0.9	[-1, 0.7; 1] =-0.7	[-1, 0.7; 1] =-0.7	[-1, 0.8; 1] =-0.8	-0.48

续表

生产环节	区域维度	专家一	专家二	专家三	专家四	专家五	平均
厦门区域公路运输	区位	[1, 0.9; 1] =0.9	[0, 0.7; 1] =0	[0, 0.8; 1] =0	[0, 0.7; 2] =0	[0, 1; 0] =0	0.18
	资源	[-1, 0.9; 2] =-1.8	[-1, 0.7; 1] =-0.7	[-1, 0.7; 1] =-0.7	[0, 0.7; 1] =0	[-1, 0.8; 1] =-0.8	-0.8
	社会	[1, 0.9; 2] =1.8	[1, 0.7; 1] =0.7	[-1, 0.7; 1] =-0.7	[1, 0.8; 1] =0.8	[-1, 0.8; 1] =-0.8	0.36
	经济	[2, 0.9; 2] =3.6	[1, 0.7; 2] =1.4	[1, 0.8; 1] =0.8	[0, 0.7; 1] =0	[1, 0.7; 1] =0.7	1.3
	环境	[-1, 0.9; 1] =-0.9	[-1, 0.9; 2] =-1.8	[-1, 0.8; 1] =-0.8	[-1, 0.8; 1] =-0.8	[-1, 0.8; 1] =-0.8	-1.02
	生态	[-1, 0.7; 1] =-0.7	[-1, 0.9; 2] =-1.8	[-1, 0.7; 1] =-0.7	[-1, 0.7; 1] =-0.7	[0, 1; 0] =0	-0.78
泰拉公司仓储	区位	[0, 0.9; 1] =0	[0, 0.7; 1] =0	[0, 0.8; 1] =0	[0, 0.7; 2] =0	[0, 1; 0] =0	0
	资源	[-1, 0.7; 1] =-0.7	[-1, 0.7; 1] =-0.7	[-1, 0.7; 1] =-0.7	[-1, 0.7; 0] =0	[-1, 1; 1] =-1	-0.62
	社会	[1, 0.9; 2] =1.8	[1, 0.7; 1] =0.7	[0, 0.7; 1] =0	[1, 0.8; 0] =0	[0, 1; 0] =0	0.5
	经济	[1, 0.9; 2] =1.8	[1, 0.7; 1] =0.7	[0, 0.7; 1] =0	[0, 0.7; 1] =0	[0, 0.9; 0] =0	0.5
	环境	[-1, 0.9; 1] =-0.9	[-1, 0.9; 1] =-0.9	[0, 0.7; 1] =-0	[0, 0.8; 0] =0	[0, 1; 0] =0	-0.36
	生态	[-1, 0.7; 1] =-0.7	[-1, 0.9; 1] =-0.9	[0, 0.7; 1] =-0	[0, 0.7; 0] =0	[0, 1; 0] =0	-0.32

表 4-8 CIELO 公司葡萄酒航运物流途经各区域的各个维度对航运物流各生产环节的影响及其相关关系的［I, C; R］评分

Table 4-8 ［I, C; R］scores of the impact and relationships of the dimensions of relevant regions on and with the production processes of maritime logistics for the wine of CIELO E TERRA S. P. A by experts' judgement

生产环节	区域维度	专家一	专家二	专家三	专家四	专家五	平均
CIELO 公司 葡萄酒 生产	区位	[1, 0.8; 1] =0.8	[1, 0.7; 1] =0.7	[1, 0.7; 1] =0.7	[2, 0.6; 1] =1.2	[1, 0.7; 1] =0.7	0.82
	资源	[1, 0.8; 1] =0.8	[2, 0.7; 2] =2.8	[1, 0.7; 1] =0.7	[2, 0.7; 3] =4.2	[0, 0.9; 0] =0	1.7
	社会	[1, 0.9; 2] =1.8	[1, 0.7; 1] =0.7	[1, 0.7; 1] =0.7	[1, 0.7; 1] =0.7	[2, 0.8; 2] =3.2	1.42
	经济	[1, 0.8; 2] =1.6	[1, 0.7; 2] =1.4	[1, 0.8; 2] =1.6	[1, 0.6; 1] =0.6	[2, 0.6; 2] =2.4	1.52
	环境	[1, 0.9; 1] =0.9	[1, 0.8; 1] =0.8	[1, 0.8; 1] =-0.7	[-1, 0.7; 1] =-0.7	[0, 0.9; 0] =0	0.06
	生态	[1, 0.7; 1] =0.7	[1, 0.8; 2] =1.6	[1, 0.8; 1] =0.8	[-1, 0.6; 1] =-0.6	[0, 0.8; 0] =0	0.5
CIELO 公司 工厂仓储	区位	[0, 0.9; 1] =0	[1, 0.7; 1] =0.7	[1, 0.7; 1] =0.7	[1, 0.6; 1] =0.6	[1, 0.7; 1] =0.7	0.54
	资源	[-1, 0.7; 1] =-0.7	[1, 0.8; 1] =0.8	[1, 0.8; 1] =0.8	[-1, 0.6; 1] =-0.6	[0, 0.9; 0] =0	0.06
	社会	[1, 0.9; 1] =0.9	[1, 0.7; 1] =0.7	[1, 0.7; 1] =0.7	[1, 0.7; 1] =0.7	[1, 0.7; 1] =0.7	0.74
	经济	[2, 0.8; 2] =3.2	[1, 0.7; 1] =0.7	[1, 0.7; 1] =0.7	[1, 0.6; 1] =0.6	[2, 0.6; 2] =2.4	1.52
	环境	[1, 0.9; 1] =0.9	[0, 0.8; 1] =0	[0, 0.8; 1] =0	[0, 0.7; 0] =0	[-1, 0.5; 1] =-0.5	0.28
	生态	[1, 0.8; 1] =0.8	[0, 0.8; 1] =0	[0, 0.8; 1] =0	[0, 0.6; 0] =0	[-1, 0.8; 1] =-0.8	0
威尼托 区域 公路运输	区位	[1, 0.9; 1] =0.9	[1, 0.7; 1] =0.7	[1, 0.7; 1] =0.7	[1, 0.6; 1] =0.6	[2, 0.8; 2] =3.2	1.22
	资源	[2, 0.9; 2] =3.6	[1, 0.7; 1] =0.7	[1, 0.7; 1] =0.7	[1, 0.6; 1] =0.6	[0, 0.9; 0] =0	1.12
	社会	[2, 0.9; 1] =1.8	[1, 0.7; 1] =0.7	[1, 0.7; 1] =0.7	[2, 0.7; 1] =1.4	[3, 0.8; 3] =7.2	2.36
	经济	[2, 0.9; 2] =3.6	[1, 0.7; 1] =0.7	[1, 0.7; 1] =0.7	[2, 0.6; 1] =1.2	[3, 0.8; 3] =7.2	2.68
	环境	[-1, 0.9; 1] =-0.9	[-1, 0.8; 2] =-1.6	[-1, 0.8; 2] =-1.6	[0, 0.7; 1] =0	[-1, 0.6; 1] =-0.6	-0.94
	生态	[1, 0.8; 1] =0.8	[-1, 0.8; 1] =-0.8	[-1, 0.8; 1] =-0.8	[0, 0.6; 1] =0	[-1, 0.8; 1] =-0.8	-0.32

续表

生产环节	区域维度	专家一	专家二	专家三	专家四	专家五	平均
威尼斯港出发作业	区位	[1, 0.8; 1] =0.8	[1, 0.8; 1] =0.8	[1, 0.7; 1] =0.8	[1, 0.6; 1] =0.6	[3, 0.8; 2] =4.8	1.56
	资源	[1, 0.8; 1] =0.8	[1, 0.8; 1] =0.8	[−1, 0.7; 1] =−0.7	[1, 0.7; 2] =1.4	[−1, 0.7; 3] =−2.1	0.04
	社会	[1, 0.9; 2] =1.8	[1, 0.7; 1] =0.7	[1, 0.7; 1] =0.7	[1, 0.7; 1] =0.7	[3, 0.7; 2] =4.2	1.62
	经济	[1, 0.9; 2] =1.8	[1, 0.7; 1] =0.7	[1, 0.7; 1] =0.7	[0, 0.6; 2] =0	无法评价	0.25
	环境	[1, 0.9; 1] =0.9	[−1, 0.8; 1] =−0.8	[−1, 0.7; 1] =−0.7	[0, 0.7; 1] =0	[−3, 0.5; 3] =−4.5	−1.02
	生态	[1, 0.8; 1] =0.8	[−1, 0.8; 1] =−0.8	[−1, 0.7; 1] =−0.7	[−1, 0.6; 2] =−1.2	[−2, 0.5; 2] =−2	−0.78
比雷埃夫斯港中转作业	区位	[1, 0.8; 1] =0.8	[1, 0.8; 1] =0.8	[1, 0.7; 1] =0.7	[2, 0.6; 1] =1.2	[3, 0.8; 3] =7.2	2.14
	资源	[1, 0.8; 1] =0.8	[1, 0.7; 1] =0.7	[1, 0.7; 1] =0.7	[1, 0.7; 1] =0.7	[3, 0.7; 3] =6.3	1.84
	社会	[1, 0.9; 2] =1.8	[1, 0.7; 1] =0.7	[1, 0.7; 1] =0.7	[1, 0.7; 1] =0.7	[3, 0.6; 3] =5.4	1.86
	经济	[1, 0.9; 2] =1.8	[1, 0.7; 1] =0.7	[1, 0.7; 1] =0.7	[0, 0.6; 2] =0	[3, 0.5; 3] =4.5	1.54
	环境	[1, 0.9; 1] =0.9	[−1, 0.8; 1] =−0.8	[−1, 0.7; 1] =−0.7	[0, 0.7; 1] =0	[−3, 0.8; 3] =−4.5	−1.02
	生态	[1, 0.8; 1] =0.8	[−1, 0.8; 1] =−0.8	[−1, 0.6; 1] =−0.6	[0, 0.6; 1] =0	[−2, 0.7; 2] =−2.8	−0.68
海上运输	资源	[1, 0.8; 1] =0.8	[1, 0.8; 1] =0.8	[1, 0.7; 1] =0.7	[2, 0.8; 3] =4.8	[1, 0.4; 3] =1.2	1.66
	环境	[1, 0.8; 1] =0.8	[1, 0.9; 2] =1.8	[1, 0.8; 1] =0.8	[0, 0.8; 1] =0	[−1, 0.6; 1] =−0.6	0.56
	生态	[1, 0.7; 1] =0.7	[1, 0.9; 2] =1.8	[1, 0.7; 1] =0.7	[−1, 0.8; 1] =−0.8	[−1, 0.5; 1] =−0.5	0.18
厦门港抵达作业	区位	[1, 0.8; 1] =0.8	[1, 0.7; 1] =0.7	[1, 0.7; 1] =0.7	[2, 0.7; 2] =2.8	[2, 0.6; 2] =2.4	1.48
	资源	[1, 0.8; 1] =0.8	[1, 0.7; 1] =0.7	[1, 0.7; 1] =0.7	[1, 0.8; 1] =0.8	[2, 0.7; 2] =2.8	1.16
	社会	[1, 0.9; 1] =0.9	[1, 0.7; 1] =0.7	[1, 0.7; 1] =0.7	[1, 0.8; 1] =0.8	[3, 0.8; 3] =7.2	2.06
	经济	[1, 0.9; 1] =0.9	[1, 0.7; 2] =1.4	[1, 0.7; 1] =0.7	[1, 0.7; 2] =1.4	[2, 0.6; 2] =2.4	1.36
	环境	[1, 0.9; 1] =0.9	[−1, 0.9; 2] =−1.8	[−1, 0.8; 1] =−0.8	[−1, 0.8; 1] =−0.8	[−3, 0.5; 3] =−4.5	−1.4
	生态	[1, 0.8; 1] =0.8	[−1, 0.9; 2] =−1.8	[−1, 0.7; 1] =−0.7	[−1, 0.7; 1] =−0.7	[−2, 0.7; 2] =−2.8	−1.04

续表

生产环节	区域维度	专家一	专家二	专家三	专家四	专家五	平均
厦门区域公路运输	区位	[1, 0.9; 1] =0.9	[1, 0.7; 1] =0.7	[1, 0.7; 1] =0.7	[1, 0.7; 2] =1.4	[3, 0.8; 3] =7.2	2.18
	资源	[2, 0.9; 2] =3.6	[-1, 0.7; 1] =-0.7	[-1, 0.7; 1] =-0.7	[1, 0.7; 1] =0.7	[2, 0.8; 2] =3.2	1.22
	社会	[2, 0.9; 1] =1.8	[1, 0.7; 1] =0.7	[1, 0.7; 1] =0.7	[2, 0.8; 1] =1.6	[3, 0.7; 3] =6.3	2.22
	经济	[2, 0.9; 2] =3.6	[1, 0.7; 1] =0.7	[1, 0.8; 1] =0.8	[2, 0.7; 1] =1.4	[3, 0.8; 3] =7.2	2.74
	环境	[-1, 0.9; 1] =-0.9	[-1, 0.9; 1] =-0.9	[-1, 0.8; 1] =-0.8	[-1, 0.8; 1] =-0.8	[-1, 0.8; 1] =-0.8	-0.84
	生态	[-1, 0.8; 1] =-0.8	[-1, 0.9; 1] =-0.9	[0, 0.7; 1] =0	[-1, 0.7; 1] =-0.7	[-1, 0.8; 1] =-0.8	-0.64
泰拉公司仓储	区位	[0, 0.9; 1] =0	[1, 0.7; 1] =0.7	[1, 0.7; 1] =0.7	[1, 0.7; 2] =1.4	[1, 0.8; 1] =0.8	0.72
	资源	[-1, 0.7; 1] =-0.7	[-1, 0.7; 1] =-0.7	[-1, 0.7; 1] =-0.7	[0, 0.7; 2] =0	[1, 0.8; 1] =0.8	-0.26
	社会	[1, 0.9; 1] =0.9	[1, 0.7; 1] =0.7	[1, 0.7; 1] =0.7	[1, 0.8; 0] =0	[2, 0.5; 2] =2	0.86
	经济	[2, 0.8; 2] =3.2	[1, 0.7; 2] =1.4	[1, 0.7; 1] =0.7	[2, 0.7; 1] =1.4	[1, 0.5; 1] =0.5	1.44
	环境	[1, 0.9; 1] =0.9	[-1, 0.9; 1] =-0.9	[0, 0.7; 1] =0	[0, 0.8; 0] =0	[-1, 0.8; 1] =-0.8	-0.16
	生态	[1, 0.8; 1] =0.8	[-1, 0.9; 1] =-0.9	[0, 0.7; 1] =0	[0, 0.7; 0] =0	[0, 0.9; 0] =0	-0.02

表 4-9 CIELO 公司葡萄酒航运物流各生产环节的绿色发展专家评价结果

Table 4-9 Assessments of green development of the production processes of maritime logistics for the wine of CIELO E TERRA S. P. A by experts' judgement

生产环节	绿色评价					
	专家一	专家二	专家三	专家四	专家五	专家平均
CIELO 公司葡萄酒原料来源	3	3	3	3	3	3
CIELO 公司葡萄酒生产	3	3	3	3	2	2.8
CIELO 公司葡萄酒仓储	2	2	2	2	2	2
威尼托区域公路运输	2	2	2	2	2	2
威尼斯港出发作业	2	2	2	2	2	2
比雷埃夫斯港中转作业	2	3	3	3	2	2.6
海上运输	3	2	2	2	3	2.4
厦门港抵达作业	3	2	2	2	2	2.2
厦门区域公路运输	2	2	2	2	2	2
泰拉公司仓储	3	2	2	2	2	2.2
CIELO 公司葡萄酒的销售、使用和废弃	1	2	2	2	2	1.8

4.2.5.3 战略决策结果讨论

4.2.5.3.1 专家打分结果分析

1）CIELO 公司葡萄酒航运物流各生产环节对各区域各个维度的影响结果分析

分析表 4-7 各专家对 CIELO 公司葡萄酒航运物流各生产环节对各区域各个维度的影响及其相关关系评分。

（1）所有评分的“置信度”较高。在 255 个评分中，所有置信度分值都在 0.6~1 之间，且均值为 0.77。可见，该部分内容专家评分的可信度较好。

（2）各专家在产生“影响”的正面或负面判断较为一致。在 255 个评分中，仅有 13 个评分中个别专家的判断与多数专家的正、负面判断不同，分别是专家一认为 CIELO 公司葡萄酒生产对区域经济和生态维度产生负面影响；专家二认为 CIELO 公司葡萄酒生产对区域资源和环境维度产生正面影响；专家一和专家二分别认为 CIELO 公司工厂仓储对区域资源、环境和生态产生负面、正面影响；专家二认为威尼托区域公路运输对区域资源维度产生正面影响；专家三和专家五认为威尼托区域公路运输对区域社会维度产生负面影响；专家一认为厦门港抵达作业对区域生态维度产生正面影响；专家三和专家五认为厦门区域公路运输对区域社会维度产生负面影响。但最终结果，“影响”的正面或负面评判结果大多仍以多数专家的结果决定。

（3）各专家在各生产环节与各区域各个维度的“关联性”评分接近。在 5 位专家分别进行的 51 个评分情景中，有 12 个情景出现“关联性”评分分值（0，1，2，3）存在相差 2 分值的情形，其他都在两个临近分值内（相差 1 分）。深入分析可发现，12 种情形中有 11 种都是仅专家五认为“关联性”为 0，而其他专家出现认为“关联性”为“2”的情况，剩余 1 种情形是专家五和专家四同时认为“关联性”为 0，而专家一认为“关联性”

为“2”。由此可见，专家五对“关联性”的评分较为严格。但个别专家的评判不影响所有专家的综合评判。

（4）各专家在航运物流各生产环节对各区域各个维度的影响的最终评分值较接近。首先，最终各专家的评分值都在-1.8~4.2之间，且正值集中在0.7、0.8和0.9；负值集中在-0.7、-0.8和-0.9。其次，多数专家认为CIELO公司葡萄酒航运物流各生产环节对各区域的区位没有影响，对社会、经济维度带来轻微的正面影响或没有影响，对资源、环境和生态维度带来轻微的负面影响或没有影响。可见，专家对CIELO公司葡萄酒航运物流各生产环节对各区域的影响的认识较为一致。

2）CIELO公司葡萄酒航运物流途经各区域各个维度对航运物流各生产环节的影响结果分析

分析表4-8各专家对CIELO公司葡萄酒航运物流途经各区域的各个维度对航运物流各生产环节的影响及其相关关系评分可知：

（1）所有评分的“置信度”较高。总共254个评分（有一位专家对一个没能获取数据的情景没有打分）中，除1个置信度分值为0.4、7个为0.5外，其余置信度分值都在0.6~1之间，且均值为0.74。可见，该部分内容的专家评分可信度较好。

（2）各专家在产生“影响”的正面或负面评判差异较明显。在5位专家分别进行的51个评分情景中，有19个情景出现不同专家对区域各维度对各生产环节产生正、负面影响的不同评判。这充分体现了不同专家对区域各维度对航运物流各生产环节产生正、负面影响的差异化评判。最终的平均分值（I×C×R）仍以多数专家的评分结果为主，个别的差异性结果只是削弱了多数专家判断的平均数值，即降低了影响的程度，未影响最终结果的性质。

（3）各专家在航运物流途经各区域各个维度对各生产环节的“关联性”评分差异较大。在5位专家分别进行的51个评分情景中，有1个情景出现“关联性”评分分值存在3分差异的情形，17个情景的“关联性”存在2分差异，其他33个情景在两个临近分值内。深入分析可发现，18个差异较大的情景都与专家五的“关联性”打分相关（2个“0”、1个“2”和15个“3”）。若不考虑专家五的“关联性”打分，仅有两个情景“关联性”评分分值存在于3个临近分值之间。可见专家五认为各区域对生产环节的关联性较大。但最终的正、负面影响仍以多数专家的评判结果所决定，个别专家的“关联性”打分的差异对结果的影响很小。

（4）各专家在航运物流途经各区域各个维度对航运物流各生产环节的影响的最终评分值（I×C×R）差异较大。各专家的评分值在-4.5 ~ 7.2之间；由于各专家对“影响”的正面或负面评判的差异，造成分值较为离散；所有差异都集中在资源、环境和生态维度。可见，专家对区域的资源、环境和生态维度对航运物流生产环节的影响的评判差异化较明显。但最终结果仍以多数专家的结果决定。

3）CIELO公司葡萄酒航运物流各生产环节的绿色发展评价结果分析

分析表4-9 CIELO公司葡萄酒航运物流各生产环节的绿色发展专家评价结果可发现，全部环节的绿色发展评分都为相同分值或邻近分值（相差1分），可见各专家对CIELO公司葡萄酒航运物流各生产环节的绿色发展水平评价一致。

4）结果分析小结

同案例一，该案例的MDDM法专家评判结果的分析表明，MDDM法专家评判结果的效果很好，置信度高，科学性和可靠性强；结果的一致性较高，有效性较强；能够有效地运用于战略决策，解决难以定量的战略决策的棘手问题。

由评分结果分析可看出，个别专家的不同评判结果对最终的结果影响不大，只是略微移动最终分值结果，有可能对结果还起到一定的调和作用。若参与评判的专家人数增加，评判结果的可靠性将进一步提高。

4.2.5.3.2　战略决策结果

同案例一（4.1.5.3.2 节），划定“影响”作用的大小如下：绝对值 ≤ 1（包括评判值 ≤ 1 或 ≥ -1）为轻微影响；绝对值 > 1 但 ≤ 3 为影响较小；绝对值 >3 但<6 为中等影响；绝对值 ≥ 6 为较大影响。

1）CIELO 公司葡萄酒航运物流各生产环节对各区域各个维度的影响

根据表 4-7 的所有专家对 CIELO 公司葡萄酒航运物流各生产环节对各区域各个维度的影响及其相关关系评分结果（平均值）可知：

（1）CIELO 公司葡萄酒航运物流各生产环节对各区域的区位维度带来十分轻微的正面影响或基本不影响。

（2）各生产环节对各区域的社会、经济维度均产生轻微的正面影响，其中除 CIELO 公司葡萄酒生产和泰拉公司仓储生产环节外，其余生产环节对各区域经济维度的正面影响较之其社会维度的正面影响都稍强。

（3）除 CIELO 公司葡萄酒生产和工厂仓储对区域环境和生态维度以及 CIELO 公司工厂仓储对区域资源维度产生轻微正面影响外，其余生产环节对资源、环境和生态维度都产生轻微的负面影响。各生产环节对区域资源、环境和生态维度产生负面影响的程度不尽相同，譬如，威尼托区域公路运输、威尼斯港出发作业和海上运输突出对区域生态维度产生负面影响，比雷埃夫斯港中转作业、厦门港抵达作业和厦门区域公路运输对区域环境维度产生负面影响，泰拉公司仓储对区域资源维度产生负面影响。但无论正面影响或负面影响都很小，分值在-1.48 ~ 0.5 之间（轻微影响至较小影响）。

2）CIELO 公司葡萄酒航运物流途经的各区域各个维度对航运物流各生产环节的影响

根据表 4-8 各专家对 CIELO 公司葡萄酒航运物流途经各区域的各个维度对航运物流各生产环节的影响及其相关关系评分结果（平均值）。

（1）CIELO 公司葡萄酒航运物流途经各区域的区位、资源、社会和经济维度都对生产环节产生正面影响（除区域资源维度对泰拉公司仓储环节产生十分轻微的负面影响），但影响程度略有不同。

（2）除 CIELO 公司葡萄酒生产、CIELO 公司工厂仓储和海上运输环节外，其余生产环节对区域环境和生态维度都产生轻微的负面影响（分值-1.2 ~ -0.02），且各生产环节对环境维度的负面影响都稍强于生态维度。

3）CIELO 公司葡萄酒航运物流各生产环节的绿色发展评价

根据表 4-9 的 CIELO 公司葡萄酒航运物流各生产环节的绿色发展专家评价结果（平均值）可知，CIELO 公司葡萄酒航运物流各生产环节（包括生产原料来源以及最终产品销售、使用及其废弃阶段）的绿色发展水平由高到低依次为：CIELO 公司葡萄酒原料来源和 CIELO 公司葡萄酒生产的绿色发展水平较高；比雷埃夫斯港中转作业和海上运输的绿色发展水平中等偏高；厦门港抵达作业和泰拉公司仓储（并列）、CIELO 公司葡萄酒仓储、威尼托区域公路运输、威尼斯港出发作业和厦门区域公路运输（并列）等生产过程绿色发展水平中等；CIELO 公司葡萄酒的销售、使用和废弃的绿色发展水平中等偏低。

CIELO 公司葡萄酒航运物流各生产环节总体绿色发展水平中等偏上（评分值在 1.8 ~ 3 之间，平均 2.27）（绿色发展水平评价：好=3；中=2；差=1）。

4.2.5.3.3 战略决策结果的启示

专家战略决策的结果表明：①由于只有一个集装箱，且航运物流本身并非对环境不友好的生产行业，因此 CIELO 公司葡萄酒航运物流各生产环节对途经的各区域的各个维度的影响都很小，不管是正面影响或负面影响；CIELO 公司葡萄酒航运物流途经的各区域的各个维度对 CIELO 公司葡萄酒航运物流的各生产环节的影响也都很小，尽管专家评判结果略有波动，但不管是正面影响还是负面影响都较小，未见存在重大的影响。②尽管 CIELO 公司葡萄酒航运物流各生产环节与途经的各区域的各个维度之间的相互影响都很小，但也应该实施持续改进政策，尽量减少相互的不利影响。应重点关注海上运输、威尼斯港出发作业、厦门港抵达作业和厦门区域公路运输等生产环节，以及厦门港、比雷埃夫斯港和威尼斯港等区域的环境和生态条件。③战略决策结果表明，除了 CIELO 公司葡萄酒的原料来源和葡萄酒生产环节绿色发展水平较高外，CIELO 公司葡萄酒航运物流其他各生产环节的绿色发展水平仅为中等，距离绿色发展的要求存在一定距离，仍有较大的改进空间，必须要求航运物流业实施持续改进政策，不断推进绿色发展水平，迈向永续发展。尤其是厦门泰拉公司对 CIELO 公司葡萄酒的销售、使用和废弃。

4.2.6 CIELO 公司葡萄酒航运物流的绿色航运规划和持续改进

4.2.6.1 CIELO 公司葡萄酒航运物流的绿色战略规划

4.2.5 节 MDDM 法的专家评判结果表明：①CIELO 公司葡萄酒航运物流各生产环节未对所途经的各个区域的区位、资源、社会、经济、环境和生态等相关维度产生重大的影响（包括正面和负面影响）；绝大多数航运物流生产环节对所经区域的区位、社会和经济等维度产生轻微的正面影响或没有影响；对所经区域的资源、环境和生态维度多数都产生轻微的负面影响。②CIELO 公司葡萄酒航运物流途经的各个区域的区位、资源、社会、经济、环境和生态等相关维度也未对帝胜公司开襟衫航运物流各生产环节产生重大的影响（包括正面和负面影响），但航运物流所经区域仍存在一定的环境和生态问题，不利于航运物流的绿色发展。③CIELO 公司葡萄酒航运物流各生产环节未发现较为明显的违背绿色发展的现象，但除了 CIELO 公司葡萄酒的原料来源和葡萄酒生产环节绿色发展水平较高外，CIELO 公司葡萄酒航运物流其他各生产环节的绿色发展水平均为中等，尚未达到绿色发展的要求，必须要求航运物流业实施持续改进政策，不断推进绿色发展水平，迈向永续发展，包括葡萄酒的原料来源和葡萄酒生产环节。

据此根据第 3 章 3.3 节的航运物流绿色战略规划的技术路线拟定 CIELO 公司葡萄酒航运物流的绿色战略规划：①战略愿景：符合航运业的发展趋势；实现航运物流业的永续发

展。②战略目标：确保航运物流全生命周期各个生产环节符合绿色发展要求。③绿色战略规划内容：从航运物流全生命周期着手，本着“持续改进”的精神，推动航运物流全生命周期的各个生产环节持续改进，不断走向绿色发展。④绿色战略规划方法：确定CIELO公司葡萄酒航运物流全生命周期清单（本案例的4.2.2节）；评价航运物流生命周期清单中各个生产环节与途经的各个区域的区位、资源、社会、经济、环境和生态等相关维度的相互影响以及各个生产环节自身的绿色发展水平（本案例的4.2.4节的相关内容）；要求航运物流各个生产环节持续改进，持续降低对途经的各个区域的区位、资源、社会、经济、环境和生态等相关维度的负面影响；同时也要求途经的各个区域针对自身存在的问题（本案例4.2.3节）持续改进，以推动航运物流的绿色发展；要求航运物流各个生产环节持续改进绿色发展水平，不断走向绿色发展。

本案例研究到此已完成前两项内容，包括运用MDDM法的专家决策确定了航运物流与途经区域多维环境的相互影响，以及各个生产环节自身的绿色发展水平。绿色战略规划需要进一步完成的是根据专家评判结果制定帝胜公司开襟衫航运物流的持续改进计划。

4.2.6.2 CIELO公司葡萄酒航运物流的持续改进

基于CIELO公司葡萄酒航运物流全生命周期评价和MDDM法的专家评判结果，坚持“循序渐进、持续改进”和维护自然生态系统内在价值的原则，对CIELO公司葡萄酒航运物流提出持续改进方案（表4-10）。

表4-10 CIELO公司葡萄酒航运物流各生产环节绿色战略规划的持续改进方案

Table 4-10 Continuous improvement of green strategic planning of maritime logistics for the wine of CIELO E TERRA S. P. A

生产环节	持续改进方案
CIELO公司葡萄酒原料来源	持续发展有机葡萄种植
CIELO公司葡萄酒生产	持续减少生产能耗，增加清洁能源使用比例；持续减少环境影响，保持行业领先水平
CIELO公司葡萄酒仓储	合理安排生产，减少仓储对土地资源的占用
威尼托区域公路运输	持续提高运输能效；持续降低废气排放和交通噪声；避免影响鸟类生境和动物廊道
威尼斯港出发作业	持续提高港口作业能效并使用清洁能源；持续减少废气排放；持续提高港口经济效益；避免港口水域作业与威尼斯潟湖敏感生态的冲突；防范船舶溢油和生物入侵风险
比雷埃夫斯港中转作业	持续优化调度，减少码头资源占用；限制老旧船舶停靠；持续减少港口废气和噪声排放；防范船舶溢油和生物入侵风险
海上运输	尽可能使用新船；持续提高船舶能效，减少废气排放；杜绝航行过程中垃圾入海；避免航行与区域特有物种或生态敏感区的冲突
厦门港抵达作业	同案例一，持续提高港口作业能效以及清洁能源使用；降低废气和噪声污染；避免与敏感生物冲突；防范船舶溢油和生物入侵风险
厦门区域公路运输	同案例一，持续提高运输能效；持续降低NO_X排放和噪声影响；运输线路避开敏感生态区
泰拉公司仓储	合理安排销售，减少仓储对土地资源的占用
CIELO公司葡萄酒的销售、使用和废弃	持续加强废弃酒瓶的回收

CIELO 公司葡萄酒航运物流应在本次航运物流战略规划所发现的问题的基础上，根据以上问题对航运物流的各个生产环节开展持续改进，以期在下一轮航运物流中实现全部或部分改进，逐步走向绿色发展。

4.2.6.3 CIELO 公司葡萄酒航运物流途经区域的绿色战略规划

鉴于战略决策的多维性，因此，航运物流途经区域的各个维度是否符合绿色发展也直接影响到航运物流的绿色发展。航运物流途经区域的绿色战略规划基本同航运物流绿色战略规划，战略愿景和战略目标基本一致，规划内容和方法不同，一切为了航运物流的绿色发展。

（1）战略愿景：符合航运业的发展趋势，实现航运物流业的永续发展。

（2）战略目标：确保航运物流全生命周期各个生产环节在各个区域的生产符合绿色发展要求。

（3）绿色战略规划内容：从各个区域自身存在的问题及其对航运物流各个生产环节的影响着手，本着“持续改进”的精神，推动航运物流全生命周期各个生产环节的相关区域持续改进，不断促进航运物流走向绿色发展。

（4）绿色战略规划方法：①根据航运物流途经区域的现状评价和回顾性评价结果（本案例见 4.2.3 节）发现该区域所存在的问题、各个区域对航运物流的影响（4.2.4 节的相关内容）以及 MDDM 法的专家评判结果（4.2.5 节），总结各个区域存在的问题及其区域各个维度对航运物流存在的影响；②根据各个区域存在的问题及其区域各个维度对航运物流存在的影响，要求航运物流途经的各个区域持续改进，包括针对各个区域的区位、资源、社会、经济、环境和生态等相关维度存在问题的持续改进；③确保航运物流途经的各个区域能推动航运物流不断走向绿色发展。

绿色战略规划需要进一步完成的是根据专家评判结果制定 CIELO 公司葡萄酒航运物流途经区域存在问题的持续改进计划。

4.2.6.4 CIELO 公司葡萄酒航运物流途经区域的持续改进

根据此次 CIELO 公司葡萄酒航运物流的战略决策分析，发现航运物流途经区域所存在的问题，也需要持续改善（表 4-11）。

表 4-11 CIELO 公司葡萄酒航运物流途经区域绿色发展的持续改善内容

Table 4-11 Continuous improvement of regional green development for the maritime logistics of the wine of CIELO E TERRA S. P. A

途经区域	持续改善内容
威尼托区域	持续降低威尼托区域交通拥堵问题，改善交通沿线的大气环境和声环境；避免公路运输途经敏感生态区，防范气象灾害的生态风险
威尼斯港	持续减少 NO_X、PM 和多环芳烃排放，降低海域无机氮浓度，避免夏季缺氧现象；提高港口废物收集率；降低港口作业对威尼斯潟湖特有的动植物影响；防范船舶溢油风险和生物入侵生态风险
比雷埃夫斯港	持续改善港口大气环境，加强港口废物管理；避免港口作业与敏感生物生态和海事考古遗址的矛盾冲突；防范船舶溢油风险和生物入侵生态风险

续表

途经区域	持续改善内容
厦门港	持续减少港区碳和 PM_{10} 排放，降低港区交通干线噪声，降低海域水体的营养盐含量；保护河口生态系统的生物多样性，避免与敏感生物生态冲突；防范船舶溢油风险和生物入侵生态风险
厦门区域	持续改善厦门区域公路运输的环境和生态条件，改善交通沿线的大气和声环境；避免公路运输途经敏感生态区；防范气象灾害的环境风险；避免自然灾害对泰拉公司仓储的影响

由于区域的问题不归航运物流企业管辖，无法由航运物流企业实施持续改进，只能由航运物流企业将存在的问题通过航运生产企业提交当地相关政府部门，敦促当地政府重视绿色发展的持续改进，否则今后有可能选择更加绿色的途径实施航运物流。

4.2.7　小结

该案例选取厦门泰拉公司从意大利威尼托区的 CIELO 公司进口葡萄酒，从意大利威尼托大区维琴察省出发，经公路运输到威尼斯港，再由船舶运输从威尼斯港出发，经希腊的比雷埃夫斯港中转到达厦门港，最后由公路运输从厦门港到达位于厦门市思明区的泰拉公司仓库的航运物流全过程作为研究对象，也遵循了“门到门”的现代航运物流新理念，摈弃了传统的“港到港”航运运营的思维局限，顺应航运业的发展趋势，为航运业的永续发展提供了基础条件。

该案例研究同案例一，按照第 3 章所构建的航运物流绿色战略规划的技术路线和方法体系，收集所有可以获取的数据信息，开展航运物流相关区域多维的现状和回顾性评价；并建立该航运物流生产过程的全生命周期，开展生命周期评价，在此基础上采用多维决策法（MDDM 法）进行专家决策，得出 CIELO 公司葡萄酒航运物流各生产环节对所经各个区域 6 个维度的影响，以及区域各个维度对航运物流各生产环节的影响。结果表明，航运物流各生产环节对区域区位维度产生十分轻微的正面影响或基本没有影响，对社会和经济维度产生轻微的正面影响，而对资源、环境和生态维度均产生轻微的负面影响。除区域资源维度对泰拉公司仓储环节产生轻微负面影响以外，CIELO 公司葡萄酒航运物流途经各区域的区位、资源、社会和经济维度都对航运物流的各生产环节产生轻微的正面影响（或没影响），而环境和生态维度多数都产生轻微的负面影响。

MDDM 法专家评判结果表明，除了 CIELO 公司葡萄酒的原料来源和葡萄酒生产环节绿色发展水平较高外，CIELO 公司葡萄酒航运物流各生产环节的绿色发展水平整体中等偏上。

基于专家决策结果，以及航运物流绿色战略规划的愿景和战略目标，按照第 3 章所建立的绿色战略规划的技术方法拟定了 CIELO 公司葡萄酒航运物流的绿色战略规划及其持续改进方案，以推动该航运物流持续改进，迈向绿色发展，以期实现永续发展。

4.3 案例研究讨论

4.3.1 案例研究方法的讨论

4.3.1.1 航运物流绿色战略规划的技术路线和方法的特点

通过案例研究可以看出，第 3 章所构建的航运物流绿色战略规划的技术路线和方法具有如下特点。

1）从战略决策着手，立足长远战略目标，实现绿色发展

帝胜公司开襟衫和 CIELO 公司葡萄酒的航运物流绿色战略规划尽管基于现实中某个集装箱的开襟衫或葡萄酒的航运物流运营，但它们都是从战略决策着手，考虑未来而非考虑眼前，将预期的长远绿色发展目标转化为航运物流各生产环节和途经各区域的发展战略，成为推动行业整个产业链（包括相关区域）迈向绿色发展，最终实现永续发展的决策行为。这有别于现有航运规划或绿色航运规划仅注重解决现有的航运和环保问题，无法考虑长远的、绿色的以及永续发展的问题。

案例研究的航运物流绿色战略规划立足预期的绿色发展长远目标，不仅考虑现有航运的经济和环保问题，还要考虑航运的生产环节以及人类的经济利益，并从绿色发展角度出发，考虑维护自然而非仅仅考虑人类利益，立足于维护自然的内在价值，以确保实现行业的绿色发展和永续发展。

案例研究不仅考虑航运自身的环保问题，不孤立各生产环节与航运物流途经区域之间相互作用的人类社会经济以及自然资源和环境等多维决策问题，而是认为人类是自然的一部分，各生产环节和航运物流途经区域之间相互作用的社会经济以及资源和生态环境是一个整体，但也并非仅仅关注环保，而是关注与航运物流相关的所有区域以及所有相关维度的绿色发展。

2）资源定位、价值导向的绿色发展目标

案例研究虽是为人类生产服务，但在永续发展要求下，该战略规划技术路线和方法坚持自然第一性，以资源定位、立足各个相关维度的价值导向，以绿色发展为目标，减少并要求持续改进各生产环节与途经区域之间的相互负面影响，不是仅仅为了满足人类的利益，而首要是维护自然的价值，真正以绿色发展为目标。

3）多维决策的战略规划

案例研究的航运物流绿色战略规划从航运物流相关的所有维度出发（包括区位、资源、社会、经济、环境和生态），进行航运物流的战略决策，充分考虑全局性和整体性，减少决策的不确定性，降低决策风险，实现真正有效的战略决策。

4）航运物流的全生命周期评价

案例研究的航运物流绿色战略规划立足于系统论，充分考虑到“门到门”航运物流服务的整体系统性，对航运物流的全行业及其行业全流程各个生产环节进行全生命周期评价，确保全行业以及行业的每一个生产环节都能迈向绿色发展。

5）循序渐进、持续改进以实现绿色发展

案例研究的航运物流绿色战略规划并非解决现有存在的环保问题，而是瞄准航运物流的各个生产环节及其行业相关区域的相关维度的绿色发展，采取循序渐进、持续改进的思路，通过一轮轮航运物流的战略决策，提出行业绿色战略规划和持续改进方案，要求航运物流业以及途经各区域持续改进，通过循序渐进的持续改进最终实现绿色发展。

6）“自上而下”的战略决策与“自下而上”多维决策相结合

案例研究的航运物流绿色战略规划紧紧围绕绿色发展的长远目标，以战略决策为手段，体现了“自上而下”的战略决策的手法。并将绿色发展的理念和要求落实到具体航运物流案例中，以航运物流的各个生产环节及其途经区域的多维信息为基础进行绿色战略规划，切实解决行业生产的绿色发展具体问题，体现了“自下而上”的管理决策，而且是多维的决策。将“自上而下”的战略决策与“自下而上”的多维决策相结合，既有长远的战略目标，又能解决生产过程的绿色发展战略目标，形成有效的战略决策结果。

4.3.1.2　与现有航运规划的本质差别

通过案例研究可以看出，第 3 章所构建的航运物流绿色战略规划与现有的航运规划存在着重大差异，主要表现在以下几方面。

1）管理规划与战略规划

现有的航运规划多处于管理规划层次，侧重解决现存的航运具体问题，如运输调度规划、船队规划、积载规划和环保规划，即使是航运总体规划，也着重解决现有的航运管理问题，一般无法提出有效的长远战略目标，很容易被短期利益左右，难以引导航运物流业迈向永续发展。

而案例研究采用本书第 3 章所建立的航运物流绿色战略规划的技术路线和方法，在永续发展的愿景下，以绿色发展为长远战略目标，并将绿色战略目标转化为一系列的发展战略措施进行战略规划，根据各个生产环节的绿色发展评价，通过持续改进要求，以推动行业走向绿色发展，引导航运物流业迈向永续发展。

2）“港到港”的航运运营与“门到门”的航运物流——航运业发展趋势

现有的航运规划多考虑“港到港”的海洋运输，将航运物流破碎化处理，也在一定程度上增加了运输成本（Rodriguez and Youssef，2017），无法适应“门到门”的服务需求，不符合航运业的发展趋势，无法推动行业的持续发展。

案例研究的航运物流绿色战略规划采用生命周期评价思路，包含“门到门”的航运物流全生命周期的内容，适应航运业的发展趋势，才有可能推动航运业迈向永续发展。

3）基于现有数据的推演与基于大数据的多维决策

现有的航运规划多是从当前状态出发，基于现有航运数据分析，提出相应的管理策略或措施，以满足规划者估计的未来的需求。这是一种机械化的思维思路，也是工业化发展的产物，这种因果关系的推演难以适应具有高不确定性的航运物流的规划需要，无法着眼于长远的发展战略需要。

案例研究的航运物流绿色战略规划基于大数据的多维决策，是一种体现强相关性的大数据思维，利用所有可获得的相关信息来开展战略决策，消除或降低决策的不确定性，数据驱动战略，才有可能实现战略决策，立足长远发展战略。随着数据的积累和更新，战略决策也更加高效和有效。

4）解决现状环保问题与实现绿色发展

现有的航运规划多在未充分认识到永续发展和绿色发展的本质的基础上开展，简单地认为永续发展和绿色发展即是节能减排等环保努力，着重解决现状环保问题。此处需要指出的是，环境保护不等于绿色发展，更不可能迈向永续发展。

案例研究的航运物流绿色战略规划则是在辨析永续发展、可持续发展和绿色发展的本质区别基础上开展的，充分认识到绿色发展的本质，并将绿色发展的目标转化为一系列发展战略，从多个维度进行战略决策，以实现绿色发展。

5）基于管理方法与基于决策方法

现有的航运规划基于管理方法，着重为了达到航运经济利益和环保等目的来考虑航运物流当下的确定性操作问题，而案例研究的航运物流绿色战略规划基于战略决策方法，着重解决未来的长远战略发展问题，并在绿色发展战略目标的指导下，将目标转化为一系列的发展战略决策，实现长远的发展战略。

4.3.2 案例研究结果的讨论

4.3.2.1 案例战略决策结果的讨论

案例的战略决策结果表明，由于只有一个集装箱，且航运物流本身并非对环境不友好的生产行业，因此案例的航运物流各生产环节对途经的各区域的各个维度的影响都很小；途经的各区域各个维度对航运物流各生产环节的影响也都很小。

航运物流的生产环节对其途经区域各维度的负面影响多数存在于资源、环境和生态维度，除包括常规的区域公路运输对区域环境的废气排放和噪声影响、港口作业对区域环境废气排放和作业噪声影响、货物生产作业对区域环境和生态的影响之外，还包括各个生产环节运输工具和设施设备能效及清洁能源的使用以及船舶溢油和生物入侵的风险。此类问题都是常见的航运物流存在的环保问题，易于被发现，也容易解决。

途经的相关区域对航运物流的负面影响多数存在于环境和生态维度，例如，港口区域的环境和生态条件中环境质量差从而约束了港口生产作业、敏感生态条件限制港口生产，海上或陆上运输与区域敏感生态冲突，还有公路运输区域的环境和生态条件也可能对航运物流产生约束或限制的作用。此外，区域的事故、气象灾害、咸水入侵、特殊保护等环境和生态风险也不容忽视。这些问题原本航运企业是不关心的，通过航运物流的绿色战略规划，发现了过去难以发现或难以考虑的航运物流存在的问题，以及途经区域存在的、与航运物流相关的问题。如区域岸线和土地资源占用的影响、生态多样性问题，生物入侵、区域事故、气象灾害、咸水入侵、特殊保护等环境和生态风险和清洁能源使用等。这些问题可通过绿色战略规划敦促航运企业以及相关区域引起重视，持续改进，以提高航运物流的绿色发展。

此外，案例研究的航运物流各个生产环节除个别环节（如 CIELO 公司葡萄酒种植和生产）绿色发展水平较高外，绝大多数航运物流生产环节的绿色发展水平仍为中等，有待提高。

根据案例研究的战略决策中所发现的问题，提出了对航运物流各个生产环节及其途经区域的绿色战略规划以及持续改进方案，尽量减少各生产环节与各区域维度之间相互的不利影响，切实提高绿色发展水平，以推动航运物流持续改进，迈向绿色发展，最终实现永续发展。

4.3.2.2　案例战略决策结果与现有航运规划结果的讨论

本章两个案例的战略决策结果和现有航运规划结果的差异基本同研究方法，主要体现在以下几方面。

（1）“港到港”与“门到门”的差异。如前所述，现有航运规划结果多仅针对“港到港”的海洋运输，无法跟上航运业的发展趋势，航运规划无法推动航运物流业走上绿色发展的道路；而本研究两个案例的航运物流战略决策的结果是针对货物从供应地到接收地的航运物流全生命周期，服务于“门到门”的航运物流全过程，才能适应航运业的发展趋势，落实航运物流业的绿色发展问题。

（2）管理结果与战略决策结果的差异。现有的航运规划结果是为解决航运当前出现的问题而进行的管理规划，仅仅局限于航运过程，而本研究两个案例的航运物流战略决策的结果是在预期的绿色发展长远目标指导下，基于大数据信息分析而进行的多维战略决策的结果。这些结果一是具有绿色发展的长远战略目标；二是将绿色发展的理念和行动落实到航运物流生产的每一个环节，以及与航运物流相关的区域，推动航运物流的所有生产环节与相关区域持续改进。

（3）环保努力与绿色发展的差异。现有航运规划结果多属于破碎、分散的环保努力，没有清楚地认识到永续发展和绿色发展的本质。如前所述，环境保护不等于绿色发展，更不可能迈向永续发展。而本研究两个案例的航运物流战略决策的结果是在辨析永续发展和绿色发展本质的基础上，将绿色发展作为航运物流的长远目标，并将这些目标转化进入航运物流生产的全生命周期中。如此才有可能推动产业逐步实现绿色发展。

（4）基于帝胜公司开襟衫和 CIELO 公司葡萄酒的航运物流战略决策的结果，我们可以识别到现有航运规划较难发现或缺乏考虑的问题，如前面所述的敏感生态冲突、生物多样性问题、气象灾害、咸水入侵等环境和生态风险以及清洁能源使用等与绿色发展相关的问题。这些问题不在航运规划的范围内，极易被忽视，但它们具有潜在的或累积性的风险效应，对于实现绿色发展的长远目标存在潜在的威胁，难以确保实现永续发展。通过航运物流绿色战略能发现问题、提出问题，并通过持续改进予以逐步解决。

4.3.2.3　案例战略决策结果对实现绿色发展和永续发展的影响

案例的航运物流绿色战略决策结果体现了如下成果。

（1）案例决策结果始终紧紧将永续发展和绿色发展作为愿景和目标，在认清它们的本质属性的基础上，以维护自然生态系统的价值为准则，以指导和推进航运物流业持续迈向绿色发展为目标，最终实现永续发展。案例研究实现了本书的研究目标，推动航运物流业迈向绿色发展。

（2）案例决策过程从航运物流的全生命周期出发，采用多维决策法，运用多维大数据信息支持战略决策，确保战略决策的科学性和有效性，并采用循序渐进，持续改进的思路，推动航运物流业持续迈向绿色发展。

（3）正是由于本研究始终把握绿色发展和永续发展的战略目标和原则，并采用生命周期评价、多维战略决策和持续改进的思路和方法，才有可能立足长远的绿色发展战略目标，符合航运业走向航运物流的发展趋势，推动航运物流业持续迈向绿色发展，而实现永续发展目标。

4.3.3 案例研究存在的不足

在这两个案例研究中也存在一些不足，主要包括以下几方面。

（1）由于两个案例均针对的是一个集装箱的航运物流，货物批量小，影响小，要代表整个航运物流行业的决策和运营有一定的局限性。由于目前的条件限制无法开展区域航运物流行业的绿色战略规划研究。但从战略目标（绿色发展）、行业发展趋势（门到门的航运物流）以及案例所经区域规划的综合性和复杂性（6个维度综合决策）来说，区域航运物流行业的绿色战略规划与个案航运物流的绿色战略规划的目标是一致的；涉及的战略规划的维度和数据要求也是一样的，个案的可操作性比区域航运物流行业相对更强。因此，本章的两个案例研究对于检验所建立的航运物流行业绿色战略规划的方法体系的科学性和实用性有效。

（2）航运物流的生命周期途经不同区域，且涵盖多个维度，要求数据量大、涉及范围广。目前航运物流历史数据缺失较多，在现有大数据和物联网未完全普及的情况下，数据获取存在一定的困难，在一定程度上影响了案例数据信息的获取以及评价结果。尽管通过MDDM法的运用有一定的弥补作用，但仍有待加强。

（3）案例研究中的多维决策对专家的要求较高，要求专家知识面宽，对绿色发展和永续发展有一定的了解，对航运以及所涉及的6个维度有一定的了解，这样的专家较难以寻觅。案例研究中少数情景的专家评判有所偏差，难以避免，但整体评判结果一致性较好。

4.4 本章总结

4.4.1 案例研究总结

本章将第3章所构建的航运物流绿色战略规划的技术路线和方法体系运用于经厦门港进出口的两条代表性的航运物流（厦门帝胜公司开襟衫出口瑞典和意大利CIELO公司葡萄酒进口至厦门泰拉公司）作为案例研究。案例研究的内容包括：①确定每条航运物流的生命周期清单；②识别航运物流的相关维度；③收集所有与航运物流相关区域可以获取的所有数据信息；④开展航运物流相关区域多维的现状和回顾性评价；⑤开展航运物流所有生产过程的生命周期评价；⑥在此基础上运用多维决策法（MDDM法）采用专家评判法进行决策，以此为基础开展航运物流绿色战略规划，并以绿色发展为目标提出持续改进方案。

通过案例研究说明，第 3 章所构建的航运物流绿色战略规划的技术路线适用于航运物流的绿色战略规划，符合本研究的研究目标。

案例研究结果表明：①案例研究结果符合航运物流绿色战略规划的目标和要求，能引导航运物流行业逐步走上绿色发展的方向，最终迈向永续发展的道路。②航运物流绿色战略规划紧跟航运业的发展趋势，以"门到门"的航运物流发展趋势为基础，摈弃"港到港"的海洋运输模式，符合航运业的发展趋势，推动行业的持续发展。③航运物流绿色战略规划的技术路线从战略决策入手，运用 MDDM 法进行战略规划，能确保引导航运物流行业迈向绿色发展的长远战略目标。④航运物流绿色战略规划的技术方法体系合理，生命周期评价与航运物流的生产流程吻合，非常适用于航运物流的生产流程的评价和决策；MDDM 法适用于战略层面的规划决策；采用大数据思路的多维战略决策，适用于区域多维评价和航运物流生命周期评价；运用 EMS 的循序渐进、持续改进思想，适合于绿色发展的要求。根据案例研究结果对该方法体系做了少许调整。

4.4.2　案例研究的经验、教训和启示

4.4.2.1　案例研究的经验

通过案例研究认识到：①现代航运必须摒弃"港到港"的海洋运输模式，顺应航运业的发展趋势，以"门到门"航运物流为研究对象，才能促进航运业的持续发展。②航运物流必须以战略决策入手，遵循绿色发展原则，开展绿色战略规划，才能立足绿色发展的长远战略目标，促进航运物流业走上绿色发展之路，迈向永续发展。③ISO 14000 中的产品生命周期评价的思路和方法很适用于航运物流，能有效评价航运物流的所有生产过程及其生产环节，确保该生产过程的每一个环节都能迈向绿色发展。④多维决策法（MDDM 法）能充分发挥自身的优点，解决数据缺失等一系列问题，对航运物流业的长远目标进行有效的战略决策。⑤ISO 14000 的环境管理体系（EMS）中的"循序渐进、改持续进"的思路符合绿色发展的要求，通过该原则的应用，可有效推动行业迈向绿色发展。⑥案例研究表明，仅仅从航运业生产本身着眼，是无法实现绿色发展的，必须考虑所有与航运物流相关的多维环境及其它们之间的相互影响，才能确实迈向绿色发展。

4.4.2.2　案例研究的教训

该案例研究探索的教训体现在：①一个集装箱的生产作用影响小，导致战略决策的宏观效应难以体现。在推广航运物流绿色战略规划时存在一定的局限性，有些方法也难以试用和检验（如战略环境评价、生态系统服务价值评估和生态系统内在价值你评估等）。今后宜考虑开展较大规模的航运物流的绿色战略规划，以检验所提出的航运物流绿色战略规划的科学性和有效性。②运用传统的数据收集手段已经落后，难以有效收集多维数据开展多维决策。应在航运业及其相关行业推广大数据以及物联网，有效提高数据的收集、评价以及决策效率和效果。③案例研究表明，绿色发展不仅仅是本行业内的绿色发展，不能仅仅从航运业生产本身着眼，必须考虑所有与航运物流相关各区域的多维环境及其它们之间的相互影响，才能确实迈向绿色发展。现有的绝大多数的规划都仅仅考虑本行业的问题，

那是无法迈向绿色发展的，必须考虑所有与该行业相关的所有相关行业和区域及其维度，以及它们之间的相关关系，才能真正迈向绿色发展。

4.4.2.3 案例研究的启示

案例研究给我们的启示包括：①必须顺应航运业的发展趋势，从航运物流业入手，才能确保航运业走向持续发展。②必须从战略决策入手，才能确保迈向绿色发展和永续发展。③必须在航运物流业及其相关行业和区域推广大数据以及物联网，才能真正有效地开展航运物流绿色战略规划。④“循序渐进、改持续进”是航运行业乃至全社会迈向绿色发展的有效途径，应在各个行业乃至全社会推广。⑤只有开展了航运物流业的绿色战略规划，才能真正引导航运物流业迈向绿色发展，确保永续发展。

第5章　总　结

5.1　主要研究成果

航运物流绿色战略规划研究旨在通过建立一套符合现代航运业发展趋势、面向永续发展的航运战略规划体系，以适应航运业的发展趋势及永续发展要求，指导航运产业迈向永续发展。主要研究成果包括以下几方面。

（1）通过文献研究总结了国内外现有航运规划和绿色航运规划的研究和实践进展、现有航运相关规划的技术路线和方法及其存在的问题与不足；开展现场调查了解了中国绿色航运规划的实践进展及相关理念和认识。研究结果表明：①海洋运输产业已从“港到港”的运营模式转变为“门到门”的运输服务（Branch，2007；USDOT，2007），而目前的航运规划仍然停留在“港到港”的运营模式和产业规划，没能从供应链物流角度进行航运规划，无法适应航运业的发展趋势。②现有的航运规划和绿色航运规划技术方法不成熟，且大多为航运管理规划，不是战略决策，难以指导航运业迈向永续发展。③目前对绿色航运与可持续航运的概念不明晰，绝大多数绿色航运或可持续航运的努力都局限于环保行为，无法真正理解绿色航运的真谛。④航运物流近几年才被正式定义，绿色航运物流的研究尚处于萌芽状态，仅关注节能减排。

（2）辨析了可持续发展和绿色发展的理念，明确了“人类中心主义”是可持续发展的理论基础，“非人类中心主义”是绿色发展的理论基础。可持续发展的目标是“满足人类今世后代在发展与环境方面的需求”，而绿色发展的目标是维护自然的内在价值，是迈向永续性（sustainability）的必要条件。从理论基础、目标、概念、内涵和发展思路上辨析了可持续发展和绿色发展的本质区别，明确了绿色发展是一种超越可持续发展理念的新的发展理念，是指导人类发展的长远的战略目标和战略决策，是唯一能实现永续性的发展理念。

（3）在绿色发展的理论基础及其战略目标的基础上，本文创新性地提出了航运物流绿色战略规划的定义及其内涵。航运物流绿色战略规划是指以自然为中心的视角出发，以绿色发展为目标，以维护自然生态系统的内在价值为准则，对必需经过海运的货物，从供应地到接收地的实体流动全过程进行的战略决策，通过执行持续改进以迈向绿色发展。

（4）基于航运物流绿色战略规划的定义和内涵及其战略目标，构建了航运物流绿色战略规划的技术路线和方法体系。该战略规划技术方法采纳了ISO 14000的产品生命周期评价（LCA）和环境管理体系（EMS）的“循序渐进、持续改进”的思路；采用多维决策（MDDM）法进行战略决策。该技术方法体系摈弃了传统的“港到港”运营模式，探索了“门到门”的航运物流模式，适应现代航运发展需要，体现航运物流全生命周期，以绿色发展为战略目标、以战略决策为手段，通过持续改进促进航运业迈向绿色发展，从而实现永续发展。

（5）本研究选取经厦门港出口和进口的两条航运物流链开展案例研究，将所构建的航运物流绿色战略规划的技术路线和方法体系应用于案例研究，以检验所构建的航运物流绿色战略规划的技术路线和方法体系的科学性、实用性和有效性。案例研究表明，所建立的航运物流绿色战略规划的技术路线和方法体系是科学、有效的，既适应航运业“门到门”运输服务的发展趋势，又能满足绿色发展的要求。案例研究结果符合航运物流绿色战略规划的目标和要求，能引导航运物流行业逐步走上绿色发展，最终迈向永续发展道路。航运物流绿色战略规划的技术路线和方法体系合理、有效，可以很好地指导航运物流迈向永续发展。

5.2 主要创新点

该研究的创新点主要包括以下几方面。

（1）首次辨析了可持续发展和绿色发展理念的本质差异，包括各自的理论基础、内涵和目标的不同，识别了绿色发展的本质；并由此界定了航运物流绿色战略规划的定义和内涵。

（2）建立了适应现代航运业发展趋势、基于航运物流链、面向永续发展、坚持绿色发展的航运物流绿色战略规划技术路线和方法体系。

（3）应用多维决策（MDDM）法，将 ISO 14000 体系的产品生命周期评价（LCA）和环境管理体系（EMS）的思路和方法创新性地运用于航运物流绿色战略规划，克服传统决策的局限性，适应新兴航运物流业的永续发展需求。

5.3 存在的不足

在现有航运战略规划技术方法不成熟、航运物流业作为新兴产业和绿色航运物流研究刚起步的背景下，本研究创新性地构建了航运物流绿色战略规划的技术路线和方法体系，满足航运业的发展趋势以及永续发展的要求。但所构建的航运物流绿色战略规划的技术方法体系还不成熟，本研究仅探索性地将其运用于两个单个集装箱的航运物流生产案例，未能开展大规模航运物流的案例研究，在航运物流生产过程及其对多维环境的影响、多维环境对航运物流生产的影响以及它们之间的相互影响的价值评判等方面存在一定的局限性，技术路线和方法体系还有待进一步研究、应用以及推广和完善。

此外，现有的数据收集手段较落后，大数据和物联网尚未普及，给航运物流绿色战略规划的多维数据收集造成一定困难。值得庆幸的是，本研究运用了多维决策法（MDDM 法），通过富有经验专家的综合评判在一定程度上弥补了数据缺失的问题，但对专家提出了较高的要求。今后应在航运业及其相关行业和区域推广大数据以及物联网，有效提高数据的收集、评价和决策效率与效果。

案例研究表明，绿色发展不仅仅是本行业内的绿色发展，不能仅仅从航运业生产本身着眼，必须考虑所有与航运物流相关的多维环境及其它们之间的相互影响，才能确实迈向绿色发展。单个行业是不可能独自走上绿色发展的。现有的绝大多数的规划都仅仅考虑本行业的问题，那是无法迈向绿色发展的，必须考虑与该行业相关的所有行业和区域及其所有相关维度，以及它们之间的相关关系，才能真正迈向绿色发展。本研究在这方面首次提出这个理念，但还不成熟，有待于进一步充实、提炼、实践和运用。

5.4 展望

5.4.1 体系的应用和改进

本研究所建立的航运物流绿色战略规划体系适用于航运物流业（如3.2.4节所定义的）的所有航运物流生产过程，以引导航运物流业迈向绿色发展，最终实现永续发展。

严格意义来说，航运物流绿色战略规划应在物流运作之前就开展，以引导生产过程符合绿色发展要求，真正起到“预警预防”（本研究的研究原则之一）作用。但这对相关数据的收集和要求比较高，在目前大数据和物流网尚未普及的情况下有一定困难。因此，航运物流及其与该行业相关的所有相关行业和区域建立起大数据和物流网平台变得非常重要，应引起重视，尽快予以解决。

通过将本研究所建立的航运物流绿色战略规划体系推广运用于各种类型的航运物流生产过程，一是有利于推动航运物流也迈向绿色发展；二是也有利于发现可能存在的问题，不断修订本研究所建立的航运物流绿色战略规划体系，使它不断改进、提高、完善。

5.4.2 物联网和区块链的应用

航运物流绿色战略规划基于大数据理念，采取多维决策的思路，需要大量数据的支持。随着物联网（Internet of Things）（International Telecommunication Union，2005；Weber and Weber，2010）和大数据的发展，未来可以运用物联网技术以支持所构建的航运物流绿色战略规划技术路线和方法体系，依托物联网等现代信息技术，将航运物流生命周期的各个生产环节以及所经区域的多维环境数据与航运物流的物联网相连接，可有效、方便地进行数据收集、评价和决策，预先进行航运物流的战略规划；加强航运物流全生命周期与各个区域间的相互联系与合作，增强远程耦合关系，提高战略规划的科学性和有效性。

区块链是近年才发展起来的新的思维模式和技术方法。区块链的思路和技术路线适合于航运物流的性质和决策目标，今后应予以考虑。

5.4.3 航运物流绿色战略规划的技术路线和方法体系的潜在应用领域

航运物流绿色战略规划的技术路线和方法体系理论上适合于所有行业的绿色战略规划，特别是运输和物流业，具有潜在的应用前景。对于其他行业的应用有待进一步开发、应用和论证。

参考文献

百度百科. 2017a.安特卫普港[DB/OL]. [2017. 12. 15]https://baike.baidu.com/item/%E5%AE%89%E7%89%B9%E5%8D%AB%E6%99%AE%E6%B8%AF/2076857? fr=aladdin#3.

百度百科. 2017b.威尼托大区[DB/OL]. [2017. 12. 15]https://baike.baidu.com/item/%E5%A8%81%E5%B0%BC%E6%89%98%E5%A4%A7%E5%8C%BA/18025316? fr=aladdin#reference-[1]-18191998-wrap.

蔡菲菲. 2015. 中国致力于成为全球海运业绿色发展的先行者[EB/OL]. [2015. 12. 10]http://www.port.org.cn/info/201512/190535.htm.

曹孟勤. 2004. 生态伦理哲学基础的反思[D]. 北京：清华大学.

陈彬. 2002. 战略环境评价实践研究[D]. 厦门：厦门大学.

陈彬，张珞平. 2001. 战略环境评价研究[J]. 厦门大学学报：自然科学版，40(3)：770-774.

陈冲. 2009. 交通发展战略环境评价理论·方法及实证研究[D]. 长春：东北师范大学.

陈方樱，沈思. 2016. 数据分析方法及 SPSS 应用[M]. 北京：科学出版社，1-313.

陈莎，刘尊文. 2014. 生命周期评价与 III 型环境标志认证[M]. 北京：中国标准出版社，1-79.

陈雨露，Steer A，李干杰，等 .2015. 绿色金融改革与促进绿色转型研究[R]. 北京：中国环境与发展国际合作委员会，I-VII.

董晓青. 2015. 绿色港口发展现状及构建的浅析[J]. 物流工程与管理，(02)：10-11.

方恺. 2015. 足迹家族研究综述[J]. 生态学报，(24)：7974-7986.

冯春宾，徐志刚. 2011. 我国绿色航运现状分析[J]. 中国港口，(06)：52-53+56.

弗·卡普拉. 1988. 绿色政治：全球的希望[M]. 石音译. 北京：东方出版社，1-8.

甘爱平，曲迟林. 2010. 航运金融学[M]. 上海：格致出版社，1-50.

郭俊发. 2007. 加拿大交通管理体制及其启示[J]. 广东公路交通，(01)：62-66.

国家发展改革委，建设部. 2006. 建设项目经济评价方法与参数[M]. 北京：中国计划出版社，2-225.

郝栋. 2012. 绿色发展道路的哲学探析[D]. 北京：中共中央党校.

红酒世界网. 2012. 威尼托(Veneto)[EB/OL]. [2017. 12. 10]http://www.wine-world.com/area/italy/veneto.

胡文涛. 2015. 废玻璃再利用商业分析：一种新型绿色建材创业战略[D]. 广州：广东外语外贸大学.

黄劲超，观鸟示意图[N/OL]，海西晨报，2015 年 3 月 16 日(版)[2017. 12. 10]http://news.sunnews.cn/dzb/hxcb/html/2015-03/16/content_605808.htm.

黄葳. 2008. 战略环境评价中回顾性评价理论框架体系和技术方法研究[D]. 厦门：厦门大学.

交通运输部规划研究院. 2013. 厦门港总体规划(修编)[Z].

交通运输部规划研究院. 2014. 厦门港总体规划(修编)环境影响报告书[Z].

交通运输部水运科学研究院. 2016. 厦门港绿色港口建设“十三五”规划方案[Z].

交通运输节能减排项目管理中心. 2013. 绿色循环低碳交通运输省份、城市、公路、港口考核评价指标体系(试行)[EB/OL]. [2016. 06. 21]http://jz.docin.com/p-1827543914.html.

克莱夫·庞廷. 2002. 绿色世界史：环境与伟大文明的衰落[M]. 王毅，张学广译. 上海：上海人民出版社，1-430.

雷毅. 2001. 深层生态学思想研究[M]. 北京：清华大学出版社，1-169.

雷毅. 2012. 深层生态学：阐释和整合[M]. 上海：上海交通大学出版社，1-199.
蕾切尔·卡森. 1979. 寂静的春天[M]. 吕瑞兰译. 北京：科学出版社，1-313.
李玉洁. 2015. 非人类中心主义问题探究[D]. 长春：吉林大学.
刘志东，徐淼. 2007. 国外投资项目经济评价理论与方法体系比较研究[J]. 生产力研究，(04)：17-18,20.
陆琪. 2011. 世界海运地理[M]. 上海：上海交通大学出版社，1-296.
罗萍，杨家其. 2003. 欧美国际航运行政管理体制分析[J]. 水路运输文摘，(09)：20-23.
吕安勤. 2010. 发挥海事职能　保障绿色航运发展[J]. 世界海运，(02)：25-27.
母容. 2013. 基于多维决策法的海岸带主体功能区划研究[D]. 厦门：厦门大学.
彭本荣. 2005. 海岸带生态系统服务价值评估及其在海岸带管理中的应用研究[D]. 厦门：厦门大学.
彭本荣，洪华生. 2006. 海岸带生态系统服务价值评估:理论与应用评估[M]. 北京：海洋出版社，58-82.
日本国土交通省. 2014. 交通政策基本計画[EB/OL]. [2016.05.31] http://www.mlit.go.jp/common/001069503.pdf.
日本国土交通省. 2015.交通政策白皮书[EB/OL]. [2016.05.31] http://www.mlit.go.jp/sogoseisaku/transport_policy/sosei_transport_policy_fr1_000009.html.
沈满洪. 2015.资源与环境经济学[M]. 北京：中国环境出版社，191-280.
盛华夏. 2014. 基于生态系统价值的海岸带战略决策技术方法研究[D]. 厦门：厦门大学.
史国光，李善友. 2009. 建国以来我国港口规划的回顾与总结[J]. 中国港口，(10):1-4.
宋佳. 2010. 非人类中心主义的困境及其出路[D]. 大连：大连理工大学.
宋锦洲. 2007. 决策管理：概念、模式与实例[M]. 上海：东华大学出版社，13-18.
宋欣. 2011. 跨界环境影响评价制度研究[D]. 青岛：中国海洋大学.
苏敬勤，李召敏.2011. 案例研究方法的运用模式及其关键指标[J]. 管理学报，8(3)：340-347.
台湾地区交通管理机构. 2014.运输政策白皮书[EB/OL]. [2016.05.31]http://www.iot.gov.tw/ct.asp? xItem=645996&CtNode=2644&mp=1.
台湾地区交通运输研究所. 2010.第三期台湾地区整体运输规划[EB/OL]. [2016.05.31]http://www.iot.gov.tw/lp.asp? CtNode=1071&CtUnit=46&BaseDSD=7&mp=1.
覃戈. 2013. 谋定而后动的航运振兴规划[EB/OL]. [2016.03.01] http://www.zgsyb.com/html/economy/2013/06/56629483981.html.
汤因比. 1988. 突破[M]. 北京：求实出版社，1-99.
唐国英. 1995. 德国的水运管理体制[J]. 水运管理，(09)：29-34.
王红岩. 2007. 公共项目经济评价体系研究[D]. 大连：东北财经大学.
王洪涛. 2013. 从生命周期评价(LCA)到产品环境足迹(PEF)——从最佳方法到唯一方法[EB/OL]. [2017.09.30]http://www.docin.com/p-682766697.html.
王先进，杨雪英. 2008. 国外交通行政管理体制[M]. 北京：人民交通出版社，182-211.
王萱. 2011. 海岸带生态系统服务价值评估：理论蕴涵、技术集成及案例研究[D]. 厦门：厦门大学.
王学峰. 2011. 航运公共管理与政策[M]. 上海：上海交通大学出版社，142-204.
王毅，Leape J，赵忠秀，等. 2016. 中国在全球绿色价值链中的作用[R]. 北京：中国环境与发展国际合作委员会.
王永芹. 2014. 当代中国绿色发展观研究[D]. 武汉：武汉大学.
王玉振，金辰欣. 2011. 第二章　战略环评的过程、方法和技术[J]. 中国环境管理，(5/6)：12-21.
王赞. 2002. 大陆与台湾地区港航管理法律制度比较研究[D]. 大连：大连海事大学.
王中珍，邢桂燕，丁吉庆. 2012. 废旧纺织品的回收再利用与展望[J]. 山东纺织科技，(04)：40-44.
吴娇蓉，陈法安，朱启政，等. 2015. 综合交通运输体系五年发展规划编制解析[J]. 城市交通，13(6)：

1-8.
吴侃侃. 2012. 海岸带区域战略决策的环境风险评价研究[D]. 厦门：厦门大学.
吴顺彬. 2016. 2016 年厦门港口管理局年度工作会议报告[R]. 厦门：厦门港口管理局.
吴小芳,张珞平. 2017. 中国绿色航运的实践研究[J]. 大连海事大学学报(社会科学版), (01):6-11.
武汉理工大学. 2016. 深圳港节能减排效果评估[Z].
习近平. 2015. 携手构建合作共赢、公平合理的气候变化治理机制[EB/OL]. [2016. 12. 10] http://news.xinhuanet.com/world/2015-12/01/c_1117309642.htm.
厦门港口管理局. 2011a. 2011 年厦门港口工作报告[EB/OL]. [2018. 02. 28] http://www.portxiamen.gov.cn/zfxxgk/zfxxgkml/ghjh/gkfzgh/201208/t20120803_1758566.html.
厦门港口管理局. 2011b. 厦门港统计年鉴(二〇一〇年度)[Z].
厦门港口管理局. 2016. 厦门港统计年鉴(二〇一五年度)[Z].
厦门港务发展股份有限公司. 2017. 厦门港务发展股份有限公司年度报告[OL]. http://www.xmgw.com.cn/invest/bbs.asp? ttype=2.
厦门环境保护局. 2017. 厦门市环境质量公报[EB/OL]. [2018. 02. 28] http://www.xmepb.gov.cn/zwgk/ghcw/hjzlgb/.
厦门市环境监测站. 2016a. 废气监测报告书[Z].
厦门市环境监测站. 2016b. 废水监测报告书[Z].
厦门市环境监测站. 2016c. 工业企业厂界环境噪声监测报告书[Z].
厦门市交通运输局. 2016. 厦门集装箱车辆通行年费减征 50% 相关手续已开始办理[EB/OL]. [2018. 02. 28] http://www.xmcp.gov.cn/tzxx/hyxw/201605/t20160518_1329200.htm.
厦门市同安区疾病预防控制中心. 2016a.车间空气检测报告书[Z].
厦门市同安区疾病预防控制中心. 2016b.噪声、粉尘检测报告书[Z].
厦门市统计局, 国家统计局厦门调查队. 2017a.厦门经济特区年鉴[EB/OL]. [2018. 02. 28] http://www.stats-xm.gov.cn/tjzl/tjsj/tqnj/.
厦门市统计局, 国家统计局厦门调查队. 2017b. 厦门市国民经济和社会发展统计公报[EB/OL]. [2018. 02. 28] http://www.stats-xm.gov.cn/tjzl/tjgb/ndgb/.
香港特别行政区政府. 2007.香港 2030:规划远景与策略[EB/OL]. [2017. 06. 30] http://www.pland.gov.hk/pland_en/p_study/comp_s/hk2030/chi/finalreport/.
香港特别行政区政府. 2009.大珠三角交通运输系统的协调发展策略[EB/OL]. [2017. 06. 30] http://www.pland.gov.hk/pland_en/p_study/comp_s/pearl_river/abstract_1.pdf.
谢泗薪, 王文峰. 2010. 绿色物流路径:物流绿色化改造的战略选择[J]. 中国流通经济,24(5): 15-18.
徐虹霓. 2014. 海洋生态系统内在价值评估方法研究[D]. 厦门：厦门大学.
徐虹霓, 盛华夏, 张珞平. 2014. 海洋生态系统内在价值评估方法初探——以厦门湾为例[J]. 应用海洋学学报, (04): 585-593.
徐景明. 2016-06-30. 厦门绿色交通建设摘得全国荣誉[N]. 厦门日报.
杨大鸣. 2003. 内河航运规划体系的研究与应用[D]. 武汉：武汉理工大学.
叶璐, 张珞平. 2015. 河口区海洋环境监测与评价一体化研究——以珠江口为例[M]. 北京：海洋出版社, 1-192.
於世成, 胡正良, 郏丙贵. 2008. 美国航运政策、法律与管理体制研究[M]. 北京：北京大学出版社, 168-280.
于正, 张珞平, 方秦华. 2012. 基于资源定位原则确定海岸带区域主导产业的应用[J]. 海洋环境科学, 31(6): 830-834.

余谋昌. 1994. 走出人类中心主义[J]. 自然辩证法研究，(07)：8-14,47.

俞炜炜. 2012. 海岸带区域战略决策的生态风险评价研究[D]. 厦门：厦门大学.

张珞平. 2012. 海岸带主体功能区划分技术研究与示范[R].

张珞平，陈伟琪,洪华生. 2004. 预警原则在环境规划与管理中的应用[J]. 厦门大学学报(自然版)，43(S1)：221-224.

张珞平，洪华生，陈伟琪，等. 2004b. 海岸带战略环境评价研究[J]. 中国科学基金，(02)：19-24.

张珞平，母容,张冉. 2014. 多维决策法：一种新的战略决策方法[J]. 战略决策研究，(1)：71-83.

张晓媚. 2016. 绿色发展视野下的自然价值建构研究[D]. 北京：中共中央党校.

赵晓红. 2005. 从人类中心论到生态中心论——当代西方环境伦理思想评介[J]. 中共中央党校学报，(4)：35-38.

真虹. 2009. 港口管理[M]. 北京：人民交通出版社，1-475.

中国船级社. 2011. 船舶能效管理认证规范[EB/OL]. [2016. 12. 10] http://www.moc.gov.cn/zhishu/chuanjishe/guifanzhinan/201111/P020111121518904157223.pdf.

中国船级社. 2015. 绿色船舶规范[EB/OL]. [2016. 12. 10] http://www.moc.gov.cn/zizhan/zhishuJG/chuanjishe/guifanzhinan/201505/P020150527311827172524.pdf.

中国环境与发展国际合作委员会. 2009.应对经济动荡,迈向绿色发展[EB/OL]. [2017. 12. 15] http://www.cciced.net/zcyj/yjbg/zcyjbg/2009/201607/P020160708399527146228.pdf.

中国环境与发展国际合作委员会. 2012.中国经济发展方式的绿色转型[M]. 北京：中国环境科学出版社，83-106.

中国环境与发展国际合作委员会秘书处. 2014.面向绿色发展的环境与社会[R]. 北京：中国环境与发展国际合作委员会.

中国远洋运输集团. 2015.运输安全计划[EB/OL]. [2018. 05. 30] http://www.cosco.com/col/col68/index.html.

中华人民共和国第十二届全国人民代表大会. 2016.中华人民共和国国民经济和社会发展第十三个五年(2016—2020年)规划纲要[EB/OL]. [2018. 05. 30] http://news.xinhuanet.com/politics/2016lh/2016-03/17/c_1118366322.htm.

中华人民共和国第十一届全国人民代表大会. 2011.中华人民共和国国民经济和社会发展第十二个五年(2011—2015年)规划纲要[EB/OL]. [2018. 05. 30] http://www.moa.gov.cn/fwllm/jjps/201103/t20110317_1949003.htm.

中华人民共和国国家质量监督检验检疫总局，中国国家标准化管理委员会. 2006. 物流术语，中华人民共和国国家标准 GB/T18354-2006[S].

中华人民共和国国家质量监督检验检疫总局,中国国家标准化管理委员会. 2009. 风险管理 原则与实施指南，中华人民共和国国家标准 GB/T24353-2009[S].

中华人民共和国国家质量监督检验检疫总局,中国国家标准化管理委员会. 2011a. 风险管理-风险评估技术，中华人民共和国国家标准 GB/T27921-2011[S].

中华人民共和国国家质量监督检验检疫总局，中国国家标准化管理委员会. 2011b. 物流分类服务与编码，中华人民共和国国家标准 GB/T26820-2011[S].

中华人民共和国海事局. 2016.中国倡导海运减排全球治理体系[EB/OL]. [2016. 07. 15] http://www.msa.gov.cn/page/article.do? articleId=E5227103-5973-4341-8D14-D734F80E8856.

中华人民共和国环境保护部. 1993. 环境影响评价技术导则 地面水环境，中国环境保护行业标准 HJ/T2.3-93[S].

中华人民共和国环境保护部. 2008a. 环境影响评价技术导则 大气环境，中国环境保护行业标准 HJ2.2-

2008[S].

中华人民共和国环境保护部. 2008b. 清洁生产标准　葡萄酒制造业，环境保护行业标准 HJ452-2008[S].

中华人民共和国环境保护部. 2008c. 环境影响评价技术导则　公路建设项目(征求意见稿)[EB/OL]. [2017. 12. 10]http://www.mep.gov.cn/gkml/hbb/bgth/200910/W020081121547355903538.pdf.

中华人民共和国环境保护部. 2008d. 环境影响评价技术导则　人体健康(征求意见稿)[EB/OL]. [2017. 12. 10]http://www.mep.gov.cn/gkml/hbb/bgth/200910/W020080407518392493258.pdf.

中华人民共和国环境保护部. 2008e. 环境影响评价技术导则　铁路(征求意见稿)[EB/OL]. [2017. 12. 10] http://www.mep.gov.cn/gkml/hbb/bgth/200910/W020080919580683402945.pdf.

中华人民共和国环境保护部. 2009a. 环境影响评价技术导则　声环境，中国环境保护行业标准 HJ2.4-2009[S].

中华人民共和国环境保护部. 2009b. 建设项目环境风险评价技术导则(征求意见稿)[EB/OL]. [2017. 12. 10]http://www.mep.gov.cn/gkml/hbb/bgth/200912/W020091216403181522900.pdf.

中华人民共和国环境保护部. 2011a. 环境影响评价技术导则 公众参与(征求意见稿)[EB/OL]. [2017. 12. 10]http://www.mep.gov.cn/gkml/hbb/bgth/201102/W020110215557223306942.pdf.

中华人民共和国环境保护部. 2011b. 环境影响评价技术导则　生态影响，中国环境保护行业标准 HJ19-2011[S].

中华人民共和国环境保护部. 2013. 固体废物处理处置工程技术导则，中国环境保护行业标准 HJ2035-2013[S].

中华人民共和国环境保护部. 2014. 规划环境影响评价技术导则　总纲，中国环境保护行业标准 HJ130-2014[S].

中华人民共和国环境保护部. 2016a. 环境影响评价技术导则　地下水环境，中国环境保护行业标准 HJ610-2016[S].

中华人民共和国环境保护部. 2016b. 中华人民共和国环境影响评价法[EB/OL]. [2017. 12. 10]http://www.mep.gov.cn/gzfw_13107/zcfg/fl/201609/t20160927_364752.shtml.

中华人民共和国环境保护部. 2017. 污染源源强核算技术指南　准则(征求意见稿)[EB/OL]. [2017. 12. 10]http://www.mep.gov.cn/gkml/hbb/bgth/201702/W020170210343618986464.pdf.

中华人民共和国交通运输部. 2008. 公路水路交通节能中长期规划纲要[EB/OL]. [2017. 12. 10]http://www.moc.gov.cn/zhuzhan/jiaotongguihua/200811/t20081104_533458.html.

中华人民共和国交通运输部. 2011. 交通运输“十二五”发展规划[EB/OL]. [2017. 12. 10]http://www.moc.gov.cn/zhuantizhuanlan/jiaotongguihua/shierwujiaotongyunshufazhanguihua/jiaotongyunshushierwufazhanguihua_SRWJTFZGH/201106/t20110613_954154.html.

中华人民共和国交通运输部. 2013.加快推进绿色循环低碳交通运输发展指导意见[EB/OL]. [201. 12. 10] http://www.gov.cn/gongbao/content/2013/content_2466586.htm.

中华人民共和国交通运输部. 2015a.交通规划[EB/OL]. [201. 12. 10]http://www.moc.gov.cn/zhuzhan/jiaotongguihua/index_3.html.

中华人民共和国交通运输部. 2015b. 交通运输部关于印发珠三角、长三角、环渤海(京津冀)水域船舶排放控制区实施方案的通知[EB/OL]. [2016. 12. 10] http://www. mot. gov. cn/2016wangshangzhibo/2016zhuanti2/xiangguanlianjie/201602/t20160201_1984227.html.

中华人民共和国交通运输部. 2016c. 营运货车燃料消耗量限值及测量方法，交通行业标准 JTT719-2016[S].

中华人民共和国环境保护总局. 2004. 建设项目环境风险评价技术导则，环境保护行业标准 HJ/T169-2004[S].

中华人民共和国水利部. 2009. 生态风险评价导则，水利行业标准 SL/Z467-2009[S].

周生春. 2007.《老子》注评[M]. 南京：凤凰出版社，1-53.

庄佩君. 2014. 海运物流与港口城市-区域发展[M]. 北京：科学出版社，3-88.

邹辉霞，刘仙泽. 2004. 绿色物流在中国[J]. 物流科技，27(101)：071-074.

Abbasi M,Nilsson F. 2012. Themes and challenges in making supply chains environmentally sustainable[D]. Sweden: Lund University.

Adams W. 1995. Green development theory [G]//Crush J. Power of Development. London and New York: Routlege, 87-99.

Adams W M. 2003. Green Development: Environment and sustainability in the Third World [M]. London and New York: Routledge, 1-21.

Adams W M. 2009. Green Development: Environment and Sustainability in a Developing World [M]. London and New York: Routledge, 1-379.

Agenzia Regionale per la Prevenzione e Protezione Ambientale del Veneto. 2012. Produzione e gestione rifiuti speciali nel Veneto. Anno 2010 [EB/OL]. [2018. 05. 30] http://www.arpa.veneto.it/temi-ambientali/rifiuti/rapporti-rifiuti/rapporto-rifiuti-urbani-2010 (in Italian).

Agenzia Regionale per la Prevenzione e Protezione Ambientale del Veneto. 2016a. Produzione e gestione dei rifiuti urbani nel Veneto. Anno 2015 [EB/OL]. [2018. 05. 30] http://www.arpa.veneto.it/temi-ambientali/rifiuti/file-e-allegati/ru2015/Rapporto_RU_2015.pdf (in Italian).

Agenzia Regionale per la Prevenzione e Protezione Ambientale del Veneto. 2016b. Risultati monitoraggio ecologico 2013 2015-Laguna di Venezia [EB/OL]. [2018. 05. 30] http://www.arpa.veneto.it/temi-ambientali/acqua/file-e-allegati/documenti/acque-di-transizione/Risultati%20monitoraggio%20ecologico%202013%202015%20-%20Laguna%20di%20Venezia.pdf/view (in Italian).

Agenzia Regionale per la Prevenzione e Protezione Ambientale del Veneto. 2017a. Dati validati [EB/OL]. [2018. 05. 30] http://www.arpa.veneto.it/arpavinforma/bollettini/aria-2/dati-validati (in Italian).

Agenzia Regionale per la Prevenzione e Protezione Ambientale del Veneto. 2017b. Risorsa idrica [EB/OL]. [2018. 05. 30] http://www.arpa.veneto.it/arpavinforma/bollettini/acqua-1/risorsa-idrica (in Italian).

Alberti M, Asbjornsen H, Baker L A, et al. 2011. Research on coupled human and natural systems (CHANS): approach, challenges, and strategies [J]. The Bulletin of the Ecological Society of America, 92(2): 218-228.

Allen C,Clouth S. 2012. A guidebook to the Green Economy [R]. New York, USA: United Natons Division for Sustainable Development, 7-64.

Alphaliner. 2014. Top 30 Container Ports: 2014 Throughput and Annual Growth% [EB/OL]. [2016. 12. 10] http://www. alphaliner. com/liner2/research _ files/newsletters/2015/no19/Alphaliner% 20Newsletter% 20no%2019%20-%202015.pdf.

Alvik S, Eide M S, Endresen Ø, et al. 2009. Pathways to low carbon shipping——Abatement potential towards 2030 [EB/OL]. [2017. 12. 10] http://www. dnv. com. cn/Binaries/Pathways% 20to% 20low% 20carbon%20shipping%202030_tcm142-400655.pdf.

Antwerp Port Authority. 2017a. Port of Antwerp Annual Report [EB/OL]. [2018. 05. 30] http://www.portofantwerp.com/en/publications/annual-report.

Antwerp Port Authority. 2017b. Port of Antwerp Facts & Figures [EB/OL]. [2018. 05. 30] http://www.portofantwerp.com/en/publications/brochures-cards.

Antwerp Port Authority. 2017c. Website of Port of Antwep [EB/OL]. [2018. 05. 30] http://www.portofantwerp.com/en.

Antwerp Port Authority, Left Bank Development Corporation, Alfaport-Voka Chamber of Commerce Antwerp-Waasland. 2017. Sustainability Report [EB/OL]. [2018. 05. 30] https://www.sustainableportofantwerp.com/file/L3NpdGVzL2R
lZmF1bHQvZmlsZXMvZG93bmxvYWRzL2R1dXJ6YWFtZWlkc3ZlcnNsYWcyMDE3X2VuX2xyX3YyLnBkZg==.

Australian Government and Australian Maritime Safety Authority. 2014. National Plan for Maritime Environmental Emergencies [EB/OL]. [2017. 12. 10] http://www.amsa.gov.au/forms-and-publications/publications/national_plan.pdf.

Australian Transport Assessment and Planning Guidelines Steering Committee. 2006. National Guidelines for Transport System Management in Australia [EB/OL]. [2017. 12. 10] http://bitre.gov.au/publications/2007/other_002.aspx.

Baltaci F, YI RI K S, Sargin S A, et al. 2015. From the Ecocentric and Anthropocentric Perspectives, a Survey of Future Tourism Entrepreneurs' Attitudes toward Environmental Issues: Sample of Akdeniz University [J]. International Journal of Humanities and Social Science, 5(1): 139-143.

Barnard C I. 1968. The functions of the Executive[M]. Cambridge: Harvard university press, 185-199.

Batavia C, Nelson M P. 2017. For goodness sake! What is intrinsic value and why should we care? [J]. Biological Conservation, 209: 366-376.

Beizadea E H. 2014. Applications of Life Cycle Assessment (LCA) in Shipping Industry [C]. Zhang Z. 14th International Multidisciplinary Scientific Geo-Conference and Expo. Sofia, Bulgaria,

Bennett O. 2014. How to Recycle Wine Bottles [EB/OL]. [2018. 05. 30] https://recyclenation.com/2014/02/recycle-wine-bottles/.

Benowitz E. 2001. Cliffsquickreview Principles of Management [M]. Boston, USA: Houghton Mifflin Harcourt, 47-54.

Bichou K, Gray R. 2005. A critical review of conventional terminology for classifying seaports[J]. Transportation Research Part A: Policy and Practice, 39(1): 75-92.

Bina O. 2001. Strategic Environmental Assessment of Transport Corridors: Lessons learned comparing the methods of five Member States [EB/OL]. [2017. 12. 10] http://ec.europa.eu/environment/archives/eia/sea-studies-and-reports/pdf/sea_transport2.pdf.

Bina O, Vingoe J. 2000. Strategic Environment Assessment in the Transport Sector: An Overview of Legislation and Practice in EU Member State [EB/OL]. [2017. 12. 10] http://ec.europa.eu/environment/archives/eia/sea-studies-and-reports/pdf/sea_transport.pdf.

Blewitt J. 2015. Understanding Sustainable Development[M]. London and New York: Routledge, 3-9.

BMVBS (Federal Ministry of Transport, Building and Urban Development) of Germany. 2010. Freight Transport and Logistics Master plan [EB/OL]. [2016. 10. 10] http://www.bmvi.de/SharedDocs/EN/Publikationen/masterplan-freight-transport-and-logistics.pdf? __blob=publicationFile.

BMVBS of Germany. 2011. Maritime Development Plan [EB/OL]. [2016. 10. 10] http://www.unesco-ioc-marinesp.be/uploads/documentenbank/1eda85727c6bbfe4cea301fa0edaa680.pdf.

BMVBW (Federal Ministry of Transport, Building and Housing) of Germany. 2003. Federal Transport Infrastructure Plan [EB/OL]. [2016. 10. 10] http://www.bmvi.de/SharedDocs/EN/Anlagen/federal-transport-infrastructure-plan-2003.pdf? __blob=publicationFile.

BMVBW of Germany. 2015. Transport infrastructure [EB/OL]. [2016. 10. 10] http://www.bmvi.de/SharedDocs/EN/Artikel/G/federal-transport-infrastructure-plan-ftip.html? linkToOverview=js.

Boelens R, Kershaw P J. 2015. Pollution in the Open Oceans 2009-2013[R]. London: Joint Group of Experts on the Scientific Aspects of Marine Environmental Protection Task Team, 5-23.

Branch A E. 2007. Elements of Shipping[M]. London and New York: Routledge, 2-8.

Brauers J, Weber M. 1988. A new method of scenario analysis for strategic planning[J]. Journal of forecasting, 7(1): 31.

Breitling U, Leader G T. 2010. Sustainable Shipping and Port Development [C]//5th Regional EST Forum in Asia. Bangkok, 1-9.

Burkhard B, Petrosillo I, Costanza R. 2010. Ecosystem services-Bridging ecology, economy and social sciences [J]. Ecological Complexity, 7(3): 257.

Caliskan A, Ozturkoglu Y. 2016. Maritime logistics[G]. Ochoa-Zezzatti A, et al. Handbook of Research on Military, Aeronautical, and Maritime Logistics and Operations. Pennsylvania, USA: IGI Global, 361-384.

Caradonna J L. 2014. Sustainability: A history[M]. New York, USA: Oxford University Press, 1-232.

Carbon Disclosure Project. 2010. Carbon Disclosure Transport Report [EB/OL]. [2016. 12. 10] http://www.wwf.de/fileadmin/fm-wwf/Publikationen-PDF/CDP_2009_-_US_Transport_Report_FINAL_-_August_2010.pdf.

Carbone V, Martino M D. 2003. The changing role of ports in supply-chain management: an empirical analysis [J]. Maritime Policy & Management, 30(4): 305-320.

Carson R. 2002. Silent Spring[M]. Boston: Houghton Mifflin Harcourt, 1-378.

Cason M, Col M D, Ragusa F, et al. 2016. Stato delle acque superficiali del Veneto-anno 2015[R]. Padova: Agenzia Regionale per la Prevenzione e Protezione Ambientale del Veneto, 309 (in Italian).

CE Delf G L, Marintek, Det Norske Veritas. 2006. Greenhouse gas emissions for shipping and implementation guidance for the marine fuel sulphur directive [EB/OL]. [2016. 12. 10] https://www.cedelft.eu/publicatie/greenhouse_gas_emissions_for_shipping_and_implementation_for_the_marine_fuel_sulphur_directive/513.

Celik M, Topcu Y I. 2014. A decision-making solution to ship flagging out via administrative maritime strategies [J]. Maritime Policy & Management, 41(1): 112-127.

Chiu R H, Huang Y-J, Ting S C. 2015. Factors to Influence Green Shipping Actions Taken by Carriers [EB/OL]. http://www.dynamicglobalsoft.com/easts2015/program/pdf_files/1528.pdf.

Christiansen M, Fagerholt K, Nygreen B, et al. 2007. Maritime transportation[G]//Barnhart C, Laporte G. Handbooks in Operations Research and Management Science. Amsterdam, Netherlands: North Holland, 189-284.

CIELO E TERRA S.p.A. 2016. 2015 Yearly Report [EB/OL]. [2018. 05. 30] http://www.cielo1908.com/images/user/Report_Ekuo_12-16.pdf.

CIELO E TERRA S.p.A. 2017a. Project "BLU" [EB/OL]. [2018. 05. 30] http://www.cieloeterravini.com/en-UK/blu-project.php.

CIELO E TERRA S.p.A. 2017b. Website of Cielo E Terra S.p.A. [EB/OL]. [2018. 05. 30] http://www.cieloeterravini.com/en-UK/home-page.php.

Coady L, Lister J, Strandberg C, et al. 2013. The role of corporate social responsibility (CSR) in the international shipping sector[R]. Copenhagen: The Northern European Symposium on CSR in Shipping, 1-44.

Cocks S, Simpson S. 2015. Anthropocentric and ecocentric: an application of environmental philosophy to outdoor recreation and environmental education[J]. Journal of Experiential Education, 38(3): 216-227.

Codd E F, Codd S B, Salley C T. 1993. Providing OLAP (on-line analytical processing) to user-analysts: An IT mandate[J]. Codd and Date, 32: 18-24.

Colding J. 2013. Local Assessment of Stockholm: Revisiting the Stockholm Urban Assessment[G]//Elmqvist T, et al. Urbanization, Biodiversity and Ecosystem Services: Challenges and Opportunities. Dordrecht: Springer Netherlands, 313-335.

Costanza R, d'Arge R, De Groot R, et al. 1997. The value of the world's ecosystem services and natural capital [J]. Nature, 387(6630): 253-260.

Council of Logistics Management. 1998. Mission of Council of Logistics Management [EB/OL]. [2017. 12. 10]http://www.clm1.org/mission.html.

Council of Ministers of Portugal. 2011. Portugal 2020: National Reform Programme [EB/OL]. [2016. 12. 10]http://ec.europa.eu/europe2020/pdf/nrp/nrp_portugal_en.pdf.

Csete M, Horváth L. 2012. Sustainability and green development in urban policies and strategies[J]. Applied Ecology and Environmental Research, 10(2): 185-194.

Cullinane K, Bergqvist R. 2014. Emission control areas and their impact on maritime transport[J]. Transportation Research Part D: Transport and Environment, 28: 1-5.

Cutaia F. 2016. Strategic Environmental Assessment: Integrating Landscape and Urban Planning[M]. New York: Springer International Publishing Switzerland, 47-62.

Daily G. 1997. Nature's Services: Societal Dependence on Natural Ecosystems[M]. Washington, D.C.: Island Press, 1-10.

Davarzani H, Fahimnia B, Bell M G H, et al. 2015. A review of the literature of green ports and maritime logistics [G]//Fahimnia B, et al. Green Logistics and Transportation: A Sustainable Supply Chain Perspective. Cham: Springer International Publishing, 149-158.

Day D. 1997. Citizen participation in the planning process: An essentially contested concept? [J]. Journal of Planning Literature, 11(3): 421-434.

DHL International GmbH. 2017. Shipment Details [EB/OL]. [2018. 05. 30]https://dhli.dhl.com/dhli-client/shipmentocean? 7&shipmentId=177815310&accountGroup.

Dobson A. 1990. Green political thought: An Introduction[M]. New York: HarperCollins, 1-224.

Dobson A. 2000. Green political thought[M]. London: Routledge, 1-230.

Dutch Government. 2009. Interim Revision of the National Water Plan [EB/OL]. [2016. 11. 30]https://www.government.nl/documents/policy-notes/2014/12/23/interim-revision-of-the-national-water-plan-2009-2015.

Dutch Government. 2014a. National Water Plan 2016-2021 [EB/OL]. [2016. 11. 30]https://www.government.nl/documents/policy-notes/2014/12/23/draft-national-water-plan-2016-2021.

Dutch Government. 2014b. North Sea 2050 Spatial Agenda [EB/OL]. [2016. 11. 30]https://www.government.nl/documents/policy-notes/2014/07/28/north-sea-2050-spatial-agenda.

Dutch Government. 2015. The Dutch Maritime Strategy 2015-2025 [EB/OL]. [2016. 11. 30]https://www.government.nl/topics/water-management/documents/reports/2015/07/07/the-dutch-maritime-strategy-2015-2025.

Eakin H, DeFries R, Kerr S, et al. 2014. Significance of telecoupling for exploration of land-use change[A]. K. C. Seto and A. Reenberg Rethinking Global Land Use in an Urban Era. Cambridge: MIT Press, 141-161.

Eckersley R. 1992. Environmentalism and political theory: Toward an ecocentric approach[M]. New York, USA: Suny Press, 11-170.

ECO Sustainable logistics Chain Foundation. 2016. About ECOSLC and EcoPorts [EB/OL]. [2016. 06. 30] http://www.ecoslc.eu/about.

Ecological Society of America. 1997. Ecosystem Services: Benefits Supplied to Human Societies by Natural Ecosystems [EB/OL]. [2017. 12. 10]https://www.esa.org/esa/wp-content/uploads/2013/03/issue2.pdf.

ECORYS Nederland BV. 2006. Study on Strategic Evaluation on Transport Investment Priorities under Structural and Cohesion funds for the Programming Period 2007-2013 [EB/OL]. [2016. 12. 10]http://ec.europa.eu/regional_policy/sources/docgener/evaluation/pdf/evasltrat_tran/greece.pdf.

EcoTransIT World Initiative. 2016. Calculation [EB/OL]. [2018. 05. 30] http://www.ecotransit.org/calculation.en.html.

Ehrenfeld D W. 1976. The Conservation of Non-Resources[J]. American Scientist, 64(6):648-656.

Ekström K M, Salomonson N. 2014. Reuse and recycling of clothing and textiles-A network approach[J]. Journal of Macromarketing, 34(3): 383-399.

Emerton L. 2005. Values and rewards: counting and capturing ecosystem water services for sustainable development [M]. Gland, Switzerland: International Union for Conservation of Nature, 1-93.

Engebretsen E, Heggen K, Ottersen O P. 2017. The Sustainable Development Goals: ambiguities of accountability [J]. The Lancet, 389(10067): 365.

Engelman R. 2013. Beyond Sustainababble[A]. L. Starke State of the World 2013: Is Sustainability Still Possible? Washington, Covelo, and London: Island Press, 3-16.

Environment Canada. 2013. Planning for a Sustainable Future: a Federal Sustainable Development Strategy for Canada 2013-2016 [EB/OL]. [2016. 12. 10] https://www.ec.gc.ca/dd-sd/A22718BA-0107-4B32-BE17-A438616C4F7A/1339_FSDS2013-2016_e_v10.pdf.

European Commission. 1999. Green Accounting Research Project II [EB/OL]. [2016. 12. 30] http://cordis.europa.eu/documents/documentlibrary/51667481EN6.pdf.

European Commission. 2001. White paper-"European transport policy for 2010: time to decide" [EB/OL]. [2016. 12. 30] http://ec.europa.eu/transport/themes/strategies/doc/2001_white_paper/lb_com_2001_0370_en.pdf.

European Commission. 2006. Keep Europe moving - Sustainable mobility for our continent [EB/OL]. [2016. 12. 30] http://europa.eu/rapid/press-release_IP-06-818_en.htm? locale=en.

European Commission. 2008a. The Greening transport package [EB/OL]. [2016. 12. 30] http://ec.europa.eu/transport/themes/strategies/2008_greening_transport_en.htm.

European Commission. 2008b. Guidelines for an Integrated Approach to Maritime Policy [EB/OL]. [2016. 12. 30] http://eur-lex.europa.eu/legal-content/EN/TXT/PDF/? uri=CELEX:52008DC0395&from=EN.

European Commission. 2009a. Future of Transport [EB/OL]. [2016. 12. 30] http://ec.europa.eu/transport/themes/strategies/2009_future_of_transport_en.htm.

European Commission. 2009b. Maritime Transport Strategy 2018 [EB/OL]. [2016. 12. 30] http://ec.europa.eu/transport/themes/strategies/2018_maritime_transport_strategy_en.htm.

European Commission. 2011a. Horizon 2020 [EB/OL]. [2016. 12. 30] http://ec.europa.eu/programmes/horizon2020/.

European Commission. 2011b. White paper 2011 [EB/OL]. [2016. 12. 30] http://ec.europa.eu/transport/themes/strategies/2011_white_paper_en.htm.

European Commission. 2012a. Greener waterborne transport [EB/OL]. [2016. 12. 30] http://ec.europa.eu/research/transport/water/greener_waterborne_transport/index_en.htm.

European Commission. 2012b. Organisation Environmental Footprint (OEF) Guide [EB/OL]. [2016. 12. 30] http://ec.europa.eu/environment/eussd/pdf/footprint/PEF%20methodology%20final%20draft.pdf.

European Commission. 2014a. Green Infrastructure in Italy [EB/OL]. [2016. 12. 30] http://ec.europa.eu/environment/nature/ecosystems/pdf/Green%20Infrastructure/GI_IT.pdf.

European Commission. 2014b. Short sea shipping [EB/OL]. [2016. 12. 30] http://ec.europa.eu/transport/modes/maritime/short_sea_shipping/index_en.htm.

European Commission. 2015a. Eco-innovation Action Plan [EB/OL]. [2016. 12. 30] http://ec.europa.eu/environment/ecoap/index_en.htm.

European Commission. 2015b. Maritime Europe Strategy Action [EB/OL]. [2016. 12. 30] http://cordis.europa.eu/project/rcn/109718_en.html.

European Commission. 2015c. Maritime Spatial Planning [EB/OL]. [2016. 12. 30] http://ec.europa.eu/maritimeaffairs/policy/maritime_spatial_planning/index_en.htm.

European Community. 1992. The future development of the common transport policy [EB/OL]. [2016. 12. 30] http://aei.pitt.edu/1116/1/future_transport_policy_wp_COM_92_494.pdf.

Fagerholt K, Christiansen M, Hvattum L M, et al. 2010. A decision support methodology for strategic planning in maritime transportation[J]. Omega, 38(6):465-474.

Fahimnia B, Bell M, Hensher D, et al. 2015. Green Logistics and Transportation: A sustainable supply chain perspective[M]. New York, Dordrecht and London: Springer International Publishing Switzerland, 1-197.

Fang B, Tan Y, Li C, et al. 2016. Energy sustainability under the framework of telecoupling[J]. Energy, 106: 253-259.

Fang Q, Zhang L, Hong H. 2006. Towards adaptive town environmental planning: the experience from Xiamen, China[J]. Environment and Urbanization, 18(1): 87-101.

Feng C M, Chang C H. 2008. Empty container reposition planning for intra-Asia liner shipping[J]. Maritime Policy & Management, 35(5): 469-489.

Fletcher R, Rammelt C. 2017. Decoupling: A Key Fantasy of the Post-2015 Sustainable Development Agenda[J]. Globalizations, 14(3): 450-467.

Florentine T. 2017. Extended truckers' strike throughout Italy [EB/OL]. [2018. 05. 30] http://www.theflorentine.net/news/2017/10/extended-truckers-strike-throughout-italy/.

Foreign and Commonwealth Office of the Government of UK. 2015. Green Development Strategic Action Plan for Ulaanbaatar 2020 [EB/OL]. [2017. 12. 30] https://asiafoundation.org/resources/pdfs/GreenDevelopmentStrategicActionPlanforUlaanbaatar2020.pdf.

Francis L. 2017. The Carbon Footprint of a Bottle of Wine [EB/OL]. [2018. 05. 30] http://www.sestrasystems.com/carbon-footprint-of-a-bottle-of-wine/.

Frankel E G. 1989. Strategic planning applied to shipping and ports[J]. Maritime Policy and Management, 16(2): 123-132.

Friberg M, Hettne B. 1985. The greening of the world: towards a non-deterministic model of global processes[A]. H. Addo, et al. Development as Social Transformation: reflections on the global problematique. London, UK: Hodder and Stoughton, 204-270.

Garamendi J. 2014. Opening remarks of National Maritime Symposium [EB/OL]. [2016. 12. 30] http://www.marad.dot.gov/wp-content/uploads/pdf/Garamendi_20140114_National_Maritime_Strategy_Speech.pdf.

Gelareh S, Pisinger D. 2011. Fleet deployment, network design and hub location of liner shipping companies [J]. Transportation Research Part E-Logistics and Transportation Review, 47(6): 947-964.

Goh M. 2010. Green ports and green shipping: Singapore's contribution [C]. D. Lee, et al. World Ocean Forum (1). Busan: Publishing Committee, 282-290.

Gordon T J. 1994. Cross-impact method [M]. Washington, DC: United Nations University, 4-10.

Granek E. 2012. Social-ecological Approaches to Tropical Estuarine Conservation [D]. Ph.D., Portland: Portland State University, 1-60.

Greenpeace International, The Forum of BrazilianNGOs, Friends of the Earth International, et al. 1992. A Ten Point Plan to Save the Earth Summit [EB/OL]. [2017. 12. 30] https://www.uow.edu.au/~sharonb/STS300/

sustain/summit/obstacles/article2.html.

Grober U. 2007. Deep roots-a conceptual history of "sustainable development"[EB/OL]. [2017. 12. 30] http://nbn-resolving.de/urn:nbn:de:0168-ssoar-110771.

Guo T L, Zang H X, Dai H J. Analysis of Green Ships Design and Manufacturing Technology[A]. Y.P. Zhang, L. H. Zhou, and E. 2012. Mao Emerging Systems for Materials, Mechanics and Manufacturing. Pfaffikon, Switzerland: Trans Tech Publications Ltd., 489-493.

Hall J, Vredenburg H. 2003. The challenge of innovating for sustainable development[J]. MIT Sloan Management Review, 45(1): 61-68.

Hargrove E C. 1992. Weak anthropocentric intrinsic value[J]. The Monist, 75(2): 183-207.

Hawkins J E. 1997. A strategic choice model for Asia-Pacific shipping[D]. Doctor of Philosophy, Plymouth: University of Plymouth, 111-138.

Hayes J. 2015. Our future as a maritime nation [EB/OL]. [2016. 12. 30] https://www.gov.uk/government/speeches/our-future-as-a-maritime-nation.

Heilig L, Voß S. 2017. Status quo and innovative approaches for maritime logistics in the age of digitalization: a guest editors' introduction[J]. Information Technology and Management, 18(3): 175-177.

Hellenic Statistical Authority. 2017. Website of Hellenic Statistical Authority [EB/OL]. [2016. 12. 30] http://www.statistics.gr/en/home.

Hermann R R. 2015. Greening of the maritime industry [D]. Ph.D., Aalborg, Denmark: Aalborg University, 5-38.

Hjelle H M, Fridell E. 2012. When is short sea shipping environmentally competitive? [A]. J. Oosthuizen Environmental Health: Emerging Issues and Practice. Rijeka and Shanghai: InTech, 3-20.

Hoffman A J, Sandelands L E. 2005. Getting right with nature: Anthropocentrism, ecocentrism, and theocentrism [J]. Organization & Environment, 18(2): 141-162.

Hong Kong Government. 2015. Air Pollution Control (Ocean Going Vessels) (Fuel at Berth) Regulation [EB/OL]. [2016. 12. 30] http://www.westpandi.com/globalassets/hong-kong—air-pollution-control-ocean-going-vessels-fuel-at-berth-regulations-.pdf.

Hopwood B, Mellor M, O'Brien G. 2005. Sustainable development: mapping different approaches [J]. Sustainable development, 13(1): 38-52.

Hovardas T. 2013. A critical reading of ecocentrism and its meta-scientific use of ecology: Instrumental versus emancipatory approaches in environmental education and ecology education [J]. Science & Education, 22(6): 1467-1483.

Hu A. 2014. China: innovative green development [M]. New York, Dordrecht and London: Springer-Verlag Berlin Heidelberg, 15-126.

Hui Z. 2014. Towards global green shipping: the development of international regulations on reduction of GHG emissions from ships [J]. International Environmental Agreements: Politics, Law and Economics, 16(4): 561-577.

IAPH (International Association of Ports and Harbors), PPCC (Port Planning and Construction Committee). 2001. Guidelines for Port Planning and Design [M]. Tokyo: International Association of Ports and Harbors, 1-5.

Imai A, Sasaki K, Nishimura E, et al. 2006. Multi-objective simultaneous stowage and load planning for a container ship with container rehandle in yard stacks [J]. European Journal of Operational Research, 171(2): 373-389.

IMO (International Maritime Organization). 2009. Second IMO GHG Study 2009 [EB/OL]. [2016. 12. 30] http://www.imo.org/en/OurWork/Environment/PollutionPrevention/AirPollution/Documents/SecondIMOGHG-Study2009.pdf.

IMO. 2013. A CONCEPT OF A SUSTAINABLE MARITIME TRANSPORTATION SYSTEM [EB/OL]. [2017. 12. 30] http://www.imo.org/en/About/Events/WorldMaritimeDay/WMD2013/Documents/CONCEPT%20OF%20%20SUSTAINABLE%20MARITIME%20TRANSPORT%20SYSTEM.pdf.

IMO. 2014. STRATEGIC PLAN FOR THE ORGANIZATION (FOR THE SIX-YEAR PERIOD 2014 to 2019) [EB/OL]. [2017. 12. 30] http://www.imo.org/en/About/strategy/Documents/1060.pdf.

IMO. 2015. IMO Marine Environment Protection Committee [EB/OL]. [2017. 12. 30] http://www.uscg.mil/imo/mepc/.

IMO. 2016a. International Convention for the Prevention of Pollution from Ships (MARPOL) [EB/OL]. [2017. 12. 30] http://www.imo.org/en/About/Conventions/ListOfConventions/Pages/International-Convention-for-the-Prevention-of-Pollution-from-Ships-(MARPOL).aspx.

IMO. 2016b. World Maritime Day theme for 2017: "Connecting Ships, Ports and People" [EB/OL]. [2016. 12. 30] http://www.imo.org/en/MediaCentre/PressBriefings/Pages/20-WMD-theme-2017.aspx.

Inglis J. 2008. Using human-environment theory to investigate human valuing in protected area management [D]. Doctor of Philosophy, Melbourne: Victoria University, 33-82.

International Chamber of Commerce. 2012. Green Economy Roadmap [EB/OL]. [2017. 12. 30] https://cdn.iccwbo.org/content/uploads/sites/3/2012/08/Green-Economy-Roadmap-a-guide-for-business_-policy-makers-and-society.pdf.

International Telecommunication Union. 2005. Internet of Things [EB/OL]. [2017. 12. 30] https://www.itu.int/osg/spu/publications/internetofthings/InternetofThings_summary.pdf.

ISO (International Organization for Standardization). 2006. Environmental management-Life cycle assessment-Principles and framework [EB/OL]. [2017. 12. 30] https://www.iso.org/standard/37456.html.

ISO. 2009. ISO 31000: Risk management-Principles and guidelines [EB/OL]. [2017. 12. 30] https://www.iso.org/obp/ui/#iso:std:iso:31000:ed-1:v1:en.

ISO. 2014. ISO Survey [EB/OL]. [2017. 12. 30] http://www.iso.org/iso/home/standards/certification/iso-survey.htm? certificate=ISO%209001&countrycode=AF.

ISO. 2015a. ISO 14001 2015 标准(CD 版)说明[EB/OL]. [2017. 12. 30] https://wenku.baidu.com/view/8247c40e5acfa1c7aa00cc7e.html.

ISO. 2015b. ISO 14001 Key benefits [EB/OL]. [2017. 12. 30] http://www.iso.org/iso/iso_14001_-_key_benefits.pdf.

ISO. 2015c. ISO 14001: Environmental management systems - Requirements with guidance for use [EB/OL]. [2017. 12. 30] https://www.iso.org/standard/60857.html.

ISO, IEC (International Electrotechnical Commission). 2009. ISO/IEC 31010: Risk management-Risk assessment techniques [EB/OL]. [2017. 12. 30] https://www.iso.org/standard/51073.html.

Italian National Institute of Statistics. 2017. Regional datasets of Veneto [EB/OL]. [2018. 05. 30] https://www.istat.it/en/veneto.

IUCN (International Union for Conservation of Nature and Natural Resources), UNEP (United Nations Environment Programme), WWF (World Wildlife Fund). 1980. World Conservation Strategy: Living Resource Conservation for Sustainable Development [EB/OL]. [2018.05.30] https://portals.iucn.org/library/efiles/documents/wcs-004.pdf.

IUCN, UNEP, WWF. 1991. Caring for the earth: a strategy for sustainable living [EB/OL]. [2018.05.30] https://portals.iucn.org/library/efiles/documents/cfe-003.pdf.

Jørgensen S E. 2007. Evolution and exergy[J]. Ecological Modelling, 203(3): 490-494.

James A D. 2002. The strategic management of mergers and acquisitions in the pharmaceutical industry: Developing a resource-based perspective[J]. Technology analysis & Strategic management, 14(3): 299-313.

Jepsen M K, Løfstedt B, Plum C E, et al. 2011. A path based model for a green liner shipping network design problem[A]. International MultiConference of Engineers and Computer Scientists. Hong Kong: International Association of Engineers,

Ji S, Qu Q. 2014. Development Experience of Foreign Green Shipping and Its Enlightenment to China[J]. Meteorological and Environmental Research, 5(4): 54-57.

Johor Port Authority. 2017. Green Port Initiatives in Johor (Updated 2017) [EB/OL]. [2018. 05. 30] http://www.lpj.gov.my/images/GreenPort/Green%20Port%20Initiatives%20in%20Johor%202017%20(Latest)%20-%20APA%20WCM%20(00000002)%20docx%20(edited%201).pdf.

Johor Port Authority. 2017a. Information Centre of Johor Port Authority [EB/OL]. [2018. 05. 30] http://www.lpj.gov.my/index.php/en/information-centre.

Johor Port Authority. 2017b. Official Website of Johor Port Authority [EB/OL]. [2018. 05. 30] http://www.lpj.gov.my/index.php/en/.

Jun L W. 1967. The Historical Roots of our Ecological Crisis [J]. Science, 155(3767): 1203-1207.

Kågeson P. 2009. Market - based instruments for NOx abatement in the Baltic Sea (2009) [EB/OL]. [2016. 12. 30] http://www.cleanshipping.org/download/2009_11_nox_report_baltic_sea.pdf.

Kattsoff L O. 1953. Man is the Measure of all Things[J]. Philosophy and Phenomenological Research, 13(4): 452-466.

Keeney R L. 1992. Value-focused thinking: A path to creative decisionmaking[M]. Cambridge: Harvard University Press, 6-28.

Keeney R L. 1996. Value-focused thinking: Identifying decision opportunities and creating alternatives[J]. European Journal of Operational Research, 92(3): 537-549.

Kimmins S, Fausset R, Draper S. 2011. Sustainable Shipping Initiative: the case for action [EB/OL]. [2016. 12. 30] https://www.forumforthefuture.org/project/sustainable-shipping-initiative/overview.

King W R, Cleland D I. 1978. Strategic planning and policy[M]. New York: Van Nostrand Reinhold, 1-374.

Kline B. 2011. First along the river: A brief history of the US environmental movement[M]. Lanham, New York, Toronto and Polymouth: Rowman & Littlefield Publishers, 1-208.

Kontovas C A. 2014. The Green Ship Routing and Scheduling Problem (GSRSP): A conceptual approach[J]. Transportation Research Part D-Transport and Environment, 31:61-69.

Koufopoulos D N, Lagoudis I N, Pastra A. 2005. Planning practices in the Greek ocean shipping industry[J]. European Business Review, 17(2): 151-176.

Kumar S. 1976. Long-term planning for Indian shipping[J]. Long Range Planning, 9(6): 63-68.

Kunnaala V, Rasi M. 2013. Corporate Social Responsibility and Shipping [EB/OL]. [2017. 12. 30] http://www.merikotka.fi/cafe/images/stories/cafe/cafe%20corporate%20social%20responsibility%20and%20shipping_pdf.pdf.

Lai K H, Lun V Y, Wong C W, et al. 2011. Green shipping practices in the shipping industry: Conceptualization, adoption, and implications[J]. Resources, Conservation and Recycling, 55(6): 631-638.

Lai K H, Lun Y H V, Wong C W Y, et al. 2013. Measures for evaluating green shipping practices implementation

[J]. International Journal of Shipping and Transport Logistics, 5(2): 217-235.

Lam J S L, Lai K h. 2015. Developing Environmental Sustainability by ANP-QFD Approach: the Case of Shipping Operations[J]. Journal of Cleaner Production, 105: 275-284.

Lam J S L, Van de Voorde E. 2012. Green port strategy for sustainable growth and development[A]. International Forum on Shipping, Ports and Airports (IFSPA). Hong Kong, 27-30.

Lamb K L. 1996. The problem of defining nature first: A philosophical critique of environmental ethics[J]. The Social Science Journal, 33(4): 475-486.

LeBlanc R. 2017. The Basics of Textile Recycling [EB/OL]. [2018. 05. 30] https://www.thebalance.com/the-basics-of-recycling-clothing-and-other-textiles-2877780.

Lee E S. 2010. Knowledge acquisition and maritime logistics value: An inter-organisational relationship perspective [D]. Doctor of Philosophy, Scotland: Heriot-Watt University, 1-3.

Lee E S, Song D W. 2010. Knowledge management for maritime logistics value: discussing conceptual issues[J]. Marit. Pol. Mgmt., 37(6): 563-583.

Lee H, Boile M, Theofanis S, et al. 2014. A freight network planning model in oligopolistic shipping markets[J]. Cluster Computing-the Journal of Networks Software Tools and Applications, 17(3): 835-847.

Lee P T W, Lun Y H V, Lai K H, et al. 2016. Maritime logistics and port connectivity in the globalised economy [J]. Transportation Research Part E: Logistics and Transportation Review, (95): 323-325.

Lenschow A, Newig J, Challies E. 2016. Globalization's limits to the environmental state? Integrating telecoupling into global environmental governance[J]. Environmental Politics, 25(1): 136-159.

Lindstad H, Asbjørnslett B E, Pedersen J T. 2012. Green maritime logistics and sustainability[A]. D.-W. Song and P. M. Panayides Maritime Logistics: Contemporary Issues. Bingley, England: Emerald Group Publishing Limited, 227-261.

Lirn T C, Lin H W, Shang K C. 2014. Green shipping management capability and firm performance in the container shipping industry[J]. Maritime Policy & Management, 41(2): 159-175.

Lister J. 2014. Green Shipping: Governing Sustainable Maritime Transport[J]. Global Policy, 6(2): 118-129.

Lister J, Poulsen R T, Ponte S. 2015. Orchestrating transnational environmental governance in maritime shipping [J]. Global Environmental Change, 34: 185-195.

Liu J. 2014. Forest sustainability in China and implications for a telecoupled world[J]. Asia & the Pacific Policy Studies, 1(1): 230-250.

Liu J, Hull V, Batistella M, et al. 2013. Framing sustainability in a telecoupled world[J]. Ecology and Society, 18(2): 26.

Liu X X, Ye H Q, Yuan X M. 2011. Tactical planning models for managing container flow and ship deployment [J]. Maritime Policy & Management, 38(5): 487-508.

Lorange P. 2001. Strategic re-thinking in shipping companies[J]. Maritime Policy & Management, 28(1): 23-32.

Lun Y, Lai K h, Cheng T. 2013. An evaluation of green shipping networks to minimize external cost in the Pearl River Delta region[J]. Technological Forecasting and Social Change, 80(2): 320-328.

Lun Y H V. 2011. Green management practices and firm performance: A case of container terminal operations[J]. Resources, Conservation and Recycling, 55(6): 559-566.

Lun Y H V. 2013. Development of green shipping network to enhance environmental and economic performance [J]. Polish Maritime Research, 20: 13-19.

Lun Y V, Browne M. 2009. Fleet mix in container shipping operations[J]. International Journal of Shipping and Transport Logistics, 1(2): 103-118.

Lun Y V, Lai K H, Wong C W, et al. 2014. Green shipping practices and firm performance[J]. Maritime Policy & Management, 41(2): 134-148.

Lun Y V, Lai K H, Wong C W, et al. 2015. Greening and performance relativity: An application in the shipping industry[J]. Computers & Operations Research, 54: 295-301.

Lun Y V, Lai K H, Wong C W, et al. 2016. Green Shipping Management[M]. New York, Dordrecht and London: Springer International Publishing Switzerland, 3-15.

Lynch T, Wells D. 1998. Non-Anthropocentrism? A Killing Objection [J]. Environmental Values, 7 (2): 151-163.

Mackey M. 2006. Chinese shipping aims for global leadership[N], Asia Times, Mar 1, http://www.atimes.com/atimes/China_Business/HC01Cb06.html.

Maersk Group. 2017. Sustainability report 2015 [EB/OL]. [2018.05.30] https://www.maersk.com/business/sustainability/sustainability-reports-and-publications/reports.

Magee L, Scerri A, James P, et al. 2017. Reframing social sustainability reporting: towards an engaged approach [J]. Environment, Development and Sustainability, 15(1): 225-243.

Magerholm Fet A. 1998. ISO 14000 as a strategic tool for shipping and shipbuilding[J]. Journal of Ship Production, 14(3): 155-163.

Mansouri S A, Lee H, Aluko O. 2015. Multi-objective decision support to enhance environmental sustainability in maritime shipping: A review and future directions[J]. Transportation Research Part E: Logistics and Transportation Review, 78: 3-18.

Marisca. 2017. Website of MARItime Spatial planning for the protection and Conservation of the biodiversity in the Aegean sea [EB/OL]. [2018.05.30] http://www.marisca.eu/index.php/en/.

Maritime and Port Authority of Singapore. 2013. Maritime Singapore 2030 [EB/OL]. [2016.12.30] http://www.mpa.gov.sg/sites/pdf/sn25/feature25.pdf.

Maritime and Port Authority of Singapore. 2015. Maritime Singapore Green Initiative [EB/OL]. [2016.12.30] http://www.mpa.gov.sg/sites/maritime_singapore/msgi/maritime-singapore-green-initiative.page.

Maritime UK. 2013. Shipping Strategic Partnership [EB/OL]. [2016.12.30] https://www.gov.uk/government/uploads/system/uploads/attachment_data/file/237319/sspp-booklet.pdf.

McKinnon A, Browne M, Whiteing A, et al. 2012. Green logistics: Improving the environmental sustainability of logistics[M]. London, Philadelphia and New Delhi: Kogan Page, 3-25.

McKinnon A, Cullinane S, Browne M, et al. 2010. Green logistics: Improving the environmental sustainability of logistics[M]. London, Philadelphia and New Delhi: Kogan Page, 5-6.

McShane K. Anthropocentrism vs. 2007. Nonanthropocentrism: Why Should We Care? [J]. Environmental Values, 16: 169-185.

Meadows D, Randers J, Meadows D. 2005. Limits to Growth: The 30-Year Update[M]. London: Routledge, 1-338.

Meadows D H, Meadows D H, Randers J, et al. 1972. The Limits to Growth: a report to the club of Rome[M]. New York: Universe Books, 17-205.

Mediterranean Shipping Company. 2018. Website of carbon calculate for shipment [EB/OL]. [2018.05.30] https://www.msc.com/carbon-calculator#.

Melathopoulos A P, Stoner A M. 2015. Critique and transformation: On the hypothetical nature of ecosystem service value and its neo-Marxist, liberal and pragmatist criticisms[J]. Ecological Economics, 117: 173-181.

Meng Q, Wang T S. 2011. A scenario-based dynamic programming model for multi-period liner ship fleet planning

[J]. Transportation Research Part E-Logistics and Transportation Review, 47(4): 401-413.

Meng Q, Wang T S, Wang S A. 2012. Short-term liner ship fleet planning with container transshipment and uncertain container shipment demand[J]. European Journal of Operational Research, 223(1): 96-105.

Merriam-Webster Dictionary. 2017. Definition of anthropocentric [EB/OL]. [2017. 12. 30] https://www.merriam-webster.com/dictionary/anthropocentrism.

Michigan State University. 2016. Telecoupling: Understanding how small-and connected-the world is [EB/OL]. [2017. 12. 30] http://csis.msu.edu/content/telecoupling-understanding-how-small-and-connected-world.

Milburn R. 2014. The roots to peace in the Democratic Republic of Congo: conservation as a platform for green development[J]. International Affairs, 90(4): 871-887.

Millennium Ecosystem Assessment. 2003. Ecosystems and human well-being: a framework for assessment [EB/OL]. [2017. 12. 30] http://pdf.wri.org/ecosystems_human_wellbeing.pdf.

Milligan B M, Mohammed E Y. 2016. The Blue Foundations of Sustainable Development [EB/OL]. [2017. 12. 30] https://www.researchgate.net/publication/307205479.

Ministerio de Fomento. 2013. Estrategia Logística de España [EB/OL]. [2016. 12. 30] http://www.fomento.es/NR/rdonlyres/9F137531-A314-433C-B377-E8A3F59572F5/121814/20131125EstrategiaLogistica.pdf (in Spanish).

Ministerio de Fomento. 2013. PLAN ESTRATÉGICO DEL MINISTERIO DE FOMENTO 2012-2015 [EB/OL]. [2016. 12. 30] http://www.fomento.es/NR/rdonlyres/210BC6A4-AC8D-4F93-9F74-860C817146DC/127943/PEFPORTALTRANSPARENCIA2.pdf (in Spanish).

Mintzberg H, Quinn J B. 1996. The Strategy Process: Concepts, Contexts, Cases[M]. New Jersey: Prentice Hall, 1-489.

Mintzberg H, Raisinghani D, Theoret A. 1976. The structure of "unstructured" decision processes[J]. Administrative science quarterly: 246-275.

Mitropoulos E E. 2011. Green Shipping: A Continuous Challenge [EB/OL]. [2016. 12. 30] http://www.imo.org/en/MediaCentre/SecretaryGeneral/SpeechesByTheSecretaryGeneral/Pages/Panama-MaritimeXenvironment.aspx.

MLITT (Ministry of Land, Infrastructure, Transport and Tourism) of Japan. 2014. Holding seminars in Sea Japan 2014 [EB/OL]. [2016. 12. 30] http://www.mlit.go.jp/en/maritime/maritime_fr5_000000.html.

MMC Corporation Berhad. 2017. Annual Report of MMC Corporation Berhad [EB/OL]. [2018. 05. 30] https://www.mmc.com.my/page13.html.

Moon K, Blackman D. 2014. A guide to understanding social science research for natural scientists[J]. Conservation Biology, 28(5): 1167-1177.

Mukherjee P K, Brownrigg M. 2013. Farthing on International Shipping[M]. New York, Dordrecht, and London: Springer-Verlag Berlin Heidelberg, 14-87.

Murphy P R, Poist R F. 2000. Green logistics strategies: an analysis of usage patterns[J]. Transportation Journal: 5-16.

Nam H S, Song D W. 2011. Defining maritime logistics hub and its implication for container port[J]. Maritime Policy & Management, 38(3): 269-292.

Ng M M, Lun Y V, Lai K H, et al. 2013. Research on shipping studies[J]. International Journal of Shipping and Transport Logistics, 5(1): 1-12.

Nordatat. 2016. Nordic Major City Statistics [EB/OL]. [2018. 05. 30] http://statistik.stockholm.se/publikationer/nordic-major-cities-statistics.

North-East Shipping Management Group. 2014. North-East Shipping Management Plan [EB/OL]. [2016. 12. 30] https://www.amsa.gov.au/forms-and-publications/Publications/AMSA439.pdf.

North Adriatic Ports Association. 2017. Website of North Adriatic Sea Port Association [EB/OL]. [2016. 12. 30] http://www.portsofnapa.com/.

Norton B G. 1987. Why preserve natural variety? [M]. Princeton: Princeton University Press, 133-182.

Nykvist B, Suljada T. 2017. How can we decarbonize road freight transport by 2030? [EB/OL]. [2018. 05. 30] https://www.sei-international.org/mediamanager/documents/Publications/SEI-2017-FS-Nykvist-Decarbonize-Road-Freight.pdf.

Odin S. 1991. The Japanese concept of nature in relation to the environmental ethics and conservation aesthetics of Aldo Leopold[J]. Environmental Ethics, 13(4): 345-360.

Odum H T. 1996. Environmental accounting: emergy and environmental decision making[M]. New York, Chiechester, Brisbane, Toronto and Singapore: John Wiley & Sons, Inc., 1-359.

OECD (Organisation for Economic Co-operation and Development). 2011. Towards Green Growth [EB/OL]. [2017. 12. 30] https://www.oecd.org/greengrowth/48012345.pdf.

OECD. 2012. Greening Development: Enhancing Capacity for Environmental Management and Governance [EB/OL]. [2017. 12. 30] http://www. oecd. org/dac/environment - development/greening - development - 9789264167896-en.htm.

OECD. 2013. Green Growth in Stockholm, Sweden[R]. Paris: OECD Publishing, 9-38.

OECD. 2015. Shipping and Climate Change: Where are we and which way forward? [EB/OL]. [2017. 12. 30] https://www.itf-oecd.org/sites/default/files/docs/2015-10-12.pdf.

OEKO-TEX ©. 2017. Website of OEKO-TEX © [EB/OL]. [2018. 05. 30] https://www.oeko-tex.com/zh/about_oeko_tex/about_ot_home/about_ot_home.xhtml.

Olsen J B, Eadie D C. 1982. The game plan: Governance with foresight[M]. Washington, DC: Council of State Planning Agencies, 1-176.

Panaitescu F, Panaitescu M. 2015. An approach to the implementation of ISO 14000 at a shipping company[A]. IOP Conference Series: Materials Science and Engineering. Bandung, Indonesia: IOP Publishing, 1-6.

Panayides P M. 2006. Maritime logistics and global supply chains: Towards a research agenda[J]. Maritime Economics & Logistics, 8(1): 3-18.

Panayides P M, Song D-W. 2013. Maritime logistics as an emerging discipline[J]. Maritime Policy & Management, 40(3): 295-308.

Pandza K, Polajnar A, Buchmeister B. 2005. Strategic management of advanced manufacturing technology[J]. The International Journal of Advanced Manufacturing Technology, 25(3-4): 402-408.

Parati P, Brotto E, Cason M, et al. 2011. Stato delle acque superficiali del Veneto-anno 2010[R]. Padova: Agenzia Regionale per la Prevenzione e Protezione Ambientale del Veneto: 323 (in Italian).

Passmore J. 1974. Man's Responsibility for Nature[M]. New York: Charles Scribner's Son, 40.

Pearce D W, Markandya A, Barbier E. 1989. Blueprint for a Green Economy[R]. London, UK: London Environmental Economics Centre, 8-25.

Pelletier N, Allacker K, Pant R, et al. 2014. The European Commission Organisation Environmental Footprint method: comparison with other methods, and rationales for key requirements[J]. The International Journal of Life Cycle Assessment, 19(2): 387-404.

Pepper D. 1996. Modern environmentalism: an introduction[M]. London and New York: Routledge, 9-326.

Perović M. 2008. Green development and participation-implications for countries in transition: Case study of Stara

Planina, Republic of Serbia[J]. Spatium, (17-18): 38-44.

PIANC (Permanent International Association of Navigation Congresses). 2013. Sustainable Maritime Navigation [EB/OL]. [2017. 12. 30] http://www.imo.org/en/OurWork/Environment/LCLP/recentevents/Documents/PIANC%20report%20for%20SG37.pdf.

PIANC. 2014. Port master planning: Guidelines for existing ports [EB/OL]. [2017. 12. 30] http://www.eau-mer-fleuves.cerema.fr/IMG/pdf/Port_masterplanning_-_guidelines_for_existing_ports_cle699aff.pdf.

Pickton D W, Wright S. 1998. What's SWOT in strategic analysis? [J]. Strategic Change, 7(2): 101-109.

Pike K, Butt N, Johnson D, et al. Global sustainable shipping initiatives: Audit and overview [OL]. 2011, http://awsassets.panda.org/downloads/sustainable_shipping_initiatives_report_1.pdf.

Piraeus Container Terminal S.A. 2017a. Financial Statements [EB/OL]. [2018. 05. 30] http://www.pct.com.gr/financial.php.

Piraeus Container Terminal S.A. 2017b. Website of Piraeus Container Terminal S.A. [EB/OL]. [2018. 05. 30] http://www.pct.com.gr/.

Piraeus Port Authority S.A. 2013. Enviromental Protection Brochure [EB/OL]. [2018. 05. 30] http://www.olp.gr/images/sempo_pictures/3PTYXO_18.11.2013_ok.pdf.

Piraeus Port Authority S.A. 2016a. Environmental Report [EB/OL]. [2018. 05. 30] http://www.olp.gr/images/GR_PDF/slops/PERS_REPORT_2016.pdf.

Piraeus Port Authority S.A. 2016b. Introduction of Piraeus Port Authority S.A. [EB/OL]. [2018. 05. 30] http://www.olp.gr/images/pdffiles/OLP_EN.PDF.

Piraeus Port Authority S.A. 2017. Website of Piraeus Port Authority S.A. [EB/OL]. [2018. 05. 30] http://www.olp.gr/en/.

Pistollato S. 2016. Relazione annuale qualità dell'aria in provincia di Venezia-2015[R]. Padova: Agenzia Regionale per la Prevenzione e Protezione Ambientale del Veneto, 4-124 (in Italian).

Plevin R J, Delucchi M A, Creutzig F. 2014. Using attributional life cycle assessment to estimate climate-change mitigation benefits misleads policy makers[J]. Journal of Industrial Ecology, 18(1): 73-83.

Plumwood V. 2002. Environmental culture: The ecological crisis of reason [M]. London and New York: Routledge, 1-291.

Ponting C. 1993. A green history of the world: the environment and collapse of great civilization[M]. New York, USA: Penguin, 1-448.

PORSE M. 2013. Is Sweden ready to implement a textile recycling system? [D]. Master of Science, Sweden: University of Borås, 9-13.

Port of Tanjung Pelepas. 2017. Official Website of Port of Tanjung Pelepas [EB/OL]. [2018. 05. 30] http://www.ptp.com.my/home.

Port of Venice. 2014. Three-year Operational Plans [EB/OL]. [2018. 05. 30] https://www.port.venice.it/en/plans-and-programs.html.

Port of Venice. 2017a. A green port [EB/OL]. [2018. 05. 30] https://www.port.venice.it/en/green-port.html.

Port of Venice. 2017b. The Port in figures [EB/OL]. [2018. 05. 30] https://www.port.venice.it/en/the-port-in-figures.html.

Port of Venice. 2017. Website of Port of Venice [EB/OL]. [2018. 05. 30] https://www.port.venice.it/en.

Ports of Stockholm. 2016. Ports of Stockholm Annual Report and Sustainability Report 2016 [EB/OL]. [2018. 05. 30] http://www.portsofstockholm.com/siteassets/trycksaker/ports_of_stockholm_2016.pdf.

Ports of Stockholm. 2017a. Environmental measures [EB/OL]. [2018. 05. 30] http://www.portsofstockholm.com/

about-us/environmental-work/environmental-measures/.

Ports of Stockholm. 2017b. Official Website of Ports of Stockholm [EB/OL]. [2018. 05. 30] http://www.portsofstockholm.com/.

Portuguese Goverment. 2013. National Ocean Strategy 2013-2020 [EB/OL]. [2016. 12. 30] http://www.dgpm.mam.gov.pt/Documents/ENM_Final_EN_V2.pdf.

Powell W B, Jaillet P, Odoni A. 1995. Stochastic and dynamic networks and routing[J]. Handbooks in operations research and management science, 8: 141-295.

Prpic Orsic J, Faltinsen O M, Valcic M. 2014. Development strategies for greener shipping[A]. 56th International Symposium Electronics in Marine (ELMAR). Zadar, Croatia: IEEE Xplore, 83-86.

Psaraftis H N. 2009. Green Maritime Logistics[J]. MLOG Singapore: 23-24.

Psaraftis H N. 2016. Green transportation logistics: The quest for win-win solutions[M]. Basel, Switzerland: Springer International Publishing Switzerland, xi-xviii.

Quinn F, Castéra J, Clément P. 2016. Teachers' conceptions of the environment: anthropocentrism, non-anthropocentrism, anthropomorphism and the place of nature[J]. Environmental Education Research, 22(6): 893-917.

Rahman N A. 2012. Selection of the Most Beneficial Shipping Business Strategy for Containerships[J]. European Journal of Business and Management, 4(17): 153-167.

Regional Union of the Chamber of Commerce of Veneto. 2013. Veneto Economic Barometer [EB/OL]. [2018. 05. 30] http://www.ven.camcom.it/userfiles/ID465__SchedaVeneto.pdf.

Reinhardt L B, Kallehauge B, Nørrelund A, et al. 2007. Network design models for container shipping[R]. Lyngby: Technical University of Denmark, Centre for Traffic and Transport, 1-9.

Robinson R. 2002. Ports as elements in value-driven chain systems: the new paradigm[J]. Maritime Policy & Management, 29(3): 241-255.

Rocky Mountain Institute. 1998. Green development: Integrating ecology and real estate[M]. New Jersey, USA: John Wiley & Sons, Inc., 1-421.

Rodrigue J P, Slack B, Comtois C, et al. 2001. Green Logistics (The Paradoxes of) [A]. A.M. Brewer, K.J. Button, and D.A. Hensher Handbooks in Transport. London: Pergamon, 1-10.

Rodriguez L, Youssef F. 2017. Rethinking maritime cabotage for improved connectivity[R]. New York and Geneva: United Nations Conference on Trade and Development, 10-11.

Rootes C. 2014. Environmental movements: local, national and global[M]. London and New York: Routledge, 1-12.

Saaty T L. 1980. The Analytic Hierarchy Process: Planning, Priority Setting, Resource Allocation[M]. New York and London: McGraw-Hill International Book Company, 1-287.

Sbihi A, Eglese R W. 2007. Combinatorial optimization and Green Logistics[J]. A Quarterly Journal of Operations Research, 5(2): 99-116.

Schick K. 2013. Green Development and Investments in Science and Technology Policy: A Comparative Analysis of Developing Countries[D]. Honors degree, Boulder: University of Colorado, 2-11.

Schwenk C R. 1988. The essence of strategic decision making[M]. Lanham: Lexington Books, 1-160.

Scott A J. 1982. The Value of Formal Planning for Strategic Decisions: Review of Empirical Research[J]. Strategic management journal, 3(3): 197.

Scott J, Sinnamon H. 2008. Floating Smokestacks: A call for action to clen up marine shipping pollution [EB/OL]. [2016. 12. 30] http://www.cleanshipping.org/download/8619_FloatingSmokestacks_report_0(2).pdf.

Seaport Worldwide Sdn Bhd. 2012. Preliminary Environmental Impact Assessment (PEIA) for "Cadangan

Membina Jambatan Menyeberangi Sg. Pulai dan jalan Menghubungkan Pelabuhan Tanjung Pelepas ke Tanjung Bin, Mukim Air Masin dan Sungai Karang, Daerah Pontian dan Mukim Pulai, Daerah Johor Bahru, Johor" [R]. Malaysia: Malaysian Government, 2015, E-ii - E-xliv.

Secretariat of the Convention on Biological Diversity. Cities and Biodiversity Outlook [EB/OL]. [2018.05.30] https://www.cbd.int/authorities/cbo1.shtml.

Seghezzo L. 2009. The five dimensions of sustainability[J]. Environmental Politics, 18(4): 539-556.

Serafin R. 1987. Vernadsky's Biosphere, Teilhard's Noosphere, and Lovelock's Gaia: Perspectives on Human Intervention in Global Biogeochemical Cycles[R]. Laxenburg, Austria: International Institute for Applied Systems Analysis, 1-10.

Sessions G. 1987. The deep ecology movement: a review[J]. Environmental Review: ER, 11(2): 105-125.

Shaker R R. 2015. The spatial distribution of development in Europe and its underlying sustainability correlations [J]. Applied Geography, 63: 304-314.

Shearman R. 1990. The meaning and ethics of sustainability[J]. Environmental Management, 14: 1-8.

Simon H A. 1960. The new science of management decision[M]. New York: Harper & Brothers, 1-50.

Smith A. 1776. The Wealth of Nations[M]. New York: Random House, Inc., 154-965.

Smith T W P, Jalkanen J P, Anderson B A, et al. 2015. Third IMO GHG Study 2014: Executive Summary and Final Report[R]. London: International Maritime Organization, 1-146.

Song D W, Panayides P M. 2008. Global supply chain and port/terminal: integration and competitiveness[J]. Maritime Policy & Management, 35(1): 73-87.

Song D W, Lee E-S. 2012. Coopetitive networks, knowledge acquisition and maritime logistics value[J]. International Journal of Logistics Research and Applications, 15(1): 15-35.

Song D W, Lee P T. 2009. Maritime logistics in the global supply chain[J]. International Journal of Logistics Research and Applications, 12(2): 83-84.

Song D W, Panayides P. 2012a. Maritime logistics: A complete guide to effective shipping and port management [M]. London: Kogan Page, 1-344.

Song D W, Panayides P. 2015. Maritime logistics: A guide to contemporary shipping and port management[M]. London, Philadelphia and New Delhi: Kogan Page, 3-106.

Song D W, Panayides P M. 2012b. Maritime Logistics: Contemporary Issues[M]. Bingley, England: Emerald Group Publishing Limited, 1-283.

SPREP (Secretariat of the Pacific Environment Programme). 2017. Website of Secretariat of the Pacific Environment Programme [EB/OL]. [2018.05.30] http://www.sprep.org/index.php.

Starcrest Consulting Group Limited Liability Company. 2015. Air Emission Inventory [EB/OL]. [2018.05.30] http://polb.com/environment/air/emissions.asp.

Statistics Sweden. 2017. Statistical database [EB/OL]. [2017.12.30] http://www.statistikdatabasen.scb.se/pxweb/en/ssd/? rxid=86abd797-7854-4564-9150-c9b06ae3ab07.

STIGLITZ J E, SEN A, FITOUSSI J-P. Report by the Commission on the Measurement of Economic 2008. Performance and Social Progress [EB/OL]. [2018.05.30] http://ec.europa.eu/eurostat/documents/118025/118123/Fitoussi+Commission+report.

Stockholm Government. 2016. The Stockholm Environment Programme 2016-2019 [EB/OL]. [2018.05.30] http://www.stockholm.se/PageFiles/130332/the-stockholm-environment-programme-2016-2019.pdf.

Stockholms stad. 2015. Vision 2040: A Stockholm for Everyone [EB/OL]. [2018.05.30] http://international.stockholm.se/globalassets/vision-2040_presentation_eng_170130.pdf.

Stockholms stad. Statistical Year-book of Stockholm [EB/OL]. [2018. 05. 30]2017a, http://statistik.stockholm.se/publikationer/statistisk-arsbok-foer-stockholm.

Stockholms stad. 2017. Stockholm Facts & Figures [EB/OL]. [2018. 05. 30] http://statistik. stockholm. se/english.

Storsthlm. 2017. Website of Storsthlm [EB/OL]. [2018. 05. 30]http://www.storsthlm.se/.

Sulaiman O, Saharuddin A, Kader A. 2011. Sustainable maintenance of navigation channel: the case of Port Tanjung Pelepas (PTP) Port [J]. Asian Social Science, 7(12): 175.

Sustainable Port of Antwerp. 2017. Website of Sustainable Port of Antwerp [EB/OL]. https://www.sustainableportofantwerp.com/.

Swedish Environmental Protection Agency. 2009. Protected species of plants and animals in Sweden [EB/OL]. [2018. 05. 30]http://www.naturvardsverket.se/Documents/publikationer/978-91-620-8375-5.pdf.

Swedish Transport Administration. 2015. E4 The Stockholm bypass Project [EB/OL]. [2018. 05. 30] https://www.trafikverket.se/en/startpage/projects/Road-construction-projects/the-stockholm-bypass/.

Sydney Ports Corporation. 2006. Green Port Guidelines [EB/OL]. [2016. 06. 30] https://www. portauthoritynsw. com. au/corporation/media _ and _ publications/publications/environment/environment/green _ port _ guidelines _2006.

Tamanini J. 2016. 2016 Global Green Economy Index [EB/OL]. [2017. 12. 30]https://dualcitizeninc.com/GGEI-2016.pdf.

Tay L L J. Air emissions: the effects on the shipping industry and ports: implications for the Port of Singapore[D]. Master of Science, Malmo, Sweden: World Maritime University, 16-17.

Terranova G, Citron M, Parolin A. 2015. The Port of Venice Case Study: voluntary agreements to reduce air pollution from cruise ships [EB/OL]. [2018. 05. 30] https://www. port. venice. it/files/page/vbfeffectinveniceapice.pdf.

The Economics of Ecosystems and Biodiversity. 2010. The Economics of Ecosystems and Biodiversity in Local and Regional Policy [EB/OL]. [2017. 12. 30] http://www. teebweb. org/our-publications/teeb-study-reports/local-and-regional-policy-makers/.

Thompson A. 2015. Anthropocentrism: Humanity as Peril and Promise[A]. S.M. Gardiner and A. Thompson The Oxford Handbook of Environmental Ethics. Oxford: Oxford University Press, 77-90.

Tomlinson D S. 1980. Developing a Data-based for Planning-A shipping Industry Case[J]. Long Range Planning, 13(6): 42-45.

Torricella N. 2013. Two parallel tracks for the develpoment of the port: efficiency and environment protection [EB/OL]. [2018. 05. 30]https://www.port.venice.it/files/page/20131213-greensitetorricella.pdf.

Transport and Infrastructure Council of Australia. 2016. National Guidelines for Transport System Management in Australia [EB/OL]. [2016. 12. 30]https://ngtsmguidelines.com/.

Transport Canada. 2013. Sustainable Development [EB/OL]. [2016. 12. 30] https://www. tc. gc. ca/eng/policy/acs-sd-menu-3124.html.

Transport Canada. 2014. What is Sustainable Development? [EB/OL]. [2016. 12. 30] http://www.tc.gc.ca/eng/policy/acs-sd-dsds-2615.htm.

Turtiainen M. 2005. Green shipping [EB/OL]. [2016. 12. 30] https://library. e. abb. com/public/417b651cf0dd8298c125707 b004ba25c/54-57%203M554_ENG72dpi.pdf.

UN (United Nations). 1982. World Charter for Nature [EB/OL]. [2017. 12. 30]http://www.un.org/documents/ga/res/37/a37r007.htm.

UN. 2000. United Nations Millennium Declaration [EB/OL]. [2017. 12. 30] http://www.un.org/millennium/declaration/ares552e.htm.

UN. 2002. Report of the World Summit on Sustainable Development [EB/OL]. [2017. 12. 30] https://documents-dds-ny.un.org/doc/UNDOC/GEN/N02/636/92/PDF/N0263692.pdf? OpenElement.

UN. 2005. Regional Shipping and Port Development Strategies [EB/OL]. [2017. 12. 30] https://www.unescap.org/sites/default/files/pub_2398_fulltext.pdf.

UN. 2012. Resilient People, Resilient Planet: A future worth choosing [EB/OL]. [2017. 12. 30] http://en.unesco.org/system/files/GSP_Report_web_final.pdf.

UN. 2016a. The First Global Integrated Marine Assessment [EB/OL]. [2018. 05. 30] http://www.un.org/depts/los/global_reporting/WOA_RPROC/Title_Page.pdf.

UN. 2016b. Global Environmental Outlook [EB/OL]. [2018. 05. 30] http://web.unep.org/geo/.

UN, CEC (Commission of the European Communities), IMF (International Monetary Fund), et al. 1993. System of National Accounts 1993 [EB/OL]. [2017. 12. 30] https://unstats. un. org/unsd/nationalaccount/docs/1993sna.pdf.

UN, EC (European Commission), IMF, et al. 2003. Handbook of National Accounting: Integrated Environmental and Economic Accounting [EB/OL]. [2017. 12. 30] https://unstats.un.org/unsd/envaccounting/seea2003.pdf.

UNCED (United Nations Conference on Environment and Development). 1992a. Agenda 21 [EB/OL]. [2017. 12. 30] https://sustainabledevelopment.un.org/content/documents/Agenda21.pdf.

UNCED. 1992b. Rio Declaration on Environment and Development [EB/OL]. [2017. 12. 30] http://www.unesco.org/education/pdf/RIO_E.PDF.

UNCED. 2015. Transforming our world: the 2030 Agenda for Sustainable Development [EB/OL]. [2017. 12. 30] https://sustainabledevelopment.un.org/post2015/transformingourworld/publication.

UNCTAD (United Nations Conference on Trade and Development). 1993a. Strategic planning for port authorities [EB/OL]. [2016. 05. 30] http://unctad.org/en/Docs/shipd646_en.pdf.

UNCTAD. 1993b. Sustainable development for ports [EB/OL]. [2016. 05. 30] http://unctad. org/en/Docs/sddport1_en.pdf.

UNCTAD. 1999. PORTS NEWSLETTER N° 19 [EB/OL]. [2016. 05. 30] http://unctad. org/en/docs/posdtetibm15.en.pdf.

UNDP (United Nations Development Programme), SEI (Stockholm Environment Institute). 2002. Making Green Development A Choice: China Human Development Report [EB/OL]. [2017. 12. 30] http://hdr. undp. org/sites/default/files/china_2002_en.pdf.

UNEP (United Nations Environment Programme). 2010. Green Economy: Developing Countries Success Stories [EB/OL]. [2017. 12. 30] http://www. greengrowthknowledge. org/sites/default/files/downloads/resource/GE_developing_countries_success_stories_UNEP.pdf.

UNEP. 2011. Towards a Green Economy: Pathways to Sustainable Development and Poverty Eradication [EB/OL]. [2017. 12. 30] https://sustainabledevelopment. un. org/index. php? page = view&type = 400&nr = 126&menu = 35.

UNESCO-IOC (Intergovernmental Oceanographic Commission of United Nations Educational, Scientific and Cultural Organization), UNEP. 2016a. Large Marine Ecosystems: Status and Trends [EB/OL]. [2018. 06. 30] http://www.geftwap.org/publications/lmes-technical-report.

UNESCO-IOC, UNEP. 2016b. The Open Ocean: Status and Trends [EB/OL]. [2018. 06. 30] http://www.geftwap.org/publications/copy_of_TWAPVolume5OpenOcean.pdf.

UNESCO (United Nations Educational, Scientific and Cultural Organization). 2017. Venice and its Lagoon [EB/OL]. [2018. 06. 30] http://whc.unesco.org/en/list/394.

United Nations Conference on Sustainable Development. 2012. The future we want[R]. Rio de Janeiro, Brazil: United Nations, 1-13.

United States National Research Council. 1994. Science and Judgment in Risk Assessment[M]. Washington, D.C.: National Academies Press, 5-10.

United States National Research Council. 2009. Science and Decisions: Advancing Risk Assessment[M]. Washington, D.C.: National Academies Press, ix.

USDOT (United States Department of Transportation). 2006. Strategic Plan for Fiscal Years 2006—2011 [EB/OL]. [2016. 12. 30] https://www.transportation.gov/sites/dot.dev/files/docs/DOT_Strategic_Plan_2006_2011.pdf.

USDOT. 2007. The Maritime Administration and the U.S. Marine Transportation System: A Vision for the 21st Century [EB/OL]. [2016. 12. 30] http://www.marad.dot.gov/wp-content/uploads/pdf/Vision_of_the_21st_Century_10-29.pdf.

USDOT. 2008. Leading the Future: 2008—2013 Strategic Plan [EB/OL]. [2016. 12. 30] http://www.marad.dot.gov/wp-content/uploads/pdf/Strategic_Plan_Text_Cover-R2_SP.pdf.

USDOT. 2009. An Evaluation of Maritime Policy in Meeting the Commercial and Security Needs of the United States [EB/OL]. [2016. 12. 30] http://mlaus.org/documentlibrary/government_reports_and_policy/MARAD-Policy-Study-2.pdf.

USDOT. 2014a. Strategic Plan for Fiscal Years 2014—2018 [EB/OL]. [2016. 12. 30] https://www.transportation.gov/sites/dot.gov/files/docs/2014-2018-strategic-plan_0.pdf.

USDOT. 2014b. U.S. Department of Transportation Climate Adaptation Plan [EB/OL]. [2016. 12. 30] https://www.transportation.gov/sites/dot.gov/files/docs/2014-%20DOT-Climate-Adaptation-Plan.pdf.

USDOT. 2015a. Agency Environmental Support [EB/OL]. [2016. 12. 30] http://www.marad.dot.gov/environment-and-safety/office-of-environment/.

USDOT. 2015b. Maritime Environmental and Technical Assistance (META) Program [EB/OL]. [2016. 12. 30] http://www.marad.dot.gov/environment-and-safety/office-of-environment/environmental-technology-assistance-initiative/.

USDOT. 2015c. National Maritime Strategy Symposium [EB/OL]. [2016. 12. 30] http://www.marad.dot.gov/mariners/national-maritime-strategy-symposium/.

USFMC (United States Federal Maritime Commision). 1999. FMC Strategic Plan for Fiscal Years 1999-2000 [EB/OL]. [2016. 12. 30] http://www.fmc.gov/about/fmc_strategic_plan_for_fiscal_years_19992000.aspx.

USFMC. 2000. FMC Strategic Plan for Fiscal Years 2000-2005 [EB/OL]. [2016. 12. 30] http://www.fmc.gov/about/fmc_strategic_plan_for_fiscal_years_2000_2005.aspx.

USFMC. 2003. FMC Strategic Plan for Fiscal Years 2003-2008 [EB/OL]. [2016. 12. 30] http://www.fmc.gov/about/fmc_strategic_plan_for_fiscal_years_2003_2008.aspx.

USFMC. 2008. FMC Strategic Plan for Fiscal Years 2010-2015 [EB/OL]. [2016. 12. 30] http://www.fmc.gov/assets/1/Page/FMC_Strategic_Plan_2010-2015_Final.pdf.

USFMC. 2011. FMC Strategic Plan for Fiscal Years 2010-2015 [EB/OL]. [2016. 12. 30] http://www.fmc.gov/assets/1/Page/2010-2015-FMC-Strategic_Plan.pdf.

USFMC. 2013. FMC Strategic Plan for Fiscal Years 2014-2018 [EB/OL]. [2016. 12. 30] http://www.fmc.gov/assets/1/Page/StrategicPlan2014-2018.pdf.

USFMC. 2015a. Annual Performance Plans By Fiscal Year [EB/OL]. [2016. 12. 30] http://www.fmc.gov/about/annual_performance_plans_by_fiscal_year.aspx.

USFMC. 2015b. Strategic Plans [EB/OL]. [2016. 12. 30] http://www.fmc.gov/about/strategic_plans.aspx.

VECON S.P.A. 2017. Website of Vecon S.P.A. [EB/OL]. [2018. 06. 30] http://www.vecon.it/en.

Venice Port Authority. 2014. La valutazione dei rischi derivanti dalla movimentazione delle merci pericolose in porto [OL]. http://safeportproject.eu/wp-content/uploads/2014/11/WP7-APV.pdf.

Vianello L, Pistollato S. 2011. Relazione annuale qualità dell'aria in provincia di Venezia-2010[R]. Venezia: Agenzia Regionale per la Prevenzione e Protezione Ambientale del Veneto, 4-86 (in Italian).

Wan Z, Zhu M, Chen S, et al. 2016. Three steps to a green shipping industry[J]. Nature, 530(7590): 275-277.

Wang C, Corbett J J, Firestone J. 2007a. Improving spatial representation of global ship emissions inventories[J]. Environmental Science & Technology, 42(1): 193-199.

Wang C, Corbett J J, Winebrake J J. 2007b. Cost-effectiveness of reducing sulfur emissions from ships[J]. Environmental Science & Technology, 41(24): 8233-8239.

Wang S, Liu Z, Meng Q. 2013. Systematic network design for liner shipping services[J]. Transportation Research Record: Journal of the Transportation Research Board, 2330(1): 16-23.

Wang X, Chen W Q, Zhang L P, et al. 2010. Estimating the ecosystem service losses from proposed land reclamation projects: A case study in Xiamen[J]. Ecological Economics, 69(12): 2549-2556.

Washington H, Taylor B, Kopnina H, et al. 2017. Why ecocentrism is the key pathway to sustainability[J]. The Ecological Citizen, 1(1): Y-Z.

Wayback Machine. 2014. Lagoon of Venice information [EB/OL]. https://web.archive.org/web/20040820232717/http://www.salve.it/uk/eco/destra/ecobase.htm.

WCED (World Commission on Environment and Development). 1987. Report of the World Commission on Environment and Development: Our Common Future [EB/OL]. [2017. 12. 30] http://www.un-documents.net/wced-ocf.htm.

Weber R H, Weber R. 2010. Internet of things[M]. Dordrecht, London and New York: Springer-Verlag Berlin Heidelberg, 1-125.

Wessberg N, Molarius R, Seppälä J, et al. 2008. Environmental risk analysis for accidental emissions[J]. Journal of Chemical Health and Safety, 15(1): 24-31.

White L. 1967. The historical roots of our ecological crisis[J]. This sacred earth: religion, nature, environment: 184-193.

Wikipedia. 2017a. Atlantic Ocean [EB/OL]. [2018. 06. 30] https://en.wikipedia.org/wiki/Atlantic_Ocean.

Wikipedia. 2017b. Indian Ocean [EB/OL]. [2018. 06. 30] https://en.wikipedia.org/wiki/Indian_Ocean.

Wikipedia. 2017c. Pacific Ocean [EB/OL]. [2018. 06. 30] https://en.wikipedia.org/wiki/Pacific_Ocean.

Wikipedia. 2017d. Piraeus [EB/OL]. [2018. 06. 30] https://en.wikipedia.org/wiki/Piraeus.

Wikipedia. 2017e. Stockholm [EB/OL]. [2018. 06. 30] https://en.wikipedia.org/wiki/Stockholm.

Wikipedia. 2017f. Veneto [EB/OL]. [2018. 06. 30] https://en.wikipedia.org/wiki/Veneto.

Wikipedia. 2017g. Venice [EB/OL]. [2018. 06. 30] https://en.wikipedia.org/wiki/Venice.

Wikipedia. 2017h. Water supply and sanitation in Italy [EB/OL]. [2018. 06. 30] https://en.wikipedia.org/wiki/Water_supply_and_sanitation_in_Italy#Water_resources.

Willan H F. 2015. Green Shipping Bulletin [EB/OL]. [2016. 12. 30] http://www.hfw.com/downloads/HFW-Green-Shipping-Briefing.pdf.

Winebrake J J, Corbett J J, Falzarano A, et al. 2018. Assessing energy, environmental, and economic tradeoffs in intermodal freight transportation[J]. Journal of the Air & Waste Management Association, 58(8): 1004-1013.

Winebrake J J, Corbett J J, Meyer P E. 2007. Energy use and emissions from marine vessels: a total fuel life cycle approach[J]. Journal of the Air & Waste Management Association, 57(1): 102-110.

Winkler R. 2006. Valuation of ecosystem goods and services: part 1: an integrated dynamic approach[J]. Ecological Economics, 59(1): 82-93.

Wolfe J M, 严宁. 2005. 加拿大规划系统框架[J]. 国外城市规划, (02): 3-6.

World Shipping Council. 2009. The Liner Shipping Industry and Carbon Emissions Policy [EB/OL]. [2016. 12. 30]http://www.worldshipping.org/pdf/liner_shipping_co2emissions_policy_september.pdf.

Wrighta P. 2013. Impacts of climate change on ports and shipping [EB/OL]. [2016. 12. 30]http://www.mccip.org.uk/media/1289/2013arc_sciencereview_28_pas_final.pdf.

Wu K, Zhang L, Fang Q. 2014. An Approach and Methodology of Environmental Risk Assessment for Strategic Decision-Making[J]. Journal of Environmental Assessment Policy and Management, 16(03):1450013.

Wuisan L, van Leeuwen J, van Koppen C S A. 2012. Greening international shipping through private governance: A case study of the Clean Shipping Project[J]. Marine Policy, 36(1): 165-173.

Yang C S, Lu C S, Haider J J, et al. 2013. The effect of green supply chain management on green performance and firm competitiveness in the context of container shipping in Taiwan[J]. Transportation Research Part E-Logistics and Transportation Review, 55: 55-73.

Yang Q P, Xie X L, Pei G S. 2011. Nonlinear model for fleet planning considering ship speed[J]. Huanan Ligong Daxue Xuebao/Journal of South China University of Technology (Natural Science), 39(10): 119-26.

Yin R K. 2017. Case study research and applications: Design and methods[M]. Thousands Oaks, London and New Delhi: Sage publications, 4-22.

Yonge M, Henesey L. 2005. A decision tool for identifying the prospects and opportunities for short sea shipping [R]. Florida: Canaveral Port Authority, 1-12.

Yorek N. 2009. Are animals 'more alive' than plants? Animistic-anthropocentric construction of life concept[J]. Eurasia Journal of Mathematics, Science & Technology Education, 5(4): 369-378.

Yoshida Kogyo Kabushikigaisha Corporation. 2017. This is YKK 2017 [EB/OL]. [2018. 05. 30]http://www.ykk.com/english/corporate/csr/eco/report/2017/pdf/this_is_YKK_2017_all_en.pdf.

Zhang L, Chen W, Fang Q, et al. 2006. Resources-Oriented Principle and Sustainability: Theory and Application in China [J]. Environmental Information Archives, 4: 459-464.

Zhang L, Xu H, Sheng H, et al. 2015. Concept and Evaluation of Ecosystem Intrinsic Value [J]. Journal of Agricultural Science and Technology, B5: 401-409.

附　录

附录1　帝胜公司开襟衫航运物流（厦门到斯德哥尔摩）案例材料

表1　梭织开襟衫主要材料清单

Table 1　Inventory of main materials of tatting cardigans

序号	用料名称	位置、颜色、规格	单耗	单位	损耗	总量
1	面布：复合摇粒，280 g	大身+门襟，黑色	1.38	m	1.03	1 876
2	丝光绒	胸口袋+侧口袋里布，黑色	0.35	m	1.03	476
3	未复合面层面料	拉链仓+连接 ID 名片夹，黑色	0.02	m	1.02	27
4	PVC	ID 名片夹两层，透明	0.02	m	1.02	27
5	前中拉链 YKK	5 号塑钢，开口单拉，链坯灰色，链牙黑色，喷漆葫芦头，配色上下止	1.0	条		1 320
6	侧口袋拉链	5 号塑钢，闭口单拉，链坯灰色，链牙黑色，喷漆葫芦头，配色上下止	2.0	条		2 640
7	胸口袋拉链	5 号塑钢，闭口单拉，链坯灰色，链牙黑色，喷漆葫芦头，配色上下止	1.0	条		1 320
8	平纹织带	1 cm 宽，黑色	1.5	m	1.03	2 039
		0.5 cm 宽，固定猪鼻扣，黑色	0.2	m	1.03	272
9	弹力包边带	2 cm 宽，袖口+门襟+拇指孔包边，黑色	1.97	m	1.03	2 678
10	弹力包边带	2 cm 宽，ID 名片夹包边，黑色	0.3	m	1.03	408
11	丈根绳	下摆，黑色	1.45	m	1.01	1 933
12	猪鼻扣	下摆，黑色	2.0	个	1.01	2 666
13	塑料珠	和猪鼻扣一起用，黑色	2.0	个	1.01	2 666
14	鸡眼	下摆，枪色	4.0	个	1.03	5 438
15	车线	金泰线粗线-203-面线，黑色	120.0	m	1.03	163 152
		普通车线-底线，黑色	150.0	m	1.03	203 940
		普通车线，灰色，配复合摇粒底布灰色	160.0	m	1.03	217 536
		普通车线，深灰，配主标底深灰色	2.0	m	1.03	2 719
		普通车线，黑色，配黑色弹力包边	18.0	m	1.03	24 473
16	领标	后领中	1.0	个	1.01	1 333
17	尺码标	主标下	1.0	个	1.01	1 333
18	旗标	右侧缝	1.0	个	1.01	1 333

续表

序号	用料名称	位置、颜色、规格	单耗	单位	损耗	总量
19	洗水标	左侧缝	1.0	个	1.01	1 333
20	吊牌	挂前中拉链	1.0	个	1.01	1 333
21	穿针		1.0	根	1.01	1 333
22	拉手	前中拉链+侧口袋拉链	3.00	个	1.01	4 000
23	小贴纸	吊牌+塑料袋	2.00	张	1.01	2 666
24	塑料袋		1.00	个	1.01	1 333
25	拷贝纸	后背	1.00	张	1.01	1 333
		领口	1.00	张	1.01	1 333
		袖口	2.00	张	1.01	2 666
		绳扣2个+拉手3个	5.00	张	1.01	6 666
26	纸箱			个		88
27	纸箱贴纸-指定	贴侧唛	2张/箱	张	1.05	185

表2　针织开襟衫主要材料清单

Table 2　Inventory of main materials of knitting cardigans

序号	用料名称	位置、颜色、规格	单耗	单位	损耗	总量
1	面布：复合摇粒，280 g	大身+门襟，橙色	1.38	m	1.03	1 215
		大身+门襟，宝蓝	1.38	m	1.03	1 429
		大身+门襟，黑色	1.40	m	1.03	5 797
2	丝光绒	胸口袋+侧口袋里布，黑色	0.35	m	1.03	670
		胸口袋+侧口袋里布，黑色	0.36	m	1.03	1 491
3	未复合面层面料	拉链仓+连接ID名片夹，橙色	0.02	m	1.02	17
		拉链仓+连接ID名片夹，宝蓝	0.02	m	1.02	21
		拉链仓+连接ID名片夹，黑色	0.02	m	1.02	82
4	PVC	ID名片夹两层，透明	0.02	m	1.02	99
		ID名片夹两层，白色	0.02	m	1.02	21
5	前中拉链YKK	5号塑钢，开口单拉，链坯黑色，链牙灰色，喷漆葫芦头，配色上下止	1.0	条		5 880
6	侧口袋口袋拉链	5号塑钢，闭口单拉，链坯黑色，链牙灰色，喷漆葫芦头，配色上下止	2.0	条		11 760
7	胸口袋拉链	5号塑钢，闭口单拉，链坯黑色，链牙灰色，喷漆葫芦头，配色上下止	1.0	条		5 880

续表

序号	用料名称	位置、颜色、规格	单耗	单位	损耗	总量
8	平纹织带	1 cm 宽，橙色	1.5	m	1.02	1 308
		1 cm 宽，宝蓝	1.5	m	1.02	1 538
		1 cm 宽，黑色	1.5	m	1.02	6 151
		0.5 cm 宽，固定猪鼻扣，黑色	0.2	m	1.02	1 199
9	弹力包边带	2 cm 宽，袖口+门襟+拇指孔包边，黑色	1.97	m	1.05	12 163
10	弹力包边带	2 cm 宽，ID 名片夹包边，黑色	0.3	m	1.05	1 852
11	丈根绳	下摆，黑色	1.45	m	1.02	8 697
12	猪鼻扣	下摆，黑色	2.0	个	1.02	11 995
13	塑料珠	和猪鼻扣一起用，黑色	2.0	个	1.02	11 995
14	鸡眼	下摆，枪色	4.0	个	1.02	23 990
15	车线	金泰线粗线-203-面线，橙色	120.0	m	1.02	104 652
		金泰线粗线-203-面线，宝蓝	120.0	m	1.02	123 012
		金泰线粗线-203-面线，黑色	120.0	m	1.02	492 048
		普通车线-底线，橙色	150.0	m	1.02	130 815
		普通车线-底线，宝蓝	150.0	m	1.02	153 765
		普通车线-底线，黑色	150.0	m	1.02	615 060
		普通车线，灰色，配复合摇粒底布灰色	160.0	m	1.02	959 616
		普通车线，深灰，配主标底深灰色	2.0	m	1.02	11 995
		普通车线，黑色，配黑色弹力包边	18.0	m	1.02	107 957
16	领标	后领中	1.0	个	1.02	5 997
17	尺码标	主标下	1.0	个	1.02	5 997
18	旗标	右侧缝	1.0	个	1.02	5 997
19	洗水标	左侧缝	1.0	个	1.02	5 997
20	吊牌	挂前中拉链	1.0	个	1.02	5 997
21	穿针		1.0	根	1.02	5 997
22	拉手	前中拉链+侧口袋拉链	3.00	个	1.02	17 992
23	小贴纸	吊牌+塑料袋	2.00	张	1.02	11 995
24	塑料袋		1.00	个	1.02	5 997
25	拷贝纸	后背	1.00	张	1.02	5 997
		领口	1.00	张	1.02	5 997
		袖口	2.00	张	1.02	11 995
		绳扣 2 个+拉手 3 个	5.00	张	1.02	29 989
26	纸箱		1.00	个		392
27	纸箱贴纸		2 张/箱	张	1.02	807

表 3 帝胜公司开襟衫案例物流的运输路径

Table 3 Transportation route for case study of cardigans of TMKIN COMPANY

位置/路径	描述	时间	运输方式/工具	航次
厦门（中国）嵩屿码头至同安工厂	公路运输 空箱调运	23/08/2017	集装箱拖挂车公路运输	
厦门（中国）同安工厂至海沧港区国际货柜码头	公路运输 重箱运输	23/08/2017	集装箱拖挂车公路运输	
厦门（中国）厦门港嵩屿码头堆场	重箱进场、堆放、装卸	23/08/2017 至 28/08/2017	集装箱进场堆放存储 集装箱装船	
厦门港（中国）至丹戎帕拉帕斯（马来西亚）	船舶运输	29/08/2017 至 04/09/2017	MARGRETHE MAERSK 船舶	773W
丹戎帕拉帕斯（马来西亚）	中转装卸堆放	04/09/2017 至 12/09/2017	丹戎帕拉帕斯港装卸，堆放存储	
丹戎帕拉帕斯（马来西亚）至安特卫普（比利时）	船舶运输	12/09/2017 至 03/10/2017	MAERSK EMDEN 船舶	735W
安特卫普（比利时）	中转装卸、堆放	03/10/2017 至 08/10/2017	安特卫普港卸货、堆放、装船（其中 06/10/2017 Positioned Out; 07/10/2017 Positioned in）	735W
安特卫普（比利时）至斯德哥尔摩（瑞典）	船舶运输	08/10/2017 至 13/10/2017	HELUAN	BH740A
斯德哥尔摩（瑞典）	码头卸载	13/10/2017	斯德哥尔摩港卸货	
斯德哥尔摩港至乌普兰斯韦斯比	重箱出场 公路运输	13/10/2017	集装箱拖挂车公路运输	
乌普兰斯韦斯比至斯德哥尔摩港	空箱返还 公路运输	23/10/2017	集装箱拖挂车公路运输，空箱归还给托运人	

彩图 1 帝胜公司原料仓储

Fig. 1 Raw material storage in TMKIN COMPANY

a. 裁剪
a. Cloth cutting

b. 车缝
b. Cloth sewing

彩图 2　帝胜公司开襟衫的工厂生产
Fig. 2　Cardigans of TMKIN COMPANY production

a. 梭织开襟衫
a. Tatting cardigans

b. 针织开襟衫
b. Knitting cardigans

彩图 3　帝胜公司开襟衫货物
Fig. 3　Cardigans of TMKIN COMPANY

a. 成品仓储

a. Finished goods warehouse

b. 货物装载

b. Cargo loading

c. 装载集装箱

c. Loading container

d. 厦门公路运输

d. Road transportation route in Xiamen

彩图 4　帝胜公司开襟衫在厦门的仓储、装箱及公路运输

Fig. 4　Storage, loading and road transportation for cardigans of TMKIN COMPANY in Xiamen

彩图 5 运输的船舶 MARGRETHE MAERSK
（来自船讯网）
Fig. 5 Ship *MARGRETHE MAERSK*

彩图 6 运输的船舶 MAERSK EMDEN
（来自船讯网）
Fig. 6 Ship *MAERSK EMDEN*

彩图 7 运输的船舶 HELUAN（来自船讯网）
Fig. 7 Ship *HELUAN*

彩图 8 JOBMAN 工作服公司仓库（来自谷歌地图）
Fig. 8 Jobman Workwear AB

附录 2　CIELO 公司葡萄酒航运物流（维琴察省到厦门）案例材料

表 4　CIELO 公司葡萄酒案例物流的运输路径

Table 4　Transportation route for case study of wine of CIELO E TERRA S. P. A

位置/路径	描述	时间	运输方式/工具	航次
意大利威尼斯码头至 CIELO 公司	公路运输 空箱调运	31/10/2016	集装箱拖挂车公路运输	
意大利维琴察省至威尼斯港	公路运输 重箱运输	2/11/2016	集装箱拖挂车公路运输	
意大利威尼斯港码头堆场	重箱进场、堆放、装卸	2/11/2016 至 7/11/2016	集装箱进场、堆放存储、集装箱装船	
威尼斯港至比雷埃夫斯港（希腊）	船舶运输	7/11/2016 至 10/11/2016	ASIATIC MOON 船舶	0005-023S
比雷埃夫斯港（希腊）	中转装卸堆放	10/11/2016 至 17/11/2016	比雷埃夫斯港装卸，堆放存储	
比雷埃夫斯港（希腊）至厦门港（中国）	船舶运输	17/11/2016 至 6/12/2016	YM WELLHEAD 船舶	008E
厦门港（中国）	码头卸载	6/12/2016	厦门港卸货	
厦门港至厦门市思明区	重箱出场 公路运输	19/12/2016	集装箱拖挂车公路运输	
厦门市思明区至厦门港	空箱返还 公路运输	20/12/2016	集装箱拖挂车公路运输	

彩图 9　葡萄园

Fig. 9　Vineyards

a. 葡萄采摘

a. Grape picking

b. 发酵（高端酒，橡木桶）

b. Fermentation

c. 发酵（低端酒，不锈钢桶）

c. Fermentation

d. 酿酒师试酒

d. Wine tasting

e. 打包成垛堆放

e. Baling and stacking

f. 贴标签

f. Labeling

g. 装瓶

g. Bottling

h. 工人检查

h. Inspection

i. 检测

i. Testing

j. 酒箱制作

j. Box production

彩图 10 葡萄酒生产

Fig. 10 Wine Production

彩图 11 葡萄酒产品

Fig. 11 Wine products

彩图 12 意大利公路运输（蒙托尔索维琴蒂诺至威尼斯港）

Fig. 12 Transportation route in Italy (Montorso Vicentino to Port of Venice)

彩图 13 运输的船舶 ASIATIC MOON（来自船讯网）

Fig. 13 Ship *ASIATIC MOON*

彩图 14　运输的船舶 YM WELLHEAD（来自船讯网）

Fig. 14　Ship *YM WELLHEAD*

彩图 15　厦门公路运输（厦门海沧港至思明区泰拉公司仓库）

Fig. 15　Road transportation route in Xiamen

彩图 16　泰拉公司仓储

Fig. 16　Warehousing in TAILA COMPANY

附录 3　航运物流绿色战略规划多维决策的专家评判问卷

案例一：帝胜公司开襟衫航运物流绿色战略规划的评价

将厦门市同安区帝胜公司生产的开襟衫出口销往瑞典 JOBMAN 公司的航运物流作为案例一。该航运物流的生命周期及其各个相关区域见下表，包括：在厦门区域的开襟衫生产和仓储以及货物公路运输；海洋运输从厦门港出发，经马来西亚丹戎帕拉帕斯港和比利时安特卫普港中转，到达瑞典斯德哥尔摩港及其途经的海事区域；经公路运输到达斯德哥尔摩省乌普兰斯韦斯比市的 JOBMAN 公司仓库。

生产环节	工厂开襟衫生产	工厂仓储	公路运输	厦门港出发作业	首艘船舶运输	丹戎帕拉帕斯港中转	第二艘船舶运输	安特卫普港中转	第三艘船舶运输	抵达斯德哥尔摩港	公路运输	JOBMAN 公司仓储
所在区域	厦门区域	厦门港	太平洋海事区域	丹戎帕拉帕斯港	印度洋/大西洋海事区域	安特卫普港	大西洋海事区域	斯德哥尔摩港	斯德哥尔摩区域			

帝胜公司开襟衫航运物流在厦门区域的多维决策

第一部分：厦门区域的现状和回顾性评价

区位维度

表 1　厦门区域的区位维度评价（2015 年和 2010 年分别为现状评价年和回顾性评价基准年（下同））

评价要素	评价指标及其评价结果/结论	要素评价	维度评价
地理区位	从全国的大区域考虑厦门地理区位没有太大优势，但在华东南区域范围有一定的区位优势		
自然区位	厦门地区属亚热带海洋性季风气候，全年气候温和，自然区位状况较优越		
资源区位	旅游资源丰富、港口资源较丰富，但土地资源较少、淡水资源较匮乏，资源区位较好		
生态区位	是一座高颜值的生态花园之城，荣获“国家森林城市”“绿色交通城市”和“国家园林城市”等称号，生态区位优越		
经济区位	经济发展在东部沿海中居中，GDP 总量较小，且受长三角、珠三角及台湾夹击；但在华东南区有优势，经济区位中等偏上		
社会区位	经济特区、海峡西岸经济区核心城市、“一带一路”倡议实施重要枢纽和福建自贸区片区，全国“文明城市”，社会区位优越		

资源维度

表 2　厦门区域的资源维度评价

评价要素	评价指标及其评价结果/结论	要素评价	维度评价
自然资源	旅游资源极丰富，港口资源较丰富，但土地资源、淡水资源和能源资源匮乏；海岸岸线曲折多湾；水产养殖资源丰富，但已退出；港口航运与旅游争夺海洋空间资源，造成严重的资源利用冲突，近年来有所缓解；自然资源较好		
人文资源	历史较短，但闽南传统文化和西方文化交融，是著名侨乡，独特的闽南文化使其与台湾和东南亚渊源深，人文资源较好		

社会维度

表 3 厦门区域的社会维度评价

评价要素	评价指标及其评价结果/结论	要素评价	维度评价
政治文明	连续第二年在全国 100 个法治政府城市评估中第四名，在福建省政府对各设区市政府绩效评估依法行政指标考核中保持全省第一；行政效率、市民素质、城市文明不断提升；社会保障水平逐渐增强；建设低碳城市试点和海洋生态文明城市；厦门市整体政治高度文明		
人口家庭	常住人口平均年增长 1.7%；城镇居民人均可支配收入和农村居民全年收入平均年增长 9.12%和 15%；社会消费品零售总额增长率大于 8.9%；居民消费价格指数在 102%左右；2015 年城镇登记失业率为 3.22%，较 2010 年下降 0.11%；养老保险保持全国前列		
文化艺术	中西文化交融；文化底蕴丰厚；文化艺术源远流长；对台对外文化交流活跃；华侨文化广泛联系东南亚		
基础设施	基础设施总体较完善，港航、铁路、公路、航空等发达；被初步确定为国家现代物流创新发展试点城市，物流基础设施逐步完善		
行政管理	率先建设国际贸易“单一窗口”、推进关检“一站式”查验，推进贸易便利化；成立国际商事仲裁院和国际商事调解中心		
环境管理	万元生产总值耗电、耗水一直保持全国大中城市领先水平；2015 年市长环保目标责任书考核全省第一；2010—2015 年环境污染治理投资总额年平均占 GDP 总额的 1.45%，偏低		
卫生和健康	卫生基础条件明显改善；居民主要健康指标接近发达国家平均水平		
教育科技	教育支出平均年增长 8.1%；研究与开发经费内外部支出平均年增长 20.6%；国内专利授权量增长 48%		

经济维度

表 4 厦门区域的经济维度评价

评价要素	评价指标及其评价结果/结论	要素评价	维度评价
经济实力	GDP 平均年增长 13.64%，但总量偏小、省内第三；人均 GDP 和城镇居民人均可支配收入省内第一，与我国经济发达城市差距较小		
产业结构	2010 年和 2015 年第一、二、三产业结构分别为 1.12 : 49.73 : 49.15 和 0.7 : 43.6 : 55.7，第三产业比重持续增加，已成为主导产业		
固定资产投资	2015 年全社会固定资产投资较 2010 年增长 87.8%，其中城镇交通运输和仓储业投资增长近 1 倍，生态保护和环境治理业投资大幅度增长		
贸易物流	货运量年增长速度一直大于 13%；集装箱吞吐量增长率前 4 年增长率大于 11%、后两年大于 7%；外贸进出口总额（海关数）2015 年呈负增长，但增幅仍位列东部省（市）和计划单列市第一；2015 年物流增加值比上年增长 16.5%，占 GDP 的 9.0%		
财政税务	财政总收入平均年增长率为 18.1%；地方财政收入省内第一；财政支出平均年增长 22.4%		
金融保险	中资金融机构存款余额逐年增长；贷款余额增长率保持 10%以上。2015 年年底银行业资产总额比年初增长 21.4%，负债总额增长 21.0%		

环境维度

表 5　厦门区域的环境维度评价

评价要素	评价指标及其评价结果/结论	要素评价	维度评价
大气环境	空气质量年达标都大于 340 d、优良率保持 93%以上；2015 年空气质量在全国 74 个城市中位于第二；主要空气污染物为 $PM_{2.5}$ 和 NO_2		
水环境	污水排放量逐年增加，历年污水集中处理率都大于 90%；2011 年后饮用水源水质达标率 100%；主要地表水水质一般；厦门湾海域海水环境质量现状较好，无明显变化，主要超标因子为营养盐；九龙江河口区水质达标率较低，都不超过 70%		
声环境	道路交通噪声同比有所上升，但昼间道路交通噪声质量良好，平均等效声级较 2010 年下降；区域环境、道路交通噪声总体水平较好		
固体废物	2015 年一般工业固体废物处置利用率为 99.53%，同比增加 1.58%；生活垃圾无害化处理率上升，达 100%；生活垃圾清运量逐年增加		
环境风险	环境风险水平中等，其中风险源主要来自于气象灾害（如暴雨、台风风暴潮）、船舶溢油、赤潮、生物入侵等		

生态维度

表 6　厦门区域的生态维度评价

评价要素	评价指标及其评价结果/结论	要素评价	维度评价
陆地生态	2015 年建成区绿地率为 37.2%，绿化覆盖率为 41.9%，较 2010 年增加 1.5%，人均公园绿地面积达 11.46 m^2，较 2010 年减少 8.89 m^2		
水域生态	鼓浪屿西部和嵩屿周围水域物种较单纯，多样性指数低；浅海底栖生物种类数下降明显，指示污染的多毛类占比增加，而棘皮动物占比减少；厦门湾海岸带地区生态系统生物成分和服务均为中等水平，湿地面积明显减小		
敏感生态	包括海洋珍稀物种国家级自然保护区，鼓浪屿-万石山风景名胜区及九龙江口红树林省级自然保护区；敏感保护物种中，中华白海豚和鹭鸟群落稳定，九龙江口红树林保护良好；厦门辖区红树林、文昌鱼和中国鲎资源明显减少		
生态风险	厦门海岸带地区的生态风险水平中等，其中风险源主要来自于气象灾害、船舶溢油、赤潮、生物入侵等		

第二部分：帝胜公司开襟衫航运物流在厦门区域各生产环节的评价

帝胜公司开襟衫生产过程的评价

表 7　帝胜公司开襟衫生产过程评价

评价指标及其评价结果/结论	影响评价	绿色评价
生产过程：该批货物为梭织开襟衫 1 320 件，6.319 9 美元/件；针织开襟衫 6 793 件，4.096 9 美元/件；集装箱总重为 5 109.2 kg。生产流程为裁剪、车缝、质量检验、包装和入仓。其中梭织开襟衫需 16 人工作 20 d；针织开襟衫需 20 人工作 30 d。平均每件开襟衫消耗 3.08 kg 水和 2.1 度电。工厂月租金 71 797 元；工人每人每月平均工资 4 500 元 环境影响及其影响因子：过程中主要产生极少量边角余料、废弃物、废水、粉尘、噪声、废气和生活垃圾等，由于污染源强均较小，均满足环境标准要求，对环境影响小 影响因子：大气环境（粉尘、苯、甲苯和二甲苯）、生产污水排放（pH、化学需氧量、动植物油、悬浮物和氨氮日均值及五日生物需氧量）、厂内及厂界噪声、固体废物（包装废弃和废料）。对环境产生轻微负面影响 是否符合绿色发展要求：基本符合绿色发展要求		

注："影响"包括正面/有利影响以及负面/不利影响，取值范围为 {-3，-2，-1，0，1，2，3}。3、2、1 和 0 分别表达影响的"大""中""小"和"没有影响"；"-"表示负面影响。只取整数，不取小数。

绿色发展水平评价只取 3、2 和 1（好=3；中=2；差=1）。

表 8　帝胜公司开襟衫的生产过程的多维评价

评价维度	评价要素	评价指标及其评价结果/结论	影响评价	绿色评价
区位	区位影响	帝胜公司开襟衫的生产过程对厦门地区的区位没有影响		
资源	能源和水电消耗	该集装箱开襟衫的生产消耗 25 t 水和 1.7 万度电，较之厦门区域水、电资源消耗总量，其负面影响十分轻微。当前对制衣厂能耗没有明确的国家或行业标准要求，但根据工厂经理经验判断，该案例开襟衫平均每件消耗 3.08 kg 水和 2.1 度电的能耗水平处于行业中等，但未实施太阳能光伏发电等清洁能源项目，绿色发展水平一般		
社会	人员就业和设备	该集装箱货物生产过程中工人平均工资为 4 500 元/月，共支付工人工资约 27 万元，对厦门区域社会维度产生轻微正面影响。在厦门区域中该工资水平为中下；工人工作环境一般，部分工人为兼职妇女，员工系统培训较欠缺；生产线和生产过程未实现全自动化，社会维度绿色发展水平一般		

续表

评价维度	评价要素	评价指标及其评价结果/结论	影响评价	绿色评价
经济	成本收益	该集装箱开襟衫货物的交易总价为3.6万美元，较之厦门区域GDP总量，其正面影响十分轻微，但该贸易价格低于生产成本，经济效益较差，经济维度绿色发展水平较低		
环境	大气环境	工厂车间粉尘、苯、甲苯和二甲苯浓度均远低于卫生标准；排气口的苯、甲苯也均未超标，未检出二甲苯，因此该生产过程对厦门区域大气环境基本没影响。公司将易产生粉尘污染的工序安排在特定房间，戴上口罩工作。大气环境绿色发展水平较高		
	水环境	车间废水的pH、化学需氧量、动植物油、悬浮物和氨氮日均值及五日生物需氧量，均满足《厦门市水污染物排放标准》（DB 35/322-2011）三级排放标准，符合入管要求；对厦门区域水环境影响极其轻微，绿色发展水平较高		
	声环境	车间中整作业点噪声最大，但低于卫生标准；厂界环境噪声小于《工业企业厂界环境噪声排放标准》（GB 12348-2008）的排放限值；该生产环节对周边环境基本不产生噪声影响，绿色发展水平较高		
	固体废物	该生产过程采用较为先进的机械设备，通过机械制图优化材料裁剪，边角废料少。根据现场调研，拉链基本不产生废料，面料、车线、织带和包边带废料量都低于用料的3%、纸箱贴纸废料量低于5%、其他废料量一般低于1%。且边角余料和纸箱等包装废弃物都被回收利用，对环境基本没影响，绿色发展水平较高。整体上，帝胜公司开襟衫生产过程对环境维度的影响轻微，基本满足绿色发展要求		
生态	生态影响	帝胜公司开襟衫在同安工业集中区室内生产，对厦门区域生态维度基本没有影响，厦门区域生态维度绿色发展水平较高		

帝胜公司工厂仓储过程的评价

表9　帝胜公司开襟衫工厂仓储过程评价

评价指标及其评价结果/结论	影响评价	绿色评价
生产过程：帝胜工厂的原料分门别类存放于工厂仓库物料区；成品装入纸箱，储存于工厂仓库成品区 环境影响及其影响因子：基本不产生环境影响 是否符合绿色发展要求：符合		

表 10　帝胜公司开襟衫工厂仓储过程的多维评价

评价指标及其评价结果/结论	影响评价	绿色评价
生产原料及包装于纸箱的成品存放于工厂仓库，对厦门区域的区位维度没有影响；对社会、环境和生态维度基本没有影响；工厂仓库所在区域功能区划为工业区，对资源维度几乎没有影响；该仓储生产支付一定租金，但金额少，对经济维度的正面影响基本可以忽略； 帝胜公司的仓储注重货物的分门别类、合理布局、整齐放置，货物损失少、节约资源，该仓储生产过程基本满足绿色发展要求		

帝胜公司开襟衫厦门区域公路运输的评价

表 11　帝胜公司开襟衫厦门区域公路运输过程评价

评价指标及其评价结果/结论	影响评价	绿色评价
生产过程：该集装箱空箱（40 英尺高柜，内长 12.032 m、内宽 2.352 m、内高 2.69 m）于 2017 年 8 月 23 日从厦门港海沧港区嵩屿码头运至同安工业集中区的帝胜公司工厂；在工厂内仓库用手推车将成箱服装装上集装箱；装箱完成后，重箱经拖挂车运输 36.4 km、耗时 53 min 到达厦门港海沧港区国际货柜码头，期间经过城镇居民区、教学区、公园和新阳大桥，不直接穿过保护区。该公路运输由厦门友顺行供应链管理有限公司负责，费用为 1 000 元，消耗柴油 43 L，油耗约为 0.59 L/km 环境影响及其影响因子：该公路运输主要产生废气排放及运输噪声，影响十分轻微；影响因子为大气环境（NO_2和 CO）、噪声 是否符合绿色发展要求：基本符合		

表 12　帝胜公司开襟衫厦门区域公路运输过程的多维评价

评价维度	评价要素	评价指标及其评价结果/结论	影响评价	绿色评价
区位	区位影响	帝胜公司开襟衫的公路运输对厦门地区的区位维度没有影响		
资源	能源消耗	该空箱和重箱运输共消耗柴油 45 L，能源消耗负面影响十分轻微，但该货车油耗为 0.59 L/km，大于中国第三阶段柴油半挂牵引车和牵引货车燃油消耗量限值（0.375 L/km），高于瑞典斯德哥尔摩区域的 0.45 L/km，但低于意大利威尼托区域的 0.63 L/km，因此绿色发展水平一般		
社会	就业和工作环境	该集装箱运输增加人员就业，但增加厦门区域公路运输拥挤度，且存在交通事故隐患，对厦门区域社会维度产生轻微负面影响；据了解，集装箱运输因工作环境较艰苦，满足要求的司机供不应求，社会维度绿色发展水平较低		

续表

评价维度	评价要素	评价指标及其评价结果/结论	影响评价	绿色评价
经济	成本收益	该公路运输费用 1 000 元、报关费 100 元，正面影响十分轻微 厦门市为支持物流产业发展壮大，打造现代物流千亿产业，减征 50%集装箱车辆通行年费，经济竞争力强；保障“门到门”运输服务，经济效率高，经济维度整体绿色发展水平较高		
环境	大气环境	该集装箱来回运输 NO_2 排放量为 910 g，排放强度为 2.447 g/（t·km）；CO 排放量为 3.494 kg，排放强度为 9.395 g/（t·km），负面影响十分轻微，但较之欧 VI 排放标准的集装箱公路运输 NO_X 排放强度大了一个数量级，绿色发展水平较低		
	声环境	该集装箱公路运输的大型车在离行车线 7.5 m 处参照点的平均辐射噪声级为 83.7 dB，对厦门区域运输沿线声环境产生短暂的负面影响，将略微提高沿线的等效声级，绿色发展水平较高；整体上，该集装箱公路运输环境维度的绿色发展水平一般		
生态	生态影响	杏林湾水鸟较多，该运输线路穿过杏林湾园博苑，产生轻微负面影响，应考虑距离鸟类栖息地较远的公路线路，提高生态维度绿色发展水平		

第三部分：帝胜公司开襟衫航运物流在厦门区域各生产环节与厦门区域的多维决策（相互影响作用的［I，C；R］）评分

表 13　帝胜公司开襟衫航运物流各生产环节对厦门区域 6 个环境维度的影响作用的［I，C；R］评分

区域维度 / 生产环节	区位 ［I，C；R］	资源 ［I，C；R］	社会 ［I，C；R］	经济 ［I，C；R］	环境 ［I，C；R］	生态 ［I，C；R］
帝胜公司开襟衫生产						
帝胜公司工厂仓储						
厦门区域公路运输						

注：I（Impact）：“影响”，包括正面/有利影响以及负面/不利影响；取值范围为｛-3，-2，-1，0，1，2，3｝；3、2、1 和 0 分别表达影响的“大”“中”“小”和“没有影响”；“-”表示负面影响；只取整数，不取小数；C（Confidence）：置信度（主观概率），用于衡量专家对所评判的“I”分值的主观确定程度，取值范围为（0，1］，取值越大置信度越高；R（Relationship）：相关关系，取值范围为｛0，1，2，3｝，表征两者“没有关系”、以及关系的“弱”“中”“强”。

表 14 厦门区域 6 个环境维度对帝胜公司开襟衫航运物流各生产环节的影响作用的［I，C；R］评分

区域维度 / 生产环节	区位［I，C；R］	资源［I，C；R］	社会［I，C；R］	经济［I，C；R］	环境［I，C；R］	生态［I，C；R］
帝胜公司开襟衫生产						
帝胜公司工厂仓储						
厦门区域公路运输						

说明：该表格是指该区域的 6 个环境维度对航运物流在该区域的各生产环节的影响（反馈作用），基于各区域的现状和回顾性评价结果（第一部分），评价该区域的 6 个环境维度对航运物流在该区域的各生产环节的影响（包括正面/有利影响以及负面/不利影响）。

表 15 帝胜公司开襟衫航运物流在厦门区域各生产环节绿色发展水平整体评价

绿色评价 / 生产环节	绿色发展水平	存在的问题或不足，需要改进的地方
帝胜公司开襟衫生产		
帝胜公司工厂仓储		
厦门区域公路运输		

注：绿色发展水平评价只取 3、2 和 1（好=3；中=2；差=1）。

帝胜公司开襟衫航运物流在厦门港的多维决策

第一部分：厦门港的现状和回顾性评价

区位维度

表 16 厦门港的区位维度评价

评价要素	评价指标及其评价结果/结论	要素评价	维度评价
地理区位	地理区位同厦门市，处于长三角、珠三角以及台湾港口群中，没有优势；但针对闽东南乃至福建省、赣南和粤东地区有明显区位优势		

续表

评价要素	评价指标及其评价结果/结论	要素评价	维度评价
自然区位	厦门港港阔、水深、不冻、少雾、少淤、避风条件好，是我国东南沿海优良的深水港，自然区位优越		
资源区位	厦门港天然深水岸线和可围滩地资源较为丰富，中浅岸线可深用，但深水岸线资源有限，其他资源同厦门市，资源区位中等		
生态区位	2015 年厦门市被交通部授予“绿色交通城市”称号，生态区位优越		
经济区位	经济区位同厦门市，厦门港以闽南金三角为核心腹地，辐射全省、赣南和粤东地区；但经济总量较小，影响力偏低，经济区位中等		
社会区位	我国集装箱干线港、福建省最大的港口，大陆对台最主要的贸易口岸，集装箱吞吐量世界排位第 17、全国第 7，社会区位优越		

资源维度

表 17　厦门港的资源维度评价

评价要素	评价指标及其评价结果/结论	要素评价	维度评价
土地资源	厦门港陆域面积 8 624 万 m^2，陆域资源较紧张		
岸线资源	厦门港大陆海岸线约 899 km，其中港口开发岸线 122. 8 km；位于厦门湾的岸线长 226 km，其中只有 51. 68 km 适合港口开发，海沧港区为港口开发重点区域，但岸线资源有限，深水岸线资源供给趋紧		
水域资源	厦门湾是优良深水港湾，水域宽阔、岸线曲折、天然掩护条件良好，泥沙淤积轻微，2015 年通航水深保证率 95%，较 2010 年下降 5%		
交通资源	位于国道主干线和国家重点干线交汇点；以鹰厦、福厦、龙厦和厦深等铁路，厦门航空港以及公路国道等路网密度大、等级较高		
航线资源	2015 年周航班较 2010 年增加 26 班，达 202 班，2015 年“海上丝绸之路”航线总数达 41 条		
旅游资源	厦门湾地区旅游资源丰富，厦门港是国际豪华游轮停泊、起始港，初步形成台湾、东北亚、东南亚邮轮圈，打造国际邮轮母港		

社会维度

表 18　厦门港的社会维度评价

评价要素	评价指标及其评价结果/结论	要素评价	维度评价
发展战略	融入“21 世纪海上丝绸之路”和自由贸易区建设；促进湖南长沙、江西新余等地“陆地港”建设；建设厦门国际航运中心		
行政管理	厦门港健全依法行政、信用信息公示等，优化行政审批，简政放权，落实“多规合一”，2015 年挂牌成立厦门港航综合行政执法支队		

续表

评价要素	评价指标及其评价结果/结论	要素评价	维度评价
港口效益	厦门港货物吞吐量平均年增长 13.0%，集装箱吞吐量平均年增长 11.5%；世界排名从 2010 年的第 19 上升到第 16，港口效益明显提升		
基础设施	2015 年泊位较 2010 年增加 55 个；货物综合通过能力较 2010 年增加 0.61 亿 t；集装箱通过能力较 2010 年增加 394 万 TEU		
作业效率	2015 年外贸集装箱船平均每艘次在港停时 0.5 d，较 2010 年缩短 0.11 d；港口作业效率有明显提高，并体现较高的管理效果		
环境管理	2010 年完成《厦门港节能减排规划方案和考核指标体系研究报告》，提出八项节能减排重点工程；2014 年完成《“美丽港口”战略规划纲要》；依据《绿色港口考核评价指标体系（试行）》，以厦门港 2014 年发展现状为基础，总得分为 89 分，处于国内较先进水平		
安全生产	2015 年 114 家港航企业安全生产标准化省级达标考评达标数目占比达 79.6%；整改港口生产安全隐患 1 315 项，整改率达 99.6%		

经济维度

表 19 厦门港的经济维度评价

评价要素	评价指标及其评价结果/结论	要素评价	维度评价
经济指标	未发现针对厦门港营业收入、利润等经济指标的统计信息，负责该码头经营的厦门嵩屿集装箱码头有限公司的母公司（厦门港务发展股份有限公司）的 2015 年营业收入较 2010 年增加 57 亿元，利润增长 7.6%		
固定资产投资	2015 年厦门港固定资产投资完成 20.68 亿元，较 2010 年减少 12.92 亿元，2015 年厦门港全国首个第四代自动化码头投入运营		

环境维度

表 20 厦门港的环境维度评价

评价要素	评价指标及其评价结果/结论	要素评价	维度评价
大气环境	碳排放总量先增长后下降，碳排放强度年均下降 10.8%；空气质量总体良好，PM_{10}日均浓度监测值有超标现象，其余污染物均不超标		
水环境	2013 年厦门湾海域及河口区无机营养盐超标率均在 80%以上，其余污染物均不超标，水环境质量总体较好		
声环境	2010 年海沧港区声环境质量现状良好，大部分监测点位声环境均达标，仅海沧保税区出入口噪声略有超标		
固体废物	港区生活垃圾能被有效处理；船舶垃圾经检验后由港口接收综合处置；机修固废多数能综合利用		
环境风险	厦门港海域存在船舶溢油及危险化学品泄露事故的风险，但风险概率及其经济损失相对较低		

生态维度

表 21 厦门港的生态维度评价

评价要素	评价指标及其评价结果/结论	要素评价	维度评价
陆域生态	海沧港区嵩屿作业区后方小山丘植被覆盖率高，剩余岸线以基岩岬角海岸为主，港区陆域及后方未见珍稀保护植物		
水域生态	2013 年厦门湾及河口地区浮游植物生物多样性指数和均匀度较小；浮游动物物种多样性指数和均匀度有所降低，但总个体密度平均值有显著增长；底栖生物量明显降低，但平均密度显著增加，生物多样性指数有所提高；鱼卵及仔鱼个数、种类及密度下降		
敏感生态	港区周边敏感生物生态包括海洋珍稀物种国家级自然保护区的中华白海豚、九龙江口红树林省级自然保护区、九龙江河口湿地县级自然保护区和鼓浪屿-万石山国家级风景名胜区等，总体情况良好		
生态风险	存在生物多样性减少和物种入侵等生态风险，但回顾性评价结果表明风险概率及其经济损失相对较低		

第二部分：帝胜公司开襟衫航运物流在厦门港出发装卸作业的评价

表 22 帝胜公司开襟衫航运物流在厦门港出发的装卸作业过程评价

评价指标及其评价结果/结论	影响评价	绿色评价
生产过程：该集装箱于 2017 年 8 月 23 日当天到达海沧港区国际货柜码头后，由岸上集装箱起重机将集装箱吊下在前方堆场堆垛；2017 年 8 月 28 日，由起重机将集装箱从堆场吊装上船；该集装箱港口作业能耗约 4 923 gce（克标准煤），其中，电力消耗约 2 850 gce、天然气消耗约 197 gce 环境影响及其影响因子：该厦门港集装箱出发作业主要产生码头机械设备装卸搬运废气排放；船舶污水排放；港口集装箱卡车运输和港区机械作业噪声影响；港区生活垃圾、机修固废、船舶生活垃圾；溢油风险等环境影响，但对于一个集装箱的作业，环境影响均极小，且未发生溢油事件 影响因子：大气环境（CO_2、SO_2）、港内卡车运输和码头装卸机械噪声等，对港区环境产生轻微负面影响 是否符合绿色发展要求：基本符合		

注："影响"包括正面/有利影响以及负面/不利影响，取值范围为｛-3，-2，-1，0，1，2，3｝。3、2、1 和 0 分别表达影响的"大""中""小"和"没有影响"；"-"表示负面影响。只取整数，不取小数。

绿色发展水平评价只取 3、2 和 1（好=3；中=2；差=1）。

表 23 帝胜公司开襟衫航运物流在厦门港出发的装卸作业的多维评价

评价维度	评价要素	评价指标及其评价结果/结论	影响评价	绿色评价
区位	区位影响	帝胜公司开襟衫航运物流在厦门港的装卸生产对厦门港区位维度基本没影响		
资源	能源消耗	该集装箱的港区作业占用堆场箱位 6 d、占用码头岸线不到半天，对土地和岸线资源产生轻微负面影响；厦门港 2014 年集装箱生产综合能源单耗较 2010 年下降 13.7%；可推算该集装箱能耗约 4 923 gce（克标准煤），负面影响轻微；但超过《集装箱码头单位产品能源消耗限额》（GB 31823-2015）限定值，在我国沿海港口中位于中上游，落后于国际先进水平，该港区作业能效较低，且清洁能源占比小，绿色发展水平较低		
社会	港口效益和就业	增加 1 TEU 港口吞吐量，为厦门港带来轻微正面影响 厦门港实施自贸区政策，港口作业效率较高，社会维度整体绿色发展水平较高		
经济	成本收益	支付港费人民币 3 300 元、海运费 3 000 美元，对厦门港经济维度正面影响轻微 厦门港 40 英尺普通集装箱装卸包干费人民币 638.30 元，经济竞争力较强；港口经济效益较好，经济维度整体绿色发展水平较高		
环境	大气环境	2014 年集装箱生产综合 CO_2 排放强度为 46.31 t/万 TEU，较 2010 年下降 36.6%，处于国内中上水平，高于深圳港（2016 年 CO_2 排放平均强度为 34.5 t/万 TEU），与美国长滩港（2014 年 CO_2 排放强度为 2.49 t/万 TEU）的差距十分显著；港口生产和辅助生产（不包括船舶靠港排放）单位吞吐量 SO_2 排放强度为 12.34 kg/万 t，略高于深圳港（109.27 t/万 TEU），但大大高于美国长滩港（0.32 t/万 TEU），差距十分显著，由此估算该集装箱的港口装卸作业产生轻微负面影响		
	声环境	但该集装箱出发港作业排放的 CO_2 和 SO_2 明显落后于国际先进水平，绿色发展水平较低		
	环境风险	该集装箱运输至堆场指定位置的噪声级较高，对港区主干道噪声环境有一定负面影响；装卸过程噪声同样对港口区域产生较明显的噪声影响，但仅一个集装箱的装卸作业所产生的港口等效声级微乎其微 2015 年马士基集团船舶溢油量超过 10 m^3 的事件仅发生 3 次，因而厦门港仅存在轻微的船舶溢油环境风险负面影响 整体上，环境维度绿色发展水平一般，与国际先进水平差距较大		
生态	生态影响和风险	据 IMO 估计，每天压舱水中至少有 7 000~10 000 种海洋微生物和动植物在全球流动，船舶压载水中的外来生物也可能产生外来生物入侵的风险，因此，该生产对厦门港带来轻微负面影响和一定的生态风险 厦门港海沧港区周边水域作业与敏感生物（如白海豚）矛盾较突出，生态维度绿色发展水平一般		

第三部分：帝胜公司开襟衫航运物流在厦门港出发的装卸作业与厦门港 6 个维度的多维决策（相互影响作用的 [I，C；R]）评分

表 24　帝胜公司开襟衫航运物流在厦门港出发的装卸作业对厦门港 6 个维度的影响作用的 [I，C；R] 评分

区域维度 / 生产环节	区位 [I，C；R]	资源 [I，C；R]	社会 [I，C；R]	经济 [I，C；R]	环境 [I，C；R]	生态 [I，C；R]
厦门港出发的装卸作业						

注：I（Impact）："影响"，包括正面/有利影响以及负面/不利影响；取值范围为 {-3，-2，-1，0，1，2，3}；3、2、1 和 0 分别表达影响的"大""中""小"和"没有影响"；"-"表示负面影响；只取整数，不取小数；C（Confidence）：置信度（主观概率），用于衡量专家对所评判的"I"分值的主观确定程度，取值范围为（0，1]，取值越大置信度越高；R（Relationship）：相关关系，取值范围为 {0，1，2，3}，表征两者"没有关系"、及关系的"弱""中""强"。下同。

表 25　厦门港 6 个维度对帝胜公司开襟衫航运物流在厦门港出发的装卸作业的影响作用的 [I，C；R] 评分

区域维度 / 生产环节	区位 [I，C；R]	资源 [I，C；R]	社会 [I，C；R]	经济 [I，C；R]	环境 [I，C；R]	生态 [I，C；R]
厦门港出发的装卸作业						

说明：该表格是指该区域的 6 个环境维度对航运物流该生产环节的影响（反馈作用），基于该区域的现状和回顾性评价结果（第一部分），评价该区域的 6 个环境维度对航运物流在该区域的该生产环节的影响（包括正面/有利影响以及负面/不利影响）。

表 26　帝胜公司开襟衫航运物流在厦门港出发的装卸作业绿色发展水平整体评价

绿色评价 / 生产环节	绿色发展水平	存在的问题或不足，需要改进的地方
厦门港出发的装卸作业		

注：绿色发展水平评价只取 3、2 和 1（好=3；中=2；差=1）。

帝胜公司开襟衫航运物流在丹戎帕拉帕斯港中转作业的多维决策

第一部分：马来西亚丹戎帕拉帕斯港的现状和回顾性评价

区位维度

表 27 丹戎帕拉帕斯港的区位维度评价

评价要素	评价指标及其评价结果/结论	要素评价	维度评价
地理区位	位于马来西亚半岛南端、紧邻新加坡西侧；除新加坡港外是东南亚最大、最先进的集装箱港口，但受新加坡港竞争，地理区位较好		
自然区位	位于蒲莱河入海口，天然庇护的海湾，不受潮流限制，水深、不冻、避风条件好，是马来西亚优良的深水港，自然区位优越		
资源区位	是世界 27 个水深超 15 m 的深水港之一，与新加坡港一道为东南亚深水港，马来西亚唯一深水港，资源区位优越		
生态区位	丹戎帕拉帕斯港 2012 年和 2016 年获得亚太绿色码头运营年奖，生态区位优越		
经济区位	丹戎帕拉帕斯港所在的柔佛州经济水平落后于马来西亚的平均水平，在整个东南亚地区处于中等地位，经济区位一般		
社会区位	是马来西亚最大、最先进的集装箱港口，东南亚地区的中转港；位于自由区；获 2014 年马来西亚“最佳港口”，社会区位优越		

资源维度

表 28 丹戎帕拉帕斯港的资源维度评价

评价要素	评价指标及其评价结果/结论	要素评价	维度评价
土地资源	丹戎帕拉帕斯港陆域面积 1 935 英亩（约 783 万 m^2），可储存和容纳 623.7 万 TEU，陆域资源仅为厦门港的约 1/10		
岸线资源	丹戎帕拉帕斯港每个泊位 360 m，共 5.04 km，仅为厦门港的 24%，岸线资源有限		
水域资源	丹戎帕拉帕斯港的自然水深达 16~19 m，水深条件好，水域长 12.6 km，宽 250 m，有利于减少船舶锚地的等待时间		
交通资源	港口货运通过第二条马来西亚-新加坡高速公路以及国家铁路网络（从新加坡到泰国南部）		
航线资源	2015 年丹戎帕拉帕斯港的航线总数达 33 条		

社会维度

表 29　丹戎帕拉帕斯港的社会维度评价

评价要素	评价指标及其评价结果/结论	要素评价	维度评价
发展战略	改善港口基础设施以提升港口能力；建立战略信息中心以提高研究与发展水平；增强战略关系；强化港口资源		
行政管理	柔佛港口管理机构根据国际服务标准确保港口经营效率和效益；通过 ISO 9001：2000 落实工作文化；制定顾客章程保障服务高质量		
港口效益	货物吞吐量平均年增长 7.7%；集装箱吞吐量平均年增长 7.9%，2015 年集装箱吞吐量世界排名保持 2010 年的第 17 位		
基础设施	丹戎帕拉帕斯港有 14 个线性泊位，较 2010 年增加 2 个；最大的集装箱仓库位于码头后方，可堆存 623.7 万 TEU		
作业效率	港口停泊艘次较 2010 年增加 534 艘次；泊位利用率为 66.07%，泊位平均周转时间为 20.64 h，丹戎帕拉帕斯港作业效率较高		
环境管理	柔佛港口管理机构公布《绿色港口政策（2014—2020）》作为标准文本，提出主要的性能指标指导港口的安全、健康和环保运营		
安全生产	2016 年公布《健康、安全和环保政策》以承诺环境零损害；公布《安全政策》关注工作场所安全，未能获得港口已发生事故数		

经济维度

表 30　丹戎帕拉帕斯港的经济维度评价

评价要素	评价指标及其评价结果/结论	要素评价	维度评价
经济指标	由 MMC 集团有限公司经营，2015 年营业收入为 19.556 6 亿元，较 2010 年增加 12.633 7 亿元；2015 年税后利润为 2.889 7 亿元		
固定资产投资	2015 年丹戎帕拉帕斯港投资了 5 台岸边集装箱起重机		

环境维度

表 31　丹戎帕拉帕斯港的环境维度评价

评价要素	评价指标及其评价结果/结论	要素评价	维度评价
大气环境	2014 年丹戎帕拉帕斯港的大气环境因子未超标，但由于港口货运量的增长，丹戎帕拉帕斯港大气环境影响逐渐引起重视		
水环境	港口上游 2014 年水质量下降到二级和三级，有轻微污染，BOD 和 COD 浓度较高；东北海域部分重金属超过海水二级质量标准		
声环境	根据 2014 年蒲莱河河口的一项桥梁和道路工程项目的环境影响初步报告显示，丹戎帕拉帕斯港的声环境未超过 60 dB（A）		
固体废物	丹戎帕拉帕斯港的废物通过环保部许可的废物承包商对废物进行收集、处置和循环利用		
环境风险	丹戎帕拉帕斯港存在蒲莱河河口的石油化工项目泄漏、爆炸等事故带来的环境风险		

生态维度

表 32 丹戎帕拉帕斯港的生态维度评价

评价要素	评价指标及其评价结果/结论	要素评价	维度评价
水域生态	蒲莱河河口生态系统完整、野生动物栖息地极好，红树林的多样性丰富，生物多样性也十分丰富，渔业产量有所下降		
敏感生态	丹戎帕拉帕斯港的敏感生态有蒲莱河口红树林、海草床、Merambong 岛、水产养殖区、丹绒比艾国家公园等，生态状况尚好		
生态风险	丹戎帕拉帕斯港存在生物多样性减少、物种入侵等生态风险		

第二部分：帝胜公司开襟衫航运物流在丹戎帕拉帕斯港中转作业的评价

表 33 帝胜公司开襟衫航运物流在丹戎帕拉帕斯港中转作业过程评价

评价指标及其评价结果/结论	影响评价	绿色评价
生产过程：该集装箱于 2017 年 9 月 4 日到达马来西亚丹戎帕拉帕斯港后，由岸上集装箱起重机将集装箱吊下，在前方堆场堆垛；2017 年 9 月 12 日由起重机将集装箱从堆场吊装上船；丹戎帕拉帕斯港设施设备较先进，作业效率较高 环境影响及其影响因子：该丹戎帕拉帕斯港集装箱中转作业主要有码头机械设备装卸搬运的废气排放、船舶污水排放、港口集装箱卡车运输和港区机械作业噪声影响，港区垃圾以及溢油风险等环境影响，但对于一个集装箱的作业，该环境影响极小，且未发生溢油事件 主要影响因子：大气环境（CO_2、SO_2），船舶污水，装卸机械噪声，固体废物及溢油和生物入侵环境风险等，对港区环境产生轻微负面影响 是否符合绿色发展要求：基本符合		

注："影响"包括正面/有利影响以及负面/不利影响，取值范围为 {-3，-2，-1，0，1，2，3}。3、2、1 和 0 分别表达影响的"大""中""小"和"没有影响"；"-"表示负面影响。只取整数，不取小数。

绿色发展水平评价只取 3、2 和 1（好=3；中=2；差=1）。

表 34　帝胜公司开襟衫航运物流在丹戎帕拉帕斯港中转作业的多维评价

评价维度	评价要素	评价指标及其评价结果/结论	影响评价	绿色评价
区位	区位影响	马来西亚最大的集装箱港，位于世界主要东西航线汇合处，但受新加坡港的竞争，仅一个集装箱活动对区位维度基本没有影响		
资源	资源消耗	该中转港作业占用堆场箱位 9 d、占用码头岸线不到 1 d，对丹戎帕拉帕斯港土地和岸线资源产生轻微负面影响；该港口设施设备较先进，能耗低；该集装箱运输船舶为马士基班轮，以可靠、灵活和生态节能服务著称，但“零排放”目标仍未实现，能源效率还在不断提高，因此该中转作业处于世界先进水平，对资源维度负面影响十分轻微；该港口的绿色发展程度整体较高		
社会	港口效益和就业	增加 1 TEU 港口吞吐量，为丹戎帕拉帕斯港带来轻微正面影响 丹戎帕拉帕斯港实施“自由区”制度，港口作业效率处于国际领先水平，社会维度绿色发展水平整体较高		
经济	成本收益	该集装箱的中转港费包含于海运费中，数额较小，难以估算，对港口经济维度有轻微的正面影响 丹戎帕拉帕斯港装载费用 562 元，低于厦门港，经济竞争力强；港口经济效益好，经济维度整体绿色发展水平较高		
环境	大气环境	与厦门港相似，该港区作业以及两艘船舶均处于世界先进水平，对港口大气环境产生轻微负面影响		
	水环境	丹戎帕拉帕斯港于 2017 年 7 月实施了船舶排放管理系统，计算和评估船舶排放，并提出改进措施；绿色发展水平较高		
	声环境	鉴于丹戎帕拉帕斯港存在部分重金属超标问题，该船舶集装箱中转作业对丹戎帕拉帕斯港产生轻微负面影响		
	固体废物	同集装箱在厦门港堆放、装卸活动产生噪声影响分析，该集装箱活动的噪声产生轻微负面影响		
	环境风险	马士基班轮 2015 年船舶固体废物 166.5 t/万 TEU，可知该集装箱在港口产生废物少于 16.65 kg，负面影响极其轻微 马士基集装箱船舶存在轻微的溢油环境风险，对丹戎帕拉帕斯港带来轻微负面影响 整体上，丹戎帕拉帕斯港中转作业的环境维度绿色发展水平较高		
生态	生态影响和风险	该中转作业可能对蒲莱河口敏感生态（包括河口红树林及其滩涂、海草床、海马、海象、海牛、繁殖鱼类等）产生轻微负面影响；并存在港口生物入侵生态风险 丹戎帕拉帕斯港建立港口生态公园以保护自然环境，尊重当地社区发展；生态维度绿色水平较高		

第三部分：帝胜公司开襟衫航运物流在丹戎帕拉帕斯港中转作业与丹戎帕拉帕斯港的多维决策（相互影响作用的[I，C；R]）评分

表 35　帝胜公司开襟衫航运物流在丹戎帕拉帕斯港中转作业对丹戎帕拉帕斯港 6 个维度的影响作用的 [I，C；R] 评分

区域维度 / 生产环节	区位 [I，C；R]	资源 [I，C；R]	社会 [I，C；R]	经济 [I，C；R]	环境 [I，C；R]	生态 [I，C；R]
丹戎帕拉帕斯港中转作业						

注：I（Impact）："影响"，包括正面/有利影响以及负面/不利影响；取值范围为 {-3，-2，-1，0，1，2，3}；3、2、1 和 0 分别表达影响的"大""中""小"和"没有影响"；"-"表示负面影响；只取整数，不取小数；C（Confidence）：置信度（主观概率），用于衡量专家对所评判的"I"分值的主观确定程度，取值范围为（0，1]，取值越大置信度越高；R（Relationship）：相关关系，取值范围为 {0，1，2，3}，表征两者"没有关系"、及关系的"弱""中""强"。

表 36　丹戎帕拉帕斯港 6 个维度对帝胜公司开襟衫航运物流在丹戎帕拉帕斯港中转作业的影响作用的 [I，C；R] 评分

区域维度 / 生产环节	区位 [I，C；R]	资源 [I，C；R]	社会 [I，C；R]	经济 [I，C；R]	环境 [I，C；R]	生态 [I，C；R]
丹戎帕拉帕斯港中转作业						

说明：该表格是指该区域的 6 个环境维度对航运物流该生产环节的影响（反馈作用），基于该区域的现状和回顾性评价结果（第一部分），评价该区域的 6 个环境维度对航运物流在该区域的该生产环节的影响（包括正面/有利影响以及负面/不利影响）。

表 37　帝胜公司开襟衫航运物流在丹戎帕拉帕斯港中转作业的绿色发展水平整体评价

绿色评价 / 生产环节	绿色发展水平	存在的问题或不足，需要改进的地方
丹戎帕拉帕斯港中转作业		

注：绿色发展水平评价只取 3、2 和 1（好=3；中=2；差=1）。

帝胜公司开襟衫航运物流在安特卫普港中转作业的多维决策

第一部分：安特卫普港的现状和回顾性评价

区位维度

表 38　安特卫普港的区位维度评价

评价要素	评价指标及其评价结果/结论	要素评价	维度评价
地理区位	地处英吉利海峡东岸，比利时西侧、荷兰鹿特丹港南侧，欧洲的心脏位置，是欧洲排名第二、比利时最大的海港，地理区位优越		
自然区位	温带海洋性气候，年均气温 4~18℃，基本没有冰冻现象；年均降雨量 750~900 mm，斯海尔德河潮差为 4.2~4.5 m，自然区位中等		
资源区位	是世界上面积最大的港口，水深条件好，一般情况深度达 13.1 m，乘潮水深可达 15.5 m，资源区位好		
经济区位	比利时重要港口工业城市、第二大经济中心，世界最大钻石加工和贸易中心，位于欧洲三大经济圈之一，经济区位优越		
社会区位	是全球供应链的节点，最快、最便宜地连接欧洲内陆，港口永续发展报告（2012）获得最佳永续发展报告称号，社会区位优越		

资源维度

表 39　安特卫普港的资源维度评价

评价要素	评价指标及其评价结果/结论	要素评价	维度评价
土地资源	安特卫普港口面积达 12 068 万 m^2，土地资源较充足		
岸线资源	码头岸壁 1 206 km		
水域资源	安特卫普港处于斯海尔德河下游，水域宽阔，水域资源丰富，水深条件好		
能源消耗	安特卫普港每年能源消耗总量约 852.5 万 t 标准煤，2015 年较 2010 年有所减少，可再生能源使用增加较明显		
交通资源	公路总长 358 km、铁路 1 047 km，内河航运效应显著，集疏运系统快捷、高效		
航线资源	安特卫普港拥有超过 500 个直接目的地，每周不少于 300 个停靠，可运输任何种类的货物		
旅游资源	安特卫普港未见有明显的旅游资源，当地居民将港口作为旅游和休闲区域的意愿越来越强烈		

社会维度

表 40　安特卫普港的社会维度评价

评价要素	评价指标及其评价结果/结论	要素评价	维度评价
发展战略	安特卫普港是欧洲的海运物流中心；创造可持续的港口附加值以保持领导者的地位，航运和循环经济成为港口可持续发展新增主题		
行政管理	安特卫普港发挥港口社区作用，增强利益相关者之间的合作，每年开展当地居民的调查活动		
港口效益	港口货物吞吐量平均年增长 3.4%，2015 年集装箱吞吐量为 965.4 万 TEU，比 2010 年增长 14.0%，平均年增长 2.8%；2015 年集装箱吞吐量世界排名第 11，较 2010 年上升 3 位；港口效益明显提升，增加值保持增长		
基础设施	集装箱年通过能力为 1 500 万 TEU，港口腹地连接道路运输系统极好，但道路运输拥挤度逐年上升；许多港口铁路基础设施处于荒废状态，2015 年完成规划生态基础设施建设的 61%，较 2010 年减少 1%		
作业效率	安特卫普港装卸速度闻名世界，处理能力很强，2015 年到港船舶较 2010 年减少 366 艘，呈大型化，码头实行 24 h，7 d 工作制		
环境管理	港区建立生态基础设施网络，设置核心区生态廊道和步行石道；2014 年公布《安特卫普港物种保护规划》长期保育 14 个保护物种；2015 年获 ISO 50001 认证，2015 年港口循环经济直接就业人数较 2010 年增长 15.2%，投资较 2010 年下降，但增加值保持增长		
安全生产	2014 年港口事件报告数量约为 340 件，较 2010 年减少约 22%，2015 年发生油泄露事件总数较 2010 年增加约 20%		

经济维度

表 41　安特卫普港的经济维度评价

评价要素	评价指标及其评价结果/结论	要素评价	维度评价
经济指标	2015 年港口附加值占比利时 GDP 的 4.8%，较 2010 年明显增加；港口管理机构 2015 年运营收入为 10 450 万欧元，较 2010 年增加 2 443 万欧元；税前利润 10 514 万欧元，较 2010 年增长 31.3%，平均年增长 6.3%		
固定资产投资	2010 年港口管理机构码头投资 1 220 万欧元，2015 年集装箱码头投资 680 万欧元；2010 年港口建筑投资 370 万欧元，2015 年港口办公建筑投资 2 000 万欧元；2015 年安特卫普港的有形和无形资产下降了 1 200 万欧元，较 2010 年多下降 160 万欧元		

环境维度

表 42 安特卫普港的环境维度评价

评价要素	评价指标及其评价结果/结论	要素评价	维度评价
大气环境	2010—2015 年港口每年排放约 1 900 万 t CO_2 当量；2015 年 SO_2 总排放量较 2010 年减少约 17.9%；NO_X 排放量减少约 2.6%；颗粒物排放量减少约 12.8%，总体上，SO_2、PM_{10}、$PM_{2.5}$ 排放处于“好”水平，NO_2 排放处于“满意”水平		
水环境	2015 年夏天 COD 多次超过标准，溶解氧和营养盐浓度满足水环境质量要求，总体上，安特卫普港溶解氧含量处于“满意”水平，营养盐和优先污染物（Priority substances）处于“中等”水平		
声环境	2013 年约 45 000 的当地居民暴露于噪声环境中，其中不超过 2 万人所处的噪声环境水平大于 55 dB（A），港口边界区域的声环境较好		
固体废物	安特卫普港垃圾的清洁指数处于“好”水平		
土壤环境	2010—2015 年，安特卫普港土壤调查逐渐增加，土壤环境质量较高		
环境风险	环境风险主要存在于 Fort Filip 现场的土壤污染，包括地表和地水下的土壤污染，相关方已经深切意识到土壤调查的重要性		

生态维度

表 43 安特卫普港的生态维度评价

评价要素	评价指标及其评价结果/结论	要素评价	维度评价
生态系统	安特卫普港位于咸、淡水交汇区，物种多样性丰富，有许多特殊保护区，譬如低斯海尔德盐碱地、斯海尔德和柯姆河口；多达 90 种受保护的物种，2011 年建立了物种保护计划，物种数量缓慢增加		
生态风险	2015 年安特卫普港左岸的保护区面积较 2010 年有所增加，但目标物种的数量却未见增长；右岸保护区的面积有所减少，目标物种的数量明显减少，总体上，目标物种的数量与其目标数量相差较大，处于“糟糕”水平，存在目标物种减少的生态风险		

第二部分：帝胜公司开襟衫航运物流在安特卫普港中转作业的评价

表 44　帝胜公司开襟衫航运物流在安特卫普港中转作业过程评价

评价指标及其评价结果/结论	影响评价	绿色评价
生产过程：该集装箱于 2017 年 10 月 3 日到达比利时安特卫普港后，由岸上集装箱起重机将集装箱吊下，在前方堆场堆垛；其中在 2017 年 10 月 6 日和 7 日进行定位操作（10 月 6 日 Positioned out，10 月 7 日 Positioned in）；2017 年 10 月 8 日，由起重机将集装箱从堆场吊装上船，港口设施设备较先进，能耗较低 环境影响及其影响因子：该安特卫普港集装箱中转作业主要有码头机械设备装卸搬运废气排放；船舶污水排放；港口集装箱卡车运输和港区机械作业噪声影响；港区垃圾；溢油风险等环境影响，但对于一个集装箱的作业所产生的环境影响极小，且未发生溢油事件 影响因子：大气环境（SO_2、NO_X和 PM_{10}），船舶污水，装卸机械噪声，固体废物处置，以及溢油和生物入侵环境风险等，对港区环境产生轻微负面影响 是否符合绿色发展要求：基本符合		

注：“影响”包括正面/有利影响以及负面/不利影响，取值范围为｛-3，-2，-1，0，1，2，3｝。3、2、1 和 0 分别表达影响的“大”“中”“小”和“没有影响”；“-”表示负面影响。只取整数，不取小数。

绿色发展水平评价只取 3、2 和 1（好=3；中=2；差=1）。

表 45　帝胜公司开襟衫航运物流在安特卫普港中转作业的多维评价

评价维度	评价要素	评价指标及其评价结果/结论	影响评价	绿色评价
区位	区位影响	安特卫普港是一个国际大港，帝胜公司开襟衫航运物流对安特卫普港区位维度基本没有影响		
资源	资源消耗	该中转港作业占用堆场箱位 6 d、占用码头岸线不到 1 d，对安特卫普港土地和岸线资源产生轻微负面影响；未能获取能耗数据信息，但安特卫普港港口设施设备较先进，能耗较低；船舶 Heluan 的总吨位为 15 633 t，且建造年限已达 10 年，能效较低，一定程度上影响了该活动的绿色发展水平		
社会	港口效益和就业	增加 1 TEU 港口吞吐量，为安特卫普港带来轻微正面影响；安特卫普港港口作业效率处于国际领先水平，社会维度绿色发展水平高		
经济	成本收益	安特卫普港每条船到港需支付吨位费 141. 1 元和泊位费 1. 358 元/t，该集装箱中转作业对安特卫普港经济维度正面影响轻微；港口经济效益较好，经济竞争力强；经济维度整体绿色发展水平较高		

续表

评价维度	评价要素	评价指标及其评价结果/结论	影响评价	绿色评价
环境	大气环境	按照该港口均值计，该集装箱中转作业分别排放 SO_2、NO_X 和 PM_{10} 约为 15.3 g、199.3 g 和 5.1 g，对大气环境仅有轻微负面影响；安特卫普港 SO_2 排放强度略大于长滩港；NO_X 排放强度小于长滩港；PM_{10} 排放强度小于长滩港，环境影响整体处于世界领先水平，绿色发展水平较高		
	水环境	安特卫普港平均每艘船舶污水量为 0.14 m^3；船体涂料是安特卫普港水环境中铜的主要来源，约占铜总量的 79%，2013 年达 35 028 kg，帝胜公司开襟衫航运物流运输对安特卫普港水环境仅有轻微负面影响		
	声环境	该集装箱活动产生噪声负面影响微乎其微，但安特卫普港码头前沿声环境差，该中转作业的环境噪声仍有轻微负面影响		
	固体废物	安特卫普港平均每艘船舶垃圾 1.18 m^3，帝胜公司开襟衫航运物流对安特卫普港固体废物基本没有影响		
	环境风险	因安特卫普港 2015 年发生燃油泄露事件总数明显增加，因此该集装箱中转作业船舶溢油环境风险存在轻微负面影响；整体上，安特卫普港环境管理处于世界先进水平，环境维度绿色发展水平较高		
生态	生态影响和风险	安特卫普港港口特殊保护区和受保护物种数量多，该集装箱中转作业可能影响受保护物种，并存在生物入侵的生态风险，因而对安特卫普港生态维度带来轻微负面影响；港口作业与港口生态矛盾较多，生态维度绿色发展水平一般		

第三部分：帝胜公司开襟衫航运物流安特卫普港中转作业与安特卫普港的多维决策（相互影响作用的［I，C；R］）评分

表 46　帝胜公司开襟衫航运物流在安特卫普港中转作业对安特卫普港 6 个维度的影响作用的［I，C；R］评分

区域维度 / 生产环节	区位［I，C；R］	资源［I，C；R］	社会［I，C；R］	经济［I，C；R］	环境［I，C；R］	生态［I，C；R］
安特卫普港中转作业						

注：I（Impact）：“影响”，包括正面/有利影响以及负面/不利影响；取值范围为｛-3，-2，-1，0，1，2，3｝；3、2、1 和 0 分别表达影响的“大”“中”“小”和“没有影响”；“-”表示负面影响；只取整数，不取小数；C（Confidence）：置信度（主观概率），用于衡量专家对所评判的“I”分值的主观确定程度，取值范围为（0，1］，取值越大置信度越高；R（Relationship）：相关关系，取值范围为｛0，1，2，3｝，表征两者“没有关系”、及关系的“弱”“中”“强”。

表 47　安特卫普港 6 个维度对帝胜公司开襟衫航运物流在安特卫普港中转作业的影响作用的［I，C；R］评分

区域维度 / 生产环节	区位 ［I，C；R］	资源 ［I，C；R］	社会 ［I，C；R］	经济 ［I，C；R］	环境 ［I，C；R］	生态 ［I，C；R］
安特卫普港中转作业						

说明：该表格是指该区域的 6 个环境维度对航运物流该生产环节的影响（反馈作用），基于该区域的现状和回顾性评价结果（第一部分），评价该区域的 6 个环境维度对航运物流在该区域的生产环节的影响（包括正面/有利影响以及负面/不利影响）。

表 48　帝胜公司开襟衫航运物流在安特卫普港中转作业绿色发展水平整体评价

绿色评价 / 生产环节	绿色发展水平	存在问题或不足，需要改进的地方
安特卫普港中转作业		

注：绿色发展水平评价只取 3、2 和 1（好=3；中=2；差=1）。

帝胜公司开襟衫航运物流在海事区域的多维决策

帝胜公司开襟衫在各港口之间沿海运航线穿过相应的海事区域，包括太平洋、印度洋和大西洋海事区域。这些海事区域自身除了航运以及少量捕捞外并不存在大量的人类社会活动，因此，本案例研究将不再单独对海事区域进行区位、社会和经济维度的现状和回顾性评价，而将该部分内容涵盖于资源维度。

基于 2015 年海洋环境保护科学问题联合专家组（GESAMP）提出的《2009—2013 年开阔大洋污染报告》，开阔大洋不同于沿海水域，其污染来源主要为大气和商船，由人类活动产生并进入海洋的大多数物质到目前为止没有明确的证据表明这些物质对开阔大洋产生了有害的影响，当然，不能排除由于不能忽视的各种压力导致的累积效应的可能性。因此，本案例适当考虑开阔大洋的主要影响压力因素（气候变化、商业捕捞和商业活动（例如航运）产生的累积效应），重点关注沿岸的大海洋生态系（LME，Large Marine Ecosystem）。

第一部分：海事区域的现状和回顾性评价

太平洋海事区域的现状和回顾性评价

表 49　太平洋海事区域的资源维度评价

评价要素	评价指标及其评价结果/结论	要素评价	维度评价
自然资源	太平洋是全球面积最大、平均水深最深、边缘海和岛屿最多的大洋；占全球水面面积的 46%，主要边缘海 28 个，约 25 000 个岛屿；海水表面水温 -1.4～30℃，航线受冰冻影响小；存在顺时针的北太平洋环流和逆时针的南太平洋环流；每年 5—12 月西北太平洋进入东亚和东南亚的台风较活跃；太平洋区域提供了廉价的海上运输、丰富的渔场、沿海石油和天然气田、矿物以及建筑工业所需的砂和砾石		
航线资源	太平洋航线根据不同的起点和走向，分为 2 组 10 条：（1）以远东、东亚为起点：西行航线（北印度洋、地中海、西北欧航线；东南非、西非、南美东岸航线）；南行航线（澳大利亚、新西兰、太平洋岛国航线；东南亚航线）；东行航线（北美西岸航线；加勒比、北美东岸航线；南美西岸航线）；（2）以澳大利亚、新西兰为起点：东行航线（北美东岸、西岸航线；南美西岸航线）；北美东、西海岸与南美西海岸航线		

表 50　太平洋海事区域的环境维度评价

评价要素	评价指标及其评价结果/结论	要素评价	维度评价
大气环境	过去 150 年中人类活动导致海洋大气中氮浓度可能增加至少 3 倍，但未见产生了有害的影响；在沿岸大海洋生态系统中，南海海洋表面水温快速增长；大气氮沉积浓度也较大		
水环境	开阔大洋总体环境质量较好，但溶解氧浓度和海水表面 pH 呈下降趋势；20 世纪海平面以每年平均 1.7 mm 的速度上升；在沿岸大海洋生态系统中，南海（香港区域附近）多氯联苯浓度相对较高；南海（香港区域和越南北部附近）滴滴涕浓度较高；南海和东海营养元素含量相对较高；马来西亚东海岸大多区域水质呈“中等”状态		
声环境和固体废物	相关数据信息不足，未发现较为明显的环境问题		
环境风险	太平洋海事区域存在溢油、海洋垃圾等带来的环境风险		

表 51　太平洋海事区域的生态维度评价

评价要素	评价指标及其评价结果/结论	要素评价	维度评价
水域生态	太平洋水域存在世界上最大的低氧水域；海洋物种丰度较低；中西太平洋海域大多数的鱼类资源被充分或过度开发；总体上，太平洋开阔大洋的生态质量好；沿岸的大海洋生态系统中，南海珊瑚礁生态系统质量处于一般水平		
敏感生态	太平洋拥有大量特有物种，超过 400 种特有鸟类，且大约 30%的本地植物物种是特有的；太平洋区域大多数特有物种都是世界上最濒危的，包括世界上 25%的受威胁鸟类；濒危和受威胁物种包括金枪鱼、鲸、海龟、儒艮、海豚、鼠海豚、咸水鳄鱼等		
生态风险	太平洋海事区域存在生物入侵、溢油、海洋垃圾等带来的生态风险		

印度洋海事区域的现状和回顾性评价

表 52　印度洋海事区域的资源维度评价

评价要素	评价指标及其评价结果/结论	要素评价	维度评价
自然资源	世界第三大洋，占全球水面面积约 20%；海岸线 6.65 万 km，主要边缘海 6 个；表面水温为 22℃到超过 28℃；印度洋有着丰富的渔业、石油、天然气和矿物资源；印度洋海啸成为全球十大自然灾害之一，且受热带气旋影响		
航线资源	印度洋航线分别以中东海湾地区和南非为起点，加上 2 条中继线，分为 3 组 6 条：（1）以海湾地区为起点：东行航线（远东航线）；西行航线（欧洲、北美东岸航线）；（2）以南非为起点：东行航线（远东航线；澳大利亚、新西兰航线）；（3）西行中继航线：远东（海湾、苏伊士运河航线）；澳大利亚（海湾、苏伊士运河航线）		

表 53　印度洋海事区域的环境维度评价

评价要素	评价指标及其评价结果/结论	要素评价	维度评价
大气环境	印度洋开阔大洋大气环境质量良好，但二氧化碳和氮快速增长；在沿岸大海洋生态系统中，马六甲海峡大气氮沉积浓度较高		
水环境	印度洋开阔大洋水环境状况较好，但溶解氧浓度和海水表面 pH 呈下降趋势；20 世纪海平面以 1.7 mm/a 的速度上升；在沿岸大海洋生态系统中孟加拉湾营养元素含量高，常发生有害藻华；安达曼海也出现藻华，但近年有所改善		
环境风险	印度洋海事区域存在海啸和热带气旋等自然灾害风险；溢油和海洋垃圾等带来的环境风险		

表 54 印度洋海事区域的生态维度评价

评价要素	评价指标及其评价结果/结论	要素评价	维度评价
水域生态	开阔大洋生态质量总体好，在沿岸大海洋生态系统中，孟加拉湾和安达曼海渔业过度开发；红海和阿曼海生物多样性相对高；红海珊瑚礁生态系统质量较好，孟加拉湾和阿拉伯海一般，泰国湾则较差		
敏感生态	印度洋的敏感生物生态包括珊瑚礁、鲸、海豚、腔棘鱼、儒艮、海龟等，红海和亚丁湾分布有 12 个海洋保护区		
生态风险	印度洋海事区域存在生物入侵、溢油和海洋垃圾等带来的生态风险		

大西洋海事区域的现状和回顾性评价

表 55 大西洋海事区域的资源维度评价

评价要素	评价指标及其评价结果/结论	要素评价	维度评价
自然资源	世界第二大洋，占全球水面面积约 29%；海岸线 11.18×10^4 km，主要边缘海 20 个；海水表面水温 -2℃ 到超过 30℃，航线受冰冻影响小 海洋矿产资源和水产资源丰富。每年 2—8 月西北大西洋等地有冰山出现；5—9 月海上持续的雾和 5—12 月的飓风可能带来航运风险		
航线资源	大西洋沿岸是世界海运最发达的地区，以欧洲及北美东海岸为起点，分为 2 组 8 条：（1）以西北欧、欧洲为起点：西行航线（北美东岸航线；加勒比航线）；南行航线（地中海、中东、远东、澳大利亚及新西兰航线；南美东岸、西非航线）；（2）以北美东海岸为起点：东行航线（地中海、中东、亚太航线；好望角航线）；南行航线（加勒比海航线；南美东岸航线）		

表 56 大西洋海事区域的环境维度评价

评价要素	评价指标及其评价结果/结论	要素评价	维度评价
大气环境	开阔大洋环境质量良好，但二氧化碳和氮气也呈快速增长，北海、波罗的海和伊比利亚海沿岸海洋表面温度快速增长		
水环境	开阔大洋的水环境状况较好；但溶解氧和海洋表面 pH 呈下降趋势；20 世纪海平面以每年 1.7 mm 的平均速度上升；沿岸大海洋生态系统中，凯尔特海、地中海北部、北海和伊比利亚海沿岸有机氯含量较高；凯尔特海和北海营养盐含量较高		
环境风险	大西洋海事区域存在溢油和海洋垃圾等带来的环境风险		

表 57 大西洋海事区域的生态维度评价

评价要素	评价指标及其评价结果/结论	要素评价	维度评价
水域生态	开阔大洋生态质量好，但生物多样性不乐观；沿岸大海洋生态系统中地中海多数特有物种濒临灭绝；有毒水华暴发频率增加		
敏感生态	波罗的海 2010 年海洋保护区的面积占 10.3%，仍呈增长趋势；北大西洋繁殖鸟类的数量正在减少，北海的迁徙物种也变得十分罕见		
生态风险	大西洋海事区域存在生物入侵、溢油和海洋垃圾等带来的生态风险		

第二部分：帝胜公司开襟衫航运物流海上运输在海事区域的评价

因太平洋海事区域、印度洋海事区域和大西洋海事区域的海上运输生产内容类似，故将 3 个海事区域的生产过程一同分析。

表 58 帝胜公司开襟衫航运物流海上运输过程评价

评价指标及其评价结果/结论	影响评价	绿色评价
生产过程： 首艘船舶运输：2017 年 8 月 29 日至 9 月 4 日从厦门港到丹戎帕拉帕斯港，途经太平洋区域；船舶“MARGRETHE MAERSK”于 2015 年 4 月建造，194 849 总吨 第二艘船舶运输：2017 年 9 月 12 日至 10 月 3 日从丹戎帕拉帕斯港到安特卫普港，途经太平洋、印度洋和大西洋区域；船舶“MAERSK EMDEN”于 2010 年 7 月建造，141 716 总吨 第三艘船舶运输：2017 年 10 月 8 日至 10 月 13 日从安特卫普港到斯德哥尔摩港，途经大西洋的北海和波罗的海区域；导轨式全集装箱船“HELU-AN”号于 2007 年 11 月建造，15 633 总吨 厦门港到斯德哥尔摩港海洋运输的总运费为 12 668 元 环境影响及其影响因子：主要产生废气排放及溢油环境风险，由于该集装箱运输产生的废气排放基本可忽略，也未发生溢油事件；影响因子大气环境（CO_2、SO_X 和 NO_X），对大洋的环境影响可忽略 是否符合绿色发展要求：符合		

注：“影响”包括正面/有利影响以及负面/不利影响，取值范围为 {-3，-2，-1，0，1，2，3}。3、2、1 和 0 分别表达影响的“大”“中”“小”和“没有影响”；“-”表示负面影响。只取整数，不取小数。

绿色发展水平评价只取 3、2 和 1（好=3；中=2；差=1）。

表 59　帝胜公司开襟衫航运物流海上运输在海事区域的多维评价

评价维度	评价要素	评价指标及其评价结果/结论	影响评价	绿色评价
资源	能源消耗	厦门港到斯德哥尔摩港海洋运输过程中消耗燃油 25 413.6 MJ，对海事区域资源维度基本没影响；集装箱运输船舶“MARGRETHE MAERSK”的船舶能效营运指数 EEOI（以二氧化碳计）为 11 g/（t · km），船舶“MAERSK EMDEN”和“HELUAN 的 EEOI”分别为 5 g/（t · km）和 14 g/（t · km），都低于集装箱船舶的二氧化碳一般排放效率（12.5~37.5 g/（t · km）），船舶能效较高，资源维度绿色发展水平较高 根据《MARPOL 73/78 公约》，船舶的建造时间在 2013 年 1 月 1 日之后必须满足船舶能效设计指数（EEDI）要求		
环境	大气环境	厦门港到斯德哥尔摩港海洋运输过程中总的排放二氧化碳当量为 2 006.1 kg，对海事区域几乎没影响 根据《MARPOL 73/78 公约》，船舶“MARGRETHE MAERSK”的 NO_X 排放量满足Ⅱ级（不超过 14.4 g/（kW · h）），船舶“MAERSK EMDEN”和“HELUAN”满足Ⅰ级（不超过 17.0 g/（kW · h））；船舶“MAERSK EMDEN”途经北海船舶排放控制区，船舶“HELUAN”途经北海和波罗的海船舶排放控制区所使用的燃油的硫质量分数不超过 0.1%；其他航行途经区域内所使用燃油的硫质量分数都不超过 3.50%；该集装箱运输产生的 NO_X 和硫排放量极小，对海事区域也基本没影响 海事区域航运物流环节绿色发展水平较高		
生态	生态影响和风险	该海事区域海上航行与太平洋海事区域生态维度相互影响较小，可能对南海珊瑚礁，太平洋特有物种，印度洋海事区域的孟加拉湾、阿拉伯海和泰国湾的珊瑚礁，红海和亚丁湾的海洋保护区，以及大西洋海事区域的地中海特有物种、波罗的海保护区、北大西洋繁殖鸟类和北海迁徙物种造成极其轻微的负面影响，并存在船舶溢油、生物入侵的生态风险，整体上，海上航行与海事区域生态矛盾较小，生态维度绿色发展水平较高		

第三部分：帝胜公司开襟衫航运物流海上运输与海事区域的多维决策（相互影响作用的［I，C；R］）评分

表 60　帝胜公司开襟衫航运物流海上运输对海事区域 3 个维度的影响作用的［I，C；R］评分

区域维度 生产环节	资源 ［I，C；R］	环境 ［I，C；R］	生态 ［I，C；R］
帝胜公司开襟衫航运物流海上运输			

注：I（Impact）：“影响”，包括正面/有利影响以及负面/不利影响；取值范围为｛-3，-2，-1，0，1，2，3｝；3、2、1 和 0 分别表达影响的“大”“中”“小”和“没有影响”；“-”表示负面影响；只取整数，不取小数；C（Confidence）：置信度（主观概率），用于衡量专家对所评判的“I”分值的主观确定程度，取值范围为（0，1］，取值越大置信度越高；R（Relationship）：相关关系，取值范围为｛0，1，2，3｝，表征两者“没有关系”、及关系的“弱”“中”“强”。

表 61　海事区域 3 个维度对帝胜公司开襟衫航运物流海上运输的影响作用的［I，C；R］评分

区域维度 / 生产环节	资源 ［I，C；R］	环境 ［I，C；R］	生态 ［I，C；R］
帝胜公司开襟衫航运物流海上运输			

说明：该表格是指各区域的 3 个环境维度对航运物流该生产环节的影响（反馈作用），基于各区域的现状和回顾性评价结果（第一部分），评价各区域的 3 个环境维度对航运物流在该区域的该生产环节的影响（包括正面/有利影响以及负面/不利影响）。

表 62　海事区域海上运输绿色发展水平整体评价

绿色评价 / 生产环节	绿色发展水平	存在的问题或不足，需要改进的地方
海上运输		

注：绿色发展水平评价只取 3、2 和 1（好 = 3；中 = 2；差 = 1）。

帝胜公司开襟衫航运物流在斯德哥尔摩港的多维决策

第一部分：斯德哥尔摩港的现状和回顾性评价

区位维度

表 63　斯德哥尔摩港的区位维度评价

评价要素	评价指标及其评价结果/结论	要素评价	维度评价
地理区位	位于波罗的海西北侧，瑞典东南的梅拉伦湖入海口，是瑞典东海岸最大的港口，瑞典首都所在城市，地理区位较优越		
自然区位	斯德哥尔摩港冬季寒冷，易发生冰冻；港区外众多岛屿罗列以至于入港航道曲折，自然区位较差		
资源区位	斯德哥尔摩港受水深限制（水深为 8.5~9.0 m）只能靠泊中小型船舶，当前仅 Frihamnen 港区拥有集装箱泊位，主要为来往芬兰、波罗的海国家和俄罗斯的小型船舶货运服务；与瑞典的哥德堡港差距明显，在波罗的海众多港口中属于资源区位较差的港口		
生态区位	斯德哥尔摩港位于世界上最漂亮的城市之一的斯德哥尔摩市，以环境为优先，是欧洲港口组织公认的环境友好港，生态区位好		
经济区位	斯德哥尔摩港位于高度发达的斯德哥尔摩市，但该港主要为来往芬兰、波罗的海国家和俄罗斯的小型船舶货运服务，经济区位中等		
社会区位	瑞典第二大港、波罗的海的主要港口之一，位于瑞典首都，靠近瑞典最大的城市和市场，社会区位优越		

资源维度

表 64 斯德哥尔摩港的资源维度评价

评价要素	评价指标及其评价结果/结论	要素评价	维度评价
土地资源	斯德哥尔摩港口群土地面积共 110 万 m^2，仓储 7.14 万 m^2，土地资源不丰富		
港航资源	斯德哥尔摩港口群的码头岸线共 14 km；港内水深条件一般		
交通资源	每周都有安特卫普港、汉堡港和不来梅港等港口的支线船舶到达斯德哥尔摩港，斯德哥尔摩建立协同的铁路运输和海洋运输模式		
航线资源	斯德哥尔摩港的航线约有 9 条，包括芬兰、波罗的海国家和俄罗斯等		
旅游资源	斯德哥尔摩市风景秀丽、拥有许多历史建筑物、文化艺术感浓，是著名的旅游胜地；国际邮轮的热门目的地		

社会维度

表 65 斯德哥尔摩港的社会维度评价

评价要素	评价指标及其评价结果/结论	要素评价	维度评价
发展战略	将斯德哥尔摩市发展为有吸引力的旅游城市是斯德哥尔摩港的长期目标，港城综合发展、斯德哥尔摩的稳定、永续发展、长期盈利及减排与可再生能源使用是斯德哥尔摩港近年关注的重点		
行政管理	斯德哥尔摩港口群（包括斯德哥尔摩港、Nynäshamn 港和 Kapellskär 港）管理机构通过利益相关者分析、重要性分析以确定港口发展方向，在近年顾客满意度调查中，运输业务的满意度有所下降		
港口效益	2015 年斯德哥尔摩港的货物吞吐量为 463.7 万 t，较 2010 年减少 23.5 万 t，平均年增长率为-1.0%。2015 年斯德哥尔摩港口群集装箱吞吐量 5 093.6 TEU，货物周转量 464 696 t，较 2010 年减少 4.6%，抵达瑞典的货物有 9/10 通过海运方式转运		
基础设施	集装箱 Frihamnen 港区拥有 5 个泊位（Quay），其中 1 个集装箱码头，长 240 m；斯德哥尔摩港正努力改善基础设施以适应船舶大型化要求，尽可能通过海运将货物运输至目的地以减少拥挤的道路和铁路的压力		
环境管理	港口环境措施主要关注能源使用、化石燃料排放、废弃物和原材料，减少港口运营噪声和排放；根据氮氧化物的排放适当减少港费		

经济维度

表 66 斯德哥尔摩港的经济维度评价

评价要素	评价指标及其评价结果/结论	要素评价	维度评价
经济指标	2013—2015 年斯德哥尔摩港口群账户金额都大于 4 160 万元，其中 2015 年 5 907 万元；斯德哥尔摩港 2015 年运营利润为 11 763 万元		
固定资产投资	2014—2015 年斯德哥尔摩港口群基础设施和维护投资逐年增加，2015 年达 64 274 万元		

环境维度

表 67　斯德哥尔摩港的环境维度评价

评价要素	评价指标及其评价结果/结论	要素评价	维度评价
大气环境	根据 OECD《斯德哥尔摩绿色增长》报告显示，斯德哥尔摩市的空气污染的所有污染物都低于标准值		
水环境	斯德哥尔摩港水环境质量较好，主要污染来自于船舶黑灰水卸载；2015 年斯德哥尔摩港口群从船舶卸载黑灰水达 544 274 m^3		
声环境	未能获取斯德哥尔摩港声环境的数据信息		
固体废物	港口固体废物回收或重复利用逐年增长，2015 年斯德哥尔摩港口群内部商业活动产生废物 2 631 t，船舶垃圾 1 562 t		
环境风险	存在咸水入侵梅拉伦湖的环境风险		

生态维度

表 68　斯德哥尔摩港的生态维度评价

评价要素	评价指标及其评价结果/结论	要素评价	维度评价
未能获得斯德哥尔摩港区域的生态环境数据和资料，据曾经前往斯德哥尔摩市访问的老师反映，斯德哥尔摩港生态环境状况良好			

第二部分：帝胜公司开襟衫航运物流在斯德哥尔摩港抵达作业的评价

表 69　斯德哥尔摩港抵达作业过程评价

评价指标及其评价结果/结论	影响评价	绿色评价
生产过程：该集装箱于 2017 年 10 月 13 日到达目的港斯德哥尔摩港后由诺曼全球物流公司提货；集装箱从船上起吊至拖挂车，运出码头 环境影响及其影响因子：该集装箱抵达作业主要产生码头机械设备装卸搬运废气排放、船舶污水排放、港口集装箱卡车运输和港区机械作业噪声影响、港区垃圾、及溢油风险等环境影响。对于一个集装箱的作业，环境影响极小，且未发生溢油事件 影响因子：大气环境（CO_2、SO_2、NO_X和 PM_{10}），船舶污水，装卸机械噪声以及溢油和生物入侵环境风险等，对港区环境产生轻微负面影响 是否符合绿色发展要求：斯德哥尔摩港港口设施设备较落后，基本符合绿色发展要求		

表 70　斯德哥尔摩港抵达作业的多维评价

评价维度	评价要素	评价指标及其评价结果/结论	影响评价	绿色评价
区位	区位影响	帝胜公司开襟衫航运物流对斯德哥尔摩港区位维度基本没影响		
资源	能源消耗	该到达港作业占用堆场箱位和码头岸线都不到 1 d，对港口土地和岸线资源产生轻微负面影响，未能获取能耗数据信息，但港口设施设备较落后，还不能适应船舶大型化的发展，能耗较高，对该集装箱作业产生轻微负面影响，绿色发展水平偏低		
社会	港口效益和就业	类比厦门港，斯德哥尔摩港较好的社会维度给帝胜公司开襟衫航运物流产生轻微正面影响；但较落后的基础设施使港口作业效率偏低、能耗较高，绿色发展水平偏低		
经济	成本收益	帝胜公司开襟衫集装箱运输对斯德哥尔摩港经济维度产生轻微正面影响，集装箱处理费用为 902 元，港口经济效益较好		
环境	大气环境 水环境	斯德哥尔摩港气体排放和黑灰水卸载大部分来自邮轮或散货活动，未能得到集装箱活动环境影响的数据资料，但港口环境质量整体上较好，抵达港作业时间极短，对该港环境维度基本没有影响，不排除一定的船舶溢油风险		
	环境风险	因斯德哥尔摩港港口设施设备较落后，节能减排性能较低，整体上，斯德哥尔摩港环境维度的绿色发展水平较低		
生态	生态影响和风险	斯德哥尔摩港生态质量整体上较好，集装箱抵达港作业对港口周边生态维度基本没有影响，但集装箱作业可能对斯德哥尔摩港特殊物种产生影响，以及造成生物入侵生态风险，生态维度绿色发展水平一般		

第三部分：帝胜公司开襟衫航运物流在斯德哥尔摩港抵达作业与斯德哥尔摩港的多维决策（相互影响作用的［I，C；R］）评分

表 71　帝胜公司开襟衫航运物流在斯德哥尔摩港抵达作业对斯德哥尔摩港的影响作用的［I，C；R］评分

区域维度 / 生产环节	区位 ［I，C；R］	资源 ［I，C；R］	社会 ［I，C；R］	经济 ［I，C；R］	环境 ［I，C；R］	生态 ［I，C；R］
帝胜公司开襟衫航运物流在斯德哥尔摩港抵达作业						

注：I（Impact）："影响"，包括正面/有利影响以及负面/不利影响；取值范围为｛-3，-2，-1，0，1，2，3｝；3、2、1 和 0 分别表达影响的"大""中""小"和"没有影响"；"-"表示负面影响；只取整数，不取小数；C（Confidence）：置信度（主观概率），用于衡量专家对所评判的"I"分值的主观确定程度，取值范围为（0，1］，取值越大置信度越高；R（Relationship）：相关关系，取值范围为｛0，1，2，3｝，表征两者"没有关系"、及关系的"弱""中""强"。

表 72 斯德哥尔摩港对帝胜公司开襟衫航运物流在斯德哥尔摩港抵达作业的影响作用的［I，C；R］评分

区域维度 / 生产环节	区位 [I, C; R]	资源 [I, C; R]	社会 [I, C; R]	经济 [I, C; R]	环境 [I, C; R]	生态 [I, C; R]
帝胜公司开襟衫航运物流在斯德哥尔摩港抵达作业						

说明：该表格是指该区域的 6 个环境维度对航运物流该生产环节的影响（反馈作用），基于该区域的现状和回顾性评价结果（第一部分），评价该区域的 6 个环境维度对航运物流在该区域的该生产环节的影响（包括正面/有利影响以及负面/不利影响）。

表 73 帝胜公司开襟衫航运物流在斯德哥尔摩港抵达作业的绿色发展水平整体评价

绿色评价 / 生产环节	是否属于绿色发展	存在的问题或不足，需要改进的地方
斯德哥尔摩港抵达作业		

注：绿色发展水平评价只取 3、2 和 1（好=3；中=2；差=1）。

帝胜公司开襟衫航运物流在斯德哥尔摩区域的多维决策

第一部分：斯德哥尔摩区域的现状和回顾性评价

JOBMAN 工作服公司仓库位于斯德哥尔摩省的乌普兰斯韦斯比市（与斯德哥尔摩市相邻的自治市）。由于可获取的乌普兰斯韦斯比市的相关数据资料较少，多为瑞典语言；且在乌普兰斯韦斯比市仅有极短的公路运输以及简单的仓储活动；乌普兰斯韦斯比市与斯德哥尔摩市紧邻，环境较相似，所以，本区域侧重斯德哥尔摩省和斯德哥尔摩市区域环境。

区位维度

表 74 斯德哥尔摩区域的区位维度评价

评价要素	评价指标及其评价结果/结论	要素评价	维度评价
地理区位	斯德哥尔摩省位于瑞典东海岸中部，斯德哥尔摩市是瑞典的首都；乌普兰斯韦斯比市位于斯德哥尔摩市的北边，地理区位优越		
自然区位	斯德哥尔摩区域位于梅拉伦湖到波罗的海的入海处，地势较平坦、气候温和、环境优美，冬季寒冷、夏季舒适，自然区位较优越		

续表

评价要素	评价指标及其评价结果/结论	要素评价	维度评价
资源区位	斯德哥尔摩区域岛屿众多，风景秀丽，旅游资源丰富；文化资源和教育资源在瑞典国家中名列前茅；港航资源较差，资源区位较优越		
生态区位	斯德哥尔摩市是欧洲第一个绿色首都，自然生态保持良好；生态区位优越		
经济区位	斯德哥尔摩市是高度发达的瑞典的经济和金融中心，工业和金融实力在整个北欧地区首屈一指，经济区位优越		
社会区位	斯德哥尔摩省是瑞典的政治和金融中心，斯德哥尔摩市是瑞典第一大城市、北欧第二大城市；瑞典的文化、媒体、政治和交通中心，是欧洲最具创新力的城市；乌普兰斯韦斯比市是瑞典人口密度排名前列的自治市，社会区位条件优越		

资源维度

表 75 斯德哥尔摩区域的资源维度评价

评价要素	评价指标及其评价结果/结论	要素评价	维度评价
自然资源	斯德哥尔摩省土地面积 6 524.13 km^2，其中斯德哥尔摩区域 4 508.77 km^2；乌普兰斯韦斯比市 75.01 km^2；斯德哥尔摩省内陆水域面积为 649.50 km^2，海水面积为 9 470.90 km^2；乌普兰斯韦斯比市内陆水域面积为 8.91 km^2，无海水水域，水资源较丰富		
人文资源	斯德哥尔摩市历史悠久，人文资源丰富；是欧洲文化之都，是瑞典的文化、媒体、政治和交通中心；是瑞典第一大城市、北欧第二大城市；是欧洲最具创新力的城市		

社会维度

表 76 斯德哥尔摩区域的社会维度评价

评价要素	评价指标及其评价结果/结论	要素评价	维度评价
政治文明	斯德哥尔摩区域政治高度文明，斯德哥尔摩市拥有约 80%的选举参与率；社会保障较完善，但公共安全水平有所下降		
人口家庭	斯德哥尔摩省 223.1 万人，较 2010 年增长 8.6%；人口密度为 342 人/km^2，在瑞典最大；其中斯德哥尔摩市人口占 41.4%；乌普兰斯韦斯比市占 1.9%；2010 年斯德哥尔摩市人均年收入为 26.2 万元，增长率大于 2%；2015 年斯德哥尔摩省失业率为 7.0%		
文化艺术	斯德哥尔摩市是欧洲文化之都，拥有两个世界遗产；38 座图书馆和多座博物馆、剧院等艺术殿堂；是每年诺贝尔奖的颁奖地		

续表

评价要素	评价指标及其评价结果/结论	要素评价	维度评价
行政管理	Storsthlm 作为由大斯德哥尔摩的 26 个自治市组成的非营利性组织，代表政治和公共行政领域的市政管理，推动区域发展与合作		
环境管理	2014 年公布《斯德哥尔摩市环境计划（2016—2019）》，致力于城市可持续增长		
卫生健康	2015 年斯德哥尔摩市人群健康状况良好，92%的人从未请病假，较 2010 年减少 1%；平均请病假 7. 2 d，较 2010 年增 3. 2 d		
教育科技	斯德哥尔摩市科学研究和高等教育始于 18 世纪；至 2015 年至少 57. 5%受过高等教育，较 2010 年增长 3. 5%		
安全事故	斯德哥尔摩市 2015 年交通涉及人身伤亡造成重大事故数较 2010 年增加 8. 4%；死亡事故较 2010 年减少一半；职业事故数增加 37%		

经济维度

表 77　斯德哥尔摩区域的经济维度评价

评价要素	评价指标及其评价结果/结论	要素评价	维度评价
经济实力	2014 年斯德哥尔摩省生产总值 9 916 亿元，较 2010 年增长 16. 5%；斯德哥尔摩市生产总值为 4 573 亿元，年增长率呈降低趋势		
产业结构	斯德哥尔摩市的最大产业是服务业，高科技产业在近 10 年发展迅速，旅游业在近年成为主要产业		
固定资产投资	2010 年固定资产投资为 432 亿元，随后呈增长趋势，至 2012 年为 479 亿元		
贸易物流	2015 年斯德哥尔摩市进出货物周转量为 464. 3 万 t，较 2010 年减少 4. 7%		
财政税务	2015 年斯德哥尔摩省的市政税收收入为 778 亿元，较 2010 年增长 21. 1%，平均年增长 4. 2%		

环境维度

表 78　斯德哥尔摩区域的环境维度评价

评价要素	评价指标及其评价结果/结论	要素评价	维度评价
大气环境	斯德哥尔摩区域所有空气污染物都小于标准值，二氧化碳人均排放在经济合作和发展组织都市区域最低，且人均温室气体排放呈下降趋势		
水环境	根据 OECD《斯德哥尔摩绿色增长》报告显示，斯德哥尔摩区域的水质非常好		
声环境	未能获得斯德哥尔摩区域声环境的数据信息，据了解，该区域人口密度较低，声环境质量较好		
固体废物	斯德哥尔摩垃圾数量呈减少趋势，但分类垃圾数量也减少；斯德哥尔摩极少进行垃圾填埋		
环境风险	斯德哥尔摩区域存在波罗的海咸水入侵的环境风险		

生态维度

表 79 斯德哥尔摩区域的生态维度评价

评价要素	评价指标及其评价结果/结论	要素评价	维度评价
陆地生态	2010 年斯德哥尔摩市成为欧洲第一个绿色首都，公园和绿色空间约占 40%。2 700 hm^2 的市中心国家城市公园生物多样性高		
水域生态	斯德哥尔摩市超过 14%的面积为水域，水域生态系统动植物较丰富，但温暖的夏季有发生水华的风险		
敏感生态	斯德哥尔摩市动植物物种丰富，超过 1 000 种维管束植物记录在案，43 种哺乳动物在斯德哥尔摩区域周边繁殖，至 2010 年，约有 1 080 个物种被列入红名录，但仍有一些常见物种数量急剧下降，湿地明显减少		
生态风险	斯德哥尔摩市存在有毒藻类繁殖带来的生态风险		

第二部分：帝胜公司开襟衫航运物流在斯德哥尔摩区域的各生产环节的评价

斯德哥尔摩区域公路运输的评价

表 80 斯德哥尔摩区域公路运输过程评价

评价指标及其评价结果/结论	影响评价	绿色评价
生产过程：该集装箱于 2017 年 10 月 13 日经拖挂车从斯德哥尔摩港运输到位于瑞典乌普兰斯韦斯比市的 JOBMAN 仓库，耗时约 26 min，沿途经过城镇居民区、公园、学校教学区和农场等，不经过老城区，过保护区时走隧道；2017 年 10 月 23 日，空箱按原运输方式归还给托运人 环境影响及其影响因子：主要产生公路运输废气排放及运输噪声，影响十分轻微；影响因子为大气环境（NO_X、SO_X 和颗粒物）、噪声，对周边环境产生轻微负面影响 是否符合绿色发展要求：基本符合		

注：“影响”包括正面/有利影响以及负面/不利影响，取值范围为｛-3，-2，-1，0，1，2，3｝。3、2、1 和 0 分别表达影响的“大”“中”“小”和“没有影响”；“-”表示负面影响。只取整数，不取小数。

绿色发展水平评价只取 3、2 和 1（好=3；中=2；差=1）。

表 81　斯德哥尔摩区域公路运输的多维评价

评价维度	评价要素	评价指标及其评价结果/结论	影响评价	绿色评价
区位	区位影响	帝胜公司开襟衫的公路运输对斯德哥尔摩地区的区位没有影响		
资源	能源消耗	该公路运输距离 28.1 km，单程耗时 26 min；瑞典装载能力 14 t 的货车油耗为 0.45 L/km（略低于厦门的 0.59 L/km），估算出该集装箱往返运输耗油约为 25.3 L，对斯德哥尔摩区域能源消耗负面影响十分轻微，绿色发展水平较高		
社会	就业和工作环境	帝胜公司开襟衫集装箱公路运输对斯德哥尔摩区域的就业产生轻微正面影响；对交通拥堵产生轻微负面影响；斯德哥尔摩区域公路基础设施完善、运输效率高，社会维度整体绿色发展水平较高		
经济	成本收益	帝胜公司开襟衫集装箱运输缴纳运输费，对斯德哥尔摩区域经济维度产生轻微正面影响；该集装箱公路运输实现了“门到门”的运输服务，经济效率较高，因此经济维度绿色发展水平较高		
环境	大气环境	该集装箱在斯德哥尔摩区域公路运输 NO_X、SO_X 和颗粒物的最大排放值为 494.8 g、18.6 g 和 13.6 g，负面影响十分轻微；其中 NO_X 排放强度低于厦门区域集装箱公路运输，但高于欧Ⅵ标准一个数量级，绿色发展水平一般		
	声环境	虽然斯德哥尔摩声环境较好，但交通是斯德哥尔摩市主要的噪声来源，该集装箱公路运输的噪声产生轻微负面影响；整体上，环境维度的绿色发展水平一般		
生态	生态影响	该集装箱公路运输沿途经过城镇居民区、自然保护区、农场和湿地等，对保护物种和湿地生境可能产生轻微负面影响；斯德哥尔摩高速公路与公园存在冲突时采取隧道模式减少生态影响，生态维度绿色发展水平较高		

帝胜公司开襟衫航运物流在 JOBMAN 公司的仓储

表 82　JOBMAN 公司仓储过程评价及其多维评价

	评价指标及其评价结果/结论	影响评价	绿色评价
生产过程	JOBMAN 公司的货物仓储基本不产生环境影响，基本符合绿色发展要求		
多维评价	帝胜公司开襟衫成品的仓储对斯德哥尔摩区域的区位、社会、环境和生态基本没影响；乌普兰斯韦斯比市土地和交通资源较丰富，对资源维度几乎没影响；对区域经济维度基本可忽略，仓储活动基本满足绿色发展要求		

第三部分：帝胜公司开襟衫航运物流在斯德哥尔摩区域各生产环节与斯德哥尔摩区域的多维决策（相互影响的［I，C；R］）评分

表 83　帝胜公司开襟衫航运物流生产环节对斯德哥尔摩区域的影响作用的［I，C；R］评分

区域维度 / 生产环节	区位 ［I，C；R］	资源 ［I，C；R］	社会 ［I，C；R］	经济 ［I，C；R］	环境 ［I，C；R］	生态 ［I，C；R］
斯德哥尔摩区域公路运输						
JOBMAN 公司仓储						

注：I（Impact）：“影响”，包括正面/有利影响以及负面/不利影响；取值范围为｛-3，-2，-1，0，1，2，3｝；3、2、1 和 0 分别表达影响的“大”“中”“小”和“没有影响”；“-”表示负面影响；只取整数，不取小数；C（Confidence）：置信度（主观概率），用于衡量专家对所评判的“I”分值的主观确定程度，取值范围为（0，1］，取值越大置信度越高；R（Relationship）：相关关系，取值范围为｛0，1，2，3｝，表征两者“没有关系”、及关系的“弱”“中”“强”。

表 84　斯德哥尔摩区域对帝胜公司开襟衫航运物流生产环节的影响作用的［I，C；R］评分

区域维度 / 生产环节	区位 ［I，C；R］	资源 ［I，C；R］	社会 ［I，C；R］	经济 ［I，C；R］	环境 ［I，C；R］	生态 ［I，C；R］
斯德哥尔摩区域公路运输						
JOBMAN 公司仓储						

说明：该表格是指该区域的 6 个环境维度对航运物流在该区域的各生产环节的影响（反馈作用），基于该区域的现状和回顾性评价结果（第一部分），评价该区域的 6 个环境维度对航运物流在该区域的各生产环节的影响（包括正面/有利影响以及负面/不利影响）。

表 85　帝胜公司开襟衫航运物流在斯德哥尔摩区域的生产环节绿色发展水平整体评价

绿色评价 / 生产环节	绿色发展水平	存在的问题或不足，需要改进的地方
斯德哥尔摩区域公路运输		
JOBMAN 公司仓储		

注：绿色发展水平评价只取 3、2 和 1（好 = 3；中 = 2；差 = 1）。

帝胜公司开襟衫航运物流生命周期前端和后端的绿色评价

根据 LCA 的精神，将包含产品原料来源以及产品销售、用户使用及其废弃物处置的产品生命周期的内容作为航运物流的外延内容，不作为航运物流的生命周期，不参与物流生命周期评价，仅考虑其绿色发展水平评价。绿色发展水平评价（好 = 3；中 = 2；差 = 1）。

帝胜公司开襟衫的原料来源及其绿色分析

表 86　帝胜公司开襟衫原料来源及其绿色发展分析

评价指标及其评价结果/结论	
原料来源：开襟衫的梭织面料来源于上海缙裕纺织面料有限公司，针织面料来源于厦门宏瑞兴针纺织品有限公司，拉链来源于 YKK 公司，服装标来源于厦门恒豪服装辅料有限公司，车线来源于厦门煌泰包装用品有限公司；YKK 代表行业标准，绿色发展水平高；其余均为小型民营企业，整体绿色发展水平处于行业一般水平；帝胜公司对购进的材料依照相应的国家标准和企业要求进行抽检，面料合格率约 90%，拉链合格率为 100%	绿色发展水平评价：
原料的绿色评价：上海缙裕纺织面料有限公司和厦门宏瑞兴针纺织品有限公司未考虑选择天然纤维或再生原料；厦门恒豪服装辅料有限公司和厦门煌泰包装用品有限公司未考虑选用天然无毒的辅料或回收处理以及再生利用的原料 结论：整体上，帝胜公司开襟衫的原料来源的绿色发展水平中等偏上	需要改进的方面：

帝胜公司开襟衫的销售、使用和废弃物的绿色分析

表 87　帝胜公司开襟衫的销售、使用和废弃物的绿色发展分析

评价指标及其评价结果/结论	
销售：JOBMAN 公司注重商品的高质量和高性能，通过经销商将货物销往全球，包括欧洲各国、澳大利亚、加拿大和美国；梭织开襟衫售价为 369 瑞典克朗（293 元）、针织开襟衫 239 瑞典克朗（190 元）。销售过程未见违背绿色发展的行为 使用：该开襟衫为工作服，一般使用寿命为 2 年，据了解，该使用年限处于国内外一般水平	绿色发展水平评价：
废弃：欧盟约 25%的废旧纺织品被慈善机构或工业企业回收，剩下的被焚烧或填埋；英国被收集的纺织品约 50%被重新利用、约 50%被循环利用，回收的可穿戴式服装中约 61%出口到其他国家；加拿大约有 10%的慈善捐赠被旧货店销售，而另外 90%的捐赠面料将转售给纺织品回收商，当前国际上废旧纺织品回收较高的国家包括日本、美国、英国和加拿大 结论：总体上，帝胜公司开襟衫的销售和使用绿色发展水平较高，但废旧衣服回收和再循环利用在欧盟还有待加强	需要改进的方面：